U0143178

名家通识讲座书系

现代性与
后现代性
十五讲

□ 陈嘉明 著

北京大学出版社
PEKING UNIVERSITY PRESS

图书在版编目（CIP）数据

现代性与后现代性十五讲/陈嘉明著.—北京:北京大学出版社,2006.4
（名家通识讲座书系）
ISBN 978-7-301-10585-6

Ⅰ.①现…　Ⅱ.①陈…　Ⅲ.①现代主义—研究②后现代主义—研究
Ⅳ.①B089

中国版本图书馆 CIP 数据核字（2006）第 019000 号

书　　　名	现代性与后现代性十五讲
著作责任者	陈嘉明　著
责 任 编 辑	艾　英
标 准 书 号	ISBN 978-7-301-10585-6
出 版 发 行	北京大学出版社
地　　　址	北京市海淀区成府路 205 号　　100871
网　　　址	http://www.pup.cn　　新浪微博:@北京大学出版社
电 子 邮 箱	编辑部 wsz@ pup.cn　　总编室 zpup@ pup.cn
电　　　话	邮购部 010-62752015　发行部 010-62750672
	编辑部 010-62756467
印 刷 者	三河市北燕印装有限公司
经 销 者	新华书店
	650mm×980mm　16 开本　23.25 印张　380 千字
	2006 年 4 月第 1 版　2024 年 3 月第 12 次印刷
定　　　价	69.00 元

《名家通识讲座书系》
编审委员会

《名家通识讲座书系》总序

本书系编审委员会

《名家通识讲座书系》是由北京大学发起,全国十多所重点大学和一些科研单位协作编写的一套大型多学科普及读物。全套书系计划出版100种,涵盖文、史、哲、艺术、社会科学、自然科学等各个主要学科领域,第一、二批近50种将在2004年内出齐。北京大学校长许智宏院士出任这套书系的编审委员会主任,北大中文系主任温儒敏教授任执行主编,来自全国一大批各学科领域的权威专家主持各书的撰写。到目前为止,这是同类普及性读物和教材中学科覆盖面最广、规模最大、编撰阵容最强的丛书之一。

本书系的定位是"通识",是高品位的学科普及读物,能够满足社会上各类读者获取知识与提高素养的要求,同时也是配合高校推进素质教育而设计的讲座类书系,可以作为大学本科生通识课(通选课)的教材和课外读物。

素质教育正在成为当今大学教育和社会公民教育的趋势。为培养学生健全的人格,拓展与完善学生的知识结构,造就更多有创新潜能的复合型人才,目前全国许多大学都在调整课程,推行学分制改革,改变本科教学以往比较单纯的专业培养模式。多数大学的本科教学计划中,都已经规定和设计了通识课(通选课)的内容和学分比例,要求学生在完成本专业课程之外,选修一定比例的外专业课程,包括供全校选修的通识课(通选课)。但是,从调查的情况看,许多学校虽然在努力建设通识课,也还存在一些困难和问题:主要是缺少统一的规划,到底应当有哪些基本的通识课,可能通盘考虑不够;课程不正规,往往因人设课;课量不足,学生缺少选择的空间;更普遍的问题是,很少有真正适合通识课教学的教材,有时只好用专业课教材替代,影响了教学效果。一般来说,综合性大学这方面情况稍好,其他普通的大学,特别是理、工、医、农类学校因为相对缺少这方面的教学资源,加上很少有可供选择的教材,开设通识课的困难就更大。

这些年来,各地也陆续出版过一些面向素质教育的丛书或教材,但无论数量还是质量,都还远远不能满足需要。到底应当如何建设好通识课,使之能真正纳入正常的教学系统,并达到较好的教学效果?这是许多学校师生普遍关心的问题。从2000年开始,由北大中文系主任温儒敏教授发起,联合了本校和一些兄弟院校的老师,经过广泛的调查,并征求许多院校通识课主讲教师的意见,提出要策划一套大型的多学科的青年普及读物,同时又是大学素质教育通识课系列教材。这项建议得到北京大学校长许智宏院士的支持,并由他牵头,组成了一个在学术界和教育界都有相当影响力的编审委员会,实际上也就是有效地联合了许多重点大学,协力同心来做成这套大型的书系。北京大学出版社历来以出版高质量的大学教科书闻名,由北大出版社承担这样一套多学科的大型书系的出版任务,也顺理成章。

编写出版这套书的目标是明确的,那就是:充分整合和利用全国各相关学科的教学资源,通过本书系的编写、出版和推广,将素质教育的理念贯彻到通识课知识体系和教学方式中,使这一类课程的学科搭配结构更合理,更正规,更具有系统性和开放性,从而也更方便全国各大学设计和安排这一类课程。

2001年底,本书系的第一批课题确定。选题的确定,主要是考虑大学生素质教育和知识结构的需要,也参考了一些重点大学的相关课程安排。课题的酝酿和作者的聘请反复征求过各学科专家以及教育部各学科教学指导委员会的意见,并直接得到许多大学和科研机构的支持。第一批选题的作者当中,有一部分就是由各大学推荐的,他们已经在所属学校成功地开设过相关的通识课程。令人感动的是,虽然受聘的作者大都是各学科领域的顶尖学者,不少还是学科带头人,科研与教学工作本来就很忙,但多数作者还是非常乐于接受聘请,宁可先放下其他工作,也要挤时间保证这套书的完成。学者们如此关心和积极参与素质教育之大业,应当对他们表示崇高的敬意。

本书系的内容设计充分照顾到社会上一般青年读者的阅读选择,适合自学;同时又能满足大学通识课教学的需要。每一种书都有一定的知识系统,有相对独立的学科范围和专业性,但又不同于专业教科书,不是专业课的压缩或简化。重要的是能适合本专业之外的一般大学生和读者,深入浅出地传授相关学科的知识,扩展学术的胸襟和眼光,进而增进学生的人格素养。本书系每一种选题都在努力做到入乎其内,出乎其外,把学问真正做活了,并能加以普及,因此对这套书作者的要求很高。我们所邀请的大都是那些真正有学术建树,有良好的教学经验,又能将学问深入浅出地传达出来的重量级学者,是请"大家"来讲"通识",所以命名为《名家通识讲座书系》。其意图就是精选名校名牌课程,实现大学教学资源共享,让更多的学子能够通过这套书,亲炙名家名师课堂。

本书系由不同的作者撰写,这些作者有不同的治学风格,但又都有共同的追求,既注意知识的相对稳定性,重点突出,通俗易懂,又能适当接触学科前沿,引发跨学科的思考和学习的兴趣。

本书系大都采用学术讲座的风格,有意保留讲课的口气和生动的文风,有"讲"的现场感,比较亲切、有趣。

本书系的拟想读者主要是青年,适合社会上一般读者作为提高文化素养的普及性读物;如果用作大学通识课教材,教员上课时可以参照其框架和基本内容,再加补充发挥;或者预先指定学生阅读某些章节,上课时组织学生讨论;也可以把本书系作为参考教材。

本书系每一本都是"十五讲",主要是要求在较少的篇幅内讲清楚某一学科领域的通识,而选为教材,十五讲又正好讲一个学期,符合一般通识课的课时要求。同时这也有意形成一种系列出版物的鲜明特色,一个图书品牌。

我们希望这套书的出版既能满足社会上读者的需要,又能够有效地促进全国各大学的素质教育和通识课的建设,从而联合更多学界同仁,一起来努力营造一项宏大的文化教育工程。

目　录

第一讲

"现代性"概念与启蒙精神

"现代性"概念的起源与界定

启蒙与现代性

"现代性"是一个纷争的理论领域,其中不仅交织着对它的各种不同困惑与理解,而且更充满着对它的批判与解构的尝试。从概念所涵括的范围来说,它包含了哲学、政治学、社会学、文学、艺术学等诸多领域;从时间的跨度上说,按照哈贝马斯的说法,就现代性话语而言,从 18 世纪后期开始,它"就已成了'哲学'讨论的主题"[1];再从空间的广度而言,对现代性问题的关注与论争,也早已超出欧美的西方世界,进入包括中国在内的东方世界。在我们国内,大约从 20 世纪 90 年代中期以来,"现代性"概念逐渐形成理论界的一个关注热点,有关它的话语也越来越流行,成了一个热门话题。一时间,这方面的译著相继面世,学术刊物上的现代性专栏也陆续涌现,尔后见到的就是一些研究专著在书店书架上的亮相。

为什么现代性的研究在中国会"热"起来?这一问题的答案似乎不难得出。因为这一时期正是中国社会步入现代化的轨道,开始向现代社会迅跑的时期。因此,伴随着经济与社会方面的现代转型,人们自然相应地关注它的哲学与文化层面的性质与形态,亦即关注它的思维理念、价值观念与行为方式方面的东西。此外,应当说使现代性问题成为关注焦点的,还有另一个推波助澜的因素,即"后现代主义"与"后现代性"概念的出现及其传入。与"现代性"针锋相对的"后现代性"概念的问世,自然也吸引了人们的注意,并引发了探讨的兴趣。当西方已经开始谈论"后现代性"的时候,我们究竟应当形成什么样的现代性? 我们是否能够依据后现代主义对现代性的批判,来达到"扬弃"现代性的目的? 甚至还有这样的想法,我们是否可以超越现代性,直接进入后现代性?

黑格尔(Georg Wilhelm Friedrich Hegel, 1770—1831)曾经说过,概念构成认识之网上的一个网结。不过,这里我们还应当说,"现代性"与"后现代性"概念构成的不是一般的认识网结,而是观察、理解我们的现代社会的一个重要视点。科学哲学上有句名言——"理论先于观察"。它告诉我们,没有纯粹的观察,任何观察已经预以某种理论为前提,它就像一副眼镜一样,借助它我们得以理解我们所观察的对象,对其作出某种解释。现代性概念对于我们理解现代社会来说,所起的正是这样一种功能。

一 "现代性"概念的起源与界定

"现代性"一词在什么时候开始出现,不同的学者有不同的说法。美国学者马泰·卡林内斯库曾经对它的语源进行了考察。他指出,这个术语至少从 17 世纪起就在英国流行了。《牛津英语词典》记录了"现代性"(modernity,意思是"现时代")一词在 1672 年的首次出现。该词典还援引了霍勒斯·沃波尔的话,他在 1872 年的一封信中谈论查特顿的诗歌时,说到了任何只要有耳朵的人"都不能原谅"的"他们'语调的现代性'"。在沃波尔的用语中,"现代性"意味着对审美的某种微妙的感觉,它似乎一方面接近于个人"风格"的概念,另一方面则接近沃波尔本人所说的"观念与措辞的晚近倾向"。

按照卡林内斯库的解释,沃波尔主要是在音乐方面使用现代性这个词的,也就是说它主要与声音和语调有关。[2]

卡林内斯库还提到,在法语中相应的 modernité 一词,其出现比英语要迟得多,人们曾找到它在 19 世纪中期时的三处使用。利特雷词典在泰奥菲尔·戈蒂埃发表于 1867 年的一篇文章中找到了它;罗贝尔词典发现它首次出现于夏多布里昂出版于 1849 年的《墓中回忆录》;不过,这两本词典都没有提及美学家波德莱尔在他写于 1859 年、发表于 1863 年的论康斯坦丁·盖伊的文章中也曾使用过"现代性"一词。在波德莱尔的《现代生活的画家》(1863)这篇文章中,他写出了有关美学现代性的一句名言:"现代性是短暂的、易逝的、偶然的,它是艺术的一半,艺术的另一半是永恒和不变的……"[3]这里,波德莱尔将现代性作为一种强烈的、当下的时间意识,使它与代表着永恒与不变的"过去"相区别,进而强调现代艺术应当着眼于对当下的、转瞬即逝的事物的感受,强调对当下的灵感、情感的捕捉,而不是回到古代去寻求纯艺术的、永久可靠的美的观念。虽然对当下生活中的美加以想象与创造具有某种神秘的意味,但它却是"一切创造性的源泉"。美的永恒就存在于过渡与短暂中,这就是艺术的时间悖论。这样,现代性在波德莱尔那里并不是某种用以对现代与古代加以分期的标签,而是一种对现代艺术新观念的倡导。

对"现代性"术语的溯源,在美国后现代哲学家詹姆逊(Fredric Jameson,1934—   )那里走得更远。他写道,可以使人惊讶的是,"这个词早已在公元 5 世纪就已经存在"。不过,基拉西厄斯教皇一世(494—495)使用该词来表示的,仅仅是对先前教皇的时代与当代作出的区分,也就是作为一种年代的分期,而不含有现在优越于过去的意思。然而,差不多处于同一时期,当卡西奥德洛斯写作时,即哥特人征服罗马帝国以后,这个词开始有了新的含义。在这位研究文学的学者看来,"现代"的对应词是"过去"。虽然从教皇的角度看,哥特人新建立的帝国并没有在基督教传统中形成一种断裂,但对于知识人士而言,它却代表了一种根本性的分界,使得先前的古典文化有别于现代文化,而后者的任务在于对先前的文化进行再造。詹姆逊指出,正是这种"分界"使得"现代"这一术语形成了特定的意义,并且这一特点延续至今。

以上我们大致了解了"现代性"一词在西方的语源学情况,不过显然我们更会关心的是在当代的理论论争中,这一概念究竟意指什么。在现今我们所知道的有关现代性概念的界说中,比较著名的有如下三个。

一是吉登斯将现代性看作是现代社会或工业文明的缩略语,它包括从世界观(对人与世界的关系的态度)、经济制度(工业生产与市场经济)到政治制度(民族国家和民主)的一套架构。他着眼于"从制度层面上来理解现代性"[4],因此他的现代性概念主要指称在后封建的欧洲所建立、并在 20 世纪日益成为具有世界历史性影响的行为制度与模式。在这个意义上,现代性大致等同于"工业化的世界"与"资本主义",包括其竞争性的产品市场和劳动力的商品化过程中的商品生产体系。在吉登斯的现代性思想中,他特别突出了现代性与传统的"断裂",视之为在这种断裂后建立起来的"一种后传统的秩序"。[5]因此,现代性与传统的区别,在吉登斯那里根本在于一种"制度性的转变",即在制度性、文化与生活方式等方面发生的秩序的改变。它具体表现为两个突出的结果:一是对于社会而言,它确立了跨越全球的社会联系方式的"全球化";二是对于个人而言,它确立了西方的个人主义的价值观念与行为方式,即以自我实现为核心的"我该如何生活"的思考与追求。

二是哈贝马斯把现代性视为一项"未完成的设计"[6],它旨在用新的模式和标准来取代中世纪已经分崩离析的模式和标准,来建构一种新的社会知识和时代,其中个人"自由"构成现代性的时代特征,"主体性"原则构成现代性的自我确证的原则。在哈贝马斯看来,现代性的一个最为核心的问题,就是它的自我理解与自我确证的问题。对于中世纪社会来说,并不存在这样的问题,因为在一个神权的社会里,宗教意识形态已经提供了有关的答案,《圣经》的上帝创世说、原罪说等已经为现世的合理性作出了回答,人生的目的已被定位为依靠对神的信仰、通过禁欲而求得灵魂的救赎。而自启蒙运动以来,当人们试图建立一种新的社会与文化的时候,这种以自由等天生不可剥夺的权利为核心的价值系统，以及相应的政治与经济制度的安排，随着价值来源根据的转换，其合理性何在，就成了需要确证的问题。既然世界已不再被看作是上帝的造物，而是人的理性的设计，自然这种合理性的根据也就出自人本身，出自人的理性。因此理性成了真理之源、价值之源，从而也成了现代性的安身立命之地。

三是福柯（Michel Foucault，1926—1984）将现代性理解为"一种态度"，而不是一个历史时期，不是一个时间概念。"所谓态度，我指的是与当代现实相联系的模式；一种由特定人民所作的志愿的选择；最后，一种思想和感觉的方式，也就是一种行为和举止的方式，在一个和相同的时刻，这种方式标志着一种归属的关系并把它表述为一种任务。无疑，它有点像希腊人所称的社会的精神气质（ethos）。"[7]特别地，这种现代性的"态度"或"精神气质"，福柯把它解读为一种"哲学的质疑"，亦即对时代进行"批判性质询"的品格。在论述启蒙的意义的时候，他特别强调，我们应当从启蒙中继承下来的精神财富，或者说能够连接起我们与启蒙的共同的态度，正是这种对时代进行永恒批判的哲学气质，而不是去忠实于某种信条。因此，对于福柯来说，现代性从根本上意味着一种批判的精神。

以上我们看到，这三位思想家对现代性作出了各自不同的解读。吉登斯从社会学的角度将现代性等同于"工业化的世界"与"资本主义"制度，哈贝马斯从哲学的角度将现代性看作是一套源于理性的价值系统与社会模式设计，福柯同样也从哲学的视角出发，不过却将现代性视为一种批判精神。在本书后面的部分，我们将看到更多的这类答案不同的解读。这种情况向我们展现的正是解释学所谓的文本的可解释性与"多义性"。文本的意义是可以通过解释而不断产生的，这些意义的不同来源于解释的视角的不同。

二　启蒙与现代性

谈论现代性，不能不讲到启蒙。因为通常认为，现代性的基本观念来自启蒙运动的精神,是启蒙精神哺育了现代性的产生。

"启蒙运动"这一概念,通常指的是在 17 世纪和 18 世纪的欧洲所发生的一场广泛而有力的思想运动[8],其宗旨是运用理性来破除宗教迷信和盲从,用科学知识来消除神话和幻想,使人摆脱其蒙昧状态,达到一种思想与政治上的自主性。

启蒙运动的上述特征,得到许多思想家们的认同。例如,在 18 世纪伟大的德国启蒙思想家康德(Immanuel Kant,1724—1804)看来,启蒙就是使人脱离自己加之于自己的不成熟状态,而要做到这一点,根本上在于人们要敢于运用自己的理智。当代著名的德国哲学家哈贝马斯也指出,在启蒙的传统中,启蒙思想总是被理解为神话的对立面和反动力量。之所以说是神话的对立面,是因为启蒙用更好论据的非强制的强制力量来反对世代延续的传统的权威约束。以赛亚·伯林(Isaiah Berlin,1909—1997),这位以研究政治思想史、尤其因提出"积极的自由"与"消极的自由"的区分而闻名于世的当代英国哲学家,同样把启蒙运动的"核心观念"概括为:"宣扬理性的自律性和以观察为基础的自然科学方法是唯一可靠的求知方式,从而否定宗教启示的权威,否定神学经典及其公认的解释者,否定传统、各种清规戒律和一切来自非理性的、先验的知识形式的权威"。[9]即使是对启蒙运动持激烈批判态度的霍克海默与阿多诺,也认为历来启蒙的目的都是使人们摆脱恐惧,成为主人。

虽然通常把 18 世纪的法国称为"启蒙的时代",但法国的启蒙思想的先行者最先是从英国得到其启蒙的观感的。伏尔泰这位法国启蒙思想家的领军人物,曾经在 18 世纪的 20 年代后期流亡到英国。这次流亡的经历,有如一位伏尔泰研究专家所评论的那样,"是如同穆罕默德从麦加到麦地那一样的决定性逃亡,……从这次逃亡中,一种正式的毁灭性哲学被严肃地提到议事日程上"[10]。也就是说,伏尔泰在这期间形成了他的启蒙哲学思想。他于在英国所撰写的一部后来成为法国启蒙运动的重要著作、其出版标志着启蒙思想的宣传运动正式开始的《哲学通信》中,表露了英国作为一个开明社会在自己心中留下的深刻印象。他赞叹在这里"理性"是自由的,"才能"得到尊重,科学家牛顿的葬礼极备哀荣;在这里有国家的自由,贸易的自由,还有宗教的宽容,甚至连三种传统模式的政体——君主政体、贵族政体和民主政体,都能够相互制约,以一种恰当的方式组合在一起。

伏尔泰对英国社会的这些赞誉之词,实际上已大体道出了启蒙的一些基本价值与精神,这就是对理性、科学和自由的肯定与推崇。而启蒙与现代性之间的关联,也正是在于后者对这些基本价值与精神的追求,并依据它们形成了现代性的精神气质与行为方式。

1. 启蒙的理性主义精神

启蒙的目标既然是消除蒙昧、开启民智,那么价值之源自然就不能像以往所信奉的那样来自神的启示。这条天启之路一旦斩断,则人们所能依靠的只有自己的理性,亦即理智。这也就是说,要消除蒙昧,只有依靠自救,即要敢于运用自己的理智,大胆地去思想。这样,在启蒙的时代,理性就担当起思想批判的重任,成为审判一切已有的宗教、哲学、法律与政治观念的"法庭"。20世纪英国哲学家欧克肖特曾经一语中的地描绘了理性主义者的这一基本气质和特征:"思想除了'理性'的权威外不服从任何权威。……他是权威的敌人,偏见的敌人,传统、习俗和习惯的敌人。"[11]

理性主义首先是建立在对"理性"能力的确认之上的,也就是把理性确认为一种不同于感性、情感、意志的能力。这种能力主要表现为思想、反思、从事逻辑判断与推理的能力,集中表现为一种"自我意识"的能力,或者说"我思"的能力。在哲学史上,理性主义在认识论、伦理学与宗教哲学上有着不同的表现。认识论上的理性主义是其他领域的理性主义的基础,它主张在获取知识方面,理性比其他认识能力具有优越性;这一观念是与经验主义正相反对的,后者强调感觉是一切认识的来源。伦理学中的理性主义主张道德的原则是建立在理性之上,而不是建立在情感、同情或其他非理性的基础之上的。宗教哲学中的理性主义则是反对宗教知识中以"天启"为核心的观念,主张一种理性化的宗教。

认识论上与经验主义相对的理性主义,是一种狭义上的理性主义。广义的用法,则把经验主义也包括在"理性主义"的范畴之内。这种广义的理性主义,泛指与宗教盲从、信奉天启真理相对立的一种反思与批判的思想意识和思考方式,它代表着启蒙的敢于运用理智的精神。被罗素誉为"经验主义的奠基者"的英国哲学家洛克,其思想也构成这种广义的理性主义的来源。作为经验主义者,洛克同样肯定理性的存在与作用,认为人是生来就有理性的,经验不仅得自于感觉,而且使用了我们理性的内在运作。只不过他反对理性主义关于存在所谓"天赋观念"的主张,强调一切知识来源于经验。洛克的理性主义突出表现在,他强调最重要的是要相信自己的经验,而不是其他的东西,如某种权威、传统或既有的信仰。这也正是启蒙的基本精神所在。

西方哲学史上通常把近现代的理性主义溯源至笛卡尔那里。笛卡尔为这种理性主义注入的首要精神是"怀疑"的精神。一切存在的东西都要经过我们思想的怀疑,不论是书上写的、老师教的,还是父母告诉我们的。把这种怀疑的方法推广到底,自然也就不会有盲从,不论这种盲从来自何方,包括宗教迷信。笛卡尔的"怀疑"的重要意义在于,它把"怀疑"展现为理性的一个重要环节,这意味着没有怀疑就没有理性、没有科学。因此笛卡尔的"怀疑"属于一种我所认为的"积极的怀疑",旨在通过对旧观念、已有权威的怀疑而得出积极的认识成果;反之,消极的怀疑则怀疑人的认识能力本身,怀疑认识能够达到真理。

这种理性的怀疑精神首先把怀疑与批判的对象指向宗教教会的迷信与神秘。按照罗尔斯(John Rawls,1921—2002)的说法,中世纪的基督教具有这么五个特征:一是"权威宗教",它的以教皇为首的教会本身的权威,是制度化的、中心化的、几近绝对的权威;二是"救赎的宗教",而获得救赎需要有教会所教诲的那种真正的信仰;三是这使基督教成为一种具有可信信条的"教条式宗教";四是"僧侣宗教",这些僧侣是掌握着对获得救赎来说至关重要的惠施恩典手段的唯一权威；最后，它是具有扩张主义的皈依宗教，其权威遍及整个世界，无边无际。[12]

罗尔斯所概括的中世纪基督教的这五个特征，归结起来，就是宗教信仰的权威化、神圣化。而启蒙的理性主义对宗教信条的批判，其实质就是对宗教神圣化的解构。在欧洲迈向现代文明社会的进程中，制度化的天主教会作为宗教神圣化的化身，曾经是进步思想与科学的敌人。哥白尼的"日心说"由于摧毁了经院哲学纳入自己体系之内的托勒密的"地心说"，并且影响着人们的思想和信仰，因而被教会宣布为"错谬的和完全违背圣经的"，在未经改正之前不许发行。教会所设置的臭名昭著的"宗教裁判所"，甚至将主张人们有怀疑宗教教义的自由的哲学家布鲁诺判处死刑，烧死在罗马。哥白尼学说与布鲁诺本人所遭受的厄运，皆是因为他们挑战了基督教的世界观信条，冒犯了基督教的权威。宗教蒙昧对文明进步构成的巨大障碍，使得启蒙思想家必然要与之进行斗争。他们诉诸理性来猛烈批判宗教蒙昧，寻求削弱宗教教会所强加的信仰和惩罚的权利。对基督教神圣化的解构的结果，使得西方的现代性进程展现为一种韦伯所刻画的"祛魅"过程，即宗教世界观的逐渐瓦解与消除，世界摆脱了制度化的教会的控制与影响，逐步走向世俗化的过程；这一过程同时也是文化的理性化过程。

除了扫除宗教蒙昧，为思想的启蒙与自由扫清障碍之外，启蒙的理性主义为近代西方思想至少还灌输了这么一些意识和精神，它们为现代性的产生提供了思想基础。

在认识论上，它确立了近(现)代的知识标准，即知识必须具有这么一些属性：客观性、普遍性、必然性、确定性。伯林甚至把这种知识观看作是"启蒙运动的中心原则"。[13]这体现在真理观上，就是真理是一元的。与这样的知识观与真理观相联系，就有了知识论上的、笛卡尔式的古典基础主义，即知识表现为一种双层的结构，底层是某些确定的、不证自明的基础信念，它们表现为类似于几何学的公理，可以用来支持处于其上的非基础信念，为它们提供理由方面的确证，使之成为具有确定性的知识。

作为上述知识观的延伸,理性主义在科学领域确立起这样的观念:存在着普遍的、永恒的自然与社会规律,任何科学的目的都是要把握这类普遍的规律;存在着真实不变的、普遍的客观价值,它们对一切人、一切地方和一切时代来说都是正确的,这些价值至少从原则上说是可以实现的。这种有关把握规律的观念,一方面有助于引导人们关注对自然与社会发展规律的探讨,促进自然科学与人文社会科学的发展,但另一方面,它也膨胀了一种"理性万能"的观念,导致了理性的盲目乐观与僭越,试图对未来社会的秩序与模式进行人为的设计。这样一种"社会设计理论"遭到了海耶克的猛烈抨击,他认为,未经设计的情况下生成的秩序,能够大大超越人们自觉追求的计划。"那些由自由人的自发联合所创造的事物,往往比他们个人的头脑所能全部理解的东西更伟大。"〔14〕之所以如此,根本的原因在于人类理性的有限性。海耶克的自由主义哲学赖以立论的一个基础,就在于这种理性的有限性,它否认理性是无限的。他论证说,就对问题的认识而言,更不用说是对社会进程的把握,任何个人甚至都不可能知道谁认识得更清楚。他把这种"社会设计理论"的根源归结到笛卡尔的理性主义,认为它要对历史发展的必然规律这种信念负责,正是这种信念造成了人们理解历史现象的一个重大障碍,并导致了现代的宿命论。海耶克对"无限理性"思潮的否定,代表着对启蒙理性主义的一种批判方向。

深究下去,有关"理性"能力如何的主张乃是寻求从根本上把握人性的努力,这一努力从休谟的《人性论》这一著作的题名中可以体会出。休谟认定"关于人的科学是其他科学的唯一牢固的基础"〔15〕,而这一科学的"首都或心脏",又是"人性本身"。人性的设定为启蒙哲学提供了一块基石。然而,对于一些哲学家而言,他们基于古代的自然法学说而产生了这样的信念:存在着一种恒定不变的人性。人之所以为人,正是由这一人性所决定的。尽管时代与地域可以有所不同,显示出其多样性,但人性却是永恒的。就像对自然规律的把握使我们得以解释自然现象一样,对人性的把握也使我们能够理解人的精神与文化现象。

不论是知识观、真理观还是人性论,总之它们都属于一元论的思想方式,这种思想方式是与当时所具有的唯一的逻辑形态——形式逻辑相适应的。形式逻辑的基本思维规律是同一律:A = A。凡违背这一规律的,皆被视为矛盾而要予以排除,因为矛盾意味着错误,因此是不允许的。逻辑对思维方式的牢固制约作用为康德所深切体认,因而当他在《纯粹理性批判》中试图建立起先验的思维方式时,同时提出了一种"先验逻辑",力图突破传统形式逻辑的框架,为属于不同知识类型的思维,包括以空间时间为基质的数学,以经验知觉和概念相结合的物理学,以及超越现象界范围的、追求无限的形而上学,提供一种共同的、基于先天范畴之上的逻辑基础。而黑格尔则走得更远,要以把握矛盾为己任。他以当时已有的"光"的"粒子说"与"波动说"的对立为依据,认为光的这两种区别的性质是"联系而不可分的",从而断言一种新的、较高级的思维关系"已经逐渐显露。这在物理学中表现为"两极性"的范畴在近代起着"最重要的作用",而在此之前,则是"力"的思维规定曾经占有主导的地位。[16]黑格尔进而声称"凡有限之物都是自相矛盾的"[17],即如生命,本身中也包含着死亡的种子。一切事物都表现为矛盾的对立统一体。这在思维上体现为知性与理性的"否定之否定"的三阶段规律。首先,知性是抽象的,它把握的是思维对象的各规定性之间的差别;其次,辩证的理性是否定的,它分析出事物内在的矛盾;最后,思辨的理性是综合的,它于对立中把握了事物的统一,在"同"中把握了事物之"异"。

虽然康德与黑格尔所提出的这两种逻辑对自然科学的发展影响甚微,但对于现代性进程的影响却不容低估,尤其是黑格尔的辩证思维逻辑。众所周知,这一辩证法的思想方式对马克思产生了深刻的影响。这不仅在于它为马克思研究资本主义社会、撰写《资本论》提供了逻辑工具,而且还在于它为马克思解释历史的否定之否定进程,断言这一进程乃是朝向一个无阶级、无剥削、极端平等的,但却是处于一个更高阶段的共产主义社会的回归,同样提供了逻辑论证的工具。至于康德的先验逻辑,则为论证人的自由、人格等道德价值的先验必然性,提供了论证的依据。

2. 启蒙的科学观念

与启蒙时期的知识观、真理观相伴随,启蒙也发展出了一套新的科学观念。不过这种观念的发展却经历了一个变化,即从以笛卡尔为代表的演绎型的方法论,转变到以牛顿、洛克为代表的经验型的方法论。之所以有这两种方法的区别与转变,是由于这两种方法论的倡导者分别信奉的是不同的科学模式。对于演绎型的方法论者而言,他们以数学、尤其是欧几里得几何学为楷模,认定理想的科学方法是从某些作为前提的普遍性的公理、原理中演绎出个别性的结论。笛卡尔、莱布尼茨等认为,由这样的推论中得出来的真理是具有必然性的,其思维过程是从普遍到个别。而对于经验性的方法论者来说,他们主张一切认识都是从观察、从个别性的知觉出发,经过试验等环节,最终形成普遍性的经验。在哲学认识论上,这两种派别分别属于"理性论"与"经验论"。

如爱因斯坦所言,西方科学的进步得力于两种方法,一是欧几里得几何学的逻辑演绎方法,另一是寻求事物的因果联系的归纳法。上面我们提到的两种方法,即分别对应于爱因斯坦所言的这两种。因此我们看到,在启蒙时期的科学方法论中,不仅已经具有了这两种方法,而且已经将它们上升到哲学方法论的层面上加以论辩。

从哲学家的出身来说,笛卡尔与莱布尼茨主要是数学家,因此他们以数学、逻辑为模型来得出方法论的结论,是很自然的事情。数学与逻辑的特点,一是它们的非经验性(先验性),另一是它们的普遍必然性。笛卡尔据此得出知识的标准在于它们的确定性,并且认为这种确定性是以它们的第一原理为根基的;而一切有关事实的认识则始终是不确定的、成问题的。莱布尼茨则进而将真理区分为"逻辑的"与"事实的"两类,前者具有普遍性、必然性,其反面是不可能的,逻辑与数学的真理属于这一类;而后者则只有偶然性,其反面是可能的,对事物的认识属于这一类。

牛顿物理学获得的巨大成功,使方法论的思潮发生了变化。从伽利略开始,物理学的研究走上了一条从观察出发,提出假设,并通过试验等手段来检验假设的正确之途。这一方法的要义在于,它反对单纯的构造"假设",仅仅通过头脑中的构想来臆测事物。在牛顿的《自然哲学的数学原理》中有如下的叙述,它清楚地表达了牛顿这一科学思想方法所反对的东西。牛顿写道,一直到现在,他已将天体现象及海洋运动用重力(引力)来说明了,不过对于重力之来源如何,却还没有说过。因为他尚不具备一种方法,以由此项现象推及重力(引力)之根源,也并不想提出某种"设定"。他特别强调说,一切并非由现象中推论得到的东西,均属"设定",不问其为玄学的、物理学的或力学的等等,都不能用于实验物理学之中。这里,牛顿明确反对制造"假设",亦即制造那些形而上学的、不能证明的假设,而且他从来不发表不能用观测或试验证明的学说。需要说明的是,牛顿使用的"假设"一词,与我们现在所说的科学的"假说"不同,它指的是用来记述某些表示"神秘的质"的术语,而对于这些"神秘的质",我们甚至连测量它们的程序都还没有找到。相反,对于牛顿而言,正确的科学方法应当是,在对现象的仔细观察的基础上,"特殊命题从现象中推出,然后通过归纳使之成为普遍的命题"[18]。

牛顿的弟子科茨(Roger Cotes)在为牛顿的《自然哲学的数学原理》第二版所写的序言中,曾经这样描述了牛顿的方法:"……剩下的还有倡导试验哲学的第三类人。这些人诚然要从可能的最简单的原理中去寻找万物的原因,但他们从来不把未经现象证明的东西当作原理。他们从不构造假说,也不把假说放进哲学里去,除非把它当作真实性还可以商榷的问题。他们所用的方法,有综合与分析两种。从一些选择出来的现象,他们用分析的方法推出自然界里的力以及力的简单定律;又从这里用综合的方法推证其他的结构。这是哲学探讨的无可比拟的最好的方法。我们的著名作者[指牛顿——引者]最先最正确地掌握了这个方法,并且认为只有这个方法才值得他的卓越的劳动去加以发扬光大。"[19]科茨的这一描述不仅向我们说明了牛顿的诉诸实证的科学态度,而且指出了牛顿科学方法的要素,即它是既分析又综合的——通过分析归纳出解释性的原理,然后又通过综合演绎出这一原理蕴含的进一步结果。所以牛顿的"分析和综合方法",同时也是归纳和演绎的方法。

牛顿的科学方法论本质上与哲学上洛克的经验主义是一致的。洛克从哲学的角度首先提出知识论是以经验论为基础的,这一理论的根本主张在于,我们的一切知识来自于感觉经验,并通过我们心灵对感觉材料的加工运作而形成。不存在任何先天的观念,心灵就像一块"白板",是感觉为我们提供了认识外部客体的全部材料。后来的休谟,这位把经验论的主张推向极致而有了"怀疑主义"之名的哲学家,则把洛克称为"观念"的全部"心灵对象"改称为"知觉",并将它进一步区分为两类:"印象"和"观念"。休谟并且提出如下命题作为他全书所要论证的"主题":"我们的全部简单观念在初出现时都是来自简单印象,这种简单印象和简单观念相应,而且为简单观念所精确地复现。"[20]在休谟看来,通过继续最大限度地向上追溯我们的经验,并解释所有最简单和极少数的原因所导致的结果,我们寻求达到使所有的原则尽可能普遍化的目标。最后,至关重要的是,我们的认识不能超越经验之外。之所以说休谟把经验论的原则推向极致,这是由于他认定由感官所产生的印象本身,"它们的最终的原因"是什么,或者说它们是如何产生的,是无法得到断定的,因为我们无法感知我们是如何得到印象之所以产生的原因的;因此,将经验论本身的原则贯彻到底,得到的只能是这样的结论:对经验之外的东西我们无法产生任何印象,因而我们对它们无法有所言说,只能保持沉默。

休谟这一论断在启蒙时期的积极意义是不难想见的。按照这一论断,那么"上帝"自然属于我们无法言说的东西,因为既然我们对他不可能有任何的感觉、任何的印象,那么像中世纪的神学家们力图证明上帝存在的努力,立刻就显得是徒劳无用的了。遵循自己的思想逻辑,休谟确也把怀疑主义的原则贯彻到宗教观上,否定能够超越感觉的范围去证明上帝的存在及其属性。此外,我们还可进一步设想,遵循这样的怀疑主义逻辑,诸如"灵魂"之类的东西也会立刻被排除出我们认识的范围,因为道理是一样的,它也属于不可感觉之物。这样，休谟的彻底的经验论为人们提出了如下的辨别真、假知识的标准。他写道，如果我们相信这些经验论的基本原则，则我们巡视图书馆时，拿起一本书，例如神学的或经院哲学的书，我们就可以问，其中包含着数学方面的抽象论证吗？包含着有关事实与存在的经验论证吗？如果没有，那我们就可以将它扔入火中烧掉，因为它所包含的没有别的，只有诡辩和幻想。可以不夸张地说，直至今日，对于想做真学问的人们，休谟的话仍然有其震撼性的警钟作用。

牛顿的科学上的经验方法论与上述哲学上的经验论的合流，使这种强调认识的经验来源的思想成为方法论的主流。18世纪的法国启蒙哲学家，如伏尔泰、孔迪亚克、拉美特利等，基本上赞同牛顿、洛克的经验论主张。例如，伏尔泰有代表性地指出："洛克在摧毁了天赋观念之后，……很好地证明了我们的一切观念来自感官。"[21]这种方法论思潮后来继续延伸下去，演变为19世纪的实证主义哲学，在20世纪上半叶以强化了的逻辑经验主义的主张出现，它以"命题意义的可证实性"为标准，力图扫除一切非科学的命题。逻辑经验主义使启蒙时期以来的经验主义哲学成为显学，后来更以"分析哲学"的面目出现，成为20世纪西方哲学的一个主流学派。

对于现代性问题而言，经验主义思潮的壮大与发展为主流，有其认识论与方法论上的重大意义。我们不应忘记这样的事实，即使处于启蒙时期的17世纪中叶，中世纪的许多思想方法仍然残留着，"所有的合格的科学家与差不多所有的哲学家，都从基督教的观点去观察世界"[22]。例如，身为数学家、哲学家的笛卡尔仍然认为自然界的数学定律是上帝所建立的；身为科学家、数学家、哲学家，提出能量守恒原理雏形的莱布尼茨，却也用思辨的方式提出了一种"单子论"，把世界玄想为由精神性的实体——单子所构成，并把上帝设想为其中最高级的单子。如今经验论把科学认识完全归之于感觉这一来源，它隐含的革命性意义，在于要求人们完全从"人"的感性眼光去观察世界、判断世界。

从经验主义强调的认识的感觉经验的来源说，一直到逻辑经验主义坚执的命题意义的可证实性标准,它们关涉到的实质性问题,都是有关科学划界的问题,亦即划清科学与非科学的界限。对于启蒙时期的科学与哲学来说,非科学的东西不仅包括牛顿所反对的非经验的"假设"、形而上学的臆测,而且包括宗教的迷信。划清这样的界限,一方面能使科学明确它的研究性质与方法,排除旧形而上学与宗教信条的干扰,使科学能够沿着正确的轨道发展,另一方面,它逼使非科学的东西(包括形而上学的、宗教的)退出科学的领地,使得它们不能再干预科学的活动。相应地,宗教退出科学的领域,退出政治的领域,实现宗教与科学的分离、宗教与政治的分离,宗教回到它本来应处的精神与文化领域,这就使社会的结构及其各个要素的功能明晰起来,使之能够各司其职,从而使现代性所展现的社会世俗化过程得以真正可能。与此相关,启蒙思想家所追求的宗教成为真正个人的理性信仰的目标,也才能够得到实现。

注意到这一划界问题对于现代性的意义,也使康德的"物自体"学说凸现出它的理论价值。康德吸纳了休谟的以感觉为经验来源以及感觉之外的东西不可认识的思想,但纠正了休谟的偏颇,提出了"现象"世界与"本体"世界(物自体)亦即科学认识的对象领域与道德思考的对象领域的区分,以此来解决科学划界的问题。也就是说,在康德那里,科学认识的对象只能是可以显现给我们的现象,离开了可直观的经验性的知觉,我们的认识就没有来源,就是闭门造车;但另一方面,道德的领域是一个自由的本体领域,即"物自体"的世界,是人所行动的、实践的领域,它由遵守道德法则而直接造就道德的事实。因此,虽然对于本体的世界我们不可"认识"(know),但却可以"思"(think)。这样,科学认识与道德行为(包括宗教信仰)就各得其所,彼此确认与保留了各自的地盘,科学划界的问题在康德那里以此方式得到解决。这里顺便指出,到了 20 世纪 30 年代,虽然逻辑经验主义重提科学划界问题,对这一问题给以明晰的表达,有其积极的意义,但它只不过是重新回到休谟的立场,并且它以"意义的可证实性"原则作为划界的标准,完全否定科学认识范围之外的一切,这比起康德的保留道德的本体世界的处理方式,实际上是一种明显的倒退。而最终导致逻辑经验主义衰落的原因,也正是它这种对道德言说、宗教信仰盲目排斥的泛科学主义立场,因为在现实生活中,道德言说与宗教信仰毕竟发挥着它们不可或缺的作用。

3. 启蒙的自由主义思想

在理性主义与科学方法论之外,构成启蒙的思想大厦的,还有自由主义思想这一重要维度。尽管对于自由主义的定义与解释众说纷纭,但自由主义的基点无疑是对于个人权利、尤其是其核心——自由权利的保护。由此基点出发,逻辑地演绎出这么一些问题与回答:首先,对个人自身而言,由于认定个人的自由、财产等权利属于一种“自然权利”,是不可侵犯、不可剥夺的,因此个人对于一切事物来说,是最为根本的、高于社会与国家的存在,这就使自由主义表现为一种“个体主义”(individualism)。其次,对个人与外部国家的关系而言,基于对个人权利的捍卫,自然得出国家不得干涉、侵犯个人权利的结论,而要做到这一点,国家的统治(具体表现为政府)就必须得到被统治者的同意。这两个要义,也正是自由主义学说的主要奠基者洛克所要论述的。

自由主义的上述两个要义,抓住了政治哲学的根本,为西方现代国家的建立、现代性的形成奠定了相关的思想基础。这些基本观念的重要性及其实践方面的意义,已经由历史提供的经验与教训所证明。民主社会以人为本,保护了个人的自由,使个人的才能得到充分施展,个人创造的财富得到保护,社会就繁荣就发展;反之,极权社会“苛政猛于虎”,扼杀人的自由,封杀了思想与财富创造的空间,社会就爆发各种危机,最终衰败。

“个体主义”(通常被译为“个人主义”)这一概念,对于国人来说是一个最容易被误解、最需澄清的概念,同时又是东方思想中最缺乏、最需启蒙的观念。在中国迄今为止存在过的意识形态中,这一概念是与“私”字联系在一起的。一提个体主义,就将它与以自我为中心,讲求个人利益,忽略乃至不顾集体、社会的利益这类东西联系起来。不过,对于西方文化而言,我们所误解为"个人主义"的这些东西,其实是用另一个概念"egoism",即"自我主义"来表示的。本人认为,为避免这一语词上的误解,最好是换个译名,将"individualism"译为"个体主义"更为恰当些。实际上,对于西方的"个体主义"而言,它与"利他主义"(altruism)是可以并行不悖的,也就是说,在肯定个人权利的存在及其不可剥夺性的同时,还可以肯定对他人的仁慈与关心,鼓励一种无私心的、做有益于他人的事情的行为。

对于启蒙的个人主义,我们应当辨明的是,它的精神实质简单说来就是"以人为本",也就是说,在人与社会这两极中,个人是本原的、根本的存在,社会是由个人所组成的,是服务于个人的。个人是目的,社会只是实现这些个人目的的手段。个人之所以为"本",这个"本"乃是在于他的不可剥夺的生命、自由与财产等权利,在于这些权利自身所具有的宝贵价值。正是由于如此,所以政府必须通过人民的选举、获得人民的同意而产生,并以服务人民为宗旨。

现在我们亦常说"以人为本"。这里的"人",应当是个体的、具体的人,因为不存在抽象的人;抽象的人,只是语词上的"共相",我们自然不会以语词上的共相为本。主张以人为本,并且已形成共识,这是中国在建构现代性过程中观念上的一大进步。不过,当我们说以人为本时,我们往往更多地是用来表示一种人文关怀,对人的尊重与爱护。人们并非都清楚"人"的这个"本"究竟是什么,因此在这方面,启蒙的个人主义的精神实质会给我们提供一些教益。个人是社会的细胞、基体,是形成社会制度与规范的出发点。一个大家不难明白的道理是,假如个人都没有生命、自由、财产等权利,何来社会的自由与发展?当今中国经济改革取得的迅速进步,其中一个原因,就在于开放、形成各种市场,给人以择业、投资、经商等自由,并且重视起对私有财产的保护,包括在 2004 年的修改宪法中将"公民的合法的私有财产不受侵犯"明确写进条款。显然,伴随着中国社会的继续发展与进步,必定是人之"本"得到更加尊重与保护。

除了作为思想基础的个人主义之外,启蒙的自由主义还涵括了政治与社会哲学中的广泛内容，包括自由、平等、宽容等价值，以及民主、法治、权力的分立与制衡等为实现上述价值而必需的手段。自由主义的这些思想，为西方向现代资本主义社会的转型提供了制度设计所需的理论指导，并由此形成了西方社会的现代性。

对于上述的自由主义所关涉的诸种价值及其实现的诸种手段而言，"自由"乃是其核心的价值，在一定的意义上，民主、法治与权力的制衡等，都是为实现"自由"的目的而服务的。启蒙的自由主义者所说的自由主要是个人在政治和法律意义上的自由。霍布斯所提出的定义："自由这个词语，按照其确切的意义来说，就是外界障碍不存在的状态"，被看作是有关自由概念的"经典陈述"。[23]这种"外界障碍"，在根本上是政治方面的"权力"，这意味着自由本质上就是不受权力控制的。此外，启蒙的自由主义者的"自由"概念的一个基本方面，是将它与法律联系起来。孟德斯鸠对此的认识是："自由是做法律所许可的一切事情的权利。"[24]而卢梭则在这一问题上思考得更深，他的著名的问题是，"人是生而自由的，但却无往不在枷锁之中"[25]，包括处于强制性的法律的约束中，因此他试图加以解决的难题是，人如何在遵守强制性的法律的同时，又能够不失去自己的自由。卢梭用"公意"理论来解决这一难题，他设想人们制定某种社会公约，结合为某个道德的与集体的共同体。由于公约是大家共同制定的，因此服从这一公约乃是在服从公共意志，因此也就等于服从自己。这样，如果任何人拒不服从公意，社会全体就要强迫他来服从，亦即强迫他自由。

卢梭的这种自由观，在伯林所作出的"积极的自由"与"消极的自由"的区分中，被划归"积极自由"的范畴。所谓"积极的自由"，伯林指的是"成为某人自己的主人的自由"[26]，也就是说，这种自由是通过理性的自我主导、自我控制与自我实现来获得的。对于这种自由的主体来说，他只做自己愿意做的事情，这意味着假如遇到障碍的话，那么他就要清除阻碍其意志的障碍，不管这些障碍是什么，不论它们来自自然、主体的未被控制的激情、非理性的制度或其他人的对立的意志或行为等等的反抗。一言以蔽之，伯林称这种"积极自由"的学说是积极的、通过理性获得解放的学说。

将这种学说的逻辑推演下去,对于自然,积极的自由主义者从理论上说可以通过技术的手段加以改造,但对于顽抗他的自由意志的人类将如何处置呢? 如果可能的话,他也应该将自己的意志强加于对方,同样将障碍加以扫除,哪怕这样的扫除活动含有暴力、残酷、对别人的奴役,可能也会在所不惜;特别是,当这种自由的主体由个人而膨胀成某种超人的实体——国家、阶级或民族的话,"积极自由"的学说会将导致极权、专制的结果。因此,伯林认为,"积极自由"乃是当代许多民族主义者、极权主义者等的信条。

与伯林的看法相类似,法国自由主义思想家贡斯当(Benjamin Constant,1767—1830)也视卢梭为个人自由的最危险的敌人,理由是,卢梭主张在订立社会契约时,每个订约者将自身的"一切权利"全部都让渡给整个的集体,并宣称"把自己奉献给所有人,就等于没有奉献给任何人",因为他们奉献出的全部权利只是交给了一个包括自己在内的抽象的政治共同体,而没有奉献给任何别的个人。贡斯当指出,这里个人自由的危险在于,即使主权是"每一个人",它也可能压迫它其中的某一个"成员",如果它决定要这么做的话。

"消极的自由"则指的是个人在特定的领域内保有自己的空间,保有不受阻碍与干预的自由。对于社会而言,则意味着其中必须存在着自由的、某些私人生活领域的疆界,这些疆界是任何人不得跨越的。在这个意义上,自由就是"免于……"的自由,就是在这一个人权利的疆界内不受权力的干涉。洛克等人代表的就是这种消极自由的观念。洛克主张,生命、自由与财产是天赋的"人权",是神圣不可侵犯、不可让渡的,而不是像卢梭那样提出"一切权利"均须让渡,这就为保障个人的自由划定了一条底线。他指出,人类天生都是自由、平等和独立的,如不得本人的同意,不能把任何人置于这种状态之外,使之受制于另一个人的政治权力。在洛克看来,在自由、生命和财产这三者中,财产是基础,自由是本质,人的一切权利都不过是自由的体现。国家的真正目的和功能就在于把这些基本权利纳入它的秩序,从而保留并保障着这些权利。洛克为了保证他所主张的以法治原则为核心的民主政治的实现，还提出了他的分权学说。他把国家的权力分为立法权、行政权和对外权三种，强调权力不能集中于一个人或一个团体之手，否则就无法保障人民包括自由在内的自然权利与公共安全。对于这种"消极的"自由观来说，重要的是要卫护好个人的权利疆界，守住自由的底线，使之不受权力的侵犯，从而保障人的自由。

以上述及的积极的与消极的自由观的区别乃至对立，在启蒙时期并未形成一个专门的理论问题，更不用说在实践上加以区分。只是后来思想家们在反省法国大革命这一历史事件时，其暴力与血腥的色彩使人将它与卢梭的自由论联系起来，希望从启蒙思想中深挖它的理论根源，从而才将这两种自由观尖锐地对立起来。从启蒙中寻求批判现代性的思想源头的做法，除了在这一政治哲学领域之外，影响较大的，还包括在理论哲学方面的对理性主义的批判，对普遍性的知识观与一元方法论的批判，等等。这很容易使人联想到诸如法兰克福学派、尤其是霍克海默与阿多诺在这方面的激进的批判。这些批判也等于向我们显示了现代性之"根"就在启蒙思想之中。

思考题

1. 思想家们对"现代性"作出了哪些界说，这些界说表现出什么不同？
2. 启蒙思想与现代性有着哪些方面的联系？

阅读书目

康德：《回答这样的问题：什么是启蒙运动》，载康德《历史理性批判文集》，何兆武译，商务印书馆，1990年。

福柯：《何为启蒙》，载《文化与公共性》，汪晖等主编，北京：三联书店，1998年。

詹姆斯·施密特编：《启蒙运动与现代性——18世纪与20世纪的对话》，徐向东等译，上海人民出版社，2005年。

注 释

〔1〕 于尔根·哈贝马斯:《现代性的哲学话语》,曹卫东等译,译林出版社,2004 年,第 1 页。

〔2〕 马泰·卡林内斯库:《现代性的五副面孔》,顾爱彬等译,商务印书馆,2002 年,第 49 页。

〔3〕 同上书,第 55 页。

〔4〕 安东尼·吉登斯:《现代性与自我认同》,赵旭东等译,北京:三联书店,1998 年,第 1 页。

〔5〕 安东尼·吉登斯:《现代性的后果》,田禾译,译林出版社,2000 年,第 3 页。

〔6〕 哈贝马斯:《现代性的哲学话语》,第 1 页。

〔7〕 福柯:《何为启蒙》,引自《文化与公共性》,汪晖等主编,北京:三联书店,1998 年,第 430 页。

〔8〕 另一种说法,是将"启蒙运动"用于特指 18 世纪法国的思想启蒙运动。本书采用的是比较宽泛的界定。

〔9〕 伯林:《反潮流:观念史论文集》,冯克利译,译林出版社,2002 年,第 1 页。

〔10〕 约翰·莫利:《伏尔泰》,转引自葛力等著《启蒙思想泰斗伏尔泰》,世界知识出版社,1989 年,第 43 页。

〔11〕 迈克尔·欧克肖特:《政治中的理性主义》,张汝伦译,上海译文出版社,2003 年,第 2 页。

〔12〕 罗尔斯:《道德哲学史讲义》,张国清译,上海:三联书店,2003 年,第 10 页。

〔13〕 伯林:《反潮流:观念史论文集》,第 22 页。

〔14〕 哈耶克:《个人主义与经济秩序》,贾湛等译,北京经济学院出版社,1991 年,第 8 页。

〔15〕 休谟:《人性论》,关文运译,商务印书馆,1980 年,第 8 页。

〔16〕 黑格尔:《逻辑学》,杨一之译,商务印书馆,1966 年,上卷第 9 页。

〔17〕 黑格尔:《小逻辑》,贺麟译,商务印书馆,1980 年,第 177 页。

〔18〕 牛顿:《自然哲学的数学原理》,加利福尼亚大学出版社,1962 年英文版,第 2

卷第 547 页。转引自约翰·洛西《科学哲学历史导论》,邱仁宗等译,华中工学院出版社,1982 年,第 86 页。

〔19〕 转引自 W. C. 丹皮尔《科学史及其与哲学和宗教的关系》,商务印书馆,1975年,第 245 页。

〔20〕 休谟:《人性论》,第 16 页。

〔21〕 伏尔泰:《哲学通信》,转引自北京大学哲学系外国哲学教研室编译的《十八世纪法国哲学》,北京:商务印书馆,1979 年,第 61 页。

〔22〕 丹皮尔:《科学史及其与哲学和宗教的关系》,李珩译,商务印书馆,1975 年,第219 页。

〔23〕 阿巴拉斯特:《西方自由主义的兴衰》,曹海军等译,吉林人民出版社,2004 年,第 73 页、175 页。

〔24〕 孟德斯鸠:《论法的精神》,张雁深译,商务印书馆,1978 年,上册第 154 页。

〔25〕 卢梭:《社会契约论》,何兆武译,商务印书馆,1980 年,第 8 页。

〔26〕 伯林:《自由论》,胡传胜译,译林出版社,2003 年,第 200 页。

第二讲

现代性的性质与特点

"现代性"的主要内涵与特征

现代性与现代化

在进入现代性的具体问题之前,我们先对现代性概念的一些基本内涵与特征作个介绍,以使读者能够事先有个概括性的了解,从而有助于在宏观的视野下来把握问题。上一讲中我们所介绍的启蒙运动的思想背景,包括理性主义的精神及其对宗教教会与迷信的批判,科学的观念及其方法论,以及自由主义的思想,这些启蒙新观念所形成的思想洪流,冲击着中世纪的神学思想体系,孕育了法国大革命与美国宪政国家的产生。这些从观念到制度的变化,如果从某种文化社会形态的角度看,那么相对于中世纪的"神学社会"的形态,现代性则表现为一种马克斯·韦伯意义上的"世俗社会"的形态。也就是说,通过社会在现代化过程中所逐渐演变的"祛魅"过程,西方现代社会最终成为一种理性的而非神性的世俗的社会。在本人看来,从这一基点切入,能够使我们比较容易理解为什么"理性"在启蒙以及现代性的形成中占有如此核心的地位,理解为什么这一概念成为一切哲学为之旋转的中心,以及相应而来的"主体性"、"自我意识"和"自由"等概念所发挥的作用。

一 "现代性"的主要内涵与特征

1. 现代性的世俗化过程

基督教的基本信条,如原罪说、救赎说等,是以否定现世的生活为基础的。人类的始祖亚当、夏娃由于违反了天条,偷吃了知善恶之果,使得人类由此获有"原罪",需要世世代代的人们通过禁欲、辛勤劳动来求得上帝的恩典,救赎自己的灵魂。加上上帝创世说等其他信条,基督教形成了自己特有的"宗教世界图景"。在这样的图景下,人在精神上依附于上帝,成了神的附庸,以上帝的意志为意志,以神的启示为思想的标准,从而也就丧失了理性,失去了思想的自由。中世纪的哲学曾经有"神学的婢女"之称,就是这种"宗教世界图景"的一个形象写照。

现代性的"世俗化"过程,本质上是宗教的控制与影响的衰落以及相应的对世俗生活的肯定的过程。西方文艺复兴运动的精神实质,是重新发现人性,也就是人性的复归。它反对中世纪神学抬高神、贬抑人的观点,肯定人的价值和尊严,反对神学主张的禁欲主义和来世观念,重新肯定对人世间的爱情、幸福等的追求,重新肯定世俗的生活,要求人生的享乐和个性的解放,肯定现实生活的意义。启蒙运动更加旗帜鲜明地反对宗教迷信,张扬了人性,在宗教观上展现了由一神论向自然神论乃至向无神论的转变,由虔诚的宗教崇拜向世俗主义的转变。与之相伴随的,是教会的控制和影响逐渐地从社会和文化的各个领域中撤出。韦伯曾经将这一过程称为世界的"祛魅"过程。在他看来,现代社会的产生与理性主义有着内在的联系,它对宗教的批判导致了神秘的宗教世界图景的瓦解。

将现代性视为世俗化的过程,这种解释具有一定的普遍性。利奥·斯特劳斯(Leo Straus,1899—1973)的说法可为我们提供一个印证。他写道:"什么是现代性的特性呢？按照一种相当通行的说法，现代性是一种世俗化了的圣经信仰。"[1]这意思是说，人们不再寄希望于宗教彼岸的天堂生活，而是要凭借纯粹人类的手段，在此岸的尘世上建立自己的天堂。斯特劳斯并且以黑格尔为例进行分析。他认为，对于黑格尔而言，基督性是真正的宗教、绝对的宗教；而基督性在于在完全的世俗化中与世界达成和解。因此，在黑格尔那里，"现代性的本质就是世俗化了的基督性"[2]。

笔者认可这种由世俗化来解释现代性的观点，因为从文化社会的视角看，它为西方的现代性提供了一种比较贴切的解释，符合西方社会从中世纪、文艺复兴、宗教改革、启蒙运动到现代社会的建立这样一个与宗教背景有关的历史进程的内在逻辑。尤其值得指出的是，按照西方一些学者的解释，路德宗教改革的观念和行动构成了欧洲近现代政治思想的一个来源与基础，因此新教运动与欧洲的现代性这两者之间有着特别密切的联系。

分析起来，宗教的世俗化过程主要表现为这么几个方面。首先，它是一个理性化的过程。"理性化"的含义，是以理性为判断与衡量事物合理性的源泉和标准，用理性的"法庭"来取代宗教的"法庭"。世界总是需要权威的，特别是对于长期处于宗教制度的控制与影响之下的西方人来说，在消除宗教教会的权威的同时，更需要有一个新的权威来取而代之。由此，我们也比较容易理解启蒙思想高扬理性的意义，它旨在用理性来取代神的意志，用理性的权威来取代神的权威，用理性所颁布的规范来取代神的命令，而这一切归根到底，是要用人来取代神，实现有如康德所提出的"人的目的王国"这样的目标。

其次，宗教退出世俗的领域，成为精神生活方面的事情；社会的政治与经济活动获得其独立性。从经济与社会的角度看，上述宗教图景瓦解以及制度设计的结果，使现代性表现为社会结构和意识的世俗化。这种世俗化的意识在近代政治哲学里的一个突出表现，是霍布斯把现代性政治的问题看作在于使政治在非神学领域之外取得合法性认同。霍布斯将政治从神学、道德领域中分离出来，政治不再被看作是德性的实践，而是权力与统治技术的问题。权力与政治统治技术被霍布斯列为政治哲学与现实政治的中心。

　　格里芬曾经把现代性看作是这么三种分离的过程，其特征就是世俗化。一是政治与宗教的分离，二是经济领域与政治领域的分离，三是经济与(非功利主义)道德的分离。第一个分离的结果是，政治以及相应的文化、教育等挣脱了教会的控制。第二个分离的结果是经济被看作是独立于政治的领域，它应当享有自己的自主权，如同黑格尔也认为的那样，政府不应干预市场。我们可以补充说，这两个分离是社会结构方面的分离。第三个分离则属于观念意识的世俗化，即用功利主义的经济观取代了道德观，社会被看作应当服从经济的需要，而不是相反。这种功利主义经济观注重收入、财富、物质的繁荣，并把它视为社会生活的核心。

　　现代社会与文化世俗化的结果，并不意味着宗教的消失，这是两种不同意义上的事情。世俗化使宗教退出政治的领域，不再干预政治，并且也不再控制思想与文化领域，但这并不妨碍宗教继续作为一种精神的信仰为人们所接受，继续在精神领域产生它的影响，继续为人们提供精神方面的安身立命之地。事实上，包括启蒙的一些激进的宗教批评者，也不否认宗教在精神方面的意义，如伏尔泰，他对腐败的教会和僧侣进行了猛烈的抨击，但却主张信仰上帝的必要性，甚至宣称："即使上帝不存在，也要创造一个。"这些启蒙思想家希望的是革除教会的腐败，扫除蒙昧的宗教迷信，把社会从神学和教会的监护下解放，但是并不反对建立一种理性化的、真正自由信仰的宗教。

　　宗教在启蒙时期所遭受的猛烈批判及其产生的世俗化倾向，使宗教在现代社会应当具有什么位置的问题凸现出来。现代性的大哲学家康德与黑格尔对此进行了深入的思考。在启蒙对宗教的批判上，他们两人的态度是不同的。康德赞同启蒙对宗教的批判，而黑格尔则持反对态度，虽然他们在对宗教作用的最终认识上以及建立一种道德性的宗教的主张是一致的。

　　康德对启蒙运动所关注的，主要在宗教方面。在他看来，对于社会来说,宗教方面的不成熟状态是最有害、最可耻的一种。为了排除传统宗教的危害,他一方面批判了关于上帝存在的证明,从哲学上否认了上帝的存在,另一方面提出了"理性神学"的思想,试图把宗教改造为道德的宗教。他认为,道德既需要上帝,甚至道德律需以上帝为前提,因此一种"理性神学"就是必要的了,由此也就需要设定上帝的存在,把它作为一个伦理意义上的"假定"或"公设",将它设想为"某种道德的目的王国中的立法首领"。[3]宗教也因此不被看作神学的认识,而是当作一种履行所有作为来自上帝命令的责任的道德倾向。这样,他把宗教定义为"将责任视为神的命令",宗教信仰由此也就成为一种"道德上的信仰"。康德认为,这种信仰的优越性在于,它使人们的一切努力集中到"信念的纯洁性以及对一种端正的生活方式的责任心之上"。[4]我们也可以将康德的这种宗教观理解为在世俗化的社会中,宗教所能起的一种正当的作用。

与康德相比,黑格尔的宗教情结更为强烈,宗教观也显得传统得多。他的主要目的是实现人与神的"和解",使宗教与国家保持一种和谐相处的状态。宗教的合理性在于它与哲学的性质一样,都是属于精神的范畴,属于某种"绝对理念"。因此基督教是一种"精神的宗教"。"上帝"由此是一种思想,不过是"至高的思想"。不论人或上帝,他们总之只是理性,只是精神,只不过前者是个别的精神,后者是普遍的精神。由于同为精神,因此他们之间可以达成和解。不过同康德一样,黑格尔也认为宗教的作用是服务于道德的,它借助神的观念来加强人们的伦理动机,给道德提供一种新的崇高动力。

黑格尔之所以对启蒙的宗教批判持否定的看法,在于他认为启蒙在宗教问题上未能达到促进道德的效果。此外,在宗教与国家的关系问题上,黑格尔认为二者之所以是可以和谐的,乃由于它们有着共同的基础,都是同一自由精神的体现。宗教的自由是精神的自由,而国家则是世间的自由。黑格尔用"自由"来规定宗教与国家的本性,并为宗教在现代社会中的作用作出定位,将它归属于"精神"的领域,这在本质上同康德的构想一样。事实也确实如此,虽然从启蒙至今,宗教的世俗化经历了三、四个世纪的漫长过程,但宗教依然存在,信徒依然普遍,不过这种作用回归到它应有的精神信仰的领域。

2."理性"与"理性化"

从宗教反思的维度看,似乎更容易看清现代性哲学为什么要如此费力地论证"理性"概念,因为相对于神学的世界,世俗世界同样需要指认其认识原则的根据、道德法则的根据,并确立它的权威。这一根据与权威,以往在神学的世界那里是上帝,现在在世俗的世界里,则必须用某种独立、自足的东西来替换,而这被归之于"理性"。"理性"实际上乃是"人"的代名词,宗教的世界与世俗的世界的对立,不外是神与人的对立,只不过现代性哲学并不泛泛地讲人,而是要从其本质上来讲,于是有了对"人是理性的存在"的认识。"理性"被确立为人的根本。

这一确立是从认识论上开始的,它首先体现在近代法国哲学家笛卡尔的著名命题"我思故我在"中。黑格尔曾经这样评价了笛卡尔的作用:"笛卡尔事实上是近代哲学真正的创始人,因为近代哲学是以思维为原则的。……哲学在奔波了一千年之后,现在才回到这个基础上面。"[5]虽然在古希腊哲学那里已经有了理性的概念,例如柏拉图宣称感性认识只能把握变动不居的现象世界,产生没有必然性的意见,而理性认识则能把握本质性的理念世界,获得的是普遍性的知识与真理;但真正得到认同的对理性的概念与原则的确立,则是从笛卡尔开始的。笛卡尔把理性看作一种我们天赋的思想能力,称之为"理性之光"或"自然之光",它能使我们认识到最深刻的科学奥秘。由于理性与感觉在认识层次上的这一差别,因此对于哲学来说首要的任务在于能够"引导心灵离开感觉",使之上升到理性思维的层面。在荷兰哲学家斯宾诺莎(Baruch Spinoza, 1632—1677)看来,理性作为一种高级的认识能力,表现在它能够"如事物所是的那样真实地"感知事物。莱布尼茨也把理性看作是一种天赋的能力,他同笛卡尔一样也拥有"自然之光"

的观念,认为理性高于感觉之处,在于它能够使我们认识普遍必然的真理,反之,虽然感觉能够勉强让我们知道是什么,但它们无法让我们知道必定是什么或不能够是其他的什么。

这里我们看到,近代早期的"理性"概念首先是一种与感觉相比较的能力,它是高于感觉的、能够把握事物本质与普遍必然真理的认识能力。此外,当时的理性概念还有另一方面的含义,它在把自然界看作一种有秩序、有规律的体系的基础上,相信人的认识能够建立起完备、统一的知识体系。再者,对于现代性哲学来说最为重要的是,理性的"我思"作为一种思想的源泉与根据,由笛卡尔的"我思故我在"的命题开始,它成为理性主义的一种思维模式,即通过"自我意识"来演绎哲学思想的规定。"我思故我在"成了理性主义哲学的一个标志性命题,近代哲学也由此表现为"意识哲学"的形态,这种哲学思维模式成为后来现代性批判的一个主要对象。

随着18世纪启蒙运动的推进,哲学家们对理性的实质与作用也有了更深刻的认识,这一认识集中体现在康德与黑格尔那里。我们先来看康德。如所周知,康德写下了著名的三大批判以及其他论著,系统地对理性的能力与作用进行了思考,使理性与现代性有了明确的关联,成为现代性的基本构成要素,这集中表现在如下两个方面。

首先,理性的运用是启蒙发生的前提,而启蒙则是现代性产生的先决条件。在康德看来,启蒙的目的是使人摆脱其思想的不成熟状态,而所谓的"不成熟状态"则是指如果不经别人的引导,就无法运用自己的理智,也就是处于一种蒙昧的状态。而要进行启蒙,就"必须永远有公开运用自己理性的自由,并且惟有它才能带来人类的启蒙"[6]。

其次,理性是认识之源、价值之源。从认识上说,这一方面表现在统觉的"我思"是一切认识的最高条件,它是对感性质料进行综合的最高根据,另一方面表现在经验认识的规则先天地在于理性自身中,也就是说,理性自身能够提供有关经验判断的系统规则或原理,正是依据这些原理有关现象世界的科学认识才得以可能。此即康德的人为自然立法,或曰他的认识论上的"哥白尼式的革命"。从道德伦理上说，一方面实践理性的本源根据作用表现在它能够提供一种绝对的道德律令，并以此作为人的道德责任，使之在道德判断与行为上实现自律，另一方面这一道德律令提供了一种善恶的价值标准，符合这一道德法则的动机及其行为就是善的，否则是恶的。这里，不论是作为认识的还是道德的最高根据条件，总之理性都具有至上性。

继康德之后，黑格尔把理性概念推向最高峰。首先，他以展示一种从意识、自我意识再到理性的"精神现象学"的方式，来证明理性是所有人类精神意识的最高表现与成就；其次，他进而把这种理性的精神发展史，以先后相继的方式展现为一个严格的概念体系，并证明这本身就是一种历史与逻辑相统一的思维逻辑。最后，也最为重要的是，他为事物建立了一个理性标准："凡是合乎理性的东西都是现实的；凡是现实的东西都是合乎理性的。"[7]这一标准的重要性，突出表现在韦伯那里，"合理性"成为衡量现代资本主义以及现代社会的经济、政治、法律等各方面的进步性的标准，"理性化"因此成为现代社会及其现代性的标志性符号。

韦伯把"理性主义"视为西方文化所特有的东西，把"找寻并从发生学上说明西方理性主义的独特性，并在这个基础上找寻并说明近代西方形态的独特性"作为当务之急的一个目标。[8]在德国理性主义的思想背景下，他对现代社会的分析突出了两个概念——"理性"与"理性化"，前者在他那里演化为"价值理性"与"工具理性"这一对立、冲突的概念，后者则成为他用来描述、刻画与评判现代资本主义的经济、政治和法律等行为规范的特定概念。资本主义现代化的过程，在韦伯的这种分析中，表现为一个全面理性化的过程，而理性化也因此成为"资本主义精神"，亦即资本主义的现代性。在经济行为方面，这种理性化表现为精确计算投资与收益之比的"簿记方法"；在政治行为方面，表现为行政管理上的科层化、制度化；在法律行为方面，表现为司法过程的程序化；在文化行为方面，表现为世界的"祛魅"过程，即世俗化过程。

然而，这种"形式"方面的行为合理性，造成的结果只是一种"工具合理性"，即运用某种手段来达到某种特定的目的，而不顾及行为在"内容"上的合理性，即它所应有的道德价值考虑。然而社会本应以"公正"、"善"等价值为指归，因此现代社会在"形式合理性"与"实质合理性"方面发生了分裂，这不仅意味着形式合理性所蕴含的"工具理性"成为纯粹功利主义的东西，而且意味着形式合理性已走向理性的反面，成为一种非理性的东西。西方的现代性由此蕴含着一个内在的冲突。

韦伯这方面的分析、特别是他所运用的"工具理性"与"理性化"这两个概念，比较深刻地把握了西方现代性的特征与问题，因此，这成为有关现代社会分析的经典学说，构成后现代主义产生之前的有关现代性解释的基本概念系统与分析框架。西方的现代化过程与现代性的形成，循此被解释为一个理性化的过程。他的"工具理性"的论说，则被西方马克思主义、特别是法兰克福学派用来作为资本主义社会与现代性的弊病的一个主要符号，从而成为他们进行"技术理性"批判的一个主要概念根据与话语源泉。从霍克海默、阿多诺的社会批判理论，到马尔库塞的发达工业社会的研究，再到哈贝马斯的"交往行动理论"，莫不如此。

3."自由"构成现代性的根本价值

在第一讲中，我们已经初步提及"自由"这一价值在启蒙哲学中的重要地位。以洛克为例，他认为在自由、生命和财产这三者中，自由是本质，人的一切权利都不过是自由的体现。这里，我们进一步从康德与黑格尔的哲学那里，来看看自由在现代性中所具有的根本价值。之所以如此，是因为康德与黑格尔哲学在现代性的观念史上所具有的举足轻重的地位，前者被誉为表达了"现代性态度的纲领"[9]，后者则被视为使现代性"升格为哲学问题的第一人"[10]。

康德明确宣称："人类理性的立法（哲学）有两大目标，即自然和自由。"[11]这里的"自由"，指的是道德的自由。作为对道德进行形而上学思考的哲学家，康德所论述的自由，与卢梭、孟德斯鸠等人着重于政治学意义上的自由不同,他的"自由"概念是"形而上"层面的,也就是进入到对"人是什么",对人之所以为人的根据的思考。他对这一问题给出的答案是,"人是目的",永远也不能被作为手段。人格的价值与尊严,在于它在道德上是自律的,即自己为所要遵守的道德立法,并服从自己所颁布、确立的这些道德法则;而不是他律的,即被外在的感性欲望所左右。更进一步说,道德之所以能够是自律的,是由于作为道德的主体,人具有自由意志。"自由"与自然的因果决定论不同,后者只能无条件地服从原因决定结果这种机械的因果关系,例如天下雨了,地就必然湿,"地湿"是"天下雨"这一原因的必然结果。而"自由"则是能够自发地开始一个原因的系列,也就是说,它是自我决定的,自己是自身行为的原因,可以不受其他条件的左右。通俗地说,就是我能够对自己的行为作出决定,作出选择,比如,我现在可以选择去教室自修,也可以选择去图书馆,甚至可以选择去看电影。

康德的这种道德自由在性质上是一种"先验的自由"。所谓"先验",是与"经验"相对而言的。经验的东西是来自于外部的可感觉的事实,而先验的自由则是来自于非经验的、纯粹的"理性"本身,在道德行为中,是来自于人的"意志"或曰"实践理性"。这种"先验自由"的确立,对于"人是什么"的认识来说,它确立了人的主体性。再也没有什么凌驾于人之上的造物主了,人是真正的"万物之灵",是一切事物的尺度。他依靠自己的理性与意志,不假他求,就可既为自然立法,也为道德立法。

如果把康德的这一意志自由学说放在历史的背景下,那么就可显出它的积极意义。虽然路德对罗马教会的批判在历史上起过重要的作用,但他却是反对"自由意志"说的。他否认人有选择善恶的自由,断言信徒的意志被上帝的意志所驱使,在上帝的意志与信徒的意志之间,只存在着因果决定关系,人没有违背和反对上帝的自由。人在上帝面前所能做的,只能是通过信仰而成为"义人",获得被上帝免除罪恶的恩典,从而获得"重生"。

假如按照路德的这一学说,人就无法摆脱对上帝的依附。人既无独立的理性,也无自决的自由意志,那么启蒙所要建立的一切价值观念与道德原则,以及理性的"立法",也就缺乏必需的前提条件——理性与自由意志,从而摆脱教会控制的、世俗的社会也就无从产生。在这个思想背景下来考察,我们就可比较清楚地看清康德"自由意志"说的积极意义。他同启蒙的其他学说一样,要扫清的是阻碍现代性进程的思想障碍,为现代观念提供其立论的最终根据。

与康德旨在提供作为道德立法基础的"先验的自由"不同,黑格尔的自由观更多地表现出的是它的现实的品格,虽然从哲学的形态上说,黑格尔哲学属于"思辨的"哲学。之所以说黑格尔的自由观的基调是现实的,这集中体现在他的这一思想,即强调"只有在个人属于伦理的现实时",他们的主观上所规定的"自由的权利",才能得到实现。[12]这些所谓的客观自由的"伦理的现实",在黑格尔那里表现为三个环节:家庭、市民社会与国家。在国外,有的研究者称黑格尔在《法哲学原理》中提出的有关市民社会的学说是这方面"最著名的陈述"[13]。卢卡契甚至把这一学说视为黑格尔哲学的中心。这里,笔者认为黑格尔的市民社会学说是他对现代性政治哲学的一个重大贡献。

黑格尔把市民社会作为一个独立于国家的公民"自治"的领域,赋予公民一个保有自己的利益,不受国家干预的自由的空间。在他之前,英法启蒙思想家虽也使用了"市民社会"一词,但其基本含义是指与自然状态相对的政治社会或国家,而不是指与国家相对而言的独立的实体性社会。例如卢梭在他的《论人类不平等的起源和基础》一书中,就用这一概念来指称同自然状态相对照而言的,由理性和公民主权所统治的文明社会。18世纪的德国哲学家康德同样也使用了市民社会这一概念,认为"建立起一个普遍法治的市民社会"是"大自然迫使人类去加以解决的最大问题"。[14]但他的这一概念与英法的启蒙哲学家一样,并未与"国家"区分开来。市民社会在本质上被看作一个法律的联合体,它通过公共法律来保障市民的权利,这显得与政治社会或国家并没有什么区别。

而到了黑格尔,这一概念的规定性有了根本的变化。在他那里,市民社会作为"家庭"与"国家"之间的一个"中介"环节,其目的是"私人的利益",它是一个经济活动意义上的"需要的体系",是人们以契约性为基础而追逐私利的领域。由于满足需要的手段主要是劳动,因而劳动与分工构成市民社会的主要内容。此外,黑格尔的市民社会概念的一个主要特点,还在于它强调市民社会通过同业公会和各种自治团体所表现出的组织性和秩序,这蕴含着市民社会的自治的性质。他认为没有组织的个人,其行为只是完全自发的、无理性的甚至是野蛮与恐怖的,因此个人是无法直接与国家打交道的,只有通过以有组织的方式进入国家这一有机的整体时,其利益才能得到实现和保护。

与市民社会不同,国家的目的则是"普遍的利益"本身。这是由于在黑格尔看来,个人利益与需要这些"特殊的目的",只有在国家那里才能得到满足,因此国家构成社会的前提条件,表现为"具体自由的现实"。[15]这里,"自由"具体体现在国家中人们的权利和义务的统一。个人对国家尽多少义务,同时也就享有相应的权利。因此,现代国家的这一义务与权利相统一的原则,在黑格尔看来也就是"人类人身自由的原则",它也是"国家内在力量之所在"。[16]此外,国家的一个基本作用,还在于它作为一个"社会正当防卫调节器"[17],为社会的安全与秩序提供保障。按照黑格尔的哲学,特殊性必然以普遍性为条件,因此在他那里,在国家与市民社会这两者之间的关系上,国家高于社会、决定社会,这是黑格尔政治哲学的最终结论。

尽管黑格尔得出的是一种国家主义的结论,但他有关市民社会的思想,却是对自由与民主思想的一个贡献。因此当20世纪后期"市民社会"这一概念成为西方思想界关注的焦点时,黑格尔的有关思想也成为一个思想资源得到开掘。哈贝马斯评论道:"虽然他(黑格尔)用的是传统的名词'市民社会',但这个名词代表的却是一个崭新的社会事实,它与[古希腊、罗马时期的]市民社会或城邦的古典形式是不可同日而语的。"[18]沿着黑格尔有关家庭、社会与国家这一三元结构的思路,"市民社会"被进一步界定为既有由私人利益所构成的、与公共权力机关相区分的"私人领域",同时又有由非国家的社会组织,亦即由自由的个人所组成的各类团体(政党、教会、商会、工会、学术文化团体等)开展活动的"公共领域"。但不论是市民社会中的私人领域或公共领域,总之它们都是自治的、不受公共权力侵犯的。进而,"公共领域"这一概念也得到广泛的关注。哈贝马斯将它界定为公众发表公共意见、尤其是对以国家形式组织起来的权力机构的批判性意见,并形成公共舆论的领域。"公共领域"被看作是一个介于社会与国家之间并对两者进行调节的领域,这一调节主要是通过公共舆论来进行的。

二 现代性与现代化

1. "现代性"与"现代化"概念的辨析

对"现代性"的研究涵盖了哲学、政治、社会与文化等不同领域,因此这一概念的运用也就相应有了学科上的差别,从而有了哲学、政治学、社会学意义上的以及文化和审美等意义上的现代性。本书关注的主要是哲学意义上的现代性。这里,之所以要预先指出它与"现代化"概念的区别,是由于在笔者看来,这两个概念虽然有密切的联系,但从学理上说却是分属两个不同的范畴。首先,从因果关系上说,"现代化"属原因,而"现代性"则是其结果,是科学技术、经济生产、社会转型等这些现代化过程的推动,才产生了作为现代社会的"属性"的现代性;其次,更重要的是,现代化与现代性本质上分属"实证的"与"规范的"两种不同范畴。对一个国家或地区是否实现了现代化,我们可以用一些权威的指标来加以衡量,但却无法从量的角度来判断一个国家或地区的"现代性"状态如何。借用哲学上的"是"(事实)与"应当"(价值)的划分,"现代化"问题可归入"是"的范畴,属于事实性的、可用量化指标来衡量的实证问题;而"现代性"则属于价值的问题,即它的目的取向、内在原则、行为方式等的合理性如何的问题。由这样的区别,自然可以导出下述的结果,即同样是达到了现代化的指标的国家,它们在现代性方面却可以是有所差别,乃至是有天壤之别的,因为它们可以奉行不同的价值理念与行为方式,从而表现为制度规范上的差别。具体言之,可以有资本主义的现代性,也可以有社会主义的现代性,并非只是"自古华山一条路"。这样的意识,在学理上为现代性的创新留下了广阔的空间。

上述所导出的现代性可有的差别,为我们凸现了在学理上区分"现代化"与"现代性"概念的意义。返观在有关论述现代化与现代性的论著中,这两个概念的混淆则是一个常见的现象,它导致了对这两个概念在使用上的混乱,因此有必要予以辨析和澄清。例如,在金耀基将"现代"与"现代性"概念等同使用时所列出的它们的六个特征——工业化、都市化、普遍参与、世俗化、高度的结构分殊性(structual differentiation)、高度的"普遍的成就取向"——中,实际上除了"世俗化"之外,大都属于"现代化"的特征。[19]

美国学者布莱克(C. E. Black)曾经这样说明"现代性"与"现代化"这两个概念的区别。他写道,从上一代人开始,"现代性"概念逐渐被广泛地运用于表述那些在技术、政治、经济和社会发展诸方面处于最先进水平的国家所共有的特征;"现代化"则是指社会获得上述特征的过程。这是从因果关系的角度来说明现代化与现代性两概念之间的区别。现代化是动态性的"因",现代性则呈现为静态性的"果";由现代化的过程,产生了作为从出的现代性的特征。不过,虽然这一说明点明了两者之间的因果关系,但他的有关说明则是主要从"技术、政治、经济和社会发展"的角度进行的,而"现代性"概念的最深的层面,却是属于哲学的,属于哲学反思所把握的时代本质与精神。就这一意义来说,现代化主要是一个在经济学与社会学层面上谈论的范畴,表明社会从农业文明进入工业文明,表明社会在这一文明变化过程中在生产力、生产方式、经济增长、社会发展上与传统农业社会相比的根本变化,以及社会在城市化、信息化、教育普及、知识程度提高等方面的巨大进步。"现代性"则主要是一个哲学范畴,从哲学的高度审视与批判文明变迁的现代结果,着眼于从传统与现代的对比上,抽象出现代化过程的本质特征,着眼于从思想观念与行为方式上把握现代化社会的属性,反思"现代"的时代意识与精神。

为了有助于这一对比,下面我们来看看有关"现代化"概念的界定。

1960年欧美和日本学者在日本的箱根举行了"现代日本"国际研讨会。这是"国际上第一次认真而又系统的讨论现代化问题"的会议,它为现代化首次确定了如下的八项标准:

(1)人口相对高度集中于城市之中,城市日益成为社会生活的中心;

(2)较高程度地使用非生物能源,商品流通和服务设施的增长;

(3)社会成员大幅度地互相交流,以及这些成员对经济和政治事务的广泛参与;

(4)公社性和世袭性集团的普遍瓦解,通过这种瓦解在社会中造成更大的个人社会流动性和更加多样化的个人活动领域;

(5)通过个人对其环境的世俗性和日益科学化的选择,广泛普及文化知识;

(6)一个不断扩展并充满渗透性的大众传播系统;

(7)大规模的制度的存在,如政府、商业和工业等,在这些制度中科层管理组织不断成长;

(8)在一个单元(如国家)控制之下的大量人口不断趋向统一,在一些单元(如国际关系)控制之下的日益增长的互相影响。

上述标准集中于从人口、商业服务、环境、教育、管理等社会领域来考虑问题,因此是从社会学的角度提出的现代化标准。它作为第一个制定的标准,相对于后来的标准而言,显得比较粗糙,考虑的问题不够广泛、具体。我们可以再列出几个标准用以对比。

著名的美国社会学家阿历克斯·英格尔斯(Alex Inkeles)给出了一个量化的社会现代化指标,其具体参数如下:(1)人均国民生产总值(GNP)3000美元以上;(2)农业产值占国民生产总值的比重在12—15%以下;(3)服务业产业占国民生产总值的比重为45%以上:(4)非农劳动力占总劳动力的比重为70%以上;(5)识字人口的比重在80%以上;(6)适龄年龄组中大学生的比重为10—15%以上;(7)每名医生服务的人数在1000人以下;(8)平均预期寿命 70 岁以上;(9)城市人口占总人口的比重为 50% 以上;1(0)人口自然增长率在 1% 以下。这一现代化的量化指标尤为具体,其特点是主要围绕生活质量来设置指标,并且具有可操作性的优点,便于使用者进行衡量、对照与评判。

帕森斯的学生利维也曾为现代社会提出了六项标准,它们构成现代社会的基本条件;现代化的过程则是向这些标准靠拢。这六项标准是:认识方面的理性主义;人际关系方面的普遍性原则;社会机制方面的特定功能;情感方面的克制与回避;目标取向上的责任感;社会结构方面的非等级制。这六项标准的特点是着重于从人的意识与精神的角度考虑现代化问题,包括认识的、情感的、意志的(道德责任),以及人际间的关系。与此相应也就撇开了现代社会的物质的标准方面。

我国学者罗荣渠曾经对有关的现代化理论进行整理,归纳出有关现代化含义的四类界说,它们分别是:

首先,现代化指在近代资本主义兴起后的特定国际关系格局下,经济上落后国家通过大搞技术革命,在经济和技术上赶上世界先进水平的历史过程。中国共产党及其政府领导人在阐述中国的社会主义现代化方针与政策时所一贯明确表述的,正是这一思想。

其次,把现代化视为工业化,是经济落后国家实现工业化的进程。在罗荣渠看来,这种观点与第一种的实质内容并无区别,只是前者的特殊之点在于它的政治立论。

第三,现代化是自科学革命以来人类急剧变动的过程的统称。按照这种观点,人类社会在现阶段发生的史无前例的变化,不仅限于工业领域或经济领域,同时也发生在知识增长、政治发展、社会动员、心理适应等各个方面。罗荣渠指出,这种现代化观点与上一种观点的不同之处,在于它不是着眼于工业化的纯粹经济属性,而是注意到社会制度即结构与工业化和经济发展的关系,认为科学革命具有改变人类环境的巨大力量,造成特殊的社会变迁方式,而社会各单元对于这一新环境和变化的适应和调整的过程就是现代化。

第四,现代化主要是一种心理态度、价值观和生活方式的改变过程,换句话说,现代化可以看作是代表我们这个历史时代的一种"文明的形式",这主要是从社会学、文化人类学、心理学的角度考察现代化的。这方面的观点以德国著名社会学家韦伯为代表。从韦伯学派的观点看来,现代化就是"合理化",是一种全面的理性的发展过程。按照韦伯的说法,"归根到底,产生资本主义的因素乃是合理的常设企业、合理的核算、合理的工艺和合理的法律,但也并非仅此而已。合理的精神,一般生活的合理化以及合理的经济道德都是必要的辅助因素"[20]。

罗荣渠的概括展现了现代化概念的诸种含义,使我们对现代化概念有比较全面的了解。从他上面的概括以及联系到前面有关的现代性含义,我们可看出现代化含义有政治学、社会学、经济学、文化学、社会心理学等方面的侧重或不同,并且在心理态度、价值观和生活方式方面与哲学也有些许交叉,但从根本上说,它们毕竟不是专门从哲学的角度来思考的,这一点构成现代化与现代性概念的一个基本区别;也就是说,现代性概念提供了哲学上的思考,它不仅涉及到现代性的合理性问题,而且还要深入到有关这种合理性的"确证"问题,提供有关这种合理性的根据,亦即为现代性的目的、现代性的原则等提供一套哲学论辩的话语系统。虽然现代性概念也有从类似的政治学、社会学与经济学等层面上进行界说的,特别是往往从作为一个与"传统"相对的概念来进行对比,例如从这一视角出发,将现代性概括为如下的特征:(1)民主化;(2)法制化;(3)工业化;(4)都市化;(5)均富化;(6)福利化;(7)社会阶层流动化;(8)宗教世俗化;(9)教育普及化;(10)知识科学化;(11)信息传播化;(12)人口控制化;等等。[21]但这样的概括,一则难以同前面引用的那些从"现代化"视角进行的概括相区别,二则在理论深度上也无法同那些从哲学视角上进行的论说相比,因此,有关现代性的根本规定应当是在哲学层次上进行的,类似于福柯所提出的时代精神、思想与感觉的方式、行为的方式之类的东西。

2. 现代性自我确证的话语系统

作为规范性的现代性哲学，我们已经提到它要提供的是有关现代性的目的、现代性的原则等一套哲学论辩的话语系统。哈贝马斯曾经将现代性的这套哲学话语系统归结为"现代性的自我确证"。这种自我确证中最可宝贵的是有关人的观念，它是由哲学的"形而上学"来提供的。形而上学按照康德的界说，是来自纯粹理性的、非经验的学说，亦即关于"范畴"或"理念"这类纯粹知性或理性概念的学说；这意味着关于人的观念只能由纯粹的思想来给出，属于"形而上"的东西。无怪乎这类关于人的形而上学基本上是由德国的思辨哲学家们所提供的，而英国的经验主义哲学家们虽然给出很现实、很睿智的关于知识、自由、权利等概念的思考，但他们并不进入那种"超验"的层面上去，因此在有关人的形而上学方面，我们更多见到的是德国的理性主义学说，包括后来后现代主义哲学的反对现代性的人的观念，也主要来自于德国的哲学家，例如尼采（Friedrich Nietzsche，1844—1900）与海德格尔（Martin Heidegger，1889—1976）。

之所以说人的形而上学对于现代性的自我确证来说是最可宝贵的，是因为现代性对其目的与原则的确证，既然排除了由上帝那里获得合理性的根据，那就只能由人自己来给出；既然无法由神学来给出，那就只能由超验的形而上学来给出。而当形而上学将"理性"认定为人的本质，现代性的确证之"源"后，现代性的自我确证就还原为"理性"的问题，还原为理性不仅能够为自然、而且能够为道德立法的能力问题。只有超验地论证了理性的这一形而上的能力，人才能取代神，哲学也才能取代神学，世俗化的现代性也才能具有它的合理性，从而为历史掀开崭新的一页。

对理性能力的依附，使理性成了现代性之"根"。乃至在康德哲学那里，自由的能力亦是理性能力的延伸，即一种"实践理性"所本有的自由意志能力。这种对人及其理性的认识，在哲学上表现为一种"主体性"哲学，以及因围绕着对作为"自我意识"的理性的论证而形成的"意识哲学"。这两种哲学形态成为现代性哲学的基本形态,康德哲学成为其中突出的代表。康德哲学的主题"人是什么",由此可视为现代性哲学的主题;现代性的哲学话语,相应地可以视为围绕着理性人的轴心而展开。在这个意义上我们可以说,哲学意义上的现代性是人的现代性;正是由于有了现代的人的观念,才催生了现代意义上的人,并由这样的人构建出理想的现代社会。

康德的主体性哲学为现代性所塑造的"人"的观念,是把人视为目的,而且是宇宙世界的"终极目的"。康德不吝用各种最强烈的用词,来赞誉人的终极目的性。人是"唯一的"一种存在,他的目的性是一种原因性,能够据之来为道德立法;人作为终极目的是"无条件的",他不需要任何别的东西作为他的可能性的条件;人之所以是终极目的,在于他是道德性的存在,他的"善良意志"使其具有某种"绝对价值"。甚至,整个宇宙大千世界,尽管有着多种多样的造物,但如果没有人的话,就都会是"无意义的";也就是说,"没有人,这整个创造都将只是一片荒漠,是白费的和没有终极目的的"[22]。

康德如此,黑格尔也是如此。黑格尔哲学的一个明确宗旨是把握它所处的"现代"的时代。这是一个"旧世界行将倒塌",与"一个新时期的降生和过渡的时代"。[23]黑格尔以诗意般的激情,讴歌这一新时代如朝日般的降临:旧世界被突然的日出所中断,"升起的太阳就如闪电般一下子建立起了新世界的形相"[24]。作为哲学家,黑格尔对时代的把握着眼于它的"新精神"与"原则"。因为精神是"最高贵的概念",是事物的"本质"。[25]他明确提出,"现代世界是以主体性的自由为其原则的"[26]。这一自由表现在认识中,就是对"必然"的把握,对自然规律与社会历史规律的把握。在《精神现象学》中,他致力于把握的是人类精神(意识)在其发展过程中所展现出的"内在必然性"[27],这就是,从最初的、直接的感性意识开始,经过自我意识、理性、精神、宗教这几个辩证的自我发展环节,最后达到对"绝对知识",即人类精神对其最高知识状态的概念上的把握。这一自由表现在国家与社会中,就是为理性精神所认识到的一切本质的东西,都会在现实中得到实现。这是对"自由是对必然的认识"的观念的进一步延伸。黑格尔不满于使精神仅仅停留在主观观念的层面上，而是坚信思想必定能够转化为现实。同理，"自由"也一样并非仅仅是主观的观念，而是能够在包括家庭、社会与国家这些"伦理实体"中展现为客观的、实在的权利。黑格尔并且进一步把主观的、观念上的自由与客观的、现实的自由的统一，看作是构成了"合理性"的内容，而把合理性的形式解释为"根据被思考的即普遍的规律和原则而规定自己的行动"。[28]由此，在黑格尔哲学那里，理性的主体性原则通过展现为规律、自由与合理性的内在的统一，而成为贯穿于知识与道德伦理，亦即真与善的所有领域的原则。这样，虽然黑格尔与康德的哲学表现为不同的形态，康德哲学通过对"人是什么"的命题的回答，直接为"主体性"作出有关理性能力（理论理性与实践理性）的肯定，从而为现代性的自我确证问题给出了理性为自然立法、为道德立法的题解，而黑格尔则通过对"绝对知识"亦即本质、真理的把握，来展现理性精神的自由本性，从而借助包含着主观自由与客观自由的统一、规律（原则）与行为的统一的"合理性"概念，来给出有关现代性的自我确证问题的答案。

这样，尽管康德与黑格尔这两种哲学的形态不同，但它们在本质上却同属主体性哲学的范畴，都是通过对人、对其理性与自由的本性的理解，来达到对现代性的建构——在康德那里，表现为人为自然与道德立法，在黑格尔那里，则表现为把握了现代社会的"绝对知识"或"绝对精神"在道德伦理、社会国家等领域实现其自身的过程。既然现代性的自我确证建立在理性的主体性哲学上，因此一旦这种主体性哲学被否定，整个现代性的立论基础就会被摧毁，现代性的话语也将被改写乃至为后现代所取代。因此后现代主义对现代性的否定，首先否定的就是这种主体性哲学，否定其有关人的观念。尼采否定了人的理性本质，而把人的本质定位为生命及其意志。现代性的"特点"或弊病，被他归之为生命意志的衰微而导致本能取得统治地位，缺乏意志的现代人成了"颓废的象征"。[29]现代精神由此陷入一种传统价值体系崩溃的"虚无主义"，已经"无药可救"。[30]福柯则反思了他认为自18世纪以来哲学和批判思想的核心问题——理性是什么？其历史后果又是什么？他通过揭示"主体"乃是由无所不在的权力之网（包括监狱、医院、学校、性的控制、知识话语等）进行的规训所造就而成的，因此根本就"不存在所谓独立自主、无处不在的普遍形式的主体"，相反，"主体是在被奴役和支配中建立起来的"。[31]福柯既对"主体"的性质得出这样的判断，那么他把启蒙哲学中的"人"的概念归结为某种"发明"，并宣称这种意义上的"人死了"，也就是一种自然的结果。

从以上粗线条的勾勒中，我们已不难窥见"主体性"概念对于现代性哲学的意义，以及它在现代性与后现代性哲学两军争战中所处的前沿地位。因此，在以下的章节中，虽然内容林林总总，但主体性及其相关的理性、自由、合理性等概念无疑构成贯穿其中的一条主线。明乎于此，读者们也就容易把握现代性与后现代性的哲学根据以及它们论争的焦点之所在。

思考题

1. 如何理解现代性是一个"世俗化"的过程？

2."理性"、"合理性"与"理性化"各自的内涵是什么，它们构成什么样的关系？

3."现代性"与"现代化"概念有何区别与联系？

阅读书目

康德：《世界公民观点之下的普遍历史观念》，载康德《历史理性批判文集》，何兆武译，商务印书馆，1990年。

黑格尔：《法哲学原理》之"序言"部分，范扬等译，商务印书馆，1961年。

哈贝马斯：《西方理性主义》，载《哈贝马斯精粹》，曹卫东选译，南京大学出版社，2004年。

注　释

〔1〕　利奥·斯特劳斯：《现代性的三次浪潮》，见贺照田主编的《西方现代性的曲折和

展开》,吉林人民出版社,2002年,第87页。

〔2〕 同上书,第98页。

〔3〕 康德:《判断力批判》,邓晓芒译,人民出版社,2002年,第301页。

〔4〕 康德:"致约翰·卡斯帕尔·拉法特的信",见《康德论上帝与宗教》,李秋零编译,中国人民大学出版社,2004年,第505页。

〔5〕 黑格尔:《哲学史讲演录》,贺麟等译,商务印书馆,1978年,第4卷第63页。

〔6〕 康德:《历史理性批判文集》,何兆武译,商务印书馆,1991年,第24页。

〔7〕 黑格尔:《法哲学原理》,范扬等译,商务印书馆,1961年,第11页。

〔8〕 韦伯:《新教伦理与资本主义精神》,于晓等译,北京:三联书店,1987年,第15页。

〔9〕 福柯:《何为启蒙》,载汪晖等主编的《文化与公共性》,北京:三联书店,1998年,第429页。

〔10〕 哈贝马斯:《现代性的哲学话语》,曹卫东等译,译林出版社,2004年,第19页。

〔11〕 康德:《纯粹理性批判》,邓晓芒译,人民出版社,2004年,第570页。

〔12〕 黑格尔:《法哲学原理》,第172页。

〔13〕 查尔斯·泰勒:《吁求市民社会》,载汪晖等主编的《文化与公共性》,北京:三联书店,1998年,第185页。

〔14〕 康德:《世界公民观点之下的普遍历史观念》,见康德《历史理性批判文集》,何兆武译,商务印书馆,1991年,第8页。

〔15〕 黑格尔:《法哲学原理》,第260页。

〔16〕 同上书,第262页。

〔17〕 同上书,第200页。

〔18〕 哈贝马斯:《现代性的哲学话语》,第36页。

〔19〕 金耀基:《从传统到现代》,中国人民大学出版社,1999年,第98—103页。

〔20〕 转引自罗荣渠:《现代化新论——世界与中国的现代化进程》,商务印书馆,2004年,第15页。

〔21〕 同上书,第14—15页。

〔22〕 康德:《判断力批判》,邓晓芒译,人民出版社,2002年,第299页。

〔23〕 黑格尔:《精神现象学》,贺麟等译,商务印书馆,1979 年,上卷第 3 页。

〔24〕 同上。

〔25〕 同上书,上卷第 15 页。

〔26〕 黑格尔:《法哲学原理》,第 291 页。

〔27〕 黑格尔:《精神现象学》,上卷第 3 页。

〔28〕 黑格尔:《法哲学原理》,第 254 页。

〔29〕 尼采:《权力意志》,张念东等译,商务印书馆,1991 年,第 201 页。

〔30〕 同上书,第 229 页。

〔31〕 《福柯访谈录:权力的眼睛》,严锋译,上海人民出版社,1997 年,第 19 页。

第三讲

康德哲学：现代性的序幕

"现代性态度的纲领"

理性的批判及其建构

理性神学与道德的宗教

自由的权利与国家的理念

现代性作为一种观念，是欧洲思想启蒙运动的产物。康德作为启蒙哲学的杰出代表，对西方旧有的哲学、宗教与文化进行了深刻、全面的批判，对启蒙的思想原则与方法进行了哲学上的升华，作出了精辟的论述，尤其是他以"理性批判"的名义，对启蒙的思想基础——人的"理性"能力，从形而上学、认识论、伦理学、美学、目的论等哲学的根本视野上进行了深入的剖析，建构起了以张扬理性为目的的"先验哲学"，使理性成为建构一个不同于中世纪宗教信仰社会的理性社会的基石。他对以理解人为核心（表现为"人是什么"的命题）从知识、道德、法律、历史等维度进行的系列批判，为现代社会的发展提出了从目的到手段的一整套理性观念与原则，为造就一个以"理性"（既同"神性"相对立，又超出人的"自然本能的能力"[1]）为特征的现代社会投射了思想之光。因此,有如著名的后现代哲学家利奥塔所评价的那样,康德哲学标志着现代性的序幕。[2]

一 "现代性态度的纲领"

康德对启蒙运动持有的是一种热情赞许的态度,盛赞启蒙运动是"一件大好事",声称它必定"会把人类从其统治者的自私自利的扩张计划之下拯救出来"。[3]他本人也积极投身于这场运动,致力于对民智的启蒙。他还于1784年写出《什么是启蒙》的文章,专门就启蒙的性质、必要性、重点与条件等,以他特有的洞见能力作出了精到的论述。

首先,就启蒙的性质,康德开宗明义地提出"启蒙就是人类脱离自己所加之于自己的不成熟状态"[4],把启蒙定位为人类理智的自我超拔,寻求摆脱蒙昧的状态。对于这种"不成熟状态",康德所示例的有:依赖书本而不自己进行理解,依赖牧师来决定自己的精神生活,依赖医生来决定自己的饮食。凡此种种,总之是自己不去思想,不能思想。因此所谓"不成熟状态,就是不经别人的引导,就对运用自己的理智无能为力"。他特别指出,当这种不成熟的原因不在于缺乏理智,而是由于如果不经别人的引导就没有勇气和决心去运用自己的理智时,这种不成熟状态就是自己加诸自己的了。在他看来,人类在宗教方面的现状,尤其属于最不成熟、最为有害的一种状态,因此他批判的锋芒,主要是对准宗教及其教会组织。他认定当时的时代乃是处于"启蒙的时代",其根据就是宗教这个领域已经对公众"开放了",也就是说,教会施加在公众头上的妨碍他们摆脱不成熟思想状态的"障碍也逐渐减少了"。

其次,正由于人类的不成熟状态,启蒙运动有其开展的必要性。在康德看来,只有很少数的人能够通过自己精神的奋斗而摆脱不成熟的状态,并且从而迈出切实的步伐来。这意味着对于多数人而言,只能依靠对他们灌输先进的思想观念进行启蒙,才能摆脱蒙昧的状态。此外,对于启蒙的必要性,康德还发表了这样的真知灼见。他认为"通过一场革命或许很可以实现推翻个人专制以及贪婪心和权势欲的压迫,但却决不能实现思想方式的真正改革"[5]。历史上发生的革命事实,包括中国的社会革命,有力地向我们证明了这一点。疾风暴雨般的革命能够迅速推翻一个专制的政权,但传统的思想与文化的影响,它们所形成的根深蒂固的旧风俗、旧习惯、旧思想方式,其改变只能是缓慢的、渐进的,就像中国的封建文化至今也仍然在不同程度上影响着我们民族的思想与行为一样。

就启蒙的重点而言,康德指出"主要是放在宗教事物方面"。这是与整个启蒙运动的基调相一致的。在启蒙的哲学家、尤其是在法国的思想家那里,我们可以看到对现存宗教与教会的怀疑、批判乃至谴责。康德明确反对教会组织及其神职人员信守某种不变的教义,并据此对人民进行监护乃至使这种监护永恒化的权力。因为,如果宗教形成一个固定不变的、没有人能够加以公开怀疑的统一体制,那么这可能产生的灾难性后果在于,它会使人类整个时代丧失任何进一步启蒙、扩展认识、清除错误并获得改善与进步的可能性,并由此累及后代,对他们造成伤害,因此这是绝对不能容许的。康德甚至把这种导致妨碍人类进步的做法视为违反人性的犯罪行为,因为进步乃是人性的一种天职。正因为这样,所以他宣称人类在宗教方面的不成熟状态是"一切之中最有害而又是最可耻的一种"。[6]

再者,重要的是,康德把"自由"作为启蒙是否可能的条件。虽然他也提到启蒙需要有"勇气"来运用自己的理智这样一个条件,但就根本的条件而言,则只能是"自由"。他指出,只要允许公众具有自由,则他们的自我启蒙就是很可能的。不过,在现实的情况下却是到处有着对自由的限制,就像卢梭所言的,人虽是生而自由的,但却无往而不在枷锁之中。因此康德在《什么是启蒙》这篇文章中所奋笔疾呼的,是给公众以"自由"。他反复强调,"必须永远有公开运用自己理性的自由,并且唯有它才能带来人类的启蒙","这一启蒙运动除了自由而外并不需要任何东西"。[7]

这里康德所呼吁的自由,主要是指"公开运用自己理性的自由"。所谓

"公开运用理性",康德是用来与"私下运用理性"相对的,前者指任何学者在大庭广众面前发表讲演、阐发自己作为理性存在者的思考时所做的那种运用,在这种情况下,他可以有自己独立的意识与见解,因此"公开运用理性"的特征是"自由的";后者指的是一个人在其公职岗位或职务上所能运用的理性,这时他从事的是社会中的某项工作,扮演的是社会中的某个角色,因此"私下运用理性"的特征是"顺从的"。他同时对自由进行了说明,指明它并不是一点也不关怀公共的安宁和共同体的团结一致的,也就是说,个人的自由并不应当妨碍甚至破坏到他人的自由与幸福。康德对理性所作出的这一区分,后来在当代美国著名的政治哲学家罗尔斯那里,发展出以公共的善和根本性的正义为目标的、作为民主国家的一个基本特征的"公共理性"概念,它构成罗尔斯正义理论的重要组成部分。

由上面的论述我们可以看到,康德在《什么是启蒙》一文中所表达的基本观念,乃是"理性"与"自由"。在他看来,理性是与本能相对照的东西。人类作为世上唯一有理性的造物,并不是由本能所引导的。相反,理性乃是我们的知识与道德的根本依据,它分别为科学认识与道德行为提供着先天的法则,因此不论知识还是道德,它们都是依据我们理性的原则而成为可能的。自由则是人公开运用自己的理性的自由,并且它是不应与他人的自由相妨碍的。后面我们将会看到,这两个主题贯穿康德整个哲学思想的核心,从而也就是他的现代性思想的核心,它们两者一起构成了他的现代性态度的基本"纲领"。

富有意味的是,在两个世纪之后福柯也写下了类似题目的文章,称"什么是启蒙"是个两百年来以各种形式不断重复出现的问题。现代哲学可以说是这么一种哲学,它所要回答的就是这个问题,虽然实际上并没有办法作出回答。福柯这一说法有助于我们认识这一问题的份量。在文中,福柯对康德在此问题上的思考及回答给以高度的评价,指出这是一个哲学家第一次以如此贴近的、内部的方式对启蒙所作的分析,并且更重要的是,福柯把康德这一文章视为"现代性态度的纲领"。所谓"现代性",在福柯看来是"一种态度"，而不是一个历史时期。这里的"态度"一语，指的是"与当代现实相联系的模式，一种由特定人民所做的志愿的选择；最后，一种思想和感觉的方式，也是一种行为和举止的方式，在一个和相同的时刻，这种方式标志着一种归属的关系并把它表述为一种任务"[8]。福柯对现代性给出的这一界说，应当说是在有关的界说中最深刻、最全面地揭示了现代性的哲学内涵的。

在启蒙的时代，这种现代性的态度构成一种特殊的哲学气质，即批判的精神。福柯认为，当康德把启蒙描述为人类运用自己的理性而不臣属于任何权威的时刻，批判是必要的，因为它的作用是规定理性运用的合法性的条件，目的是决定什么是可以认识的，什么是必须做的，什么是可以期望的。这三者正是康德在"人是什么"的哲学总题下为知识论、道德哲学和宗教哲学的探讨所确定的目标。在以下分别就这些论题所展开的论述中，我们将进一步看到理性与自由的观念是如何构成康德哲学这些领域的核心的。此外，由于知识论、道德哲学与宗教哲学关涉到的是人的思想方式与行为方式，因此它们所反映的也正是康德的现代性的"态度"，即启蒙时期经过理性批判后，人们所应有的科学认知方式与道德、宗教行为方式。

二　理性的批判及其建构

卡西勒曾经这样描述过"理性"在启蒙时期的核心地位："当 18 世纪（按：即启蒙的时代——引者）想用一个词来表述这种[共同]力量的特征时，就称之为'理性'。'理性'成了 18 世纪的汇聚点和中心，它表达了该世纪所追求并为之奋斗的一切，表达了该世纪所取得的一切成就。"[9]同样，理性这一概念也构成康德哲学的核心。如所周知，康德哲学是以三大批判著称的，即《纯粹理性批判》、《实践理性批判》和《判断力批判》。他通过对理性进行这种全面的批判，目的是要从理性能力的角度来决定什么是人类在科学上可以认识的（知识论），什么是道德上必须做的（伦理学），以及什么是在宗教信仰上可以期望的(宗教哲学)。同时,正是通过康德的这些批判,理性的能力在哲学史上首次得到全面深刻的检视,从学理上得到充分的论证与高扬,被有力地确立为科学认识与道德自律的根据,成为人的主体性的鲜明标志。

1. 理性为认识立法

在此领域中,康德对纯粹理性进行批判的目的在于辨明理性本身的性质,揭示有关它的误用所产生的矛盾(二律背反),指明理性在从事科学认识上所能运用的界限(可经验的现象界范围)。通过这一批判,康德旨在确认理性的认识能力、尤其是具有先天知识的能力,同时厘清科学与非科学(信仰)的界限、科学与道德的界限。

在该书中,康德的"理性"概念在两个层面上分别有不同的用法。一是区分为"理论理性"与"实践理性",前者属于知识论的范畴,是一种认识的能力,它的作用在于"规定对象及其概念";后者则属于伦理学范畴,是一种道德能力,其作用在于"还要现实地把对象做出来"。[10]二是理论理性又有广义与狭义之分。广义的理性概念泛指人的理智能力,包括提供规则的能力与作为判断能力的"知性",和提供原理的能力与作为推理能力的"理性"。当康德说他想论究的只是"理性本身及其纯粹思维"[11],以及在阐述"批判"一词的含义时所说的"我所理解的纯粹理性批判……是对一般理性能力的批判,是就一切可以独立于任何经验而追求的知识而言的,因而是对一般形而上学的可能性和不可能性进行裁决,对它的根源、范围和界限加以规定"[12]时,他所说的"理性",指的均是广义的理性;而当他将理性与知性相提并论乃至进行比较时,此时的理性即为狭义的理性,如"我们的一切知识都始于感性,由此前进到知性,而终止于理性"[13],句中的"理性"即为狭义的、与知性相对而言的理性。

康德的上述理性概念对现代性观念最具影响的有这么几个方面。首先,也是最根本的,是理性为自然立法、为道德立法的观念。就前者而言,康德把理性与自然界的关系比喻为法官与证人的关系。理性是法官,它主动地强迫自然来回答人所提出的问题,而不是像学生受教于老师那样的被动求教关系。而且更进一步地,在回答自然界在形式的意义上,也就是作为各种规则的总和来看是怎样可能的问题时,康德说:"自然界的最高立法必须是在我们心中,即在我们的理智[14]中","理智的(先天)法则不是理智从自然界得来的,而是理智给自然界规定的"。[15]

其次,与为自然立法相关联的,是理性具有先天知识的能力。理性所先天具有的范畴,以及由范畴引申出的认识规则,构成认识的先天原理或法则,亦即认识的基础或根据。"按照概念思维",特别是按照先天的规则进行思维,构成康德知识论的基调,康德哲学也由此提供了一种先验的思维方式。在康德的知识论中,这些先天的规则具体展现为由"量"的范畴展开来的"直观的公理",由"质"的范畴而来的"知觉的预测",由"关系"的范畴演绎出的"经验的类比",以及由"模态"范畴引申出的"一般性经验思维的公设"。理性正是通过先验地使用这些构成认识自然界的先验逻辑规则系统,使原本仅仅是偶然的知觉知识,变成具有客观性与普遍必然性的经验知识。

康德所论证的这种先验思维方式,即是他所称的哲学上的"哥白尼式的革命"。康德这一著名的说法借用哥白尼推翻了以地球为中心的托勒密体系这一天文学上的革命,来比喻自己在知识论上同样也进行了一种参照系上的根本性的变革,把知识的根据从外部客体转变到认识主体上来。其革命性的结果是,判定一认识是否客观、是否普遍必然有效的标准,并不在于以往知识论所主张的与外部对象的符合(符合论),而是在于它是否依据先天的范畴所建构,是否合乎有关经验思维的先天原理。

2. 理性为道德立法

在此领域中,理性表现为一种"实践理性",其根本作用在于作为决定意志的根据,自主地为道德立法。这里需要说明的是,康德的"实践理性"与理论理性,乃是"同一个理性,只是在应用上有所不同"[16]。康德通过对实践理性进行批判所要证明的是,理性在道德上是自律的,这不仅意味着它服从道德的法则,而且意味着它服从的是自己所颁定的道德法则。

首先,康德的批判需要证明的是实践理性的存在与意志的"自由"亦即自由意志的存在。对于前者,即实践理性的存在,康德给出的证明极其简单,只是提及实践理性的实在性是通过它是现实地实践的事实而得到了证明。对于后者,即意志"自由"的存在,他则是由两方面的论证来证明。一是通过实践理性能力的存在来推究出,因为自由意志乃是由理性所决定的。这种直接由理性决定的意志之所以是自由的、自决的,是由于它是不为物质现象间的因果关系所决定的。另一是通过道德法则的存在来上溯推出:既然自由是道德法则存在的条件,那么从道德法则的已然存在的结果,我们就可以上推出作为它的存在条件的意志的"自由";反之,如果并不存在道德法则的话,那么自由原本是不会被认识到的。这具体表现为,某人之所以能够做某事,乃是由于他意识到他应该做这事,并由此在自身中认识到他能够这么自我决定的自由。据此,康德把自由与道德法则两者之间的关系表述为:自由是道德法则的存在理由,而道德法则是自由的认识理由。[17]

其次,实践理性是道德法则的源泉,其作用在于为道德立法,它对意志的决定是通过道德法则的命令形式来作出的。这种形式的命令乃是直言式的,而非假言式的,这意味着它不以任何条件为前提,因而是无条件的、对每个人来说都是必然的,从而是客观有效的。之所以需要建立这样的道德法则来规范我们的行为,是由于人类除了具有纯粹理性与纯粹意志之外,还具有感觉官能以及非纯粹意志的活动,例如各种欲望。感官受外部物欲对象的刺激,追求的是享乐。这种追求影响到一般意志的活动,因而经常与纯粹的道德意志发生冲突。

实践理性所提出的这一道德行为的最高法则是:"这样行动:你意志的准则始终能够同时用作普遍立法的原则。"[18]以康德自己的例子来说明。假如有个不幸的人由于命运的折磨而对生活感到绝望,试图以自杀了却此生。这时他的行为的准则是:如果生命的延长只能带来更多的痛苦和不幸,那么从自爱的考虑出发,我就把缩短生命作为原则。然而,这是与弘扬生命为天职的自然体系相矛盾的，因此这不能够成为普遍的行为法则，从而他也不能采取自杀的做法。

再次，由理性对意志的决定以及它所建立的道德法则，表现的无非是实践理性本身的自律，即自由的自律。这一自律性的实质在于："意志并不是简单地服从法则，他之所以服从，因为他自身也是个立法者，并且正因为他是个立法者，所以他才必须服从法则。"[19]这一论证与卢梭的社会契约论关于服从公意与保持个人自由的关系的论证极其神似，它展现了康德的道德义务论所具有的契约论的色彩。

与道德自律相反的是"他律"，指受到来自某种神意、感性欲望以及外部对象的影响、制约乃至左右。例如因受物质欲望的引诱而导致贪污腐败，不惜损害公众的利益，这样的行为就属于他律的结果。

康德进一步给出了自律的基础，这就是行为者的道德"责任"。"责任"构成康德道德哲学的核心概念之一，康德甚至说他的道德理论是建立在责任概念之上的。康德对人类的道德责任感抱有坚定的信念，寄以深切的希望。他以满怀深情的笔触写道："责任啊！你这庄严伟大的名字！你丝毫不取媚人，丝毫不奉承人，而只是要求人的服从，……你只提出一条法则，那条法则就自然进入人心；……而且在这条法则之前，一切好恶不论如何暗事抵制，也得默默无语。"[20]所谓"德行"，在康德那里就在于奉行责任，不惜为之作出牺牲。

最后，由对道德法则及其责任必然性的根据的追问，康德进而推出"人是目的"的命题以及相关的道德命令公式："你的行动，要把你本己中的人，和其他本己中的人，在任何时候都同样看作是目的，永远不能只看作是手段。"[21]"人是目的"这一命题，可说是启蒙哲学中最深刻地表达了人的价值与尊严的一个命题，它构成现代性有关人的主体性的最光辉、最经典的论述，其重要意义是怎么评价也不会过分的。

由人的目的性及其道德的自律性，康德导出"目的王国"的概念。他认为，只要所有理性的人都把经由自己意志决定的道德立法与道德责任作为立足点,由此来约束自身的动机与行为,那就会达到一个"目的王国"的境界。在这一目的王国里,每一个成员都是一个自在的目的,其中人人都把别人当作是目的,而永远不作为手段。再者,目的王国是受普遍的道德法则约束的理性存在者的共同体。每个人作为这一王国的成员,一方面他们建立起普遍的道德法则,同时他们又有责任服从自己的道德立法。这意味着每个人在道德规范面前都是平等而又自由的。最后,目的王国的成员不仅有价值,而且更重要的是有尊严。尊严是属于人格的一种内在的、绝对的"价值",而与人们的欲求有关的物仅有它们的"价格"。人格的价值是没有等价物可替代的,而物品则是可以交换、买卖的。康德这一"人是目的"与"目的王国"的观念,凸显着西方现代性的人文主义与个体主义的精神。

上述康德的理性观念,不论是理论理性还是实践理性,突出的特征都在于它们的"立法"作用。这种"立法"的能力是与"自然的本能"相对立的。康德之所以要突出理性的作用,目的是要表明"人类不是由本能所引导着的",相反,是"要由自己本身来创造一切的"。因此,从根本上说,理性"乃是一种要把它的全部力量的使用规律和目标都远远突出到自然的本能之外的能力"。[22]这一点凸显的正是康德哲学的"主体性"意识。由于从知识论与道德哲学上论证了理性能够为自然与道德立法,能够把握认识与道德行为的法则,这也就从哲学的最高层面上论证了人作为自然与道德的主体的最高地位。这样,对于作为现代性的核心的理性观念,一方面,康德为之奠定了关于人的根本意识。理性作为主体的代名词,根本之处在于它与"自然本能"的区别,这一点正是人的自决力、创造力所在。人是具有自我意识的、不属于自然本能的主体。康德的这一理性观念,体现的是人类对通过启蒙摆脱宗教观念束缚的信心,体现的是人类在自然与道德两大领域所具有的能力与自信,以及"人是目的"的至上的主体性观念。另一方面,通过对一种至上的、独立于神的理性能力的确立,现代性的"自我确证",亦即它对自己的合理性的证明,才有了一个并非得自于神的根据。

三　理性神学与道德的宗教

前面说到,康德哲学的第三个主题是"我能够期望什么",它关涉到的是宗教哲学问题。康德曾经这样说明道德与宗教的关系:"通过作为纯粹实践理性的课题的最终目的的至善概念,道德法则导致宗教,亦即导致一切职责乃上帝的命令……的认识。"[23]基于对道德与宗教这种关系的认识,康德对旧有的神学理论进行了批判,提出了他的"理性神学"的思想。

启蒙运动思想批判的主要目标之一是传统的基督教。不过这对于原本以基督教为社会价值之源的西方社会来说,一个必须直面的问题是:是否人类社会需要宗教,需要上帝? 并且,假如答案是肯定的,那么需要什么样的宗教? 这一问题的实质是究竟应当用宗教还是它的何种替代物来对社会进行整合。歌德曾经把信仰与不信仰的冲突视为世界史和人类史上最深刻的甚至是唯一的主题,这一论断对于西方世界来说可谓相当的真确。在启蒙的思想家之中我们也可发现这一冲突。法国的一些唯物主义思想家主张无神论,力图否弃宗教。而德国的理想主义的哲学家,包括康德与黑格尔,则试图通过哲学上的论证,为宗教变换一个新的思想根基,即以先验的理性作为宗教的基础,而不是出自一种盲目的信仰。

本来,如同前面所提及的,康德对启蒙运动的关注主要就是宗教方面的。他把宗教方面的不成熟状态看作是最有害、最可耻的。他的宗教批判与思考的结果主要体现在如下两个方面,一是批判了关于上帝存在的证明,从理论的角度否认了传统意义上的"神"的存在;二是基于"道德必然导致宗教"[24]的设想,提出了一种"理性神学"的构想,试图把宗教改造为理性的、道德意义上的宗教。

1. 上帝存在证明的否定

康德有关理性批判的一个著名说法是,他要限制知识,以便为信仰留下地盘。这里,"知识"与"信仰"的不同在于,知识所断定的是一个不仅在"主观上"、而且在"客观上"都是"充分的"命题;而"信仰"或"信念"则只是主观上、而不是"客观上"充分的命题。康德对知识的这一限制,就是在对纯粹理性(知识论)的批判中,把知识限制在"现象"界的范围内,而把"本体"界的领域留给实践理性的道德和信仰。康德对知识的这一划界依据的是可否直观这一标准;而由于直观是在时间中进行的,因此说到底依据的是时间标准。按照这一标准,上帝自然是无法显现于直观或时间之中的,因此它不是可经验的对象,从而也不可能是现实的存在。这样,在理论(知识)的证明上,康德否认了上帝的存在,宣称它只是一个纯粹的"理念"。

如果进一步从逻辑命题的角度进行分析,康德对有关"上帝存在"(Gott ist,或 es ist ein Gott)的证明的否定可以用这句话来概括:"是(按:德文 sein 含有"是"、"有"、"存在"诸种含义)显然不是什么实在的谓词"。[25]这是说在逻辑上"是"只是一个判断的系词,其作用仅在于设定谓词与主词的关系而已,并不会为主词添加任何实在的东西。这意味着仅仅通过概念来思维,并不会为主词增加什么实在的东西,就好像现实中的一百元钱总是比单纯处于可能性的一百元概念要包含更多的东西,否则我们只要在头脑中尽情地想像、规定更多的货币数额,就能使自己成为富翁了。同理,有关"上帝是(存在)……"的规定也是如此,即使我们将上帝规定为"全知的"、"万能的",也无法使"上帝"这一概念获得什么实在性,而不过仍然停留在空洞的概念中。这也即是康德关于"现实性"的思维公设所规定的:凡是与经验的质料条件,也就是与感觉相结合者,为"现实的"思维;也就是说,要想对某一主词概念的存在进行规定,我们必须超出这一概念之外,借助于知觉来"综合地"进行,而不是仅仅在概念之间来"分析地"进行。"上帝"的概念由于无法同感觉质料相结合,因而不可能是现实的。

2. 理性神学

康德的理想既是建立一种道德的宗教,自然需要对道德意义上的"上帝"作出证明。在这方面,他区分开"诸神(神魔)"(Götter(Dämonen))与"上帝"(Gott)概念的不同,指出"尽管恐惧最初能够产生出诸神(神魔)来,但理性借助于它的道德原则才第一次产生了上帝的概念"[26]。这也就是说,康德把通常意义上的"诸神",从宗教心理学的角度将它们解释为是人类畏惧自然力、祈求某种超自然的力量的保护这样一种心理的产物,而把他心目中的"道德神学"意义上的"上帝",解释为是根据道德原则的需要才设定的一种"公设"或"理念"。这与他在知识形而上学的证明上否定上帝的本体论存在并不矛盾。道德神学意义上的"上帝"并非是一个现实的存在,而只是人类理性出于道德的需要而加以"设定"的一个"假定"或"公设"(postulate)。康德指出,这种意义上的上帝,"对于我们的理性来说是一个主观上必要的假设"。因为我们的道德律乃是以上帝这一最高存在者的存在为前提的。道德既需要上帝,甚至道德律需要以上帝为前提,这样"神学"就是必要的了。因此康德就此所要进行的努力,是将传统的神学改造为一种"理性神学"。他心目中的这种神学是在道德律基础上建立起来的"对一最高存在者之存在的确信",并以这一最高存在"为一切道德的秩序及其完成之原理"。[27]康德又把道德神学与"神学道德论"加以区别,后者包含的是以世界最高存在者之存在为前提的道德律。

这里需要说明的是,虽然在康德那里,"上帝"概念作为一种主观上必要的假设,主要是出于道德神学上的考虑,不过康德有时也从宇宙世界的秩序的整体性考虑的角度,来设定上帝的存在。这样的上帝概念作为人类本然的需要,在康德看来它必然产生于对一般意义上的个体事物的理性反思之中。康德同意莱布尼兹的看法,认为一切个别事物在量上都是有区别的。当我们要去思考任何个体事物的完全规定性的条件时,就不可避免地导致一个"实在整体"的概念,并进而导致一个"纯粹理性的理想",即某个具有所有实在、最高最完美的存在的理念,也就是"上帝"。因此,上帝是一切事物存在的根据。不过,这样的"上帝"只是"本体论"意义上,而不是"宇宙论"或"人类学"意义上的。前者指的是可以来自纯粹范畴的,后者则是来自世界、尤其是我们的经验特征。这样,当我们说上帝是理性的、道德的存在时,我们不过是在进行一种"类推",即把上帝看作是一个最完善的"类似物"。

当然,对于康德而言,"上帝"概念在根本上是道德意义上的,是出自我们每个个体的道德实践本身的需要。他认为,我们对德性的追求总是由一种道德不完善的状态,或者如同他在后期著作里提出的,由"根本的(radical)恶"的状态(一种选择与道德法则相悖的东西的倾向)开始。因此这一对道德完善的追求乃属于一个从不好到较好的无限的过程。这就需要假定至上的上帝的存在,来使我们得以设想最终的道德目的,并争取达到这样的目的。虽然在康德哲学那里,道德完全是一种道义论的东西,是人出自道德责任的要求而自律的产物,但由于道德在见诸行为时毕竟要产生一定的结果,因此它也就必然与一定的目的性相关联,这一作为道德义务的结果的终极目的,乃是"至善"。至善包含两个要素,一是德性,另一是幸福。康德认为,"为了使这种至善可能,我们必须假定一个更高的、道德的、最圣洁的和全能的存在者,唯有这个存在者才能使至善的两种因素结合起来"[28]。也就是说,只有通过与上帝的意志相一致,我们才能在德性与幸福之间取得和谐,从而达到至善的目的。

3. 道德的宗教

在康德看来,虽然借助于纯粹的实践理性,道德是自给自足的,"道德为了自身起见,绝对不需要宗教"[29],但为了实现"至善"这一终极目的,我们又必须设定"上帝"的概念,以之作为实践理性实现至善的条件保障。"因此,道德不可避免地要导致宗教。"[30]这里,一个问题随即产生:什么是康德所意谓的宗教?

首先,在性质上,康德把宗教界定为道德的宗教。"唯一真正的宗教所包含的无非是一些实践的法则,它们是由纯粹的理性所启示的,是无条件的。"[31]这种道德的宗教所包含的道德法则,应当是来自纯粹理性的,而不是天启的或来自于某种历史上的流传(康德称此为"历史性的信仰")。不过,虽然宗教亦是道德性的,但它与道德仍然有区别,这一区别在于,宗教"把我们的一切义务都认作是上帝的诫命"[32]。这意味着,宗教把道德感提升到超越的层面,把道德义务视为听从上帝诫命的宗教信仰。

其次,就宗教表现为某种信仰而言,康德将基督教的信仰区分为两种。一种是"纯粹的理性信仰",它是主动的、由每一个人所自由地接受的信仰,其信仰的内容是由纯粹理性所启示的道德实践的法则。这种纯粹理性的道德信仰实际上也就是康德所要论证建立的。另一种是"启示的信仰",它是被动的、被指定、被规定地接受的信仰。在康德看来,由于现有的基督教学说是建立在"事迹"之上,而不是建立在单纯的理性概念之上的,因此它已不再是基督教宗教,而是成了一个为教会提供基础的基督教信仰。这样的宗教背离了理性的原则,因此需要加以批判与改造。

基于这两种信仰的不同,康德进而区分了宗教的"真事奉"与"伪事奉"。基于善的原则,履行自己对自身和他人的义务,执行上帝的诫命,这种对宗教的事奉是真事奉;而想使启示信仰先行于宗教的那种事奉是伪事奉,因为这是被动地接受启示的信仰,而不是自觉主动地建立纯粹理性的信仰,不是把宗教作为道德法则来信奉。伪事奉的集中表现是把为了教会的目的而规定的"章程性信仰"当作神圣的规定和使上帝喜悦人的最高条件,由此作为事奉上帝的根本。康德斥此为一种"宗教幻想"。伪事奉的结果是使道德秩序本末倒置,为有良知的人套上一副教会规章性的诫命、教规、戒律的沉重枷锁。它导引人们从事忏悔、苦行、朝圣这类毫无用处却又耗费气力的行为,以求得上帝的拯救和保佑之类的好处。康德辛辣地嘲讽道:"这样的自虐越是无用,越是不以人在道德上的普遍改善为目的,就越显得圣洁。"[33]

再次,就教会而言,康德将它界定为"一种遵循上帝的道德立法的伦理共同体"[34],并在通常的"可见的教会"之外,提出"不可见的教会"的概念。"不可见的教会"指的是一种在上帝的道德世界统治下的伦理共同体的"纯粹理念",其理想状态是体现为一种公共的宗教信仰的伦理共同体,在那里每一个成员都直接地从"最高立法者"(上帝)那里接受他的指令。不可见的教会的理念为可见的教会提供"原型"。可见的教会应当遵照这种原型,在人世间体现上帝之国。据此,康德对真正的教会从量、质、关系与样式这四个范畴的角度提出了要求。一是必须具有普遍性。教会在偶然的意见上可以有分歧,但在本质的目的上,却应当最终朝向一个没有教派分裂的、统一的教会。二是在性质上,应消除愚蠢的迷信与狂热的疯癫,只服从纯粹的道德动机。三是无论教会的成员,还是教会与政府的关系,都应依据自由的原则而处于一个自由的国家之中。四是教会在存在样式上,可变的只是它的管理的规章,而应保持不变的则是它那些基本的、作为宪章的道德原理。

在康德看来,把人们结合在这么一种真正的道德—宗教共同体的,并不是它的仪式或信条,而是对于提升人类道德的共同热诚。他相信,建立在纯粹理性之上的这种道德宗教的信仰,能够令人信服地传达给每一个人,因为它是普遍理性的信仰;而历史上的宗教信仰却做不到这一点,因为它们仅仅是建立在事实基础上的,从而缺乏真理的重要标志——普遍性的要求,因此它们的传播受到时间与地域的限制,无法产生普遍的影响。

如同知识论中理性的"同质性"等原理对知识的统一起着范导的作用一样,康德在宗教论上也是提出一种范导的原则,意在以一种理想的神学理论与教会模式,来引导宗教信仰与教会朝向一个道德的目标迈进,使宗教最终摆脱它所有的"经验性的根据"(历史上流传下来的信仰,以及既有的教会的章程性法则等),而达到一种建立在纯粹的道德信仰基础上的理性宗教。

四　自由的权利与国家的理念

"自由"是现代性的一个基本价值。作为重要的启蒙思想家,康德突出地论证了这一价值,不仅以之作为道德论的基础,把意志的特征界定为"自由",把普遍性的道德法则视为"自由的法则",而且进一步作为人的权利的根本价值,建立起一套行为的规范体系。这意味着康德的这套规范体系是以道德为原则,以政治、法律为其具体运用的规范体系。在这一体系中,道德中的自由乃是一种"理念"，康德称之为"理论上的权利学说"，而政治法律中的自由则是一种"权利"，称之为"应用的权利学说"。卢梭曾有这样的名言，人是生而自由的。同卢梭一样，康德也把自由看作是天赋的，而且是唯一的权利。其"天赋"性在于，它是每个人由于自身的人性而具有的、"原生的、与生俱来"的权利。这种自由的基本特征在于，它既独立于别人的强制意志，同时根据普遍的法则，它又能够和所有人的自由并存。

按照自由的这一界定，它主要包含这么两个方面，一是作为"个人法权"[35]本身，二是涉及与他人的关系，这按照康德的分类来说，是有关"公共法权"的问题。就前者而言，它包括个人自身安全的权利，以及占有身外东西的权利。个人的权利是一种"内在的权利"，它为人们天生所拥有，与法律无关。康德强调了个人权利的神圣性。他郑重地宣称："人的权利是不可亵渎的，无论它可能使统治权付出多么大的牺牲。……一切政治都必须在权利面前屈膝。"[36]就"公共权利"而言，它关涉到自由的界限问题，或者说，每个人的自由行为与他人自由行为的关系。在这个意义上，可以说权利乃是构成人们的自由的条件。

作为自由的条件，权利首先表现为行为的普遍准则。康德依照他特有的思维方式，照例从所研究的对象中抽取出形式方面的法则。他由此得出的权利的普遍法则是："任何一个行为，如果它本身是正确的，或者它依据的准则是正确的，那么，这个行为根据一条普遍法则，能够在行为上和每一个人的意志同时并存。"[37]

根据这一法则，个人法权存在的条件是"每个人自己的自由与每个别人的自由之协调一致"，拥有自由权利的个人以此为界限来限制自己的自由；公共的法权则是"使这样一种彻底的协调一致成为可能的那种外部法则的总和"，即一种"现实的、与权力联系在一起的立法制度"。[38]康德强调公共法权中本质的东西是其"公共性"，"因为没有它就不会有正义，因而也就不会有权利"[39]。

道德的自由与政治的自由既是理论上的权利与应用的权利之间的关

系,因此在康德看来,政治是道德原则的运用。他提出了如下的"道德政治的原则:一个民族应该根据自由和平等这一唯一的权利概念而结合成一个国家"[40]。正是在"权利"概念的基础上,康德建立起他的国家学说。在国家起源问题上,他认为,国家的必要性与合法性来自于这一事实,即人民有着安全的权利。也就是说,国家产生于人们安全的需要,因为在相互冲突争斗的自然状态下,人们的生命与财产安全得不到保障。此外,人们追求自己的自由等权利的目的,也只有在国家之内才能实现。那么,国家如何来保护人民安全的权利呢? 这依靠的是正义的法律。因此,国家的实质是"大众(a multitude of men)在正义的法律之下的联合体(union)"。

康德对国家本质的这一定位,使他甚至把维护法律秩序看作是国家的目的。在他看来,国家的目的并不是为了公民的幸福,因为这会在国家权力方面产生出恶果,就像在道德方面一样。因为主权者想按照自己的想法来使人民幸福,结果是成为专制者;而人民想追求自己的幸福,于是就成了反叛者。

康德的国家学说主要关注的是国家的"理念",或者说,国家应当具有的普遍形式。在这方面,康德深受卢梭等人的契约论的影响,这不仅表现在他从契约论方面解释国家的起源,把社会契约对于国家的作用摆在极端重要的位置,甚至认为若没有原始契约[41],人民的任何权利都是不可思议的,而且还表现在把社会契约的观念作为"一般地评价任何公共权利体制的理性原则"。不过不同的是,他并不把社会契约看作历史上曾经发生的事实,而是视为一种纯粹理性的理念,具体说就是理性的正义原则。它的必然有效性同时存在于立法者与守法者两个方面。对于前者而言,它能够约束立法者,使他们的立法能够出自全体人民的共同意志;对于后者,它能够使人们把自己看作好像已经同意了这种共同意志一样。

康德并且具体演绎出了"依据原始契约的观念"所得出的国家政体应当确定与遵循的三条原则,即作为人的社会成员的自由原则,作为臣民之间的平等原则,以及作为公民的每个共同体成员的独立原则。进而,由这三条原则得出国家唯一合适的体制是共和制。这是因为"出自权利概念"的共和制的分权、法治和代议制的属性，能够保障上述原则的实施。首先，权力的分立与相互制衡，可以防止专制主义，从而可以保障人民的自由；其次，法治的实行排除了个人专断统治权的可能，而使法律本身成为统治者，这就能够保障公民在法律面前的平等；再者，代议制乃是共和制的政权方式唯一成为可能的体制，因为其他的任何体制要么是专制的，要么是暴力的。

康德的上述思想是启蒙时期政治哲学、尤其是卢梭政治哲学的概括性表达。它陈述了现代社会赖以建立的一些基本原则，即以自由为核心的权利，契约性的、公民平等的法制社会，代议制的共和政体。历史实践证明，这些原则确实是现代社会必不可少的要素，它们是现代民主社会之所以区别于其他社会的根本所在。正是它们构成了现代性的政治制度方面的内涵。

以上我们从几个方面论述了康德的现代性思想，并指出它是以"理性"和"自由"为核心的。

首先，就理性而言，在西方哲学史上，康德是第一个明确地以"理性"为哲学思考的对象，全面对理性的性质、类别、功能与使用界限问题进行探讨，并由之形成一个统一体系的哲学家。在康德对理性的规定中，最根本、最重要的一个特性是它的"先验性"。这一先验性在自然与道德这两个人类活动的基本领域中，分别表现为"人为自然（认识）立法"与"人为道德立法"：就自然的认识而言，康德努力要论证的是，源自纯粹理性的先天范畴以及由之引出的有关经验思维的规则在认识中的根据作用，使这些先验的认识规则同理性（表现为"自我意识"、"我思"这样的运用范畴对感性知觉材料进行综合、建构的能力）一起，构成知识的客观且必然有效的条件。没有这些条件，知识就不成其为知识，而只是一些偶然的知觉判断。就道德的行为而言，康德努力要论证的则是，源自实践理性的道德先天命令构成道德行为的根据，构成善的条件。只有遵循这样的道德法则，出自这样的道德动机，道德行为才称得上是善的行为。因此，无论是在科学认识还是在道德行为领域，正是理性的先验性（表现为认识与道德的法则的先天性与规范性），构成了知识与道德的可能性的条件,同时也构成康德哲学的"现代性"特征。如果与后现代主义进行比较,那么康德哲学的这一特征就变得十分明显。后现代主义哲学(如利奥塔等)所强调的知识的条件,是一种后期维特根斯坦(Ludwig Josef Johann Wittgenstein,1889—1951)式的"语言游戏",其规则来自游戏的过程,来自游戏者相互间的约定,因此与先验性正好是相反对的。

与"先验性"相关,康德提出并论证了知识所具有的属性,即普遍性、必然性与客观性。它们构成了知识的标准,并由此形成了现代主导性的知识观念。这种观念后来受到越来越强烈的挑战,其条件也不断弱化,乃至形成当今渐成声势的后现代知识观。这表现在把知识看作一种通过不断对其进行反驳与检验而得到进步的"猜想"(波普),一种可以随着语境的变换而产生新的意义的"理解"(解释学),一种以符号的"差异"为特征,以探求"歧见"为指向,而不是追求"共识"的语言游戏(德里达(Jacques Derrida,1930—)、利奥塔),等等。

其次,就自由而言,康德谈论的主要有两种意义上的自由——道德层面上的意志的自由与政治法律层面上的公民权利的自由。作为前者,它属于一种"内在的自由",即人们建立或选择道德法则的自由;作为后者,它属于"外在实践的自由",即人们所享有的权利以及依此从事政治活动等方面的自由(人身自由、言论自由等)。不过,虽然有此区别,但这两种自由都是由理性的法则所决定的,并且最终是以道德的先验法则为根据的。因此说到底,对于康德来说,不论是道德还是政治法律,它们的核心都是"自由",只不过这种自由有内在与外在的差别;它们的共同特征,都在于服从作为行为最高规范的道德的自由法则,即先天的、绝对的道德命令。因此一言以蔽之,康德的自由是在理性的道德与法律规范下的自由。

前面提到,利奥塔将康德视为现代性序幕的标志。哈贝马斯也有类似的说法:"康德拉开了现代的序幕"[42]。这些共同的评价表明了康德在现代性学说上的重要历史地位。在本讲结束时我们已经清楚地了解到,这一序幕是以"理性"和"自由"为其基本精神的。理性为自然立法,尤其是为道德立法的实质,是以人本身、而不是神,作为价值观念与社会的道德与法律规范的源泉。假如我们把这一点与文艺复兴时期的"神法"和"自然法"思想相比,就可明显地看出康德这一哲学的巨大进步意义。在文艺复兴时期,自由等人权被看作自然法的规定,自然法则被进一步看作来自于神法。虽然自然法的自由、私有财产不可侵犯等人权的观念已经属于现代的范畴,但毕竟这样的观念还得依附于神法,并最终依附于神的存在。而在康德哲学中,文艺复兴的用"人的眼光"来看待世界的愿望才得到比较彻底的实现,道德与法律的基础才真正被建立在理性之上。人类独立、自决的理性也由此与自由一起,构成了现代性的基本精神。

思考题

　　1.康德的启蒙哲学如何体现了"现代性的纲领"?

　　2.康德的"理性"与"自由"的具体规定性是什么?

　　3.康德改造宗教的基本构想是什么?

阅读书目

　　康德:《纯粹理性批判》之"第一版序"、"第二版序",邓晓芒译,人民出版社,2004年。

　　康德:《实践理性批判》之"序言"与"导言",韩水法译,商务印书馆,1999年。

　　康德:《世界公民观点之下的普遍历史观念》,载康德《历史理性批判文集》,何兆武译,商务印书馆,1991年。

注　释

〔1〕 康德说:"理性,乃是一种要把它的全部力量的使用规律和目标都远远突出到自然的本能之外的能力。"见他的《历史理性批判文集》,何兆武译,商务印书馆,1990年,第4页。

〔2〕 利奥塔的原文是这样的:"'康德',这个名字(它不是唯一的名字)标志着现代性的序幕与终曲,而且作为现代性的终曲,它也是后现代性的序幕。"见他的《历史的符号》,载《后现代性的哲学话语》,浙江人民出版社,2000年,第285页。不过本人并不同意利奥塔把康德哲学作为现代性的"终曲"的观点,因为至少在黑格尔那里还继续推进着现代性的观念与原则。

〔3〕 康德:《世界公民观点之下的普遍历史观念》,载康德《历史理性批判文集》,何兆武译,商务印书馆,1991年,第17页。

〔4〕 康德:《答复这个问题:什么是启蒙运动》,载《历史理性批判文集》,第22页。

〔5〕 同上书,第24页。

〔6〕 同上书,第29—30页。

〔7〕 同上书,第24页。

〔8〕 福柯:《何为启蒙》,载汪晖等主编的《文化与公共性》,北京:三联书店,1998年,第430页。

〔9〕 E·卡西勒:《启蒙哲学》,顾伟铭等译,山东人民出版社,1988年,第3—4页。

〔10〕 康德:《纯粹理性批判》,"第二版序",邓晓芒译,人民出版社,2004年,第11页。

〔11〕 同上书,"第一版序",第4页。

〔12〕 同上,第3页。

〔13〕 同上书,第261页。

〔14〕 这里的"理智"(Verstehen),通常译为"知性"。

〔15〕 康德:《未来形而上学导论》,庞景仁译,商务印书馆,1978年,第92—93页。

〔16〕 康德:《道德形而上学的基本原则》,载郑保华主编的《康德文集》,改革出版社,1997年,第57页。

〔17〕 康德:《实践理性批判》,韩水法译,商务印书馆,1999年,第2页。

〔18〕 同上书,第31页。

〔19〕 康德:《道德形而上学原理》,苗力田译,上海人民出版社,1986年,第83—4页。

〔20〕 康德:《实践理性批判》,第94页。译文个别文字有改动。

〔21〕 康德:《道德形而上学原理》,第 81 页。

〔22〕 康德:《世界公民观点之下的普遍历史观念》,载康德《历史理性批判文集》,第 4—5 页。

〔23〕 康德:《实践理性批判》,第 141 页。

〔24〕 康德:《单纯理性限度内的宗教》,李秋零译,中国人民大学出版社,2003 年,第 4 页。

〔25〕 康德:《纯粹理性批判》,第 476 页。

〔26〕 康德:《判断力批判》,邓晓芒译,人民出版社,2002 年,第 303 页。

〔27〕 康德:《纯粹理性批判》,第 451 页。

〔28〕 康德:《单纯理性限度内的宗教》,第 3 页。

〔29〕 同上书,"第一版序言",第 1 页。

〔30〕 同上,第 4 页。

〔31〕 同上书,第 175 页。

〔32〕 同上书,第 158 页。

〔33〕 同上书,第 177 页。

〔34〕 同上书,第 96 页。

〔35〕 此词在康德那里用的德文是 Recht,它既有"权利"之意,又有"法"的意思。以下依据其不同语境分别译为"权利"与"法权"。

〔36〕 康德:《永久和平论》,载康德《历史理性批判文集》,第 139 页。

〔37〕 康德:《法的形而上学原理》,沈叔平译,商务印书馆,1991 年,第 40 页。

〔38〕 康德:《论通常的说法:这在理论上可能是正确的,但在实践上是行不通的》,载康德《历史理性批判文集》,第 182 页。

〔39〕 同上书,第 139 页。

〔40〕 康德:《永久和平论》,载康德《历史理性批判文集》,第 137 页。

〔41〕 康德的"原始契约"指"由普遍的(联合的)人民意志之中产生出来的根本法"。见《历史理性批判文集》,第 187—188 页。

〔42〕 哈贝马斯:《现代性的哲学话语》,曹卫东等译,译林出版社,2004 年,第 307 页。

第四讲

黑格尔:现代世界的理性与自由原则

"理性是世界的灵魂"

现代世界的"自由"原则

宗教是实践理性的需要

与康德一样,黑格尔的现代性哲学的核心概念也是理性与自由,不过在对这两个概念的界定与关注点上却有很大的不同。黑格尔把理性主要是作为世界的本质、灵魂,赋予它一种本体论的地位,而不是康德意义上的单纯作为自我意识与自由意志的理性。此外,对自由的规定也在伦理、政治与社会的领域作了延伸,使自由不再限于康德式的理念与规范上的,而是成为诸如"市民社会"这样的对现实的理论建构。

对理性与自由的这种规定,体现了黑格尔现代性哲学的一个突出特征,即它注重于对"存在"的现实把握,哲学的任务在黑格尔那里直接被定位为"理解存在的东西"。在他看来,哲学"是被把握在思想中的它的时代"。[1]这种把握,是要从有时间性的瞬即消逝的假象中,去认识现存事物中的永久的东西,即它们内在的本质和规律。黑格尔对时代的哲学把握最终表现为一个百科全书式的体系,包括对"较高级的思维关系"(逻辑)的把握,对道德、伦理(权利哲学)的把握,对国家、宗教问题及其相互关系的把握(政治哲学与宗教哲学)等等。也正是由于黑格尔这样从哲学思维的角度来自觉把握他所处的时代——"现代"的活动,因此哈贝马斯评价说,黑格尔是使现代性摆脱过去那种处于外在规范的影响过程,并使之上升为哲学问题的第一人。哈贝马斯并且指出了黑格尔对现代世界的根本原则的理解,这就是:"现代世界的原则就是主体性的自由。"[2]他还具体指明了黑格尔"主体性"概念所包含的四个要素:一是个体主义,二是批判的权利,三是行为自由,四是唯心主义哲学本身。哈贝马斯的这一概括,可为我们理解黑格尔的现代性思想提供一个参考框架。

一 "理性是世界的灵魂"

1. 理性作为世界的本性

在黑格尔那里,"哲学是探究理性的东西"[3]。理性在黑格尔的哲学语言中,有着这么两方面的规定:

(1)"存在的东西就是理性。"[4]"理性自身是一切事物性,甚至于是纯粹客观的事物性。"[5]"理性是世界的灵魂,寓于世界之中,是世界的内在东西,是世界最固有、最深邃的本性,是世界的普遍东西。"[6]

(2)"理性的东西(与理念同义)。"[7]"理念可以理解为理性(这是理性的真正哲学意义)。"[8]

在这两类规定中,第一类是把理性与存在的事物相等同,并且把理性当作事物的本质、共性与灵魂。第二类规定是把理性等同于理念,而理念在黑格尔那里乃是事物的真理,是事物中常在的根据,因此这一意义上的理性乃是作为事物的真理。

不过重要的是,虽然在一般语言的用法上,存在与理念是分属于物质与精神两类不同的范畴,但在黑格尔的哲学中,这两种东西却有其同一性,也就是说,事物的本质、根据和真理,在于它们的理念(概念)中。[9]一事物如果不符合它的理念,就是不真的事物,就丧失了存在的根据。例如,要作为朋友,如果不能符合朋友的概念,即彼此知心、相互帮助,那就不能算是朋友。再如,对于国家而言,如果它不具有主权,不能保护人民、防御外敌入侵、履行国家的功能,那就不成其为国家。因此,讲究思维和存在的同一,即"思有同一",并且这种同一是以理念为根据的同一,这构成黑格尔哲学的客观唯心主义特征。

由于在黑格尔哲学那里,理念也就是理性,因此,当黑格尔说理性是世界的灵魂时,意味着理性乃是世界的根据,它构成世界的逻各斯,是世界的本质和规律。对此,他明确写道:"现存于自然界中的现实理性,……是自然界的永恒和谐,即自然界的内在本质和规律。"[10]这样,虽然黑格尔哲学与康德同属理性主义,同样宣扬一种理性至上的精神,但不同的是,理性已不必再为自然、道德等立法,它现在被论证为直接就是存在的东西,更是事物的本质与规律。比起康德来,黑格尔更直接关注现实世界。他曾这样写道,这种有关道德哲学、法哲学的工作,本来可以关起门来继续进行,然而现在人们使它同现实发生更密切的联系。因此,哲学的任务在黑格尔那里也由此被规定为理解存在的东西,理解它们的本质和规律,并在把握了这一既有的实在世界之后,才将它"建成为一个理智王国的形态"。黑格尔曾将哲学的这一功能,比喻为密纳发的猫头鹰要等到暮色苍茫之时才会起飞,亦即"直到现实成熟了,理想的东西才会对实在的东西显现出来"[11]。如果说在现代性问题上,康德关注的是它的"应当",则黑格尔可以说关注的是它的"如何"。两者相比,黑格尔哲学具有更强烈的现实感。

2. 理性与存在同一的辩证法

理性与存在的同一,既为黑格尔创立一种思辨的逻辑提供了本体论的基础,同时也为他探讨事物的发展规律提供了逻辑的根据。既然理性与存在是统一的,因此思维的运动形式同时也就是事物的运动方式。这种对理性思维与事物发展运动的把握,黑格尔以"思辨逻辑"的形式将它提出,这就是著名的黑格尔的辩证法。它的典型形式,可以通过黑格尔所论述的它的三个逻辑表现阶段来加以了解。

在第一个阶段,即知性的阶段,"知性的思维停留在各个固定的规定性和它们彼此的差别上"[12]。也就是说,它把握的是事物的孤立的状态,其原则是抽象的同一性原则,即以抽象和分离的方法来对待事物,关注的是事物的不变的规定性及其与他物的差别。虽然这样的知性思维有其必要性,能够使认识把握事物的规定性,并使认识具有确定性,但其缺陷在于未能从事物之间的相互联系方面来把握对象。黑格尔认为,事物存在的有限性表现的正是知性的原则。

在第二个阶段,辩证的或否定的理性阶段,知性的有限规定扬弃自身,向它们的对立面转化。这是思维与事物的辩证运动自身的规律使然,因为"辩证法是现实世界中的一切运动、一切生命和一切活动的原则",是知性规定、事物和有限东西的固有的、真实的本性。在黑格尔看来,有限事物这种向对立面转化的辩证运动乃是源自自己具有内在矛盾的本性,它们由于矛盾的内在作用而使自己过渡到自身的反面。例如,生命正是由于自身所固有的生与死的内在矛盾,即生命自身中本来就带有死亡的种子,而使自己向对立面转化,最终扬弃自己。所以,黑格尔指出在这一辩证的阶段,一切有限的事物表明自己并不是固定的和终极的东西,而是暂时的和可变的。因此,辩证的原则既构成整个自然过程的基础,同时"也是一切真正科学认识的灵魂"[13]。在黑格尔看来,科学的认识所要把握的,正是事物的内在的矛盾及其运动。

在第三阶段,思辨的或肯定的理性把握了各个对立的规定的统一,或者说,从对立面的统一中把握对立面,在否定的东西中把握肯定的东西,这是辩证思维的关键。这意味着辩证法的否定之否定的结果并不是虚无,而是有着肯定的结果，有着确定的内容。黑格尔指出，把肯定的东西在它的否定的东西中、在结果中坚持下来，这是理性认识中最重要之点。

由于黑格尔把存在与思维看作是同一的，因此他所论证的理性思维的三个辩证发展阶段，实际上也等于是事物发展的三个阶段。它们构成了黑格尔的辩证法（逻辑）的否定之否定（正、反、合）的三段论形式。"否定性"是黑格尔的辩证法所突出强调之点，他认为这种源于事物内在矛盾的否定性是"一切活动——生命的和精神的自身活动——最内在的源泉，是辩证法的灵魂"[14]。由于在黑格尔那里思维与存在是同一的，因此这一正、反、合的否定之否定形式同时也是自然、社会的辩证运动的形式。这一思辨逻辑或辩证法，构成黑格尔解释一切自然、社会与思维的基本框架。我们要理解黑格尔的现代性哲学，自然也应当首先把握这一框架，尤其是它的理性观念。

3. 理性作为现实性的标准

黑格尔除了把理性作为事物的本质、规律以外，还把理性作为事物的现实性的标准。他这方面的思想集中表现在如下这一著名的命题："凡是合乎理性的东西都是现实的；凡是现实的东西都是合乎理性的。"[15]这里应当注意的是，黑格尔的"现实"概念是与"存在"不同的，也就是说，存在的东西并非就是现实的。而这一点往往为人们所忽视，甚至经常发生误解，把存在的东西等同于黑格尔所说的"现实"。在黑格尔的用语中，"存在"是区分为两个部分的，其中一部分是现象，一部分是现实。他指出在日常生活中，人们不加区别地把一切幻想、错误和罪恶的东西，一切腐败幻灭的存在，都叫做现实。但是，甚至对于平常的感觉来说，也会觉得一个偶然的存在不配享受现实的美名。现实的并不等于所有现存的东西，因此现存的并不等于合理的。他在《逻辑学》中就把普鲁士政府当时实行的某种税制看作是不现实的、不合理的。在黑格尔的哲学里，现实性乃是在其展开过程中表现为必然的东西，是以必然性为其表征的；而存在的东西，如果只是现象，它就只是偶然的，因此并非是合理的。

此外还应当注意的是,黑格尔这里所说的"理性",指的乃是"理念"。前面提到,黑格尔的"理性"概念的一个用法,是将它等同于理念。对于这一点,他曾在不同的著作中多次予以强调,如"理念乃是与它自身等同的理性"[16],"理性的真正哲学意义"就在于将"理念"理解为"理性"[17]。按照这一界定,说现实性的标准是合乎理性,也就等于说是合乎理念。而黑格尔的哲学以理念为对象,对逻辑的、自然的、精神的理念作出规定,因而他的现实性在于合乎理性的意思,说到底是要合乎于哲学理念的规定,因此他的这一说法,与康德的人为自然立法、为道德立法,实质上是一致的,都是要以某种哲学来规范科学认识与道德伦理等,只不过是对"理念"的性质的诠释不同。康德是从主观性的维度来看待理念的,而黑格尔则是从客观性的维度作出对理念的解释的(把理念视为事物的共相、本质、真理)。

二 现代世界的"自由"原则

上一节指明黑格尔在认识论与逻辑学领域的基本理念是"辩证法",本节将要论证的则是"自由"构成他的道德伦理、政治与社会思想的基本理念。这表现在如下几个方面。首先,黑格尔明确地把人的本质定位为"自由意志"。他写道:"人就是自由意志"[18]。人由于这一本质而使自己作为自在自为的存在与其他存在区别开来,并且随着这一本质在伦理、政治与社会各个领域中得到实现,自由意志也才获得它的现实性,即成为某种"定在"。其次,他由此提出了现代世界的"自由"的原则:"一般说来,现代世界是以主体性的(subjektiv)[19]自由为其原则的,这就是说,存在于精神整体中的一切本质的方面,都在发展过程中达到它们的权利的。"[20]这里,对黑格尔来说更为重要的是,他强调的作为现代世界原则的"自由",既包含着心灵自身的本质,同时还包含着道德伦理、法律与国家等方面的合乎理性的制度化现实,他把道德、伦理、法律与国家等,都看作自由的定在。这一对"自由"考察的着眼点的变化,使黑格尔的自由主义学说具有与康德不同的独特价值。

1. 意志自由

与康德的道德哲学首先奠立的是自由意志这一基础一样,黑格尔同样对自由意志的存在予以肯定,认定"自由是意志的根本规定"[21]。他并且认为自由意志的存在是一种显然的、"现成的意识事实"[22],而不必像康德那样需要从实践理性能力的存在来推究,或是通过道德法则的存在来溯推。此外,黑格尔还极大地扩展了自由意志的概念,把整个"权利哲学"解释为自由意志发展的各个环节,包括直接的抽象权利阶段,主观意志的内在权利阶段(道德阶段),和作为前两个环节的统一与真理的伦理阶段。

黑格尔首先肯定自由作为意志的根本规定性。他认为,意志与自由是相互依存的关系。意志若没有自由,只是一句空话;另一方面,自由若不作为意志、作为主体,就不是现实的。不过这里应当指出的是,与康德将思维与意志、知识(事实)与道德(价值)解释为两个分离的领域相反,黑格尔哲学以其整体论方式把它们看作一个统一体。这里,黑格尔哲学的唯理智论的性质表现在它把意志与思维两者统一于思维,而不是意志。意志与思维两者的关系在于,思维是高于意志的东西。意志首先是一种自然形态的意志,表现为各种各样的冲动、情欲或倾向。因此意志只有把自己提高为思维,才能克服那些由各种冲动所构成的主观"任性"的左右(这是意志的不自由的状态),而使自己成为有目的的、有理性的客观意志。在这个意义上,"意志是决心要使自己变成有限性的能思维的理性"[23]。这里的"有限性",指意志作出选择、决定,从"无限的"的可能性通过行动转化为"有限的"现实性。这样,"意志不过是特殊的思维方式",因为在思维时它就在活动,它是一种通过对所确定目的的追求,把自己观念性的、道德上"应当"的东西转化为现实存在("定在")的特殊的思维方式。

当然,思维与意志是有不同的,但这种不同只不过表现为"理论的态度"与"实践的态度"的不同。"理论的态度"在于把某个对象通过去除它的感性的东西而成为普遍的,使之变成我的一种思想;而"实践的态度"则从思维开始，这也意味着从自我本身开始，意志由此规定自己，这种规定主要是目的性规定，是对自己所希求的东西的规定。意志并且把这种目的与希求"释放"在身外世界，也就是进入实践的活动。在强调意志的实践活动性质时，黑格尔对思维与意志的关系换了一个说法，理论的东西变成本质上包含于实践的东西之中，这即是为什么黑格尔批评康德哲学老是停留于一种"应当"的原因；也就是说，他反对康德哲学"只得到理性在自我意识中的抽象的绝对性"〔24〕，形成观念与存在相分裂的二元论的结果。他认为，没有人会老是停留在观念与存在的差别里，因为如果他有了某种想法，就会试图将它付诸实践，努力使之成为现实。他针对康德关于观念中的与现实中的一百元钱不同的说法，指出如果人志在必得这一百元钱，那么他必定会动手去工作，以便得到它们。由此，我们可以看出黑格尔的意志自由说注重于人的实践活动，注重于人在这种活动中按照自己的意志来实现自己的目的。

其次，黑格尔反对"抽象的自由"，或者说"空虚的自由"。所谓"抽象的自由"，黑格尔指的是那种认为能够不受任何限制，摆脱任何东西，放弃一切目的的自由。他指出"这种否定的自由或理智的自由是片面的"，因为这是一种"抽象的"、也就是"空虚的"想法，它带来的只会是政治生活的狂热与破坏性的结果。黑格尔这一论述针对的是法国大革命的"恐怖时期"，其结果是"当时一切才能方面和权威方面的区别，看来都被废除了。这一时期是以战颤、震惊、势不两立，来对抗每个特殊物"〔25〕，也就是来对待每个个体。对此黑格尔感到惋惜，因为这一结果使法国人把他们自己建成的制度摧毁了。这是黑格尔在现代性问题上对"革命"的作用与后果的一种批判性意见。

再次，意志的实践态度使自由意志必须有一个实存，而不能只停留在抽象的阶段上。意志实现自己的形式就是"权利"。因此黑格尔的自由意志说在这方面有两个重要的规定性。一是"自由构成权利的实体和规定性"〔26〕，二是自由意志是一个发展的过程，它展现为"抽象权利"、主观意志的权利（道德领域）与客观自由的存在现实（伦理领域）。前者表现了黑格尔对权利的本质的认识以及对自由的价值的强调，后者尤其表现了他的道德哲学的典型特征,即强调意志自由的实践品格及其现实化的过程。自由并不能仅仅停留在观念上,观念的东西应当转化为现实,这是黑格尔思想的强烈"现实感"的体现。

2. 财产自由

黑格尔重视财产的自由,把它看作意志自由成为外部存在的直接现实,亦即成为具有某种所有权的现实。在他看来,所谓"所有权"的概念,就在于"人把他的意志体现于物内"[27]。他甚至提出:"人唯有在所有权中才是作为理性而存在的。"[28]这是由于黑格尔认为,重要的并不在于所有权满足了人的需要,而是在于在所有权中人摆脱了他的单纯主观性存在,而使意志与外部世界发生关联,并且占有了他外部的东西,具有了"物权"。

在有关"物权"的论述上,黑格尔同样体现了类似康德的人是"自然的目的"的思想,只不过表述方式有所不同。他用"我的意志对物的优越性"[29]的说法,来表现人与自然存在的关系。在这种关系中,人的意志是"绝对的",而"物"只是相对的,因为意志有其目的性,而物则是没有目的的。此外,意志的绝对性还表现在人有权把自己的意志变成物,或者把物变成自己的意志,而物由于不是一种目的性的存在,因而也不是一种自为的、独立的存在,而只是为"我"所有的存在。由黑格尔的这些论述可以看出,在人与外部存在的关系上,当时流行的观念是一种人占有"物"、物为我所用的观念,而不是人与自然和谐相处的观念。

由于所有权的直接表现就是对财产的权利,因此黑格尔说,从自由的角度看,财产是自由的"最初的定在"。在有关财产的权利方面,黑格尔在两个重要的问题上表明了自己的观点。一是强调财产的私有性质,二是反对财产均等的思想。在第一个问题上,他主张财产私有制。其论据是,由于人是一个个体,因此他借助所有权而给与自己的意志的外部存在物,也就必然是属于自我个人的东西。他认为,这就是关于私人所有权的必然性的重要学说。由于私人所有权是必然的,因此他坚决反对柏拉图理想国关于财产公有的理念,认为这样的理念侵犯了人的权利。在第二个问题上,黑格尔尤其表现了他的真知灼见。他反对"均贫富"的观念,对于那种"要求平均分配土地甚或其他现存财富"的主张,黑格尔称之为一种"空虚而肤浅的才智"。[30]他断言,假如实行这样的平均制度,那么这种制度"短期内就要垮台的",因为财产依赖于勤劳,而平均分配只会导致懒惰。他指出,人类应当是平等的,不过这种平等只能是在他们的"占有来源上"的,也就是在人们必须拥有财产这一意义上。如果人为地制造"平等",那就成为"不法"了。

从所有权方面来看待自由,使自由并不仅仅停留在"意志"、理念的层面上,而是必须在包括财产等所有权上得到实现,黑格尔所凸显的这一所有权问题,在今天仍有十分突出的意义,尤其是对于我们正在进行社会转型,构建现代性的民族而言。他本人在《法哲学》中所慨叹的"人的自由由于基督教的传播开始开花,并在人类诚然是一小部分之间成为普遍原则以来,迄今已经有 1500 年。但是所有权的自由在这里和那里被承认为原则,可以说还是昨天的事"[31],在时隔约 200 年之后、处于不同的遥远国度的我们听来,未免也仍是感慨系之,尤其是我们国家迟至近年才刚刚把"公民的合法的私有财产不受侵犯"这样的条文修改进宪法。不过虽然来得迟,这依然是一个具有历史意义的事件,它是我们国家成为真正意义上的人民国家的标志,也是现代性国家的标志。

3. 道德自由

黑格尔的法哲学把自由意志的发展分为三个阶段,其中第一个阶段是外在的"抽象权利"的阶段。在此阶段中,权利之所以是"外在的",是因为在黑格尔看来,这时候所谈论的权利只是在抽象的"人"的意义上进行的,还没有进入到社会、国家的领域,还不是在国家"公民"的意义上来谈论的。这一区别虽然也仅仅是在抽象的理论意义上的,因为只要是权利,就只能是处于特定社会与国家中的公民的权利。权利是一种关系,在对他人、社会与国家的关系中发生与存在,由此也才有权利与义务的对等性。不过,黑格尔这种谈论问题的方式,体现的正是上面所提及的他的这一思想,即自由不能仅仅是停留在观念上的,而是要在具体的现实存在中得到实现。

自由意志发展的第二个阶段是"道德"阶段。相对于第三个阶段,即"伦理"的阶段而言,这一道德的阶段依然属于抽象意义上的、片面的,还未达到某种制度化,还缺乏社会基础与现实性;虽然比起第一阶段来,它已经是比较具体的,进入了一种"主观的"权利状态,也就是说,这种权利表现为一种"应当"。这意味着主体对权利有了自觉的意识,有了对权利的明确诉求。这种"应当"在黑格尔的分析中表现为两方面。首先,主观性的意志还只是一种抽象的"形式",它只有在伦理领域(家庭、社会与国家)中才能达到它的具体内容;其次,它只是在单个意志中出现,因此也尚未达到与意志概念的统一。所以,黑格尔说,道德的观点是"关系的"观点、"应然的"观点或"要求的观点",它表现为对其目的——"善"的理念的追求。

道德的阶段比起抽象权利的阶段来说较为具体,除了体现在上述的作为一种自觉的对"应当"的诉求外,还体现在这一诉求的目标——"善"的内容上。在黑格尔看来,"善"不仅包含了"权利(法)"的因素,而且还包含了"福利"的因素。福利没有权利就不是善;权利没有福利也不是善,因此善是它们两者的统一。在此意义上,黑格尔把"善"看作"被实现了的自由",并推崇其为"世界的绝对最终目的"。[32]

在黑格尔那里,道德包含动机与行为两个要素。在这两个要素中,行为是更根本的,动机必须表现于行为之中。从这个意义上说,善属于行为的一种内容。不过"善"这一内容并不是纯粹自然的东西,而是由理性所设定的。之所以说善是实现了的自由,是因为它并非抽象的权利,而是某种"其实质由权利(法)和福利所构成的、内容充实的东西"。由此可见,黑格尔之所以推崇既是自由、又是世界的"绝对最终目的"的善,是因为他重视善这一概念中包含的"权利(法)和福利"的实质内容。

黑格尔对善的实质的这一看法,鲜明地体现了他的道德论的品格。与康德将"善"认作"德行"与"幸福"两者的结合不同,黑格尔将"善"视为"权利

(法)"与"福利"的结合,他并不提"德行",而是代之以"权利(法)",作为善的一个构成要素。"德性"在黑格尔那里被看作一个伦理性的概念,是在伦理共同体中以行为的方式表现出来的东西,如"正直"。联系到他所说的在道德中成为问题的是人的"独特利益",可见黑格尔是以人的利益作为道德论考虑的焦点,从而使利益的实现(福利)及其保障条件(法/权利)成为道德问题的实质。这样,与康德极力强调善的"德性"性质的道德理想主义不同,黑格尔的"善"的概念可说是一种道德现实主义。

4. 市民社会、国家与自由

伦理领域是黑格尔的法哲学继"抽象法"与"道德"之后的第三个领域,它包含"家庭"、"市民社会"与"国家"三个环节。他把伦理界定为"是成为现存世界和自我意识本性的那种自由的概念"[33]。它们之所以是"实体性的伦理",乃因为伦理的理念在这里得到了实现,从而也是"客观的伦理"。这里,"实体"与"客观"表示的是主观性的道德理念的现实化,它们不再仅仅作为"故意"、"意图"与"良心"这类主观性的东西而存在,而是具体表现为人们的行为;此外,它们也不仅仅表现为人们的个别行为,而且还进一步体现为社会的"风尚"、"习惯",这些是黑格尔所认为的道德与伦理的根本区别。

在"伦理"领域这一自由的理念所展开的三个环节中,黑格尔将家庭视为个别性的环节,市民社会则是处在家庭与国家之间的差别的阶段,而国家则被视为普遍性的环节。由于普遍性是特殊性的条件,所以市民社会必须以国家为前提,它是一个以国家为存在条件、依属于国家的特殊领域。这一种解释模式使黑格尔得出了国家高于社会、决定社会的结论。

在黑格尔的三个伦理领域中,市民社会理论曾经引起较广泛的注意,被认为是黑格尔政治与社会哲学中最具创造性的部分之一。这是由于学者们关注一个能够独立于具有意识形态与政治功能的国家之外的社会空间,用以对国家进行制衡,限制国家的权力,使公民们的自由民主权利能够在其中得到保障,而黑格尔的市民社会理论在这方面正好提供了一个思想资源。

黑格尔认为,市民社会是在现代世界中形成的,其基本特征在于它的经济活动的本性。这表现在市民社会中人们结合的目的是谋求个人的利益,这使得它成为私利的领域,是一切人反对一切人的战场,并且也是私人利益与公共事务冲突的舞台。其中每个人都以自身为目的,通过劳动、交换等手段获得财富以满足自己的衣食住行以及精神的各种自然与社会的需要。正是在这样的劳动与满足需要的相互关联的活动中,对保护所有权的法律的需求得到了承认,由此使法律成为一种现实,获得了它的有效性。这样,市民社会的使命在黑格尔看来乃在于保证和保护所有权和私人自由,包括劳动与获得自然与社会各种需要的自由,而这是它通过司法对所有权的保护来实现的。通过法治来保护市民社会的自由,这是黑格尔市民社会的一个根本思想。

"国家"是黑格尔的伦理领域的最后一个环节。他的国家观同样是以"自由"为核心的,这集中表现在如下这两个命题之中:"国家是具体自由的现实",是"自由依据意志的概念,即依据它的普遍性和神圣性而不是依据主观偏好的现实化"。[34]在黑格尔看来,这种"具体的自由"在于,个人的个体性与特殊利益不但获得完全的发展,而且还认识到国家对于个人与社会的"普遍性的利益",它是人们达到特殊目的和福利的唯一条件。这种个别性与普遍性的利益的统一,就是黑格尔所认为的"现代国家的原则",其中"自由"具体表现为国家中人们的权利和义务的统一。个人对国家尽多少义务,同时也就享有相应的权利。因此,现代国家的这一义务与权利相统一的原则,在黑格尔看来也就是"人类人身自由的原则",它也是"国家内在力量之所在"。[35]

在国家与市民社会的关系方面,黑格尔的国家概念集中要论证的是国家高于社会,是社会的前提条件,而不是市民社会决定国家。他在这方面给出的主要论据主要有三条。第一,由于市民社会成员都以私利为目的,以他人为手段,因此国家作为社会的正当防卫调节器,为社会提供了秩序的保障;第二,国家作为伦理性的整体,是道德与法的现实,使个人的自由等权利得到实现,存在的本质得到满足;第三,国家以普遍利益为目的,它代表着家庭和市民社会的利益,"因此人们必须崇敬国家,把它看做地上的神物"[36]。国家至上是黑格尔的结论。

从上面的论述中我们可以看到,黑格尔的道德伦理与权利哲学可以说就是一种"自由"的哲学。在其中自由不仅构成人的本质(自由意志),构成所有权的原则,构成道德的本质,而且包括国家也被视为具体自由的现实。这也就是说,自由在黑格尔那里构成一种最基本的权利与价值,而非民主、平等或公正等其他的权利或价值。了解这一点,有助于我们对现代性的价值观有更确切的把握。

三　宗教是实践理性的需要

在黑格尔的心目中,宗教乃是"人的精神的最高需求"[37],是"我们生活里最重要的事务之一"[38]。之所以如此,乃因西方人从小就被教导合上两只小手喃喃对神明祈祷,而当年长一些的时候,宗教事务就充满了人们的大部分生活,包括星期天的做礼拜,以及从诞生、结婚到死亡和葬礼中都包含有与宗教有关的东西,直至到老年的时候,人们总要反思存在,反思人生。在这样一些与宗教有关的活动中,黑格尔认为最重要的是人对自己的个别性、有限性的提升,也就是说,从人作为个别的、有限的存在,通过对神的思考、对永恒者的渴望,使自己的思想提升到最高的层次,达到与神的合一,达到这样的宗教境界,"在其中,世界的一切谜都已被猜破,比较深刻地思考着的思想之一切矛盾都已被揭露,感觉上的一切痛苦都已平息,它也就是一个永恒真理、永恒宁静、永恒和平之领域"[39]。

在黑格尔的哲学中,宗教与哲学同属于"绝对精神"这一人类意识的最高层面。对于精神的本质,黑格尔同样把它规定为自由。[40]不过与哲学通过思辨在概念中把握真理这一方式不同,他认为在宗教中对真理的东西的把握,一般是通过感觉、直观,以预感、表象和祈祷的方式进行的。因此虽说在宗教中也交织着思想,但真理在此并不是以一种纯粹思想、概念的形式来把握,并不表现为一种理性的形式。这也就是说,黑格尔把宗教与哲学分别看作把握真理的不同方式,因此它们一起构成他所要把握的时代精神的重要环节,从而也构成其现代性思想的一个基本组成部分。

1. 人性与宗教

黑格尔把宗教存在的必然性解释为植根于人的本性,它来自于人性中对宗教情感的一种"较高的需要"。他认为,人的本性自身内具有一种承认"神"的存在的必然性要求,使得对神的直观能够成为推动人类生活的力量。在早期的一篇论著中,他曾经表达过这样的观点,即为了说明一种宗教或宗教的一个部分是权威性的,首先必须明确规定人性的概念及其与神性的关系。这一关系归结起来,其基本点在于,由于"人性本恶",因此人需要扬弃善恶的对立,达到与神的和解。

"人性本恶"是黑格尔人性论的基本主张。这种恶一方面出于人的自然性、利己性。源自这种自然的利己本性,于是人便追逐自己的欲望,成为欲望的奴隶,从而也就产生了恶。另一方面出于认识之恶。他认为恶与认识相关联,这是本质之点。正是认识,使人成为恶者,因此它是恶之源。认识之所以会成为恶之根源,是因为认识使人具有自为存在的意识,成为一个特殊的、意识到自己的存在,与他者相对立,并且还与规定我们所"应为"的普遍的东西,即理性、道德的法则相对立,就像《圣经》所描述的偷吃了知善恶之果那样,使人成为违禁者。这种将人与善的分离便是恶,因此黑格尔一再反复申言,"恶存在于认识范畴","认识本身即是恶"。[41]

不过这里与一般人性论不同的是,黑格尔指明人性之恶,是为了论证人在宗教中实现与上帝和解的需要。为此他否定人性本善的说法,认为如果说人性从本质上说是善的,就不存在二分性,没有对立面;而这样一来,人就没有与神和解的需求;而没有和解的需求,则对人性的考察与设定,就是完全多余的了。

要达到与神和解的要求这一愿望,根本在于人具有善恶意识的对立。

由于人有着思想的能力，能够进行认识，从而具有善的意识，懂得他的恶，并有着对善的追求，因此他对于善恶的对立也就具有认识，并在心灵的最深层陷于分裂与矛盾的痛苦中，从而试图通过宗教求得和解，以上升到上帝这一纯粹的精神统一体。

这种和解的途径，黑格尔亦将它界定为通过认识来获得，因此他说认识是"恶者之源，和解的最后根源亦在于此"[42]。他把这种和解看作由"非真"到"真"的转变。"非真"表现为，主体中出现了双重的分裂与对立——自身中分裂和与上帝的对立。人因有了对这种分裂与对立的意识，并且有了追求善的要求，这就在深层中产生了痛苦。假如人没有对善的要求，也就并无痛苦可言。痛苦也是属于恶的一个环节。

在黑格尔看来，人与神的对立实质上是它们之间的不相适应，这表现为人之存在和意愿的自然性、直接性与有限性，与神之普遍性及自身完全自由的、无限的、永恒的理念之间的不相适应性。正是这一不相适应构成对善的需要、对上帝信仰的需要以及达到与神的和解的出发点。黑格尔认为，和解的契机在于这么一个不可缺少的基础：神的自然与人的自然之自在存在的统一被意识。这在基督教这种"绝对的宗教"中表现为，普遍者与个别者的精神，无限的精神与个别的精神是不可分的。这种不可分性在于，神这一普遍者、无限的精神显现于人（有限者、个别的精神），神与人在"我"之中得到和解。这里，作为对恶与痛苦的否定的和解，表现为从不相适应转变为相适应、从"非真"转变为"真"的过程。对于前者而言，它表现为人与神这一普遍者相适应，依其意志来规定自己的意志与行为；对于后者，它表现为以理性、精神来贴近神。因为所谓信仰，即是来自真理的精神，是对上帝这一绝对精神的意识。在黑格尔看来，宗教中的真理是一种"启示"，它的内容应以概念、思想的形态表现出来，应展现为思辨的形态。人在本质上是一种精神，正是精神使人能够与作为"绝对精神"的神相沟通，能够从个别达到普遍。因为真在于只有一个理性、一个精神；因此不论人或上帝，他们总之只是理性，只是精神。和解由此也不过是个别的精神与普遍的精神之间的和解，这也正是黑格尔把基督教强调为"精神的宗教"之原因所在。

2. 对启蒙宗教观的反批判

黑格尔所处的时代是启蒙的时代。不过与康德等启蒙思想家不同,黑格尔对启蒙的评价不但不高,而且还有不少严厉的批评,尤其是在宗教问题上。他不但认为启蒙的理智力量对于促进人的改善,教导人具有伟大坚强的意志、达到高尚的情操和人格的独立自主方面并不起多大的作用,而且启蒙对现存宗教信仰的批判本质上乃是一种错误的批判,它对于宗教所要服务的根本目的,即对道德的推进上,"却没有本领给与人以道德"[43]。因此黑格尔对启蒙的宗教批评进行了反批判。

黑格尔认为启蒙对信仰的批判所持的是一种不公正的态度,是虚构的乃至是加以诬蔑的东西。这表现在,首先,启蒙把信仰说成是一团迷信、偏见和谬误的大杂烩,是一种不属于自我意识本身的异己物,是与它自己、与理性和真理正相反对的东西。他甚至揶揄道,启蒙在谈论信仰的本质时说,信仰的绝对本质是什么一块石头、一块木头,虽有眼睛但却看不见东西;再不然就以另外的什么方式说,信仰把绝对本质拟人化了,搞成对象性的和可以表象的东西了。

其次,怀有信仰的个体所做出的舍弃自然享乐,放弃财产,以求得解脱自然享乐的桎梏这种较为高尚的意识与行为,都被启蒙认为是愚蠢的。黑格尔认为,启蒙的这种识见真正说来乃是一种欺骗,因为它虽然表面上标榜并倡导一种内心的超脱,但实际上却不加以实行,反倒把这种实行看作是多余的、愚蠢的,甚至不正当的。

最后,黑格尔认为启蒙所指责的宗教信仰的确定性是建筑在一些个别的历史见证上的,宗教信仰的确定性还得依靠这些见证才得以偶然地保存流传,甚至对这些死文字的含义的正确理解都有偶然性的说法,都不过是一些"瞎说"。他反驳道,但事实上信仰并不想把自己的确定性寄托在这样一些历史见证和偶然条件上。信仰在自己的确定性中,乃是针对它的绝对对象,即上帝的一种纯真自然的关系,是有关上帝的一种纯粹的知识。

黑格尔认为,由于启蒙对信仰的批判是不公正的,因此信仰有权利对之进行反驳。这里我们主要集中于黑格尔从信仰的对象与本质方面所作的反驳。

在黑格尔看来,信仰的对象与本质是一致的,它们都是"纯粹思维",或者说是一种具有思维活动的"纯粹意识"。这里,所谓的"纯粹意识",也就是"自我意识"、"绝对本质"和"纯概念"。这些不同的用语是从不同的角度表达黑格尔有关宗教的这么一个根本认识,即"宗教乃是自我意识的宗教"[44]。也就是说,宗教对神的意识,实际上乃是人对自我的意识,对人与神所共有的同一性,即某种"精神"的意识。这也就是黑格尔所说的宗教是"神圣本质对自己的意识,意识到自己是精神"的意思。黑格尔并且把信仰的本质从个体性的扩展到集体性的,把它说成是一种"[宗教]社团的精神"[45]。这说明宗教信仰并非纯粹是一种个人的意识,而是一种团体的现象。

在黑格尔的用语里,纯粹(意识、思维、概念等)、绝对(本质、精神等),都意味着"真"。循此,由于信仰乃是一种"纯粹意识",因此它是"基于真(真理)的精神"。[46]所以黑格尔写道,所谓信仰,即是来自真理的精神、来自圣灵之精神的观照,因为信仰实质上是对绝对真理的意识,是对自在自为的上帝所是者之意识。与此相关,假如说信仰只是基于"奇迹",借助于"奇迹"来确证,那只不过是一种初始的、偶然的信仰形态,而并非是真正的信仰。

上述黑格尔有关信仰的论述,强调的是信仰的"此岸性",而不是"彼岸性";也就是说,信仰乃是人对自己的精神、本质的认识,对人与神的同一性的认识,这与前面说到的宗教乃是人与神的和解,有着相同的含义。

3. 宗教的目的与本质是道德

黑格尔认为宗教包含三个因素:概念、主要风俗习惯和仪式。就其性质而言,宗教乃是一种"绝对的真知"。它借助于思想而把握,并存在于思想之中。因此,"上帝并非至高情感,而是至高思想"[47]。由于宗教也是一种思想,这就使它与哲学在性质上具有共同性,两者在内容实质是一样的,都属于某种"绝对理念"。黑格尔甚至有这样的说法,认为由于哲学本身事实上就是精神,就是宗教,"因此,哲学跟宗教是同一的"。[48]宗教与哲学意识这两种不同思想形态的结合点在于"真理"。他认为,只要宗教有一个信仰、一个教义、一个信条,那么它便具有与哲学所寻求的相同的东西,即真理。因而宗教与哲学在内容上一样,都以真理为对象,而"神"就是"绝对的真理"。因此,哲学既以认识真理为目的,也就是以认识神为目的。[49]只不过它们的表现形式有所不同,如同前面所说的,宗教对真理的把握,表现在预感、表象和祈祷这类感觉直观的方式里,而不像哲学那样以抽象的概念形式来把握。

在宗教哲学中,黑格尔仍然突出了他的现代性的"自由"与"主体性"原则。宗教的自由精神首先表现在,作为有关绝对真理的知识,它本身就是一种自由的精神。此外,基督教的主题——个人灵魂的救赎,而不是"类"的群体的救赎,体现的正是一种作为基督教的"本质目的"的主体性。这种主体性是以自我为本位(黑格尔特别说明"不是自私")的。个体之所以在基督教里、在神的面前是自由的,而且"必定成为自由的",因为他依据的是神的意志来把握自己的意志,所以不会与神的意志相对立,从而也就得到了自由,在对神的崇拜中扬弃了神与人之间的分裂。

黑格尔还认为,宗教的根本标志在于它的"客观性环节"。这里的"客观性"意指一种"必然性",它在于"精神之力以与自我意识相对立的普遍者的形态,向个体,向个别的经验的意识显示自身"。这句话的意思是,"神"乃是"普遍者"、"普遍的精神",他必然向个体显示其自身,此即"客观化",这是宗教的"主要的、本质的规定"。黑格尔认为,只有在这一客观化规定存在的情况下,宗教才会产生,才会有神。这意味着宗教是以具有普遍品格的神与个别性的人的对立为前提,它一方面通过神对人的启示,另一方面经过人对神的渴望、追求与神的和谐,实现对自身境界的升华,最终达到神与人的同一为本质规定的。这表明在黑格尔那里,宗教的本质是神与人的结合。

有关宗教的作用问题,黑格尔认为它从根本上说服务于道德的目的。

他把道德定位为"人的最终目的",认为"一切真正宗教(基督教包括在内)的目的和本质就是人的道德"。[50]宗教乃是人出自实践理性的需要,属于人内心的事情,它服务于道德的需要。在这方面,宗教的作用是借助于作为道德立法者的神的观念来加强人们的伦理动机,给道德提供一种新的崇高的振奋动因,并对通常会导致非道德的感性冲动力量给予一种新的强烈的遏制。它通过深深地影响我们的情感,决定我们的意志,给整个灵魂灌输力量、热情和精神,来达到道德的目的。因为精神是伟大和崇高的德性所"决不能缺少的"。黑格尔认为,这也正是宗教所从出的根源,它导源于人们的道德情感。为了希望最高的善中的一个组成部分能够得到实现,实践理性就要求我们尽义务;而为了希望整个至善得以实现,实践理性就要求信仰上帝,信仰灵魂不死。

在黑格尔看来,宗教要达到这一道德目的的途径有两个,一是通过其教义,另一是通过其仪式。对于前者,黑格尔认为,民众宗教,即目的在于为整个民族灌输力量、热情与精神的宗教,其教义必须建立在理性的基础上,并且要把民众引向理性宗教并吸纳进理性宗教。在他早期的《民众宗教与基督教》中,黑格尔把基督教的教义归结为对上帝的无限向往的爱。对于后者,他认为,宗教的仪式具有双重性,一方面,若没有这类仪式,民众宗教当然是不可设想的,另一方面,空泛的仪式则会影响人们把握宗教的本质。因此他认为宗教仪式应具有如下必要的特质,即它们应当尽可能不要变成拜物教,不要仅仅只是表面的仪式和机械主义,而是要有精神活跃于其中。此外,国家为使宗教实现道德的目的,也可能通过一些特殊的设施来满足人们对宗教的自然需要。

这里涉及到宗教与国家的关系这一重要的问题。我们知道在历史上曾经发生过不少宗教与世俗政权相冲突的事情。对此黑格尔认为,宗教与国家有着共同的基础,它们都是同一自由精神的体现,因此二者可以是和谐的。宗教的自由精神体现在一方面它本身即是一种关于真理的知识,是理性的思想物,另一方面在于信仰者在对神的崇拜与和解中消除了神与人的分裂,获得了自由。而国家的自由则是"世间的自由",现实的自由。它是自由的伦理意志在现实中的体现。

鉴于现实中存在的宗教与国家的对立,如黑格尔所指出的在天主教国家中那样,宗教与国家由于两者的准则相分离,即国家的最高伦理以主体的自由为原则,而宗教则要求人摒弃自己的意志与自由,要求恭顺、服从,这使得两者之间发生严重的对立与冲突,因此黑格尔从理论上探讨了宗教与国家之间应当具有的恰当关系。他认为,如果一个宗教是真正的宗教,它就不会对国家采取否定和论证的态度,而会承认国家并予以支持。反过来,国家也应全力支持和保护教会,使其达到宗教的目的,这对它来说乃是履行一种义务。并且,由于宗教是在人的心灵深处保证国家完整统一的因素,因此国家更应要求它的所有公民都加入教会。此外,由于教会的内容"既然是与观念的深处相关",因此国家对教会的存在与活动不能加以干预。这里,虽然黑格尔提出国家不能干预教会,但从他对教会性质的上述界定中可以看出,他实际上是给这种不干预设定了条件的,即教会的活动应当执守在内心生活的范围。因此,黑格尔反对教会将自己视为目的,而把国家当作手段的主张,并且反对教会关于在传教上是完全自由的、国家应无条件尊重传教的非分要求。他反驳说,假如这样的话,那么科学也一样可以把自身当作目的,而把国家当作手段,一样可以要求脱离国家而独立。

黑格尔的哲学理想是要把握现时代,他的现代性哲学与康德一样,都是以"理性"和"自由"为核心观念与预设前提的,这表明了现代性哲学的主旋律之所在。在"理性"这一现代性的核心观念上,黑格尔既弘扬了理性精神,同时又宣扬了一种"泛理性主义"。黑格尔对理性的弘扬,首先在于他以理性思维的三阶段的划分为依据,提出了以分析事物的对立与矛盾为特征的辩证思维逻辑;此外,他把合乎理性作为事物的现实性的标准,以"合理性"概念的方式提出了现代性的规范与标准问题,即现代性的"应当"问题。黑格尔的这种既思辨又辩证的思维方式对后来的思想家产生了巨大的影响。沿着这样的思路,思想家们构造着社会发展的目的论,对社会的发展规律、目标与途径进行人为的设计。虽然人类社会的发展需要有对未来的把握，但这种对社会发展目标与道路的人为设计一旦出现偏差，造成的将是甚至以几代人的苦难与牺牲为巨大代价的历史灾难。

由于黑格尔把理性作为世界的根据，即世界的本质和规律，因此，在黑格尔这种泛理性主义那里，对理性观念的弘扬走向了一个极端。理性并不仅仅是主观的意识，是思想，而且成为一种客观的精神、理念与真理，成为事物的存在本身，成为事物的灵魂与存在的合理性标准，甚至还等同于"上帝"。他曾经就此写道："纯粹的、无限量的理性，就是上帝。"[51]总之，理性就是一切，它成了像神一样的无所不在、无所不能的东西。之所以如此，应当说是由于黑格尔所具有的浓厚的宗教意识。他把哲学与宗教看作是同一的，它们都代表着一种普遍性的真理，或者说就是以"理念"的方式呈现出的真理本身。因此，事物的本质在黑格尔那里乃是存在于普遍性的概念之中，由概念所决定，就像宗教的真理是由普遍性的神所启示一样。理解了这一点，才能较好地理解黑格尔哲学的无所不在且无所不能的、神秘的"绝对理念"。在黑格尔那里，哲学本身事实上就是精神，就是宗教，"哲学跟宗教是同一的"[52]。它们的差别只不过在于所采取的方式不同而已，前者是纯粹思辨的，后者是思想借助于表象、直观而呈现。也正是由于黑格尔所具有的强烈的宗教意识，使得他反对、批驳启蒙对宗教的批判，甚至否定启蒙运动本身，把它看作一种"知性的徒劳"[53]，并论证宗教作为人的最高精神需求的重要性，从宗教的本质、作用及其与国家的关系等方面，为宗教在现代社会中寻得一个恰当的位置。

在现代性的另一个核心观念——"自由"上，黑格尔更加凸现了"自由"的意识，他的道德伦理与权利哲学从根本上说就是一种"自由"的哲学。他不仅把人的本质界定为"自由意志"，而且把"自由"视为一切权利的根本，视为现代世界的原则，并以之作为他的伦理、政治、社会乃至宗教思想的基本原则，把财产、所有权、国家与宗教等都诠释为自由的定在。此外，他的自由观的突出特点在于，不仅强调意志与精神方面的自由，而且认为仅当人的这一本质在伦理、政治与社会的各个领域中得到实现时,自由意志才获得它的现实性。也就是说,黑格尔强调自由必须是一种现实,自由只有在人所生活于其中的制度、习俗中,在国家和社会中才能真正得到实现,而不能仅仅作为一种道德上的"应当"的东西。因此相应地,道德与政治哲学不应仅仅探讨诸如康德哲学所面对的那种"应然世界",而是要进而探讨作为人们生活共同体的国家与社会是否真正是理性的,是否为人们的自由权利的实现提供了条件。正由于黑格尔为自己的道德与政治哲学确立了这样与前人不同的目标,并由此对"自由"作出了着眼于与社会与政治制度相结合的考察,因此他的自由主义学说有如罗尔斯所评价的那样:"在自由的自由主义(liberalism of freedom)的道德哲学和政治哲学史上是一个重要典范。"[54]

思考题

1. 黑格尔的"理性"观的基本特征是什么?
2. 黑格尔如何把"自由"作为现代世界的原则?
3. 黑格尔怎样看待宗教的本质及其作用?

阅读书目

黑格尔:《精神现象学》之"序言:论科学认识",贺麟等译,商务印书馆,1979 年。

黑格尔:《法哲学原理》,范扬等译,商务印书馆,1961 年。

黑格尔:《宗教哲学》之"绪论",魏庆征译,中国社会出版社,1999 年。

注 释

〔1〕 黑格尔:《法哲学原理》,范扬等译,商务印书馆,1961 年,"序言"第 12 页。

〔2〕 《哈贝马斯论现代性》,《学术思想评论》第三辑,辽宁大学出版社,1998 年,第 67 页。

〔3〕 黑格尔:《法哲学原理》,第 10 页。

〔4〕 同上书,第 12 页。

〔5〕 黑格尔:《精神现象学》,贺麟等译,商务印书馆,1979 年,第 231 页。

〔6〕 黑格尔:《逻辑学》(哲学全书·第一部分),梁志学译,人民出版社,2002 年,第 69 页。

〔7〕 黑格尔:《法哲学原理》,第 11 页。

〔8〕 黑格尔:《逻辑学》(哲学全书·第一部分),355 页。

〔9〕 这涉及到黑格尔的真理概念。黑格尔说,"意义更深刻的真理却在于客观性是与概念相同一的",即事物的"实在性符合于它们的概念"(《逻辑学》,梁志学译,人民出版社,2002 年,第 354 页),并认为所谓"不好与不真一般在于规定或概念与对象的现实存在之间发生的矛盾"(同上书,第 74 页)。

〔10〕 黑格尔:《法哲学原理》,第 14 页。

〔11〕 同上。

〔12〕 黑格尔:《逻辑学》(哲学全书·第一部分),第 152 页。

〔13〕 同上书,第 156 页。

〔14〕 黑格尔:《逻辑学》,杨一之译,商务印书馆,1966 年,下卷第 543 页。

〔15〕 黑格尔:《法哲学原理》,序言第 11 页。

〔16〕 黑格尔:《哲学科学全书纲要》,薛华译,上海人民出版社,2002 年,第 11 页。

〔17〕 黑格尔:《逻辑学》(哲学全书·第一部分),第 355 页。

〔18〕 黑格尔:《法哲学原理》,第 53 页。

〔19〕 原译为"主观性的",但德文 subjektiv 在此可译为"主体性的",这样更为贴切。

〔20〕 黑格尔:《法哲学原理》,第 291 页。

〔21〕 同上书,第 11 页。

〔22〕 同上书,"导论"第 11 页。

〔23〕 同上,第 24 页。

〔24〕 黑格尔:《哲学史讲演录》,贺麟等译,商务印书馆,1978 年,第 4 卷第 240 页。

〔25〕 黑格尔:《法哲学原理》,第 15 页。

〔26〕 同上书,第 10 页。

〔27〕 同上书,第 59 页。

〔28〕 同上书,第50页。

〔29〕 同上书,第53页。

〔30〕 同上书,第58页。

〔31〕 同上书,第70页。

〔32〕 同上书,第132页。

〔33〕 同上书,第164页。

〔34〕 同上书,第260页。

〔35〕 同上书,第262页。

〔36〕 同上书,第285页。

〔37〕 黑格尔:《宗教哲学》,魏庆征译,中国社会出版社,1999年,第1053页。

〔38〕 《黑格尔早期神学著作》,贺麟译,商务印书馆,1988年,第1页。

〔39〕 黑格尔:《宗教哲学讲座·导论》,长河译,山东大学出版社,1988年,第1页。

〔40〕 黑格尔:"精神的本质是自由。"见他的《哲学科学全书纲要》,薛华译,上海人民出版社,2002年,第233页。

〔41〕 黑格尔:《宗教哲学》,第656页。

〔42〕 同上。

〔43〕 《黑格尔早期神学著作》,第16页。

〔44〕 黑格尔:《精神现象学》,下卷第234页。

〔45〕 同上书,下卷第88页。

〔46〕 黑格尔:《宗教哲学》,第705页。

〔47〕 同上书,第49页。

〔48〕 黑格尔:《宗教哲学讲座·导论》,第18页。

〔49〕 黑格尔写道:"哲学的目的为认识真理、认识神。"见他的《宗教哲学》,第725页。

〔50〕 《黑格尔早期神学著作》,第171页。

〔51〕 黑格尔:《宗教哲学》,第913页。

〔52〕 黑格尔:《宗教哲学讲座·导论》,第18页。

〔53〕 黑格尔:《宗教哲学》,第725页。

〔54〕 罗尔斯:《道德哲学史讲义》,张国清译,上海三联书店,2003年,第445页。

第五讲

韦伯的理性化的现代性分析

现代性的特征:理性化

理性化的诸种表现

形式合理性与实质合理性的冲突

现代性的冲突

马克斯·韦伯(Max Weber, 1864—1920),德国著名的社会学家。他对现代性研究的影响,主要集中在他有关现代资本主义与资本主义精神、现代性的理性化特征、工具合理性与价值合理性的对立与冲突、现代性作为一个世界"祛魅"的过程,以及现代性导致的"诸神不和"与自由的丧失等结果的分析与论断上。这些分析与论断是如此的精到,以至它们成为有关现代资本主义研究的经典论述,为许多中国学者所耳熟能详。

一 现代性的特征:理性化

虽然韦伯并没有就"现代性"概念作出专门的论述,也没有使用这一概念来对现代社会进行分析,不过,就"现代性的出现首先是一种经济秩序,即资本主义经济秩序的创立"[1]这一意义而言,他对现代资本主义制度与资本主义精神的分析,可以看作就是对现代性的研究,尤其是他在这方面分析中所概括出的作为资本主义精神的集中表现——理性化的诸种特征,更是成为有关西方现代性的流行话语,成为西方现代性的典型标志。吉登斯曾经这样评价韦伯对现代性研究的贡献,称赞他是现代社会学的三个主要奠基者中,最清楚地看到了专门知识在现代社会发展中的重要性,并用它概括出了一个"现代性的现象学的大纲"之人。[2]

1. 资本主义精神与理性化

韦伯所要把握的现代社会,是资本主义社会。虽然他对这一社会有着多方面的研究,但其中最有代表性、也是最直接与现代性论题相关的,是他对"资本主义精神"的论述。他这方面的分析是以西方文化的理性主义为背景,并围绕着一个核心概念——"理性化"来进行的,也就是说,他以"理性化"来诠释和把握资本主义精神。就此,他明确写道:"资本主义精神的发展完全可以理解为理性主义整体发展的一部分,而且可以从理性主义对于生活基本问题的根本立场中演绎出来。"[3]这也就是说,韦伯明确地把理性主义作为西方资本主义特有的哲学背景。

韦伯这一类相同的论述我们还可以在其他地方看到。在阐述了西方资本主义的诸种要素,包括商业同家庭的分离,合理的簿记,合理的资本主义劳动组织,和以数学及精确合理的实验为基础的自然科学的支持之后,韦伯给出了同样的结论:"所有这些问题,关键的一点是西方文化所具有的特定的而且与众不同的唯理主义(idealism,亦即"理性主义"的另一种译法——引者)"。[4]这里,韦伯所说的西方"理性主义",他所列举的具体表现包括数学的推理验证方法,自然科学的实验方法,音乐方面的既多声部又和谐的和声音乐等,他认为这些都是非西方的文化所欠缺的,虽然古代的中国、印度和埃及等国家也有不同发达程度的数学、自然科学和音乐等。此外,他还以高度发达的中国历史学唯独缺少修昔底德斯的研究方法,所有亚洲的政治思想都缺少一种可与亚里士多德的系统方法相匹敌的思想方法以及缺少理性概念,来证明这种理性主义是西方文化所特有的。

在韦伯看来,正是这种西方独有的理性主义构成了西方资本主义精神的特征。在《新教伦理与资本主义精神》一书中,他用一节的篇幅专门论述了所谓的"资本主义精神"。他认为这种精神实际上表现为一种在历史实在中联结起来的诸要素的复合体,我们只能通过对某种历史个体所蕴含的这些要素的文化意蕴的理解,来把它们整合为一个统一的概念整体。结合韦伯在其他地方的有关论述,我们可以看到他所理解的资本主义精神这一"复合体"主要包含着如下两个要素:

其一,它是一种理性化的世俗伦理,其中包括(a)至善就是挣钱,以及(b)职业乃是"天职",必须为之尽责的义务感;

其二,它是一种理性化的行为方式,其中包括:(a)经济行为的理性化,其典型的表现是资本主义生产的簿记方式;(b)政治行为的理性化,表现为行政管理上的科层化、制度化;(c)文化行为的理性化,表现为世界的"祛魅"过程,即世俗化过程。

第一个要素关涉到的是新教伦理与资本主义精神的关系,而第二个要素关涉到的则是资本主义精神的理性主义背景。将这两个要素总合起来,韦伯的"现代资本主义精神"意指在新教伦理与理性主义影响下的现代资本主义社会的观念意识与行为方式,也就是我们今天所说的"现代性"。

2. 理性化的世俗伦理

这里的小标题之所以用"世俗伦理"这样的概念,首先表明的是它与宗教伦理的区别,其次,并且重要的是,它涉及到韦伯所论证的资本主义精神与新教伦理之间的联系,后者在韦伯看来,构成了西方资本主义经济制度的"精神气质"。它不仅成为资本主义发展的动力,而且以其禁欲主义的"天职"观构成资本主义的理性行为的思想基础。这样,从现代性的角度看,这意味着西方的现代性是由新教伦理构成其精神气质与行为基础的。

韦伯对资本主义至善的伦理观的论述，由引用美国早期的政治家、科学家本杰明·富兰克林的一些可称为"赚钱哲学"的话开始，如"时间就是金钱"，"信用就是金钱"，"金钱具有孳生繁衍性"等，并称富兰克林的这些话"所表现的正是典型的资本主义精神"[5]，虽然我们很难说资本主义精神已全部包含在这里面。在韦伯看来，这些话宣扬的是一种"至善"的伦理观，即要尽可能多地挣钱。不过，这一作为"资本主义的一条首要原则"的伦理，与之相关的却并非是任凭本能的冲动来恣意享受生活，而是与一种新教伦理的禁欲观念联系在一起的。

这一新教伦理与资本主义精神的关系，是韦伯的学术研究所着力把握的一个关键点。在《新教伦理与资本主义精神》一书的"序言"中，他指出了进行这一研究的难处，因为它属于"一个最难把握的问题"。归纳起来，韦伯所着力把握的这一新教伦理与资本主义精神的关系问题，主要表现在如下几个方面。

首先，新教伦理作为一种宗教的观念，它对经济精神的发展产生的影响，本质上在于构成某种经济制度的"社会精神气质"（ethos）。这种精神气质直接构成资本主义扩张的动力。之所以有如此的论断，是由于韦伯认为出自宗教信仰的伦理信念对人们的行为具有强大的影响，它能够强有力地用拯救和天谴的戒律来指导人们实现某种特殊的生活方式。在他看来，一种建立在宗教基础之上的伦理观念只要维持了宗教规定的态度，就能产生一定的心理上的约束力。只要宗教信仰存在，这种约束力就极其有效。因此他断言："近代资本主义扩张的动力首先并不是用于资本主义活动的资本额的来源问题，更重要的是资本主义精神的发展问题。"[6]也就是说，资本主义革命并不是产生自工业方面的源源不断的货币投资，而是由于资本主义精神开始发生作用而引起的。"不管在什么地方，只要资本主义精神出现并表现出来，它就会创造出自己的资本和货币供给来作为达到自身目的的手段。"所以，在韦伯看来，决定性的资本主义的发展动力在于资本主义精神，而不是货币投资等其他原因。

其次,"天职"的思想构成资本主义的理性行为的思想基础。韦伯认为,所有新教教派的核心教理是:上帝应许的唯一生存方式,不是要人们以苦修的禁欲主义超越世俗道德,而是要人们完成个人在现世里所处地位所赋予他的责任和义务,这是他的"天职"。这种天职感构成资本主义精神的一个基本伦理观,它使个人把自己所从事的职业视为出自宗教信念的"天职",并由此萌生和怀有对职业的责任感。这种责任感使人对自己的工作负有一种义务,并由此产生敬业的精神。

这里,韦伯之所以如此重视这一出自宗教信念的"天职"感,根本的原因应当说在于他认为"传统主义"的劳动态度对于经济发展构成了严重的障碍,它是资本主义精神必须与之作艰苦斗争的"最重要的对手"。所谓传统主义表现在,劳动者在工作上好逸恶劳,他们之所以会去劳动,只是由于他们处于还很贫穷的状态下,即使如此他们也宁愿少做事而不愿多赚钱,这意味着即使提高了单位时间的工资,他们的回应则是减少相应的劳动时间,而只求挣得能够保持以往的生活水准所必需的钱;企业主愿意经营多种商品而不愿追求标准化,除了忙碌阶段外,他们只愿意适度而悠闲地工作,满足于维持舒适生活的收入。因此,无论在什么地方,"只要近代资本主义通过提高劳动强度而开始提高人的劳动生产率,它就必然会遭遇到来自前资本主义劳动的这一主要特征的极其顽固的抵制"[7]。在韦伯看来,只有在宗教教育的背景下,才最有可能战胜传统主义,这就是将劳动作为上帝所授命的天职,从而将劳动作为一种绝对的目的本身来对待,由此而奋发劳动,产生一种积极的劳动精神,为资本主义生产提供必需的劳动态度保障。有鉴于此,韦伯对这种"天职"观给予了高度的评价,认为它是资本主义精神以及全部现代文化的一个根本要素,是资产阶级文化的社会伦理中"最具代表性的东西",而且在某种意义上说,它构成资产阶级文化的"根本基础"。[8]

再次,以"天职"思想为内涵之一的资本主义精神,来源于基督教的禁欲主义。灵魂的救赎需要禁欲,这是基督教的一个基本教义。但如何禁欲,在基督教那里则有两种方式。一种是出世的禁欲观,主张通过隐修来求得救赎,这属于中世纪天主教隐修院的禁欲观;另一种是入世的救赎观,要求教徒怀有特殊的宗教神圣情结,在所从事的世俗职业中来证明自己对上帝的虔敬,这属于宗教改革后的新教的禁欲观。新教禁欲主义的核心在于把劳动作为禁欲的有效手段,把职业看作上帝向人颁发的命令,因此劳动被视为人生的目的。厌恶劳动是堕落的表现,人们必须为上帝而辛劳致富,以增益上帝的荣耀,但不可为肉体、罪孽而如此。

就资本主义精神的这一来源问题,韦伯在《新教伦理与资本主义精神》中专门辟有一章"禁欲主义与资本主义精神"。他认为由于新教主张入世的禁欲,这使得拒绝世俗的宗教信仰通过社会心理转化为合理性的社会行动,从而成了改变世俗社会的力量。韦伯详细分析了新教禁欲主义的伦理观,尤其是其中的职业观,认为"清教徒的职业观以及它对禁欲主义行为的赞扬必然会直接影响到资本主义生活方式的发展"[9]。上面我们提到的他所引用的富兰克林那些代表了资本主义精神的论述,在他看来就属于这方面影响的一个例证,它"与清教世俗禁欲主义的内涵并无二致"。他认为,中产阶级的生活在根本上体现的正是这种禁欲主义的特征,表现在诸如局限于专业化的工作,弃绝它所牵涉的浮士德式的人类共性——追求完整的和美的人性。韦伯并且认为,"这种禁欲主义乃是现代社会生活中任何有价值的工作得以进行的条件"[10]。

韦伯具体从对新教著述的分析中来揭示禁欲主义与资本主义精神之间的联系。他认为英国宗教思想家巴克斯特的论述表明,清教徒认为时光无价,虚掷光阴乃是万恶之首。把时间用于享受,甚至超过保证健康所需的睡眠,都要受到道德上的谴责。上帝的神意已经为每个人安排了一个职业,人们必须各尽事其业,辛勤劳作,恪守上帝为他安排的位置,循规而不逾此矩,"这就是人们的宗教责任"[11]。在财富观上,清教徒强调就其作为履行职业义务的意义而言,财富的获取不仅在道德上是允许的,而且在实际上是必需的,它象征着上帝的赐福。仅当财富诱使人无所事事,沉溺于罪恶的人生享乐之时,它在道德上才是罪恶的;仅当人为了日后的穷奢极欲、高枕无忧的生活而追逐财富,它才是不正当的。此外,如果人把追求财富本身作为目的,才是应当受到谴责的。比起中世纪神学家圣·托马斯当时被奉为真理的财富观——"追求超过人生需要的物质利益就是罪恶",无疑清教徒的这种财富观是巨大的进步,它为资本主义追求获利的经济活动扫除了伦理障碍。

韦伯指出,清教徒的职业观及其对禁欲主义行为的赞扬之所以会影响到资本主义生活方式的发展,是由于强调禁欲在某种职业中的重要作用,认为不停歇地、有条理地从事一项世俗职业是禁欲的最高手段,同时也是再生和信仰纯真的最可靠、最明确的证据。这种宗教思想,正是推动资本主义精神的生活态度得到普遍发展的最有力的杠杆。这种形式的禁欲主义从伦理上证明了现代专业化劳动分工的正确性。而它反对财产的自发享受,主张限制消费,尤其是奢侈品的消费,则具有使自由获取行动摆脱传统主义伦理桎梏的心理效果。对于资本主义的发展而言,重要的是这种新的伦理观打破了对所谓获利冲动的束缚,当它与对消费的限制结合起来时,禁欲主义就必然导致资本的积累这样一种不可避免的效果,促进资本主义的发展。因此韦伯认为,清教的这种禁欲主义的世界观是促进资产阶级经济生活发展的"最重要的,而且首先是唯一始终一致的影响。它哺育了近代经济人"[12]。

认定禁欲主义同西方资本主义的发展之间有着如此紧密的关系,这使韦伯进而得出如下一种极端的看法,即认为中国之所以没能成功地发展出像西方那样的理性的资产阶级资本主义,主要原因在于缺乏一种与新教伦理相类似的特殊宗教伦理,来作为其不可缺少的鼓舞力量;东方古老民族(中国、印度、伊斯兰国家)没有经过宗教改革的宗教伦理精神对这些民族的资本主义发展起了严重的阻碍作用。这种论断意味着宗教伦理乃是资本主义产生的必要条件,这与韦伯自己宣称的反对用教条主义的做法来对待新教伦理与资本主义精神这两者之间的关系,亦即反对将资本主义精神的产生仅仅看作宗教改革的某些作用的结果,或甚至认为资本主义作为一种经济制度是宗教改革的产物的说法本身是相矛盾的。此外,东亚几个处于儒家文化影响范围内的国家和地区,包括日本与俗称"四小龙"的中国台湾、中国香港、新加坡与韩国,在 20 世纪 60—70 年代经济腾飞的事实,对韦伯的上述观点也构成一个有力的反驳。在这方面,全球范围内的一些包括社会学、经济学与历史学等学科的学者、尤其是当代海外新儒家在理论上提出了自己的质疑与回应。有的学者认为,儒家的群体伦理,即强调自我是各种关系的中心,强调自我的道德修炼与自我约束的义务感,高度重视教育和礼仪,寻求取得一致意见和合作,注重信用社区和政府的领导等,这些伦理价值对于在东亚发展出一种新型的资本主义与企业精神作出了贡献。有的学者则干脆把东亚国家经济成功的事实,看作"儒教资本主义"的胜利。

二　理性化的诸种表现

以上我们论及的是韦伯把理性化视为现代性的观念与精神方面亦即他所称的资本主义精神的特征。此外,现代性还有其行为方式与制度构成的一面,对此,韦伯同样围绕着"理性化"的概念来把握资本主义社会的各个方面,包括经济、社会、文化与个人的行为方式等。

1. 经济的理性化

韦伯把企业是否理性化地理财和生产作为区分"前资本主义"与"资本主义"的一个标志。他写道:"所谓前资本主义的,是指这样一种状况,在一个长期企业中,合乎理性地使用资本和按照资本主义方式合乎理性地组织劳动尚未成为决定经济活动的主导力量。"[13]也就是说,经济行为的理性化与否构成"资本主义"与"前资本主义"的分水岭。在《经济和社会》第二章中,韦伯分析了资本主义社会中的合理经济行为,并将它和其他社会形式中的经济倾向作对比,指出资本主义社会中合理经济行为的特点是:(1)市场交换,认为它是所有的合理社会行为的原始模型,在这里,交易只取决于"对利益的有目的的追求";(2)货币的普遍使用,这是经济核算的最"完善的"手段,对合理的资本核算更是如此;(3)生产中劳动的合理组织和严格的工厂纪律、合理的技术;(4)最大可能地把企业和家庭经济彻底分离开来。此外,在经济领域之外,还有必要在公共管理和法律秩序的职能上,以及政治权力对所有契约正式可信的保证上具有完全的可靠性。

在其他地方的论述中,韦伯则更简洁地把资本主义的理性化生产与管理概括为一种"簿记方式",即一种严格的核算制度。它追逐的目标是,在一个经营期结束时,企业货币资产的收付余额要超过资本,即超过在交换中用于获利的物质生产资料的估计价值。一切都要从差额角度来进行。在经营的开始与结束时,都要进行计算。决策之前计算的目的,是为了确定可能获得的利润,而经营结束时的计算,是要确定所得到的利润。任何一项合理的交易,都是以计算为基础的。计算越是精确,则资本主义的理性化程度就越高。

韦伯把这种严格的核算制度看作"资本主义经济的基本条件"。他并且分析了这种核算的几个特点,其中技术性的条件在于依赖现代科学的发展,利用健全的会计制度,以合理的技术精于计算,而制度性方面的条件则在于经济活动的"自由",包括自主的经济主体、自由的市场以及自由的劳动。一切物质生产资料(土地、设备、机器、工具等)必须是由自主的私人企业所处置,市场上不存在对贸易的不合理的限制,此外还必须有不仅在法律上有地位,而且在经济上也被迫在市场上不受限制地出卖劳动的人。

韦伯还把这种合理的簿记方式,连同商业同家庭的分离一起,视为资本主义经营的近代合理组织所必备的两个重要因素。他认为离开了这两种要素,就不可能发展出资本主义经营的合理组织。对于资本主义经济的理性化而言,韦伯认为它的最基本的含义在于理智的思考与计算。他并且指出,这一特征与农民追求勉强糊口的生存是截然相反的,与行会师傅以及冒险家式的资本主义的那种享受特权的传统主义也是截然相反的,因为这种传统主义趋向于利用各种政治机会和非理性的投机活动来追求经济成功。

2. 文化的理性化

韦伯认为近代西方社会伴随着资本主义的发展在文化层面上所带来的变化,表现为"世界图像的合理化",其基本的特征是世界的"祛魅",即宗教世界观的瓦解,以及世俗文化的产生。它所带来的结果是科学文化的发展与普及,以及相应的对蒙昧的扫除和对神秘主义的破除。人们不必再像相信某种神秘力量存在的野蛮人那样,为了控制或祈求神灵而求助于魔法。这一理性化亦即世界祛魅的结果,意味着这样的认识或信念:"只要人们想知道,他任何时候都能够知道;从原则上说,再也没有什么神秘莫测、无法计算的力量在起作用,人们可以通过计算掌握一切。"[14]在韦伯看来,世界的祛魅是一个延续了数千年的漫长过程,这一过程既发展了科学,同时科学又是这一进步过程的动力。

世界祛魅的结果是它的世俗化。世界原本的宗教图景,已失去它的神圣的光环。"那些终极的、最高贵的价值,已从公共生活中销声匿迹,它们或者遁入神秘生活的超验领域,或者走进了个人之间直接的私人交往的友爱之中。"[15]这不仅意味着现代社会的价值之源已不再是宗教,而且意味着原先那些来自宗教的"终极的、最高贵的价值",也已不再在现实的社会生活中起着主导性的影响。人们所信赖的,乃是科学的技术与计算。"人们可以通过计算掌握一切。"[16]

社会世俗化的结果,是去除了原本笼罩在世间事物之上的神秘光环,还事物以本来面目。用韦伯的话来说,就是世界的事件越是"非巫术化",越是丧失其魔法的思想内容,就越是还事物的存在以其本来所"是"的模样,把它作为某种"正在发生着"的事情来看待,而不认为事物有着什么另外的"含义"。这意味着对宗教神秘主义的破除。

世俗化的一个显见的结果,是宗教伦理向世俗伦理的转变。对于西方社会来说,它表现为新教的苦行主义转化为资本主义的伦理。这方面的一个典型表现,是有关"利息"的看法的转变。本来在教友这些"兄弟之间"收取利息,是被教会当作违背有难相帮这样的义务、属于"冷酷无情的高利贷"而断然拒绝的。教会甚至在资本主义的通商贸易、尤其是海外贸易的赢利资本开始发展起来的时候,颁布禁止收取利息的诫令。这种情况到新教那里有了根本的改变,它已经被当作投资者参加由借贷所做的生意而赢利的一种形式,得到合法化。这样,新教的这一伦理就为甚至是最虔诚的、伦理上最严肃的教徒打开了通往商务生活之路的大门。此外,如同前面我们已经看到的,从基督教的救赎观到新教的职业伦理,再到韦伯所说的"资本主义精神",这一伦理观的变化过程,同样表明了一种世俗化的结果。

3. 政治与社会的理性化

建立在法理型统治基础上的西方资本主义,它的一个突出特征是行政行为的制度化,即所谓"官僚制化"的社会理性化,这是韦伯所认为的近代西方社会伴随着资本主义的发展在社会层面上所带来的变化。合理的现代资本主义不仅需要技术生产手段,而且还需要一种可靠的法律体系和按章行事的行政管理制度,因此有技术专长的官吏阶级和合理性的法律构成资本主义国家的基础。资本主义与官僚体制两者之间,已形成一种相互依存的关系。"正如资本主义在其当今的发展阶段中需要官僚体制一样,资本主义也是官僚体制可能以最合理形式赖以存在的经济基础。"[17]

在韦伯看来,官僚制是国家机器的诸构成部分中最符合理性的行政管理类型,它在现代社会已是势所必然、不可或缺的东西。官僚制所具有的理性化的特征,集中表现在如下几个方面。

第一,它依照规范的法律制度来运行,这使得它的运作具有可预测性。韦伯甚至用了一个夸张的比喻来说明这一点:现代法官就像一台自动售货机一样,人们将起诉状连同诉讼费一并投进去,然后这台机器吐出判决以及从法典中自动推导出的理由。这意味着充分发展的官僚制把整个社会变成了一个非人格化的庞大机器,成为一个严密的权能系统。在官僚制中,一切社会行动都建立在功能关系上。

第二,从管理的技术上看,它达到最为完善的程度。在现代社会生活中,知识、科学和技术是不可或缺的因素。并且,要使行动获得更大收益和更有成效,就必须讲究功效。所以,官僚体制的行政管理对每个机构的权限范围予以明确的规定,并建立起相应的责任制。它强调技术效率。"官僚体制的行政管理意味着根据知识进行统治:这是它所固有的特别合理的基本性质。"[18]现代的管理知识与技术的采用,例如采用档案制度的行政管理等,使管理从纯粹技术的角度上看达到最高的完善程度,它是实施统治形式的最合理的形式。韦伯特别强调"专业知识"在行政管理上的重要作用,认为它是"官僚体制化的行政管理优越性的强大手段"[19],并且他还认为,对专业业务资格的要求,在官僚体制中其范围在"日益扩大",即使政党和工会的官员也需要专业的(在经验中获得的)知识。韦伯的这一见解,是比较准确地道出了现代社会管理的发展趋势的。

第三,它使管理者的角色专业化、专家化,强调形式化的、普遍主义的精神,与此相应的是在公务的执行上不受个人因素的左右。韦伯认为,行政管理越是专门化,官僚制本身就越是非个人化,也就是说,它就越能彻底地使公务的执行不受爱憎及各种纯粹个人的、尤其是非理性的和无法预知的感情因素的影响。"不因人而异",形式上对人人都一样,理想的官员根据其职务管辖着处于相同实际地位中的每一个有关人员。韦伯认为,这种"形式主义"是合理的官僚体制的一个基本精神。而以往传统的治理方式正好相反。中国封建社会的"法无可恕,情有可原"的说法,以情感因素作为为对象开脱的理由,可以说是非理性化管理的一种表现。

三　形式合理性与实质合理性的冲突

在第二章中我们看到,黑格尔除了把理性作为事物的本质、规律以外,还把它作为事物的现实性的标准,提出了凡是现实的都是合乎理性的著名命题。韦伯继承并发挥了黑格尔这方面的思想,把"合理性"概念作为分析资本主义社会各层面问题的主线,不论是政治、经济还是文化方面的问题,他都用合理性概念来加以把握,以此作为分析问题的一个视角与方法。在方法论上,韦伯独创了一种把握事物的"理想类型"的社会科学方法。在所从事的理论研究中,他通过提取与分析这样的理想类型,来强化对象实在中的某些特别因素,把它们复合、建构成相关对象的"思想图像",以便把握这类对象的特有"意义"。"合理性"概念即是韦伯在方法上借以把握行为性质的一个"关系概念"。一方面,从行为与目的相关联的"因果关系"上看,如果某个行为或行为模式是对目的有效的,它就是合理性的,反之则是不合理性的;另一方面,从行为与信仰相关联的"逻辑关系"上看,如果在既定信仰的选择上,个人的行为与信仰相一致,它就是合理性的,反之则是不合理性的。因此,合理性是一个评价性的概念,它并不属于行为本身,而是评价者所作出的一种基于某种主观视角的诠释。

对于"合理性"概念,韦伯还从"目的—工具"与"价值"、"形式"与"实质"这两对范畴上作出区分,提出了"目的—工具合理性"与"价值合理性"、"形式合理性"与"实质合理性"的概念。这里,我们先来看看韦伯对这两组概念的界说。

首先是"目的—工具合理性"与"价值合理性"概念。韦伯认为,如同任何行为一样,社会行为也可以归结为如下四种情况所决定的:一是目的合乎理性的,这是通过对外界事物的情况和其他人的举止的期待,并利用这种期待作为"条件"或"手段","以期实现自己合乎理性所争取和考虑的作为成果的目的";"价值合乎理性的",即行为乃是有意识地依据某个特定举止的(如伦理的、美学的、宗教的或作任何其他阐释的)"无条件的固有价值的纯粹信仰",不管它是否能够取得成效。此外,韦伯还提到两种情况,即第三种,情绪的,尤其是情感的,这是指行为由现时的情绪或感情状况所左右。最后一种,传统的,它是由约定俗成的习惯所制约、所决定的。

这里,目的—工具合理性行为与价值合理性行为的根本区别在于,前者是立足于预期的目的,努力争取获得实际成效的,如资本主义企业生产的精于计算的"簿记方式";而后者则是纯粹出自某种信念、信仰、价值判断,包括义务、尊严、美、宗教训示、孝顺等,并以此作为行为者的"戒律"或"要求"而发生的行为,它无视行为在功利方面的可以预见的结果。韦伯把社会主义的生产方式归入这种类型。

其次,是"形式合理性"与"实质合理性"的概念。韦伯写道,一种经济行为的形式上的合理性,在于它在技术上的可能的计算,和由它真正应用的计算的程度。相反,实质上的合理性则是指一种以经济为取向的社会行为的方式,这种行为方式以某些伦理的、政治的、功利主义的、享乐主义的、平均主义等的要求为前提,以此作为衡量经济行为结果的标准,哪怕这种结果从经济的角度上看是毫无效益的。简言之,这两种合理性的差别在于,形式合理性是不预设价值论前提的,而实质合理性则是预设这种前提的。

可以看出,在韦伯那里目的合理性与形式合理性、价值合理性与实质合理性基本上是同义的。因此他有时也把"目的—工具合理性"称为"形式合理性"(formal rationality),而把价值合理性称为"实质合理性"(substantive rationality)。形式合理性具有事实的性质,它是关于不同事实之间的因果关系判断;实质合理性具有价值的性质,它是关于不同价值之间的逻辑关系判断。形式合理性主要被归结为手段和程序的可计算性,是一种客观的合理性;实质合理性则基本属于目的和后果的价值,是一种主观的合理性。

韦伯把现代资本主义主义、法律和官僚制以及清教徒的职业伦理观的本质归结为形式的合理性。这种合理性之所以是纯粹形式的,乃由于依据这种合理性所引导的行为后果具有最大程度的可计算性,它旨在达到某个所预期的、可能的目标。韦伯认为,这种纯粹形式的合理性是现代社会结构具有的一种客观属性,当人们在评价精密的计算在社会生活中日益增长的重要作用时,实际上就已经承认了其重要性。而实质合理性则是一切前资本主义社会秩序的本质特征,它依据的是人们视为合理性尺度的目的、价值和信念。因此可以说实质合理性与价值合理性是一致的,形式合理性则与目的—工具合理性也是一致的。

韦伯对合理性概念作出的上述对立性的区分,其重要意义在于揭示了现代社会在建立与完善资本主义的各种现代管理方式,趋向理性化的过程中,在事实与价值(意义)、效率与理想(信仰)之间存在的紧张关系及矛盾冲突。这类对立与冲突是全面的,它表现在社会活动的各个领域。

在经济系统方面,资本主义的发展走向专以营利为目的,这使原先具有合理性的可计算性的手段变成了盈利目的本身,生产并不以满足社会需要为目的,因此也就无法满足实质合理性的要求。这样资本主义就卷入了"以手段支配目的",亦即"以形式合理性支配实质合理性"的过程。

在社会层面上,属于富有阶层的强势群体从形式上合理的市场交易中获得他们的权力,即拥有决定价格、规定缔约双方进行交换的条件的垄断和半垄断的权力,因此他们极力主张最大限度的形式合理性;而那些无财产的、不具有特权的群体从形式上的"法律面前的平等"和"可计算的裁决"中却得不到什么好处,因此他们强烈主张实施实质合理性的规则,以便能够借助于"平等"的伦理观与价值论上的考虑,使自己作为弱势群体能得到一些优惠和补偿,因此他们希望能够把形式合理性减少到最低限度。

在法律事务方面,韦伯指出,一定程度上只是"形式"的法律,只保障了当事人形式方面的权利。例如在诉讼方面,它是按照特定的程序进行的。起诉是当事人的事情,法官必须在有起诉的情况下才能立案。但如果当事人负不起有关的费用,或者他已记不清某一重要的事实,他就有可能被迫放弃他的合法权利。如果从纯粹的伦理道德方面来考虑,法律的执行不应受收入状况的影响,但对于形式上的法律程序来说,它的公正性与严肃性恰恰是通过执行普遍性的规则来体现的。任何取消合法程序的裁决判定,或使这些判定只适用于特殊场合的做法,都将被看作是非理性的。因此,在形式合理的法律制度下,一些偶然的情况就有可能造成实质上的不公正。

上述社会各个领域所展现出的形式合理性和实质合理性之间的对立,在哲学价值论的深层上表现为几种不同价值之间的张力与冲突,即以可计算性、效益和非人性为一方的现代性价值,与博爱、平等和兄弟友爱的理想主义的伦理价值为另一方的对立。这就进一步表明现代资本主义的文化价值本身存在着不可避免的冲突。从对立双方各自的价值观角度看,自身一方是合理的,而对方则是不合理的。例如,从目的—工具或形式合理性出发,价值或实质合理性行为都是非理性的,因为其行为依赖于某种价值,而在这一价值的选择上又没有一种客观的、理性的方法来作为依据,因而是非理性的。反之,从价值合理性的观点上看,纯粹的目的—工具合理性是实质上非理性的,因为任何合理性手段的选择,都会具有某种价值或意义的成分,否则它只能是功能性或功利性的。例如,可计算性的经济行为,如果没有一个正确的价值取向,就会成为纯粹追逐获利的手段。

韦伯并且把形式合理性与实质合理性的区别,在经济上等同于市场经济和计划经济的区别,在社会形态上则等同于资本主义和社会主义的区别。市场经济的特征是"以货币形式为表现产生出高度的形式合理性",而计划经济则意味着"适用特定的终极目的标准,这些目的可能是伦理的、政治的、功利主义的、享乐主义的、封建的、平均主义的或其他的"[20]。此外,资本主义主义的本质特征在于以生产作为牟利的手段,属于形式的合理性,它是由物质利益所决定的;而社会主义则把满足社会的需要作为生产的目的,属于实质的合理性,它是由特定的价值、理想所决定的。这就使形式合理性与实质合理性之间的冲突更具有普遍的社会意义。它成为现代社会在经济、政治与法律等各个领域所存在的内在矛盾的焦点,成为这些领域中内在冲突的根源,从而在根本上说构成现代性的根本难题。联系到我国的经济改革中为解脱国有企业效益低下乃至破产的困境而进行的从计划经济向市场经济的转向,不能不说这印证了韦伯的有关分析。

四　现代性的冲突

对韦伯而言,合理性乃是西方现代性的本质,现代化过程意味着理性化的进程。然而,如同上面所看到的,他的研究揭明即便是"合理性"本身也蕴藏着如此深刻的对立和冲突,这就有力地表明现代性在本质上所深藏的二难悖论。这种矛盾冲突的结果,使得现代社会原本应当带来理性的增长与个人自由的提高的合理化过程,却导致了一种与预期的理想相反的结果。由于合理化过程的结果是使实质合理性臣服于形式合理性,因而这使得价值和规范无法获得理性证明而存在,形式化的经济与政治制度剥夺了人的自主性,它直接表现为文化合理化剥夺了意义,社会合理化窒息了自由。一言以蔽之,现代性的后果集中表现为"意义的丧失"与"自由的丧失"这两个悲剧性的命题。

1. 意义的丧失

这意味着西方社会从原本源于基督教的意义的一元论,如今裂变为多元的价值状态。在现代西方社会的理性化过程中,理性的启蒙及批判导致宗教与形而上学世界观的解体。这一世界祛魅的过程,经由理论理性、实践理性以及判断力三者分别对知识、道德与审美领域的批判与探索,使得"真"、"善"、"美"这些理性的价值朝着科学、道德与艺术的不同方向逐渐趋于分化乃至独立,从而逐步建立了各自独立的价值系统;而诸如财富、权力、法律、虔诚等这类特殊的价值也为不同的人们所选择,并把它们作为自己的"上帝"(终极关怀),使之成为自己的目的合理性行为的出发点,这更加剧了价值多元的分裂与纷争状态。韦伯曾经这样描述这种价值多元、亦即所谓"诸神不和"的状态:"我们今天毕竟再一次明白了,有些事情,尽管不美但却神圣,而且正是因为它不美且只就它不美而言,才变得神圣。诸位在《以赛亚书》第53章和《诗篇》第22篇便可找到这样的例证。自从尼采以来我们便已知道,有些事情,不仅是它尽管不善而成为美的,并且只从它不善这方面看,它才是美的。在更早一些的波德莱尔以'恶之花'命名的诗集中,各位也可找到这种观点。有些事情虽不美、不神圣、不善,却可以为真,此乃一项常识。这些现象,不过是不同制度的神和价值之间相互争斗的最普通的例证。"[21]

这一价值与意义的分裂问题并不能通过兴盛发展的科学来解决,虽然科学是现代社会最值得骄傲的成就,它极大地提升了生产力,为人类创造了前所未有的物质财富,使之在物质文明方面进入了一个崭新的时代。但是科学本身却不顾及世界的"价值"问题、生活的"意义"问题。韦伯向人们提问道:除了那些老稚童,今天还有谁会相信天文学、生物学、物理学或化学,能教给我们一些有关世界意义的知识呢? 即便有这样的意义,我们如何才能找到这种意义的线索? 他的回答是:"姑不论其他,自然科学家总是倾向于从根底上窒息这样的信念,即相信存在着世界的'意义'这种东西。"[22]进一步说,科学甚至"从来不提出这样的问题"。这就使人们落入一个甚至比中世纪还不如的境地,那时的科学工作还有这样的使命感:寻找通向上帝之路,亦即探寻上帝对于这个世界的意义。

在一篇演讲中,韦伯用医学对待安乐死的态度为例子,来说明科学与生活世界的价值与意义问题相分裂的状况。他讲道,医学所预设的一个前提,是它有责任维持生命本身,并尽可能减少病人的痛苦。依此医生便尽量利用他所能得到的一切手段,来苟延垂死的病人的生命,即使病人痛苦万状,恳求医生让自己解脱,即使他的亲人认为他的生命已失去意义,希望他死去以摆脱痛苦,并且他们也难以承受维持这种无价值的生命(或许病人是个精神病患者)所造成的费用。不过医学所预设的前提和相应的法律上对违法者的惩罚,阻止着医生做出给病人以安乐死的举动。对于医生而言,"这条生命是否还有价值,什么时候便失去价值,这不是医生所要问的问题。所有的自然科学给我们提供的回答,只针对这样的问题:假定我们希望从技术上控制生命,我们该如何做? 至于我们是否应当从技术上控制生活,或是否应当有这样的愿望,这样做是否有终极意义,都不是科学所要涉足的问题,或它只有些出于自身目的的偏见"[23]。这一例子表明,医学(科学)以发展其技术手段为目的,这是它自身的价值所在,而这样做的结果,是使它自身的价值与意义问题,与生活世界的价值与意义(包括结束无价值的生命所蕴含的意义)问题相分裂。

韦伯把这样一种价值"诸神"之间无休止的纷争的现状,看作我们时代的"文化命运"。面对这样的状况,在生活的每一个领域中,每个人都面临这样的选择——根据他的终极立场,在一方是恶魔,另一方是上帝的状况下,必须决定哪一方是上帝,哪一方是恶魔。韦伯指出,勇于正视这一时代的命运,作出自己的选择,对于一个现代人来说是困难的,对于较年轻的一代就更为困难。

2. 自由的丧失

在韦伯看来,自由的丧失作为现代社会理性化的另一个严重的后果,是与官僚制的形成联系在一起的。经济和政治的理性化使社会形成了结构上日趋复杂、功能上日趋独立且严格的行为系统。现代官僚制意味的是整个现代生活的科层化,它以具有精确、迅速、持久稳定、有可预计性、采用档案制进行管理、严格服从和专业化管理等长处的行政系统,使社会在管理上的效率普遍提高。官僚制因此从纯技术的观点上看,是人类所运用的权力形式中最合理性的。在明确性、稳定性、纪律严格性和可靠性方面,它优于其他任何形式。这样,一方面,官僚体制在管理上具有先进性,它是理性性质的:规则、目的、手段和"求实的"非人格性控制着它的行为,因此它如同理性主义的进军在一切领域里曾经产生过的那样,在行政管理上发挥了"革命性"的作用,因此可说是"实施统治形式上最合理的形式"。[24]

但另一方面,官僚制中占主导地位的是形式化的、非人性的、普遍主义的抽象精神,这种精神的实质乃是一种功效原则。在功效原则的支配下,行动的理性越来越漠视价值因素,同时行动的目的也越来越表现出非人性趋向。因此它造成的结果是,官僚制行政管理的合理性越大,就越对个人的自由意志和尊严构成威胁。韦伯有时把这种情形称之为"铁笼"(iron cage)——一张由官僚体制化、专业化所织成的巨大罗网。在官僚制中,人的一切行为听命于官僚制机器的指令,人人成为这架庞大机器上的一个齿轮或一个螺丝钉。完全理性化了的世界成为一个组织化了的世界、一个受非人格力量统治的世界。人在这个世界中既然受官僚机器的统治,受非人格化力量的支配,自然也就没有什么自由可言。

从康德、黑格尔到韦伯的学说,我们看到的是它们共同构造与展现了一种"现代性的逻辑"。这一逻辑的基本内涵是:理性是人所共有的,它构成科学认识与道德行为的基础,构成价值观念的来源,也由此构成社会进步的动力;文明的发展是一个理性化的过程,合理性构成判定事物价值的标准。然而,到韦伯这里,这一逻辑在其宣示者手上却开始暴露出自身的分裂,显示出它自身深藏的矛盾与冲突,展现了现代性本身带来的新问题。

延续现代性逻辑的"理性"这一主调,韦伯搭建起自己独特的分析框架,以"合理性"概念作为把握现代西方资本主义的基点。他把"现代性"等同于"合理性",围绕着这一核心视点,在他的笔下刻画出一幅由现代化过程的理性化喜剧,与现代性的合理性悲剧相交错、转换的图景。资本主义社会借助于采用技术性手段的理性化过程,建立起合理性的经济、政治、法律、社会的结构与秩序,这比起传统型的"人治"社会来,无疑有着巨大的进步;但另一方面,这种以技术性手段(其中尤以计算性为表征)为核心的形式合理性,亦即工具合理性,在它所造就的以官僚制为典型代表的现代社会制度机器里,却是以压制、损害一些价值(如自由、平等等等)和压制人性为代价的,这就深刻地揭明了现代性本身所隐含的矛盾与冲突。因此韦伯的合理性论说,既是对西方现代性的本质的洞察与提炼,同时也是对现代性所潜藏的问题的揭示与批判。

韦伯的这些揭示比较深刻地把握了西方现代性的内在问题,因此,这为后来的现代性研究提供了一个理论出发点与分析框架,特别是他的"工具理性"说,很快就被西方马克思主义、特别是法兰克福学派用来作为资本主义社会与现代性的弊病的一个主要符号,从而成为他们进行"技术理性"批判的一个主要理论源泉与概念根据,从霍克海默、阿多诺的社会批判理论,到马尔库塞的发达工业社会的研究,再到哈贝马斯的"交往行动理论",莫不如此。韦伯对资本主义现代性所诊断的"意义的丧失"与"自由的丧失"这两个结果,有如哈贝马斯所说的那样,这两大论题直到今天仍然是怀疑社会进步的社会科学意识形态的主要依据。世界观的合理化确立了不同符号系统的合理性,却导致形而上学、宗教世界观意义统一体的解体和价值领域内不同要求的冲突。现代性以理性和自由为最基本的价值,但追求这两个价值的结果,却被韦伯断定为导致它们本身的丧失,得出的是一个有关现代性逻辑的悖谬式的结论。这一结论奠定了后来的现代性批判的基调。西方哲学在20世纪相继出现的对西方科学与文化的"意义危机"的疾呼,对科学主义思潮的批判,以及存在主义思潮的兴起所带来的对人的存在及其意义的关注,直至当今后现代主义对现代性逻辑的全面批判,在不同程度上都与韦伯所诊断的现代性问题有关,只不过它们是从哲学的层面上作出的进一步的论究。

思考题

1. 韦伯是如何以"理性化"概念来诠释资本主义精神的?

2. 在韦伯笔下,资本主义社会的理性化有哪些表现?

3. 韦伯揭示了现代社会在形式合理性与实质合理性之间存在怎样的冲突?

阅读书目

韦伯:《新教伦理与资本主义精神》,于晓等译,北京:三联书店,1987 年。

韦伯:《学术与政治:韦伯的两篇演说》,冯克利译,北京:三联书店,1998 年。

韦伯:《文明的历史脚步——韦伯文集》,黄宪起等译,上海:三联书店,1988 年。

注　释

〔1〕 吉登斯等著:《现代性:吉登斯访谈录》,尹宏毅译,新华出版社,2001 年,第 71 页。

〔2〕 吉登斯:《现代性的后果》,田禾译,译林出版社,2000年,第121页。

〔3〕 韦伯:《新教伦理与资本主义精神》,于晓等译,北京:三联书店,1987年,第56页。

〔4〕 韦伯:《文明的历史脚步——韦伯文集》,黄宪起等译,上海:三联书店,1988年,第13页。

〔5〕 韦伯:《新教伦理与资本主义精神》,第35页。

〔6〕 同上书,第49页。

〔7〕 同上书,第42页。

〔8〕 同上书,第38页。

〔9〕 同上书,第130页。

〔10〕 同上书,第141页。

〔11〕 同上书,第125页。

〔12〕 同上书,第136页。

〔13〕 同上书,第41页。

〔14〕 韦伯:《学术与政治:韦伯的两篇演说》,冯克利译,北京:三联书店,1998年,第29页。

〔15〕 同上书,第48页。

〔16〕 同上书,第29页。

〔17〕 韦伯:《经济与社会》,林荣远译,商务印书馆,1997年,上册第249页。

〔18〕 同上书,上册第250页。

〔19〕 同上书,上册第248页。

〔20〕 同上书,上册第85、202页。

〔21〕 韦伯:《学术与政治:韦伯的两篇演说》,第39—40页。

〔22〕 同上书,第33页。

〔23〕 同上书,第35页。

〔24〕 韦伯:《经济与社会》,上册第248页。

后现代话语的产生与后现代性

"后现代"概念与后现代话语的产生

后现代话语的思想渊源

"后现代"、"后现代主义"与"后现代性"

　　讲现代性问题，必然会与后现代话语联系到一起，因为后现代思潮的一个主要目标便是对现代性的批判，而现代性的问题也因后现代思潮的这些批判而愈发彰显出来。前面我们虽然讲到了尼采与海德格尔的现代性批判，甚至提到尼采哲学乃是"现代性的开端"，不过他们两人的哲学虽然往往被划入"后现代"的范畴，但这只是在它们作为后现代话语的思想"源泉"这一意义上而言的，而非它们本身就属于后现代主义，因为"后现代主义"这一思想流派一般认为是在 20 世纪 60 年代才产生的，它经过上世纪 70 年代与80 年代的发展，渐成气候，到 90 年代形成了全球性的影响，包括传播到我们中国，成为一个广为人知的热门话题。

一 "后现代"概念与后现代话语的产生

虽然后现代思潮的产生是近几十年的事情,不过"后现代"概念的出现与使用,在时间上却要比这长远一些。美国学者凯尔纳(D. Kellner)与贝斯特(S. Best)在他们的著作《后现代理论——批判性的质疑》中,曾对后现代概念作了专门的"考古"。他们所提到的最早出现的"后现代"概念,是在1870 年前后由英国画家约翰·瓦特金斯·查普曼(John Watkins Chapman)所使用的,他用"后现代绘画"来指称那些据说比法国印象主义绘画还要现代和前卫的绘画作品。此外,该书还提到在鲁道夫·潘诺维茨 1917 年出版的《欧洲文化的危机》一书中,"后现代"一词被用来描绘当时欧洲文化的虚无主义和价值崩溃。[1]汤因比是在早期使用"后现代"概念者中较有影响的人物,他在其著名的《历史研究》(1963)的第 8 和第 9 卷中,用这一概念来描述西方历史自 1875 年以来的第四个阶段[2],并把后现代看作一个西方文明走向衰落,现代的理性主义和启蒙精神发生崩溃的"动乱时代"。

自 20 世纪 60 年代以后,"后现代"在西方开始逐渐成为一种流行的话语,一种普遍化的社会思潮。特别是到了 70 年代,法国的后现代思想家们对启蒙的理性主义以及植根于人本主义假设的现代性理论进行了集中的批判,包括福柯对"主体"概念的解构以及惊世骇俗的"人的死亡"命题的提出;波德里亚的宣称主体已经落败,客体的统治已经开始,在消费社会这样的日常生活中,人们受到物(客体)的包围,为它们所诱惑与支配;利奥塔对以大一统的"元叙事"为标志的现代性进行的抨击,以及对以维特根斯坦式的"语言游戏"为范式的后现代状况的描绘,等等。这些学说进一步丰富了后现代思想的内容,使之伴随着经济的全球化进程,迅速在世界范围内扩展着它的影响。不过,虽然这一思潮普遍存在的事实已为人们所认可,但对于后现代思潮的起因以及"后现代"的性质,学者们却有着一些不同的解释。这些解释归结起来,大致有如下几种。

（1）社会动因说。这种解释将后现代思潮的兴起归结为它的社会政治背景，认为在 20 世纪 60 年代，由于法国 1968 年的 5 月风暴，美国的反对越南战争的抗议示威活动，以及反对帝国主义、种族主义、性别歧视和资本主义整体这些社会运动的兴起，使得一批激进的知识分子和社会活动家相信，一个新的历史时代已经破晓，同现代社会与文化的决裂已经出现。他们要求进行革命，企盼一种全新的社会秩序。大多数的后现代思想家皆出自于这样的思想背景，包括福柯、利奥塔、波德里亚、德娄兹（Gilles Deleuze, 1925—　　）、加塔利、詹姆逊、哈维等。

（2）后工业化或信息社会说。"后工业社会"这一概念是由美国社会学家戴维·里斯曼于 1958 年提出的。从 1973 年起，美国社会学家丹尼尔·贝尔在其著作中全面阐述了"后工业社会"这一概念。贝尔认为这一社会的特点是，"理论知识"居于首要地位，社会的"轴心原则"正日益根植于这类知识之中，并以之取代资本与劳动，这一结果带来了社会形态的根本变迁。就像当年以制造业为基础的工业社会取代了以土地为基础的农业社会一样，现在，以服务业为基础（它构成主导性的经济门类）的新社会、亦即后工业社会或信息社会正在形成，它逐渐取代着工业社会。在信息社会中，远程通讯和计算机将是经济和社会交换方式、知识生产和再生产方式、人们的工作和组织特征的决定性因素。"信息社会"概念为"后现代社会"概念的提出提供了一个认识基础，它引导着思想家们从"知识状态"的角度来思考后现代的问题。有如利奥塔所言的，"在过去几十年里，人们都已经承认，知识是主要的生产力。……知识以信息的商品形态出现，成为生产力的不可或缺的要素，在世界范围内的霸权争夺中，已然成为最重要的筹码"[3]。基于这样的判断，信息社会及其知识状态成了后现代主义观察问题的一个基本视角。

（3）消费社会说。这种解释认为，后现代社会表现为一种"消费社会"的生活方式，其中消费文化盛行，它支配着社会的成员，成为全新的、公认的社会状况。这种消费文化的典型状态是，人们吃麦当劳汉堡，喝可口可乐，游玩迪斯尼乐园；购物成了一种休闲，知识成了一种电视游戏；信用卡诱导人们超前消费,网络购物则诱使人们超时空消费。消费主义对一切对象都一视同仁,它把所有东西都当成相同的消费类别,包括意义、真理和知识。它以生产影像和时尚为己任,以此来取代现代叙事赋予事物以意义的任务。广告超越了真和假的差别,就像时尚超越了美与丑。它通过消费者对其预言性的话语的认同,而成为日常生活的真实事件。这体现了波德里亚所说的消费社会的"特点":"在空洞地、大量地了解符号的基础上,否定真相。"[4]科学成了一种游戏,它不仅无力为其他语言游戏提供合法性,甚至也无法为自己提供合法性。宗教也成了一个包装完好的消费项目,与其他商品陈列在一起,买与不买完全取决于消费者的选购旨趣。

以上这些解释属于从社会方面寻找后现代思潮的根源及后现代的性质。下面的两个则是从文化方面进行的解释。

(4) 文化反叛说。这一解释的代表人物是美国社会学家丹尼尔·贝尔。在其著名的《资本主义的文化矛盾》一书中,贝尔声称"现代主义的真正问题是信仰问题"。由于西方现代文化的价值体系已被摧毁,从宗教、文化到工作的意义都已经丧失,这使得整个文化处于严重的危机之中,因此型塑现代时期(包括它的人类行为与社会关系、尤其是经济交换观念)长达 200 年之久的资产阶级观念已经结束,并且作为一个文化运动、曾经支配西方的符号表达长达 125 年之久的现代主义也已经完结。西方社会正处于一个时代的分水岭。在贝尔看来,后现代文化是对传统的激烈攻击,后现代时期是对本能、冲动和意志的解放,表现为反叛传统的价值和文化、反资产阶级、无道德标准、享乐主义等各种冲动的扩张,特别是资本主义文化的正当性已经为享乐主义所取代。

(5) 叙事危机说。利奥塔写于 1979 年的《后现代状况——关于知识的报告》,以"高度发达社会中的知识状况"为研究对象,尤其是以"叙事危机"为切入点,来探讨当今信息社会所发生的一系列文化变迁,亦即科学、文学、艺术的语言游戏规则的全面变化。他用"后现代"一词来指称当今的这种文化状况,尤其是用来表示知识与文化的游戏规则发生变化的状况。

所谓"叙事的危机",利奥塔指的是作为现代性的标志的一些"元叙事"的危机,诸如启蒙时期的"解放叙事"、"辩证法"、"人类的自由"等。它们实际上是一种以整体性的话语形式出现的形而上学预设,它们在现代性过程中所发挥的作用,是赋予社会观念与行为以合法性。某一观念与行为,假如符合于这样的元叙事,就被认为具有合法性,否则则无。这样,元叙事实际上是一种专制性的意识形态,是一种知识—权力的集合体,它们决定着一般叙事、观念与行为的合法性。

利奥塔认为,随着当今知识的本质、状况与地位的改变,也就是知识成为一种商品化的、能够像资金一样流通的信息,成为不可或缺的生产力的要素时,现代的"元叙事"的知识状态必然发生危机。而后现代的标志,正是在于反对这种元叙事,也就是反对现代的知识观念与方法,寻求对知识的性质与思想的"方法论导向"的重新解释。利奥塔借助于维特根斯坦的"语言游戏"概念来进行这项工作,论证各种叙事乃至社会规范的合法性都产生于自身的语言游戏过程中,不假外求,从而也不存在某种君临一切、享有特权的元叙事。这意味着叙事话语是多元的,各种叙事都是平等的。对知识(叙事)的性质在认识上的这一变化,显示的是现代与后现代在思想方式上的不同,前者追求的是整体性、统一性,后者追求的是差异性、多元性。

利奥塔以"语言游戏"的思想范式来解决后现代思想的核心问题:"在元叙事衰亡之后,合法化将在何处安身"? 追求差异性、多元性的思想方法,体现的是后现代在知识、文化乃至社会规范在游戏规则上的变化,前者的游戏规则是一元的,后者的游戏规则是多元的。这就是利奥塔所认为的现代性与后现代性的根本差别。

上述有关后现代思潮的起因及"后现代"性质的诸种不同解释,足以表明后现代理论是一个覆盖文化与社会诸多方面的思潮,它源于广泛的社会与文化背景。它表明,随着西方社会进入信息社会、知识社会与消费社会,社会与文化的形态,包括与之相伴随的思想与观念形态以及相应的行为方式,正在发生相应的转变。这种转变甚至包括对现代性的游戏规则的改写。

二　后现代话语的思想渊源

从哲学的角度上看,可以说尼采、海德格尔与后期维特根斯坦的哲学构成后现代话语的思想渊源。

尼采对后现代思想的影响主要源于他对现代性的批判,这主要表现在他对"现代人"的观念的批判,对作为现代性的"特点"的虚无主义的批判,对西方传统的理性主义的批判,以及对传统认识论的批判,并提出他的"视角主义"的认识解释模式。

尼采的现代性批判的基点,是立足于他对"现代人"的本质的认识之上的。在他看来,现代性的一个"特点",在于生命意志力的衰微导致"本能取得了至高无上的统治地位"[5]。它导致的结果是现代人缺乏意志,奉行一种驯服的奴隶道德,成为颓废的人,因此现代的精神在根本上表现为"生理颓废"的"虚无主义"(Nihilismus)。尼采由此得出的结论是:"现代精神已无可救药了。"[6]这一点可说是尼采对现代性的基本判断,它决定了尼采对待现代性的基本态度,这就是用"铁锤"般的猛力对它进行批判,力图扭转时代的精神状态,使它立足于生命的权力意志的根基上,并借此改变时代的价值观念系统。

尼采把消极的虚无主义解释为"最高价值的自行贬值"[7]。这一方面是指基督教上帝的价值信仰体系的瓦解,另一方面是指西方传统的柏拉图式的形而上学体系的崩溃。因此,这两方面的"最高价值"的自行贬值,意味着西方整个超感性世界的"基督教—柏拉图"图式的解体。这表明,尼采对虚无主义的批判直指西方文化的两个根本所在,即基督教的价值体系与哲学上的理性主义。这是一种颠覆式的批判,它要颠覆的是西方文化的"根",把这种"根"从"理性"置换到"生命意志",从基督教的价值标准置换到"超人"的价值标准。无怪乎它会产生巨大的反响,包括成为后现代主义的思想源泉。

对尼采而言,生命及其意志是人的本质,而非传统哲学所认为的"理性"。因此归根结底,虚无主义来自于"对生命价值解释的结果"[8]。之所以要批判理性主义,从根本上也是与反虚无主义联系着的。尼采把理性主义同样看作压抑生命的东西,因为它把世界的本质归结为逻辑,把逻辑思维提升到至高无上的地位,认为世界本身具有逻辑性,并且把人视为理性的动物,认为人在本质上也是受逻辑支配的。理性主义虚构出逻辑的、理念的形而上学世界,并以之作为真实的世界,来贬抑生活的现象世界,使后者反倒成为虚幻不真的世界,这造成了一种根本的倒置。

　　提升逻辑,张扬理性,其直接的结果就是反对本能,破坏生命的基础。基于这样的认识,尼采断言要使人的生活具有真正的价值,就必须摧毁理性,并以一个"理性的他者",即艺术的"酒神"精神,来取而代之,作为个体生命与时代精神的安身立命之处。在希腊神话中,酒神象征的是醉狂、激情、音乐、想像、生命、本能、矛盾。尼采借用"酒神精神"来表示对生命的肯定与张扬,对生命的激情与欢狂,其目的在于摆脱理性与法则的束缚,达到生命的解放与完满。尼采并提出"超人"的概念,作为权力意志的肯定与实现,这是对以往的"人"的观念的否定,特别是对其"理性"本质的否定。理想化的"超人"寄托着尼采的希望。超人之所以能够超出常人,乃在于他能够运用自己的权力意志,冲破现有的包括基督教道德在内的观念束缚,来重估现行的一切价值。尼采以此来鼓动对现代性的观念与价值系统的反叛。

　　传统理性主义在认识论上的表现,是主张认识在把握真理上的必然性与确定性。尼采同样对这种理性主义的认识论进行了冲击。他所提出的认识论乃是一种"视角主义",即某种意义上的"解释学"。它否认客观事实与真理的存在,宣称认识所进行的不过是出自认识者视角的某种解释。"符合论"是不成立的,因为我们永远不可能拿某个概念、语词或符号同一个外物进行比较,而只能同别的符号相比较。并不存在所谓认识对现实的精确描述;认识所能做的,只能是"陈述",并在其中放进"意义"。不存在所谓"事实"这样的东西,有的只是我们特定的"解释"。想确定所谓事实本身的做法,不仅不可能,而且毫无意义。世界的"无数的意义"依靠我们来置入,而我们对事实、对世界的解释,是根据自己的需要、利益来进行的,为我们的需要、利益服务的。它根据自我创造的目标来设置一个目的,形成一个自我的、多维度的世界。总之,世界的价值在于我们出自自己不同视角的解释,因此并不存在所谓客观的思维。由于任何知识都必然与某些利益相关,因而知识永远不可能是无利害的。与这样的知识观相联系,尼采反对存在着客观的真理,他声称"根本没有真理",因为一切不符合需要的东西都不过是一种"虚构"。这样,所谓"真理"这个概念就成为"没有道理的"东西,"尊重真理"也就不过是"一种幻觉的结果"。[9]

强调认识乃是一种"解释","意义"是解释者所置入的东西,并且意义是无穷的,这实质上就是一种"解释学"。它属于较早提出的对实证主义认识论的批评,为后现代的解释学的产生提供了思想基础。

海德格尔的现代性批判的核心,同尼采一样都是基于对现代欧洲的精神危机的认识,都把这种精神危机归结为"虚无主义"的结果。不过与尼采不同,海德格尔把虚无主义的根源认定为"忘在",即对人的生存意义的遗忘,以及相应的在主体性形而上学支配下形成的主客体关系,它表现为技术对世界的统治,对自然的征服与掠夺。

海德格尔对现代世界的判断,是将它视为一种"图像"的时代。对他而言,现代性的本质就在于世界成为"图像",或者说世界被把握为图像。这意味着世界作为一个存在者整体,是在一种被人所表象化、所"摆置"的意义上存在的。不论是被表象化还是被摆置,总之,人与世界的关系是作为一种主体与客体相对立的关系,这种关系不是我们今天所强调的和谐的关系,而是人统治、征服自然的关系。用海德格尔的话来说,是人通过计算、计划以及在这种征服中所培育起来的暴力来施行他对自然世界的征服,并且在这种征服中进一步确认他的主体性,即作为一切存在者的尺度和准绳的地位。因此,在海德格尔那里,"世界之成为图像,与人在存在者范围内成为主体是同一个过程"[10]。正是由于人自视为主体,世界才被看作被摆布、征服的对象。

这种摆布与征服主要是通过技术的手段来进行的。技术的本质在海德格尔看来乃是一种对自然提出蛮横要求，对它进行强制性的逼迫、索要的东西。他用"座架"概念来刻画技术的这一本质，并认为这样一种对待自然世界的态度是非常危险的，因此他发出了"拯救地球"的呐喊。早在 20 世纪 30 年代即已有这样的保护自然环境的意识，应当说是独具慧眼。如今这种人与自然和谐的、可持续发展的观念，已成为当今世界的主流性的观念。海德格尔开风气之先，他这方面的现代性批判，已然成为对时代的一个贡献。

海德格尔批判技术的座架作用的同时，也对主体性进行了批判。技术的本质与主体性两者之间的关联在于，技术在摆布自然的同时，也对主体进行摆布，亦即使主体陷于一种不能自拔的境地。

在海德格尔那里，对主体性的批判与对旧形而上学的批判又是联系在一起的。尼采哲学虽然对形而上学进行了批判，不过在海德格尔看来，它仍然还是一种形而上学。因为它仍然把人的存在规定为意志，规定为主体的"意愿"，并以这种意愿作为对象是否有价值的依据（表现为尼采的"重估一切价值"命题上），因而仍然是笛卡尔式的以"我思"作为对象的表象之依据的主体性形而上学。在海德格尔看来，这种形而上学在本质上仍然是一种虚无主义，不过他对何为"虚无主义"的解释却与尼采不同。海德格尔由存在主义的视角出发，将虚无主义视为对存在的意义的遗忘，或者简单叫做"忘在"。在他看来，对存在的遗忘、也就是虚无主义，是欧洲精神危机的根源所在。这种精神危机集中体现在精神的萎靡与溃败，展现为"诸神的逃遁，地球的毁灭，人类的大众化，平庸之辈的优越地位"[11]，它导致的是欧洲世界的没落。因此，要克服欧洲的精神危机，根本在于克服虚无主义。

这里，在海德格尔对现代世界危机现象的描绘中，在他对"人类的大众化，平庸之辈的优越地位"的抱怨中，我们看到了尼采的精英哲学的影子。海德格尔的这种抱怨，怨的是平庸之辈的得势，"瓦釜雷鸣"，这另一方面也等于为"黄钟毁弃"，亦即精英的怀才不遇、不为世所用鸣不平。

进入 20 世纪以来，"清除形而上学"的呼声即不绝于耳。这既包括来自科学主义思潮方面的逻辑经验主义,也包括人文主义思潮的方面,海德格尔、后期维特根斯坦即属于后者。海德格尔对形而上学展开的批判,与其他这类批判不同的是,他像尼采一样是从拯救现代世界的精神危机的使命感出发的,力图挽救处于危机之中的欧洲的"精神力量",而不是单纯从救治哲学的目的出发,仅是为了改造形而上学而已。这也就是说,他的形而上学批判有着更深的用意,是他的现代性批判的一个内在部分,其最终目的是为了达到对人的生存状态的"救渡",即重新寻回人的存在的价值与尊严。

在对后现代哲学的影响上,海德格尔的形而上学批判直接为福柯、德里达等人所发展。福柯对形而上学的批判集中在其"人本主义"的方面。这种人本主义,康德曾在"人是什么"的命题下给以系统的回答,其核心是把"理性"视为人的根本性质。尼采对这种理性主义的人本主义的批判,目的在于把人的本质重新定位于"生命"及其"意志"。福柯信奉尼采的视角主义的认识观,寻求从另一种独特的视角来对"人"以及它所包含的"理性"、"主体性"等问题提出自己的解释。就此,他以"我们所使用的这个理性究竟是什么"这样的提问方式,来质疑人本主义的形而上学,并以"人死了"这样的震撼性的命题,来延续尼采的"上帝死了"的形而上学批判,进而宣告"理性"意义上的、以"主体性"为标示的"人"的消亡。人并不是一座孤岛。在一个包括学校、医院、监狱在内的严密的社会规训系统里,处于无所不在的权力话语的掌控之下,先验设定意义上的人是不可能存在的,人只能是通过权力话语所规训出的产物。人本主义意义上的人只不过是一些抽象的符号。

德里达的形而上学批判采取的是一种纯哲学的方式,试图从语言的层面寻找西方形而上学的根源。他把西方的形而上学归之为一种"在场的形而上学",意思是它注重概念、语词的意义的"在场",亦即能够直接地"出现","呈现"给概念的使用者与交流者,就像我们指着某张桌子讲"这是一张桌子"的时候,"桌子"这一概念的意义直接通过指称该张桌子而呈现出来。德里达企图通过这样的说明来论证他的如下观点,即西方的"在场"形而上学的实质乃是一种"语音中心主义",亦即它是建立在意义的直接可把握性、确定性的基础之上的。语音中心主义在语言观上的表现，是认为口语优于写作，语言的本质是语音与言语，而不是写作，因为在后者中意义并不能够通过面对面的交流直接出现，而是只能通过读者在对文本的阅读理解中产生。德里达进而通过提出他自己的以生造的"延异"（différance，本人曾译为"差延"[12]）一词为基础的语言观，来"解构"西方传统的"在场"形而上学；这就是，将概念、语词的意义解释为处于时间之中的、其意义随着时间的"延"伸而不断生成变"异"的东西（此即德里达的"延异"之义）。德里达并且也把批判的矛头指向海德格尔，认为他对传统形而上学的批判是不彻底的，因为他本人仍未能摆脱语言中心主义的影响。

对西方传统形而上学的持续的批判与解构，从现代性批判的语境看，表明了时代对于变换思维方式的需要。自古希腊以来，研究思维形式与思维规律的逻辑学，为人们提供的实际上只有一种成熟的逻辑，即亚里士多德的形式逻辑。20世纪成型的数理逻辑，本质上不过是对形式逻辑的符号化、精确化而已。这种形式逻辑是以通过抽象而产生的概念的同一性为基础的。例如，世上有着各种各样的桌子，我们对此进行抽象，抽取其共同的属性，舍弃其差异，形成"桌子"这一具有同一性的概念。同理，在自然科学中，人们对自然规律的把握也是在于抽取出现象中同一的、不变的东西。这一有关概念的形成方式与自然科学中对"规律"的把握的一致性，长久以来形成了人们根深蒂固的有关"认识"的意识，把"认识"等同于把握事物的同一性。黑格尔的"辩证法"是在思维方式上对同一性思维提出的一种挑战，事物的本质被认为并不在于纯粹的同一性本身，而是在于对立面的统一之中，例如生命本身包含着死亡的种子；此外，同一并不是静止的，而是处于历史的变化过程之中的，是矛盾的辩证运动的产物。这一思想方式曾经孕育出了诸如马克思、列宁、毛泽东这样的思想家、革命家，他们以辩证法指导自己对社会规律的认识，同时指导自己所领导的革命实践运动。这是思维方式变革在社会领域内运用的一个典型范例。在20世纪，在思维方式变革上能够与黑格尔的辩证法所产生的影响相匹敌的，是后期维特根斯坦的"语言游戏"哲学,虽然后者产生影响的领域有所不同,主要是在学术领域内,并且它构成后现代思想的一个源泉。

后期维特根斯坦的"语言游戏"哲学在思维方式上所突破的,首先也是关于概念的同一性问题,不过在某种意义上它走得更远。它否定概念所表达的是某种"同一"的东西,而认为这只是某种"家族相似"性,就像出于同一家族的人,虽然长相、身材、性格等不能完全一样,却有一些相似与关联之处,但却没有一种共同点一样。按照这一学说,一切的语言现象、"游戏"现象,都不存在一个"共同点",因此我们也不可能"用一个同样的词来概括一切"。[13]这也意味着并不存在所谓的事物的共同本质。试图追求某种共同性质、同一性,追求把握某种十分确定的东西的认识,乃属于"本质主义"的做法;相反,认识应当在现象的差别中重视其多样性,例如各种语言游戏及其规则的多样性,语言中工具的多样性,用法的多样性,以及字词和句子种类的多样性。追求把握事物的异质性与多样性,后来构成后现代主义的一个基本特征。利奥塔甚至把这作为"后现代的知识法则",即以创造者的"悖谬推理"、而不是专家式的一致性作为准则。[14]

在思想方式上,维特根斯坦还促使人们注意日常生活形式在认识中所起的作用,这尤其体现在语言的"意义"的形成过程中。概念、语词的意义是在日常的使用中形成的,因此重要的是要观察概念的"用法"。概念总是"具体的",它不以抽象的方式出现。想把握先于一切经验的"世界的先验秩序"的企图,乃是我们思想的一种"幻觉"。[15]维特根斯坦这种否定先验的语言与社会秩序,从具体的生活形式中考察语词等意义如何产生的方式,意味着哲学必须放弃传统理性主义的思考方式,放弃理性、"意向主体"建构意义的思想方式,而走向一种语境主义[16]、历史主义的思维。这一转向对于西方哲学来说是根本性的,从理性主义转向语境主义,从同一性思维转向多样性、差异性的思维,这正是后现代思潮的趋向及形成的特点所在。

这种语境主义、历史主义的思维方式进一步体现在语言游戏的"规则"概念上。不言而喻,语言的用法是由规则所约束、所规范的。但规则同样也不是理性先验建构的产物,而是来自于语言游戏的活动本身,来自于这一游戏的历史过程,来自于构成游戏语境的"生活形式",亦即相关的文化、教育、风俗与习惯这类背景。用维特根斯坦的话来说是:"命令、询问、叙述、聊天同吃喝、行走、玩耍一样,是我们自然历史的一部分。"[17]就像人们不可能随意改变语言的用法一样,人们也不可能随意改变文化,改变传统。因此文化不是理性的先验建构的产物,而是一种自然历史过程,是历史性的经验积淀(游戏)所形成的。

对于思维方式的转换来说,维特根斯坦不仅能够打破传统形式逻辑的论证方式,而且更重要的是能够提供出一套足以替代这种逻辑的解释理论,来为一种新的思维提供足够丰富的概念框架,从哲学的根本上为新的思维提供指导。这里我们可以说,维特根斯坦的语言游戏哲学正是在概念的意义、游戏规则、生活形式等根本的思维方式概念上,为新的思维方式提供了足够丰富的解释框架,从而成为后现代思想的一个重要源泉。在第十讲里,我们将看到在利奥塔那里,他用以反对元叙事、论证叙事以及社会规范的合法性的理论依据,正是来自于维特根斯坦的语言游戏哲学。

作为后现代话语的思想源泉,尼采、海德格尔与维特根斯坦三者的哲学虽然思考的问题不同,但却有一些共同之处,这表现在它们都反对西方传统的形而上学,反对理性主义哲学,反对先验的思考方式。此外,关注人的生命与生存意义,否定"理性"为人的本质,把认识视为一种"诠释",强调认识视角与意义的多样性,这些都开辟了后现代思想的先河。

三 "后现代"、"后现代主义"与"后现代性"

在下一讲开始进入有关后现代话语、主要是哲学话语的叙说之前,我们先对与"后现代"有关的一些概念进行梳理,以有助于读者对相关问题能够有一个比较明晰的了解。

首先需要说明的是,由于"后现代"本身尚是一个众说纷纭的东西,因此

"后现代"究竟是什么,西方社会是否已进入"后现代社会",抑或后现代只是一种文化现象;假如已经有后现代的文化现象、或甚至已经进入后现代社会,那么"后现代性"又是什么,表现在哪些方面? 这些问题可以说都还处于诠释的过程中,有着不同的理解与争论,甚至有如国外学者指出的,在后现代话语上还存在着"混乱情况"。[18]要澄清这样的混乱,笔者认为关键在于区分清楚几种不同的概念:一是作为历史意义上的"时代"概念的"现代"与"后现代"(历史分期);二是作为文化艺术意义上的"现代主义"与"后现代主义"(文化艺术表现形式);三是作为时代精神的"现代性"与"后现代性"(思想观念、行为方式)。假如将这几种不同范畴的概念区分清楚了,我们就不至于在混沌的"后现代话语"中陷于混乱,而能够比较准确地把握它们各自的思想内涵。在下面的论述中,我们将采用一些权威作者的说法,以便借助他们的洞察力,来使我们对"后现代"问题能够有较可靠的了解。

1."后现代"是否已存在

从历史时代划分的意义上说,究竟当今时代是属于"现代"还是"后现代"? 对此划分一些有影响的思想家的判断究竟如何? 一些出版物给人造成的印象,似乎西方如今已是进入"后现代社会"、"后现代时代"了,似乎这样的判断已经流行,成为一种普遍的话语。然而,仔细研读一下一些权威性的文本,却会发现明确肯定"后现代社会"存在的思想家、哲学家是有限的。在我们书中所论及的这些人物中,只有詹姆逊使用"后现代社会"[19]与"后现代时期"[20]这样的字眼,并且把它当作与"晚期资本主义阶段"相应的一个"新型社会",而对于哈贝马斯、吉登斯来说,他们明确肯定的是当今时代仍属于"现代性"的范畴,甚至对于通常被划入"后现代主义者"的福柯等人来说,就笔者目前所知,在历史与社会的意义上,他们也没有作出当今时代已是"后现代"这样的论断。

我们先来看看哈贝马斯。他的一个著名的主张,是断言现代性乃是"一项未完成的构想(project)"[21]。他并且宣称自上世纪 80 年代以来,就一直在从事这方面的构想,力图逐步建构现代性的哲学话语。不论是现代性,还是后现代性,在他看来都是一种话语系统。他自己对现代性进行的建构,同样也是从"话语"的角度来进行的。进而言之,他是把欧洲的现代性看成一个自启蒙以来形成的话语系统,是一个欧洲现代性的自我理解(如现代性的理性基础,主体性、合理性、目的性、道德价值等问题)的产物。这一话语系统也就是一个"概念系统",它实际上是一种"文化的现代性",构成"社会现代化"的前提,两者之间构成"内在的联系"。也就是说,欧洲的现代化进程是依赖于对现代性所进行的理解与设计而来的;依靠什么、走什么样的现代化之路,取决于人们所构想的现代性概念。因此,"现代性"与"现代化"两者之间的联系,在哈贝马斯看来是无法斩断的,不可能有离开现代性而独立进行的所谓现代化。现代化离不开它的"文化现代性"的前提,就好像行动离不开理论的指引一样。

"后现代"作为一种理论话语,在哈贝马斯看来,它的产生是基于这么一种认识,即现代性的概念系统"已经过时"[22],因此可以对它加以抛弃。哈贝马斯将后现代话语归为两类,它要么是属于"新保守主义"的,认为文化现代性的自我理解已经枯竭,其文化形态也已经"凝固",失去其生命力,因此需要摆脱它的这副外壳;要么是属于"无政府主义"的,其立场是要彻底告别整个现代。但不管怎样,这两种理论话语的共同点在于它们都远离了现代性的概念系统。

哈贝马斯自己的基本立场是对现代性进行一种批判性的辩护。之所以说是"批判性"的,是由于虽然哈贝马斯出身于德国的理性主义哲学背景,走的实际上也是"欧洲现代性用以把握自身的理性传统"[23]之路,但他对于这样的"理性"究竟应当是什么,则有着自己的考虑,这也是他所说的对现代性话语进行重建的关键所在。哈贝马斯认为,传统的理性主义造就了一种错误的主体性哲学,使现代性理论置于一个错误的规范基础之上。他的现代性话语重建的宏愿,是通过提出"交往理性"的概念,来扭转现代性的哲学范式,使之从一个片面强调主体的自我意识的"认识的范式",转向具有言语能力与行为能力的、以沟通为取向的主体相互之间的"理解的范式"[24]，以此来重建现代性的规范基础。他这方面构想的理想目标，是现代性能够由此完满地实现它的"自我确证"的要求，从而在交往理性的基础上建立起一种生活世界的运行原则，通过在公共领域中的沟通与取得共识，达致意见与意志的公共性，从而使个体与社会共同体的矛盾能够得到协调一致，最终使国家能够实现真正意义上的民主控制。

在英国，另一位有影响的思想家吉登斯则从社会学的视角出发，作出了关于"我们现今的世界"是属于"高级现代性"或"晚期"现代性时期的判断[25]，并明确否认现在已进入后现代时期的说法，指出"我们实际上并没有迈进一个所谓的后现代性时期"[26]。这表明，在对时代的判断上他与哈贝马斯基本相同，只不过两者的视角不一样，一个是哲学的，另一个是社会学的。

现代性在吉登斯看来，意味着某种"社会生活或组织模式"[27]，其特征表现为与传统的"断裂"。与此相当，他把"后现代性"同样理解为某种制度性的东西，是一种与现代性不同的"新的社会秩序"[28]。就此，他写道，如果说我们正在进入后现代性的阶段，那就意味着社会发展的轨迹正在引导我们日益脱离现代性制度，并向一种全新的社会秩序转变。不过，吉登斯明确表示，这种"后现代性"现在并不存在。

吉登斯并且对"后现代性"与"后现代主义"这两个概念作出了界定，指出了它们的区别。他认为"后现代性"是认识论意义上的，其含义包括：否认以往的认识论基础的可靠性，并由此否认存在确定性的认识；否认历史具有目的性以及历史"进步"的观念的合理性；断言随着生态问题和更一般意义上的新社会运动的重要性的日益增加，一种新的社会—政治议程正在形成，等等。至于"后现代主义"，在他看来主要属于审美方面的认识，关涉到的是现代性特征的"审美观方面"，亦即有关文学、绘画、造型艺术和建筑的形式或运动，此外也不排除它是对于可能出现的现代性秩序转变的一种认识。但即使如此，吉登斯仍然强调，这并不表明后现代性是存在的。他的主张始终是,我们实际上并没有迈进一个所谓的后现代时期,而是正在进入现代性的高级或晚期的阶段,其中现代性的后果显得比从前任何时候都更加剧烈化、更加普遍化。对这些后果的考察,构成了他的一部专著——《现代性的后果》的主题。

前面提到,甚至像福柯等被明确归入"后现代主义"的人来说,也没有作出当今时代已是"后现代"这样的表态。福柯声称,他宁可把"现代性"想像为一种类似于古希腊人所说的"社会的精神气质"的"态度",而不把它看成某个历史时期;并且,他认为,找出这种现代性的态度,比起对所谓"现代"、"前现代"或"后现代"作出划分的努力来说,是更为有益的工作。显然,福柯的这一说法已经排除了他对"后现代"存在的认可。对于波德里亚来说,他甚至曾经否认自己与后现代主义的关系,声言"我同后现代主义没有一点关系"[29]。

2."后现代主义"及其类型

我们已经知道,当前后现代主义成为一种流行的文化思潮。有关它的理论阐述,美国的詹姆逊(Fredric Jameson,1934—　)可作为一个代表。他的后现代主义理论的核心,是把它作为一种"晚期资本主义的文化逻辑";也就是说,他的这一理论是建立在对资本主义社会的发展阶段进行分期的基础上的。他接受曼德尔对资本主义的"三分法",把它区分为"市场资本主义"、帝国主义下的"垄断式资本主义",以及以"后工业社会"或"跨国资本主义"为特征的"晚期资本主义"。与资本主义这三个阶段相对应,詹姆逊亦将文化阶段作了"三分法"的划分,即"现实主义——现代主义——后现代主义"。[30]虽然詹姆逊也曾提到在他的用法里,后现代主义"也是一个时期的概念",不过有如他紧接着说明的,这一"时期"的概念的作用,乃是要将后现代主义这一"文化上的新的形式特点的出现",与晚期资本主义社会联系起来,而并非要将"后现代"作为一个独立的历史时期之意。

在詹姆逊那里,后现代主义之所以被看作"晚期资本主义的逻辑",在于它表现为这一时期社会生活中的"主导文化形式"。[31]作为一位后现代主义的理论家,詹姆逊在"后现代主义"概念下试图把握的,是西方这一历史时期的"总体文化特质"。詹姆逊的后现代主义理论主要是文化方面的。他的"文化"概念,是狭义上的文化概念,主要指文学、艺术这一类东西,以及与它们相关的文化审美观念与艺术表现特征。作为一位西方马克思主义者,詹姆逊的这种后现代主义观念体现了马克思有关经济基础决定上层建筑的思想,具体说来就是,他把后现代主义看作伴随着晚期资本主义社会的到来所产生的特定文化形式。这种后现代主义文化,它在整体上"早已被既存的社会体制所吸纳,跟当前西方世界的正统文化融成一体了"[32]。因此,就像垄断资本主义曾经带来了现代主义一样,与晚期资本主义社会的变化相适应,出现了新的消费类型(消费至上、非意识形态化),放弃了单一规范的多元、放任的社会,跨国公司的经营与经济全球化的浪潮等,它所产生的是后现代主义。后现代主义反映了晚期资本主义社会的一种新的心理结构,代表了与之相关的一种新的文化风格或文化逻辑。

对于詹姆逊来说,后现代主义文化是对现代主义规范的反叛,不过他显得对后现代主义并无好感。在他的笔下,后现代主义被描绘成在表现形式上是"艰深晦涩"的、在性欲描写上是"肮脏鄙俗"的,而在发泄对社会、对政治的不满时是"明目张胆"的,以至于詹姆逊惊叹这种文化甚至"超越了现代主义在其巅峰时期所展示的最极端、最反叛、最惊人骇俗的文化特征"。[33]此外,他还用"空间化"、"平面感(无深度感)"、"断裂感(愈趋浅薄的历史感)"和创造上的"拼凑法"等大都带有贬义的用语来刻画后现代文化的特征。至于为何会产生这些后现代主义的状态,詹姆斯给出的解释是:"在当前的西方社会,美感的生产已经完全被吸纳在商品生产的总体过程之中。"[34]这是马克思关于资本主义社会的一切都被商品化浪潮所吞噬的思想的继续演绎。

"后现代主义"如今已成为一种流行的文化思潮与思想流派,不过这并不意味着它是一种统一的思想(虽然有其共同点),其中包含着各种各样不同的思想倾向与理论主张。甚至有这样的说法：有多少个后现代主义者，就可能有多少种后现代主义的形式。因此，国外一些有关的研究著作进一步对后现代主义进行了区分，例如区分为"极端的"与"温和的"后现代主义，"对抗的"与"游戏的"后现代主义，以及"怀疑论的"与"肯定论的"后现代主义等等。

极端的后现代主义者的基本观点，是强调后现代与现代的激进的断裂，声言西方社会如今已进入一个新的、不同于现代的后现代时代。他们通常在总体上拒斥过去的现代性理论和话语。贝斯特等指出，这以波德里亚及其追随者为代表。温和的后现代主义者则不赞成与现代性的彻底决裂，而是把后现代解释为是现代的一种样式，是在现代性内部的一种变化，而不是与现代性完全对立的他者。在贝斯特等看来，利奥塔、福柯、拉克劳、墨菲、哈维与罗蒂等属于温和的后现代主义者。

对抗的后现代主义对抗的是现存的社会与文化，它寻求对现代社会的新形式的批判和反抗。对抗的后现代主义被看作新的社会运动和反对现存社会的冲动的一个产物。与此不同，游戏的后现代主义是完全冷嘲热讽的、戏谑的和折衷主义的，它提倡一种多元论的"怎么都行"和过分的相对主义及主观主义。游戏的后现代主义者中也有不同，有的积极面对当今现实，而有的则走向一种强烈的虚无主义和悲观主义。

怀疑论的后现代主义被认为是持有一种悲观和消极的立场，断言后现代是一个解体的、无意义的、抑郁不安的时代，甚至是一个缺乏道德标准、社会秩序紊乱的时代。后现代面临着的是人口过剩、种族灭绝、环境的破坏、大灾变，等等。这种后现代主义被看作受到尼采与海德格尔哲学的影响，谈论死亡的临近、主体的消亡、作者的终结、真理的不可能。肯定论的后现代主义所持的则是一种比较乐观的观点。它们赞同怀疑论的后现代主义对现代性的批判，不同的是，它们对社会文化所发生的变化持的是赞成的态度，对价值作出自己的选择，肯定一些价值的优先性，并赞同后现代社会运动的构想、信念以及生活方式。

以上我们介绍了几种有关后现代主义的分类,目的在于使读者对后现代主义的复杂现状有一个总体性的了解,认识到就像后现代主义所追求的差异性一样,后现代主义本身也是各种不同主张的共同体,尤其是对于一个正处于生成中的思想流派来说,更是如此。当然,共处于一个旗号之下,它们也有其共同点,这主要表现在对现代性的批判,对理性主义的批判,对多元化思维的追求,等等。这些共同点,实际上构成所谓的"后现代性"之类的东西,它被福柯解释为某种认识与思想的"态度"。

3. 作为思想与行为方式的"后现代性"

福柯在谈到有关现代性问题时曾经说到,他倾向于把现代性想像为一种"态度",而不是一个"历史时期"。所谓的"态度",他指的是"与当代现实相联系的模式;一种由特定人们所作的自愿的选择;最后,一种思想和感觉的方式,也是一种行为和举止的方式……。无疑,它有点像希腊人所称的社会的精神气质(ethos)"[35]。福柯并且认为,与其致力于区分"现代"、"前现代"或"后现代",不如注意找出"现代性的态度",发现它与"反现代性的态度"的争斗何在,这是更为有益的。利奥塔有关现代性与后现代的界说,虽然话语与福柯不同,但实质内涵是共同的。利奥塔将"元叙事"、亦即某种统一性的整体话语,如思维与存在同一的辩证法、人类的自由解放等,作为现代性的标志,而将后现代界定为就是反对元叙事。这意味着利奥塔在对现代性与后现代性的理解上是与福柯一致的,这就是将它们看作某种观念意识与思想方式,只不过利奥塔更强调它们作为一种"游戏规则"的改变所具有的意义,例如,从追求"统一性"、"整体性"的思维,改变为追求"差异性"与"多样性"的思维。

上述福柯的观点为我们理解"现代性"与"后现代性"概念提供了有益的启示,利奥塔的界说则进一步加强了这种理解。本书有关"现代性"与"后现代性"这两个核心概念的理解,主要就是建立在福柯这一界说的基础上的。这也就是说,不论是现代性还是后现代性,总之都被理解为标志着某种时代精神(社会的精神气质),具体表现为思想和感觉的方式、行为和举止的方式。按照这样的理解,现代性与后现代性的不同,就在于两者的思想方式与行为方式的不同。前面我们曾经说过,哈贝马斯将现代性的形成说成是一个它对自身的自我理解、自我确证的过程。这样的过程是从启蒙运动时期开始的,依照一种理性主义的方式来塑造现代性的合理形态。吉登斯把这种现代性的自我理解、自我确证用另一个概念来加以界说,即"自我反思"。他并且认为,现代性的最根本的风险就在于它的这一自我反思性,也就是说,人们依照自己对现代性的理解与设计来构造未来的社会与文化,而在这样做的时候,他们的构想实际上充满了不确定性。在这样的意义上,社会实际上成了一个巨大的试验场。经济上是走向市场化,还是实行中央计划经济? 政治上是实行三权分立的权力制衡制度,还是走一元化的中央集权道路? 道德上作为行为主体的人是自律的,还是需要依赖于某种超越的信仰? 总之,不同的现代性构想,不同的社会改造方案,这些不同的现代性的自我理解与确证,或谓现代性的自我反思,自启蒙以来,就不再来自于神,而是被认同为来自理性,来自理性对前现代的批判与对现代的设计。

在经历了现代性的近3个世纪的构建过程之后,如今批判的锋芒转向了现代性本身。类似的问题重行开始。社会规范的基础来自何处? 假如来自理性的观点被证明是不恰当的,那么它应当来自何处? 现代性的合理性以及合法性的根据何在? 假如不是来自理性的标准,那它又来自何方? 在人与自然的关系中,假如以"主体性"作为客体的价值之源、意义之源是错误的,那么主客体之间应当是一种什么关系? 最后,也是最根本的,"人是什么"? 在现代性的观念中,人被认定为以理性为本质,被尊为世界的"最高目的"。假如这样的观念被证明有误,甚至认为这种意义上的人已经"死"了,那么我们究竟应当有什么样的人的观念? 凡此种种,对此类问题的新解答,构成了从现代性向后现代性的思想态度的转变。现代性既从思想对它的理解与解释开始,那么这种理解与解释的变化,不排除会带来一种从观念到行为、直至到现实的变化,不论它是叫做后现代性也罢,或是其他的叫法也罢。

对后现代性概念的这种理解,或许能够解除人们心中的一个疑虑:既然后现代社会未见得已经到来,权威理论家们也并未明白肯定它的存在,那么何来"后现代性"? 不过,如果我们把它诠释为这类思想对时代的理解与反思,那么它首先作为一种观念性的"应当",就有了与现实割舍不去的意义。对时代的批判产生了对未来时代的新的构想,现代之"后"所应当具有的性质在构想中浮现。从下一讲起,我们将进入一种新的语境,其中出现的是对现代性进行反思、批判的话语,以及为之辩护的话语;而"后现代性"究竟应为何物,其意蕴也将在不同话语的交锋中闪现。

思考题

1. 有关后现代思潮的起因与"后现代"性质的解释主要有哪些?

2. 后现代话语的思想渊源主要来自何处?

3. "后现代"、"后现代主义"与"后现代性"在意指上有什么不同?

阅读书目

凯尔纳等著:《后现代理论探源》,载他们所著的《后现代理论:批判性的质疑》,张志斌译,中央编译出版社,2001 年。

哈贝马斯:《步入后现代:以尼采为转折》,载哈贝马斯《现代性的哲学话语》,曹卫东等译,译林出版社,2004 年。

维特根斯坦:《哲学研究》,汤潮等译,三联书店,1992 年。

注 释

〔1〕 凯尔纳等著:《后现代理论——批判性的质疑》,张志斌译,中央编译出版社,第7 页。

〔2〕 此前的三个阶段是:黑暗时代(675—1075);中世纪(1075—1475)和现代时期(1475—1875)。

〔3〕 利奥塔:《后现代状况》,岛子译,湖南美术出版社,1996 年,第36 页。

〔4〕 让·波德里亚:《消费社会》,刘成富等译,南京大学出版社,2001 年,第 13 页。

〔5〕 尼采:《权力意志》,张念东等译,商务印书馆,1991 年,第 227 页。

〔6〕 同上书,第 229 页。

〔7〕 同上书,第 280 页。

〔8〕 同上书,第 199 页。

〔9〕 同上书,第 506 页。

〔10〕 《海德格尔选集》,孙周兴选编,上海:三联书店,1996 年,第 902 页。

〔11〕 海德格尔:《形而上学导论》,熊伟等译,商务印书馆,第 45 页。

〔12〕 见拙文《德里达的后结构主义哲学》,载王善钧主编的《由"结构"走向"解构"——当代法国结构主义与解构主义》,厦门大学出版社,1994 年,第 225 页。

〔13〕 维特根斯坦:《哲学研究》,三联书店,1992 年,第 45 页。

〔14〕 利奥塔:《后现代状况》,岛子译,湖南美术出版社,1996 年,"引言"第 31 页(引文据英译本有所改动)。

〔15〕 维特根斯坦:《哲学研究》,汤潮等译,三联书店,1992 年,第 62 页。

〔16〕 维特根斯坦的语境主义的典型表现,在于有关字词与语句的意义是在特定的语境中确定的。例如,他写道,如果有人说出"这个在这里"时,那么这个语句的意义在于它的"实际使用是在什么样的特定情况之下的"。见维特根斯坦《哲学研究》,汤潮等译,北京:三联书店,1992 年,§ 117。此外,还可见 § 582—584、§ 337、§ 645 等。

〔17〕 维特根斯坦:《哲学研究》,汤潮等译,三联书店,1992 年,第 21 页。

〔18〕 凯尔纳等著:《后现代理论——批判性的质疑》,第 36 页。

〔19〕 詹姆逊:《晚期资本主义的文化逻辑》,张旭东编,陈清侨等译,北京:三联书店,1997 年,第 424、441 页。

〔20〕 同上书,第 439 页。

〔21〕 哈贝马斯:《现代性的哲学话语》,曹卫东等译,译林出版社,2004 年,"作者前言"第 1 页。

〔22〕 同上书,第 5 页。

〔23〕 同上书,第 4 页。

〔24〕 同上书,第 347 页。

〔25〕 吉登斯:《现代性与自我认同》,赵旭东等译,三联书店,第 3 页。

〔26〕 吉登斯:《现代性的后果》,田禾译,译林出版社,2000 年,第 3 页。

〔27〕 同上书,第 1 页。

〔28〕 同上书,第 40 页。

〔29〕 转引自尼古拉斯·楚尔布拉格《波德里亚、现代主义与后现代主义》,载道格拉斯·凯尔纳《波德里亚:批判性的读本》,陈维振等译,江苏人民出版社,2005 年,第 313 页。

〔30〕 詹姆逊:《晚期资本主义的文化逻辑》,第 485 页。

〔31〕 同上书,第 500 页。

〔32〕 同上书,第 429 页。

〔33〕 同上。

〔34〕 同上。

〔35〕 福柯:《什么是启蒙》,载汪晖等主编的《文化与公共性》,北京:三联书店,1998 年,第 430 页。

第七讲

尼采：后现代性的开端

现代性的虚无主义

"理性"与知识观批判

权力意志与价值颠覆

现代西方文明的特征是高扬理性,以之作为人的根本,作为科学认识与道德规范的源泉与保障,并把社会的发展看作理性化的过程。然而,随着时间的推移,现代性的到来并没有带来人们所期盼的结果,理想的"理性王国"并没有出现,这使得一些敏锐的哲学家开始对现代性展开批判,并由此逐渐演化出一种反现代的思潮,即"后现代主义"。尼采,这位对现代性进行批判的先行者,他的批判锋芒直指"现代人"与"现代精神"本身,他要鞭挞的是构成现代性核心的"现代灵魂",即一种虚无主义的、"颓废"的精神,并把这归结为基督教上帝所代表的"最高价值"的瓦解,以及柏拉图式的虚构的超感性世界——理念世界的崩溃的双重结果。在重估并颠覆了基督教与传统哲学的最高价值之后,尼采重新设定"生命"这一最高价值,欲以肯定生命的酒神精神,作为旺盛生命力表征的权力意志这样一种新哲学,来取代传统的、弱者的宗教和形而上学,型塑一种与现代形态(以颓废、奴隶意志为表征)相反的人,即反叛传统道德与价值、具有超强个性与创造力的"超人"。由于率先对现代性展开批判,因此哈贝马斯明确地把尼采哲学称为"后现代性的开端"[1]。

一 现代性的虚无主义

1. 尼采的现代性批判

对现代性的批判构成尼采哲学生涯的一个关注目标,对此他曾在多处有明确的说明。在《权力意志》中,他吐露了自己所认定的这么一个使命,即要"穷尽现代灵魂的整个圆周,历遍它的每个角落"。他把这称为"我的野心,我的受难和我的幸运"。[2]这表明尼采的现代性批判最为关注的,是"现代灵魂",亦即构成现代性核心的人的精神与意识。对此,他在"对现代人的批判"的标题下,列出如下的纲要:"'善良的人'都坏在不好的设施(暴君和传教士)的手里;——理性成了权威;——历史是对谬误的克服;——未来就是进步;——基督教国家("军阵的上帝");——基督教的性冲动(或婚姻);——'正义'王国('人类'文化);——'自由'"。[3]我们可以将它们归纳为这么两方面的问题:

  a. 制度性的批判,即所谓的"不好的设施",包括政治方面的("暴君")、宗教方面的("传教士"、"基督教国家");

  b. 哲学的批判,批判启蒙哲学将理性作为君临一切之上的权威,批判它的"自由"观念,以及它所要建立的"正义王国"。

现代性从根本上说,是由一些思想观念与典章制度构成的,其中"理性"与"自由"是它的核心精神,与宗教的关系则是它的一个关键问题。这里我们可以看出,尼采的现代性批判的锋芒,直指现代性的根本命脉所在。

此外,尼采还把他的现代性批判的视野,投向更为广阔的领域。在自传《瞧,这个人》中他写道:"从所有重要的各方面来说,这本书(按:指 1886 年的《瞧,这个人》——引者)是批判现代性(Modernity)的,包括对现代科学、现代艺术甚至现代政治的批判。"[4]这就告诉我们,尼采的现代性批判所包括的范围,还涵盖从科学、艺术直至政治的领域。

由于现代性主要是由人的思想方式与行为方式所组成,因此现代性批判本质上是一种对"现代人"的批判。这一点我们也可以从尼采那里得到见证。与他对现代社会持一种强烈的否定态度相联系,"现代人"在尼采的笔下乃是一种"光怪陆离"的东西,是由现代的"奴隶道德"所哺育出来的弱者,其"本质"乃是"躲闪和厌烦"。[5]他们所奉行的所谓"宽容",乃由于他们在判断与行为上既不能进行肯定,也无法进行否定("肯定和否定的无能"[6])。他们对"客观性"的诉求,乃是他们"没有人格,没有意志,对'爱'的无能"的中庸行为的结果。[7]

尼采还将现代性的上述种种缺陷,归结为这么一个"'现代性'之特点",即意志力的"衰微"导致的"本能取得了至高无上的统治地位"。[8]而对于尼采来说,意志力才是生命的根本。缺乏意志的"善良的人"不过是"衰退的象征"。[9]这样一种处于衰退之中的、颓废的人所产生出来的历史,自然是一种充满"阴霾的历史"。总之,"现代"在尼采的眼中,是阴暗灰色的。他对现代性的种种不满与批判,可以归结为这一悲观结论:"现代精神已无可救药了。"[10]这种"现代精神",在尼采看来,本质上是一种"虚无主义"。

2. 虚无主义与现代性

"虚无主义"(Nihilismus)一词,来源于拉丁文,本意为无或虚无。动词"虚无化"指的是完全毁灭和归于无的过程。按照海德格尔的说法,哲学上对虚无主义一词的首次使用,可能始于雅柯比(Friedrich Jacobi)在19世纪初写给费希特的信中。后来这一概念经由屠格涅夫而流行开来,成为表示这样一种观点的名称,即惟有我们的感官所感知的存在者,才是现实存在着的,其余的一切皆为虚无。不过,"虚无主义"这一概念到了尼采那里,具有了更多的含义。就其所指称的对象而言,尼采指的主要是现代欧洲的文化与历史状况,是发生于过去二百年的历史。他把现代欧洲的这段文化与历史状况的状态,用"虚无主义"一词来加以描述,并用以指明它的不可避免的特有性质。对于这一点,海德格尔曾经指出:"'虚无主义'这个名称表示的是一个为尼采所认识的、已经贯穿此前几个世纪并且还在规定着现在这个世纪的历史性运动。"[11]这就告诉我们,在尼采那里,虚无主义意指跨越几个世纪的现代性形成的文化与历史过程,或换言之,整个西方现代文化与历史的运动都属于一种虚无主义。尼采用"虚无主义"一词所把握与刻画的,是现代性的根本特征。

既然虚无主义对于理解尼采的现代性批判来说是如此的重要,那么什么是尼采所说的"虚无主义"? 在尼采那里,"虚无主义"一词的基本含义包括积极与消极两方面的内容,也就是说,他把虚无主义区分为积极的与消极的两种。他写道:"虚无主义。它有双重的含义:A. 虚无主义是精神权力提高的象征:积极的虚无主义。B. 虚无主义是精神权力的下降和没落:消极的虚无主义。"[12]

"消极的虚无主义",亦即"疲惫的虚无主义"[13],是尼采欲加以批判的,它代表着现代的悲观与颓废精神,因此尼采说也可用"悲观主义"来称呼它。[14]它的根本特征在于瓦解各种价值与目的,使它们陷于纷争不已的状态,并最终分崩离析,从而相应导致精神力量的下降、没落乃至衰竭。因此尼采说:"虚无主义只是生理颓废的表现。"[15]

尼采曾经从哲学的意义上给消极的虚无主义作出这样的解释:"虚无主义意味着什么——意味着最高价值的自行贬值。没有目的。没有对目的的回答。"[16]这里的"最高价值的自行贬值",包含着两个方面的内容:首先,它意指基督教上帝的价值信仰体系的瓦解;其次,它意味着西方传统的柏拉图式的形而上学体系的崩溃。因此,这两方面的"最高价值"的自行贬值,意味着西方整个超感性世界的"基督教—柏拉图"图式的解体。

就第一方面的内容而言,我们可以用尼采一句最为简洁、也最为惊世骇俗的名言来作为注脚,这就是"上帝死了"。基督教上帝本是西方世界奉为

"最高价值"的信仰,其至上的地位与作用有如海德格尔所解释的那样,曾构成西方文化的主导性的观念,代表着一种普遍的"超感性领域"和对它的各种不同解说,代表着种种理想和规范、原理和法则、目标和价值,它们赋予世间的存在以某种目的、秩序或意义。说上帝死了,这意味着它所代表的最高价值已经丧失了对人类的支配力,它所代表的占统治地位的"超感性领域"也不再作为价值之源而存在,而是变成空无所有,其结果是使人类生命由之丧失了价值和意义。虚无主义作为人类存在者本身的历史,展现为上帝之死的缓慢的、但不可遏制的暴露过程。

就第二方面的内容而言,尼采把柏拉图式的形而上学体系从本质上看作是虚无主义的。他对柏拉图可说是深恶痛绝,宣称自己"对柏拉图的不信任是深入骨髓的",甚至将其哲学斥为一种"高级诈骗"。[17]因为与他自己倡导生命本能的哲学相反,柏拉图是极其理性化、道德化的,他"远离希腊的一切基本本能",把"善"视为最高的概念。柏拉图的这种哲学思维模式,是以设立一个抽象的、外在于生命的超感性世界为前提,并把它当作"真正的世界"、世界的"原型"和本质,而整个现实世界不过是这一原型的"摹本",从而把现实世界与信仰世界、此岸世界与彼岸世界对立起来。尼采认为,之所以有这样的哲学,是由于柏拉图在现实面前是个懦夫,因而他才"逃入理想"。[18]柏拉图的这一哲学模式决定了整个西方形而上学的思维,使得自柏拉图之后的传统形而上学一方面把虚构的超感性世界实在化,另一方面又把实在的生命虚无化。在尼采看来,这正是欧洲传统形而上学的虚无主义的本质所在。现在,伴随着被视为现象世界依据的"理念世界"的消解,曾经被认定为最终的"至善"目的丧失了,它使人生面对的是一片虚无——纷乱繁杂的现象和价值失落的迷惘现实。

尼采认为,这种虚无主义的极端形式表现为双重的虚无化:一方面,在存在者主体方面,它否认有任何的信仰、任何真实的行为存在,也就是说,把任何信仰与任何自以为真实的行为,都看作是必定谬误的;另一方面,在外部世界方面,或者这是尼采的"虚无主义"一词所蕴含的更根本的含义,即它否认有任何真实的世界存在,把我们所生存于其中的感性的世界,贬低为仅仅是某种虚假的"现象世界",是某种本真的"理念"世界的不真实的"摹本",换言之,只有超验的"理念世界"是真实的,是根据,而我们所生存的"现象世界"则是假象的世界。

对尼采而言,生命是人的根本,而非传统哲学所认为的"理性"。这一点可说是尼采对哲学的根本命题——"人是什么"的理解。因此,他的哲学对人的根本关注点在于生命,对生命力的推崇、赞美,构成他的哲学的基调;同理,他对虚无主义的理解,在根本上也是从这一视角进行的,认为"虚无主义是迄今为止对生命价值解释的结果"[19]。虚无主义以彼岸的悬设(它或者是基督教的"上帝",或者是形而上学的"理念")来代替和掩盖存在的意义,将超感性的世界作为最高价值的所在,因此它造就的是这样的虚无主义者,他从现存的世界出发,断定这个世界不该存在,而且,从那个应存的世界出发,认为这样的世界并不存在。这样,既然整个现实世界是不该存在或甚至不存在的、虚无的,那么生命,包括感觉、意愿和行动,就都是没有意义的了。

尼采并且试图点明虚无主义产生的原因。不过,他在这方面采取的却是一种极端的"种族主义"立场,把人群区分为"高贵"与"低下"的不同种类。他认为虚无主义的原因就在于"缺乏高等的种类"[20],即由诸如拿破仑这样的寄托着人类希望的高贵人物所组成的种类,他们以自己用之不尽的财富和权力,作为人类的象征,维持着对"人"的信念。反之,被尼采嗤之为"群畜"的由普通民众所组成的"低下的种类",他们作为弱者缺乏意志力,不能自己赋予事物以意义,构造出一个符合自身愿望的世界。此外在尼采看来,还有更为贫弱的一类人,他们甚至不再具有解释的力量、创造虚构的力量,因此他们只能夸大自己对宇宙和形而上学价值的需求,将自己的安身立命之地建立在基督教上帝或至善的理念世界上,成为虚无主义者。

"积极的虚无主义"作为消极的虚无主义的对立面,则是尼采要加以肯定与赞扬的,它能够帮助精神的力量得到迅速的提升,能够作为巨大的破坏力实现精神力量的最大值,因此"可以作为强力的象征"[21]。尼采也把积极的虚无主义称为"古典的(klassisch)虚无主义",并用这一名称来刻画自己的哲学,用以表示自己的哲学是对以往所有形而上学的"反动";并且他的积极的虚无主义与以往消极的虚无主义的不同,在于它是以"重估以往一切价值"为鹄的,要以"铁锤"般的猛力来粉碎以往的所有价值规定,并以"超人"的气势造就一种全新的价值体系。

二 "理性"与知识观批判

尼采既把虚无主义等同于形而上学,自然对形而上学的批判就势在必行。在欧洲哲学的历史上,理性主义构成统治性的观念,因此尼采批判的锋芒也就直指理性主义。这里,我们从现代性批判的角度,集中选择尼采与这一主题直接相关的内容,即介绍他对理性与知识观的批判。

1. 对"理性"的批判

从古希腊到尼采的时代,西方文明受到两个有力的精神支撑:一是基督教宗教,二是哲学理性。前者构成了启蒙之前的主要支撑,后者则在启蒙之后成为主要支柱,被用以作为宗教的替代物,或者借用哈贝马斯的说法,"是作为宗教统合力量的等价物而发挥其有效性的"[22],并因此成为现代性构成的一个基本要素。

尼采对理性进行批判的考虑,主要有这么两条。一是反对将理性作为人的本质,而认为这一本质是生命,是意志;二是寻求一个"理性的他者",即艺术的酒神精神,用以作为宗教及理性的替代物,来作为个体生命与时代精神的安身立命之处。

尼采的理性批判的特点,是把理性观与"逻辑"联系起来,把理性的观念看作是源于逻辑的。本来,在古希腊哲学那里,Logos 一词就兼有逻辑、理性与规律的意思。在尼采看来,理性本质上是对逻辑的迷信。这在理性主义者那里表现为把逻辑思维提升到至高无上的地位,认为世界本身具有逻辑性,并且把人视为理性的动物,认为人在本质上也是受逻辑支配的。正是这种逻辑崇拜造成了理性主义的形而上学虚构,虚构出某种逻辑的概念、理念世界,并以之作为真实的世界,而把现象世界贬抑为假象的世界,造成了对现象世界的不信任。因此,所谓理性,对尼采而言,就是逻辑及其虚构的体系。在他看来,狭义的理性就是逻辑本身,而广义的理性就是逻辑虚构的体系,包括所有的价值体系。

针对理性主义的这种理性论,尼采从逻辑的起源、世界本质的非逻辑化等方面进行了反驳。首先,对于"逻辑从何而来"的问题,他的回答是,它当然来自"非逻辑",而且这非逻辑的范围本来必定是"极其广阔的"。他认为,逻辑的产生完全出自人们在日常生活中养成的习惯。出于生存的需要,人们必须对遇到的情况作出判断,以便采取相应的行动。类似情况的积累,使得思维形成了一种化繁为简的习惯。这就说明了这种思维习惯形成的原因是非逻辑、非理性的。它只是后来经过形而上学家之手才成为精致的逻辑理论,才被看作绝对的真理。而实际上,逻辑不过是一种工具,它并不是什么先验的、自明的真理,也决不具有什么绝对可靠性和权威性。

论说了逻辑来源于非逻辑,就等于说理性起源于非理性。尼采由此导出的结论是,由于理性是从逻辑出发的,因此它从一开始就是错误的,不存在合理的根据;此外,据此还可进一步得出,理性所构造出来的真理的体系也是错误的。

其次,尼采反对理性主义者把世界的本质归结为逻辑。他写道:"在我们看来,世界表现出了逻辑性,因为我们事前使世界逻辑化了。"这也就是说,任何逻辑虚构的真理都不是世界本身的意义,而是人们所加之于世界的东西。他指出,这一虚构是由把概念实体化开始的,它把从"个别"中抽象出来的"一般"看作真正的"存在",看作现象背后的本质性的东西,而把现象世界的个别具体事物看作"非存在",是"一般"的"摹本"。然后,这些虚构出的"实在"被分类为等级,设置出一个最高级的存在如"上帝"、"天国"等,作为其他存在的原因和目的,依此形成一个等级森严、秩序俨然的"理性世界"。

然而,由于理性的这种虚构等于是"在伪造存在物,把并不存在的东西统一起来"[23],因此,这个所谓的"理性世界"是消极的、毫无意义的东西。尼采对此写道:"人们对形而上学的世界只是断定一个他在,一个达不到的、不能理解的他在,一个具有消极性的东西,……关于它的知识将是一切知识中最无用处的。"[24]然而,哲学家们却通过这些无用的概念虚构,把理性变为"暴君",把理性当作"偶像",把理性的概念作为认识的开端,这是"混淆始末",由此把我们导向错误,去追逐彼岸的所谓"真实世界"。基于这样的判断,尼采对自柏拉图以来的所有建立在逻辑虚构之上的形而上学体系、宗教体系及其他价值体系,都要予以完全的否定。

理性所造成的危害,在尼采看来,还在于它反对本能,是"一种危险的、破坏生命基础的势力"[25]。因此他主张要使人的生活具有真正的价值,就必须摧毁理性。为此,尼采激烈地抨击苏格拉底以来欧洲历史上的理性主义。他不仅批判了苏格拉底、柏拉图和亚里士多德等古希腊的三个大哲学家,把苏格拉底看作是古希腊没落的原因,是一个处于颓废形态的人,而且认为理性主义哲学家都是一些"不自觉的骗子"。

尼采反对理性,否认它的存在。他宣称:"并没有什么精神,也没有什么理性,什么思维,什么意识,什么灵魂,什么真理:这一切全都是无用的虚构。"[26]他之所以反对理性,从根本上说为的是要恢复人的自然本性,解放人的生命力,或者说,恢复一种"酒神精神"。在希腊神话中,酒神象征的是醉狂、激情、音乐、想像、生命、本能、矛盾。尼采借用"酒神精神"所表示的,是对生命的肯定,是一种"把生命的全部丰富的对立物都包容在自身之中"的"解放了的精神",用以摆脱理性与道德的限制,打破一切法则的束缚,以回到这种他所吁求的"酒神精神",即"肯定生命,哪怕是在它最异样最艰难的问题上;生命意志在其最高类型的牺牲中,为自身的不可穷竭而欢欣鼓舞"[27]。

2. 对理性主义知识观的批判

尼采对理性的批判是与对理性主义知识观的批判联系在一起的。这种知识观他认为起源于古希腊的理性主义者苏格拉底,因为在苏格拉底身上,我们可以看到最先显现出来的那种对自然界可知和知识万能的信仰。因此尼采把苏格拉底称作乐观主义科学精神的"原型和始祖"。在尼采看来,从古希腊至今,西方哲学的知识观一直受着苏格拉底的影响。从那时起,形成概念、判断和推理的逻辑手段,被推崇为居于一切才能之上的最高尚的事业和最值得赞美的天赋。理性与逻辑成为知识崇拜的对象,并以此为标准形成理性主义的知识论。这种知识论在近代自笛卡尔之后得到更有力的发展,形成了一套根深蒂固的知识观念。认识的目的在于把握事物的本质,区分真知与谬误。真理是确定的,不可错的;知识的属性在于它的客观性、普遍性与必然性。

尼采对理性主义知识观的批判,是出自他的肯定生命的酒神精神之哲学视角的,也就是说,他从一种狄奥尼索斯式的艺术精神出发,来抨击、乃至要取代苏格拉底式的科学精神。尼采是较早反对唯科学主义的一位哲学家,他认为科学有其局限性,它只关心知识问题,因此并不能对人生的目标与人的行为予以指导。这样,如果唯科学马首是瞻,造成的只能是一种"非精神化"的结果。人生的探索依靠的不是抽象的逻辑思维,而是真切的心灵体验。此外,对于在这种科学主义(即相信科学万能、科学命题是普遍有效的)影响下所形成的知识观,尼采也展开了批判,这一批判所注入的新观念,与生发中的解释学思潮一起,使西方传统的理性主义知识论开始出现一种偏转,使得与现代一元真理论的知识论相对立,一种诠释性的知识论逐渐生成,它将知识看作一种出自特定认识视角的解释,而不是对某种客观实在的符合。与此相应地,有关科学、知识、真理等观念也发生了一些变化。尼采所提出的这些新观念,后来成了当代解释学与后现代主义的一个思想源泉。

按照尼采的这种被称为"视角主义"的知识观,并不存在什么客观的事实和真理,有的只是解释。我们永远不可能拿一个概念、一个词或一个符号同一个外物进行比较,而只能同别的符号相比较。实证主义者认为,科学是对现实的精确描述,它是客观的,保持价值中立和公平性,能够给我们提供绝对真理。他们给一个事物起一个名字,便以为标识了一个事实。但在尼采看来,认识所能做的,只能是"陈述",并在其中放进"意义",并且意义是"无数的"。[28]这个所谓的事实只是从某个特定的视角出发对事物所作的解释。他反对实证主义所坚持的现象中"只有事实"的说法,主张并没有所谓"事实"这样的东西,有的只是我们的"解释"。想确定所谓事实本身的做法,不仅不可能,而且毫无意义。世界的意义需要人来置入,需要根据自我创造的目标来设置一个目的,形成一个自我的世界。世界的价值在于我们出自自己不同视角的解释,因此并不存在所谓客观的思维。

尼采并且认为,我们对事实、对世界的解释,是根据自己的需要来进行的。在他看来,科学的前提乃是我们的欲望,一种讲求实际、追求效用的欲望,其目的是为了控制世界,使之为我们的需要服务,因此,知识的基础是人类的利益。尼采并把整个知识体系看作一套目的在于自我保存的抽象和简化的体系。科学不过是为了掌握自然而由自然向概念的一种转化,由此它只是一个自圆其说的解释系统;科学知识仅是人类为了生存而虚构的诸多符号系统中的一种,它并没有针对其他学科的任何优势。我们通过概念体系来理解自然的目的在于掌握自然,在于自我保存。这样对于尼采来说,知识仅仅意味着是权力的工具,逻辑和理性范畴只是用来使世界适应人类的有用目的的一种手段。尼采认为,哲学的迷误,就在于未能认识到这一点。

由于任何知识都必然与某些利益相关,因而知识永远不可能是无利害的。尼采反对存在着客观的、把握事物本质的真理,断言"根本没有真理",因为一切不符合需要的东西都不过是一种"虚构"。这样,所谓"真理"这个概念乃"是没有道理的","尊重真理"也就不过是"一种幻觉的结果"。[29]不过,即使否定客观真理的存在,但尼采依然对什么是真理给出各种说法,虽然他并没有给出一个确定的答案。这些说法包括:真理是一种信念,是"一种驳不倒的假说",它不必表现为同谬误的对立,而是"在原则问题上只表现为不同谬误间存在着相互关系"[30];真理是权力意志,是能增强权力意志的工具;真理的本质是"'我相信某某是这样'的评价",等等。同样,对于什么是真理的标准,尼采也有着不同的说法。它有时被说成是类似于生物学意义上的生存自保的"有利"原则,有时则被说成是"在于权力感的提高"。[31]可以看出,尼采的上述真理观是为他的哲学的核心——"权力意志"论服务的,它把真理等同于权力意志,将之视为能增强权力意志的工具,并且还把这作为真理的标准。这样的真理观,虽然尼采意在振拔人的精神,高扬其自决的意志力,以便扫除他所针砭的现代颓废的精神状态,但这毕竟不仅缺乏科学性,而且还存在着被利用的危险。例如,强权政治就可以利用它来为自己的合法性与行为辩护,因为强权政治无疑是具有最强权力感的、最推行权力意志的。另一方面,从学理上说,尼采的真理观包含着实用主义与解释学的因素,前者表现在它把真理看作服务于某种目的的工具,后者则在于把真理看作一种诠释性的、评价性的东西,把"事实"看作一种经过解释的结果,其意义是由解释者所"置入"的,这使得它成为后现代主义的多元真理观的一个来源。

三　权力意志与价值颠覆

1. 重估一切价值

尼采哲学反虚无主义,反理性,其目的是为了张扬理性的对立物——非理性的、本质上是一种生命意志的"权力意志",以反抗虚无主义所造成的现代人的颓废、软弱的精神状态,用以造就一种他理想中的"超人"。为此,他认为达到这一目的的途径,是对现有的价值体系进行重估,以颠覆旧的奴隶道德,铲除虚无主义的思想土壤。反之,如果"不去重估迄今为止的价值,而试图逃避虚无主义:会适得其反,使问题弄僵"[32]。

在尼采看来,现代人之所以处于一种颓废的状态,是由现有的道德价值体系造成的。道德的本质,在尼采看来,是一种与人的生存条件有关的评价体系。然而现存的这种道德对于人们的存在来说却构成像恶习一样的危险,因为它被当作外来的、统治自己的权威和法律,从而使得它的"价值的整个方向是以诋毁生命为宗旨的"[33],其基调是宣扬逆来顺受,使人丧失自己的意志,造就的人格是卑顺与怯懦的混合体。因此,西方的道德论断乃是衰亡的信号,不信仰生命的信号,它损毁生命的创造力。在这样的道德价值体系下,人们丧失了自己的个性,按照一劳永逸的人的模式来获得自身的价值。这样,即使成为一个有道德的人,也不是什么值得称道的东西,而是正好相反,"一个有道德的人就是低贱的种类",因为他不具备独立的价值,不是一个独立特行的人,他有自己的同类,所以不应单独存在。[34]这种没有个性、缺乏创造力、生命力颓败的人,尼采称之为"末人"。

基督教的道德,也属于尼采所要猛烈攻击的道德范围。他对基督教持一种完全否定乃至诅咒的态度,因为基督教"怀着根本反对生命的怨恨"[35]。他宣称基督教作为宗教是属于庸众的,嘲讽它患有抑郁症,是建立在动物式的良心虐待狂的土壤之上,包含有欧洲这块百病丛生的土地上的一切疾患,从而是一种罪恶的宗教。基督教在本质上乃是一种颓废的类别。它所教导人们的,乃是"绝对的贞洁、绝对的服从、绝对的贫乏",因此它造就的是唯唯诺诺、只知顺从的人。尼采断言,这样的宗教"会因信仰道德而灭亡"。[36]

尼采对西方形而上学与基督教批判的一个基本目标,是颠覆它们的道德观。对此支撑他的相关学说的,主要是这么两个重要的概念或思想:一是"权力意志",另一是"重估一切价值"。它们两者的关系在于,前者作为生命的本质所在,是对价值进行重估的运作者,后者则是权力意志所要从事的基本活动,是造就尼采心目中的理想新人所需具备的前提条件。

2. 权力意志的张扬

让我们先来看看"权力意志"。尼采的这一概念主要有两层意思。第一,把它视为生命的根本,或者说,等同于生命。他写道:"生命……是权力意志。"[37]凡是有生命的地方,都有意志的存在,但这并不是求生存的意志,而是追求权力的意志。因为,既然是求生存,那便是不存在的东西,而不存在的便不能有意志。因而,虽然只要有生命存在的地方,便有意志,但这意志并非求生存的意志,而是权力意志。这样,在尼采那里,权力意志乃是生命本身的象征,生命在本质上就是"力"的积聚的意志。权力意志构成生命的一切行为的原动力,这表现为生命并不是什么由内在关系去适应外在关系,而是从内在关系出发,即从人的主观意志出发,不断地去征服和同化外部环境、外部社会这类的外在关系。

第二,权力感的提高或削弱,乃是快乐或痛苦的标准。尼采把这看作一个"重要的启蒙",即"设定权力以取代个人的幸福(任何生物都要追求权力):'生命要追求权力,追求更多的权力';——快乐乃是取得权力感的象征'"。权力意志要追求的不是什么自我保存,而是要同化、要当主人、要充盈、要变得更强大。总之,生命追求的是"最大限度的权力感"。[38]因此,权力意志就是追求权力享受的意志。将这种意志充分予以发扬的人,就是尼采所谓的"超人"。与前面提到的"末人"相反,超人是具有鲜明个性、非凡创造力,勇于向传统观念挑战的人,是勇于重评一切道德价值的人。

尼采并且列举了权力意志的表现。它表现为三个等级。一是在被压迫者和各种奴隶那里,它表现为要"自由"的意志。这是最低等的权力意志,仅仅是被压迫者和奴隶要求摆脱被奴役状态的愿望。二是在"强大的和即将掌权的种类那里",它表现为强权意志。但假如达不到这样的目的,那么它就退而求其次,转换为要求"正义"的意志,也就是要求同统治者享有同等的权利。三是在"最强者、最富有者、最勇敢者那里",它最终表现为"制胜、义务感、责任感,表现为自信有一种人们能够赋予其方向的伟大势力:即英雄,预言家,凯撒,救世主,牧人"。[39]也就是说,在最高等级的权力意志里,成就的是最高等级的人,他们要么是像凯撒大帝那样的英雄与统治者,要么是能够为人类指明方向的预言家,要么是能够拯救人类的救世主。

尼采的这一权力意志的三个等级的表现,集中展现了他将人区分为高低贵贱的"等级制"观念。虽然人们或许可以将其辩解为这是出自反抗颓废状态的需要而发出的偏激之辞,属于一种矫枉过正的做法,但毕竟尼采的这种贵族主义的等级制观念,显然是与现代社会平等人权的思想背道而驰的,无论在理论上还是在实践上都是有害的。

对于尼采而言,权力意志的高贵之处,除了它最终属于强者之外,还在于它的创造力。他写道:"权力意志,——不竭的创造性的生命意志。"[40]这种创造,乃是为了自己能够成为强者,能够做主人,而不是做奴隶的创造,因此它首先指向的是一种生命的价值的创造,因为这种价值决定了生命的意义,决定了人应当为之奋斗的目的朝向,决定了人应当追求的生活目标。不过,在尼采看来,任何的创造首先必须先经历"破坏"。凡是不得不创造善恶者,便不得不先破坏,先打碎价值。因此,"重估一切价值",便成了对旧价值进行颠覆,并进而创造新价值的基础。重估最终是为了创造,重行设置新的最高价值。对于尼采而言,这是哲学的要义,因为哲学本来就是对最高价值的设定。

价值重估,要重估的是一些基本的道德观念,包括哲学的与基督教的。在尼采看来,"在大地上找不到比善恶更大的势力了"。诸如"善恶"这样的道德观念就属于最高的价值观念,它们决定着存在者如何去存在,从而是个人与社会的基本行为标准,不仅对个人而言决定着人格的形成及其形态,决定着行为的取向,而且还决定着整个社会围绕着它们而建立起来的典章制度。一般而言,"趋善避恶"是正常的个人与社会的基本行为取向,而"正义",作为社会意义上的最高的善,则决定着社会的制度安排。

尼采对道德价值观念的重估,要实现的是对传统道德价值的翻转。为此,他声称"我是第一个反道德主义者"。之所以要反道德,这是由于在尼采看来,"道德本能否定生命。为了解放生命,就要消灭道德"[41]。颠倒了原本的善的价值观念,尼采哲学要设置的最高价值是"生命"。为此,他反对自从苏格拉底以来的以"善"为最高价值的道德观。尼采写道:"自苏格拉底以来的欧洲史有个共同点,就是试图把道德的价值抬高到统治地位,超越一切其他的价值,因而它不仅应该是生命的元首和法官,也应当是 1. 认识;2. 艺术;3. 国家和社会事业的元首和法官。要'变得更美好',这就是唯一的使命,其余一切都是为此服务的手段。"[42]这里,对尼采来说,最不能容忍的是这种道德观把道德的价值抬高到君临一切的地位,成为从认识、艺术到国家与社会的全面的统治者,特别是成为统治生命、压制意志、压抑激情的专制者,使人成为谦卑、中庸、柔顺的"末人"。而在尼采看来,人最宝贵的价值在于他的生命力,而生命必须是充盈的、向上的。因此,道德必须是服务于生命的创造的手段,应使之服务于最大限度地提高人的力量,而不是相反,将道德变成为生命创造力所体现的认识、艺术等活动的目的,而压抑生命的创造力。

由此,尼采建立起自己的道德标准,这种标准是属于生理学视角的,以是否有益于生命力为唯一准绳。他甚至提出:"一切美德都是生理状态:尤其是有机体的主要功能被认为是必要的和善的美德。……美德就是喜欢有反抗和权力意志。"[43]善是有助于提高有机体的功能的东西,一切美德都被归于生理状态的范畴。这样的美德标准显然是纯个体的、利己的,如果将这样的标准贯彻到底,那么如何调节个体与个体、个体与社会的公正秩序之间的关系,显然就会成为问题。

尼采的"反道德",还在于他认为要应付现实的痛苦,就需要摆脱道德。这里尼采所说的痛苦,应当说在很大程度上指的是疾病的痛苦,这是与他本人的病患经历密切联系在一起的。尼采长期患有神经痛、失眠等疾患,饱受病魔的折磨,并最终导致神经失常。他曾说过:"在这方面我要多么由衷地感谢我长期的疾患哟!"虽然他这话指的是疾病有助于他自己摆脱怨恨、理解怨恨,但我们不难将尼采长期受疾患折磨的经历,与他之所以要如此讴歌生命,并以之作为其哲学的主旨联系起来。长期为病魔折磨的人,自然最渴望的是强壮的生命,是丰盈的生命力。在饱受疾患折磨的情况下,患者最希望解脱的自然是痛苦,此时对他而言,谈论善恶于事无补,反倒徒增厌恶之感。

3. 艺术是对人对拯救

尼采否定道德,包括古希腊苏格拉底以来的道德哲学和基督教的宗教道德。同时,他希望以"艺术"来取代他所反对的这两种道德观,并以之作为它们的替代物,或者有如哈贝马斯所言,作为社会整合的"新统摄力量"。

为什么艺术能够起到替代哲学和宗教的作用? 对于尼采来说,其根本的理由也在于它同生命的关系,在于它有益于生命力的提升。他认为,与原有的宗教、道德和哲学禁锢生命,是人的颓废形式相反,艺术乃是生命的本来使命。他用最热情的语言来讴歌、赞美艺术:

艺术"乃是使生命成为可能的壮举,是生命的诱惑者,是生命的伟大兴奋剂。"[44]

"艺术是对抗一切要否认生命的意志的唯一最佳抗拒力,是反基督教的、反佛教的、尤其是反虚无主义的。"

"艺术是对认识者的拯救——即拯救那个见到、想见到生命的恐怖和可疑性格的人,那个悲剧式的认识者。"

"艺术是对行为者的拯救,也就是对那个不仅见到而且正在体验、想体验生命的恐怖和可疑性格的人的拯救,……"

"艺术是对受苦人的拯救——是通向痛苦和被希望、被神化、被圣化状态之路,痛苦变成伟大兴奋剂的一种形式。"[45]

艺术之所以有如此神妙的救赎功能,对于尼采而言,原因在于它的"生物机能"。他认为一切艺术都是作为对肌肉和感官的暗示而发挥作用的。因此,艺术具有健身的作用,可以增添力量,尤其是激起性爱的力量感,从而成为生命的最强大的动力。当一个人恋爱的时候,他显得面目一新,变得更为强壮,更为丰富,更为完美。这种性爱的力量与艺术的创造本能本质上是同一的,对艺术和美的渴望只不过是对性欲癫狂的间接渴望。甚至美与丑都不过具有生物学的价值,"美"属于有用、有益,能够提高生命等生物学的价值范畴之列,而丑则属于使人本能地反感的东西,它被人类的长期经验证明为有害的、危险的,是压抑族类生命力的东西。

由于艺术高于哲学,因此艺术家也被尼采推崇为高于哲学家,他们"比迄今为止的全部哲学家更正确"[46],因为他们热爱世间的事物,热爱感官,并不背离生命应当循之前行的轨迹,而不像哲学家那样耽溺于思辨,沉浸于理念的世界里,乃至排斥感官,将它视为异端。此外,艺术家也高于科学家,虽然后者也是强大、严格、顽强、意志力的标志,但在尼采的心目中,与艺术家相比,科学家的出现属于"生命的某种限制和降级的标志"[47]。因为只要是有些作为的艺术家,都一定是秉性强健,精力过剩,像野兽一般,充满情欲。而情欲在尼采看来,则是艺术创作力的本源。艺术家的创作力总是与性力相伴随,并随着它的终止而终结的。他写道,假如没有某种过于炽烈的性欲,就无法设想会有著名的画家拉斐尔。

总之,对于尼采而言,生命力是衡量一切道德与价值的标准。不论是善或美,它们都属于一种生物机能。凡是善的,就是能够提高有机体生命力的东西;凡是美的,也一样是属人的东西。没有什么是美的,只有人是美的;没有什么比衰退的人更丑了,因为"丑"意味着意志的消退,意味着某种形式的颓败。

哈贝马斯曾经这样描述尼采哲学对现代性论说的影响:"随着尼采进入现代性的话语,整个讨论局面发生了翻天覆地的变化。"[48]之所以能够起到这样的作用,乃由于尼采作为一位时代的叛逆者,他的现代性批判是一种针锋相对的、试图彻底颠覆现代性价值的批判。他要用"生命"来颠覆"理性",用否定上帝与反虚无主义来颠覆基督教与形而上学的道德观,在"重估一切价值"的口号下来推翻一切谦卑、中庸、同情等所谓的"奴隶道德"。而他用以寄托这种颠覆的,则是具有权力意志的"超人"。尼采以他所具有的激情乃至偏狂,对构成欧洲悠久文明、同样也构成现代性底蕴的理性主义传统与基督教的道德信念展开猛烈的攻击,将它们视为"虚无主义"而要予以扫荡,以革新文化、奋发精神、造就新人为其哲学的根本目标。尼采以一种"狂人"的面貌出现,向传统文明乃至现代社会进行挑战,他为哲学注入一种新的以生命为本的人文精神,开拓了一种张扬生命意志的非理性的视野。

尼采这种对旧世界进行冲击的哲学,曾对我国的一些思想家产生过影响。王国维曾赞誉尼采的叛逆精神,"肆其叛逆而惮者",推崇他"以强烈之意见而辅以极伟大之智力,其高瞻远瞩于精神界";认为他的工作在于"破坏旧文化而创造新文化"。中国新文化的先驱者鲁迅,志在通过"呐喊",唤醒沉睡的国民,展现他们的蒙昧精神的一面,藉以改造国民性。他在青年时期所利用的思想武器之一,就是尼采哲学。这是因为他认定中国旧文化的痼疾在于崇尚物质而嫉恨天才,以多数的"轻才小慧"之辈来压制少数的天才,致使"个人之性,剥夺无余",因此他赞赏尼采的个性解放主张,断言"张大个人之人格",乃是"人生之第一义",并且将"立人"视为强国富邦的首要之举("是故将生存两间,角逐列国是务,其首在立人,人立而后凡事举;若其道术,必尊个性而张精神")。他还热情肯定尼采哲学能够洞见现代文明的弊端("见近世文明之伪与偏"),并对旧文明加以批判、扫荡的积极意义("向旧有之文明,而加之捭击扫荡焉")。[49]

不过,虽然尼采对欧洲传统文明直至现代性的批判是猛烈的,其影响也是深远的,在现今则被视为后现代主义的一个思想资源,但他的思想的作用,主要在于批判的一面,起着一种观念冲击的作用,使哲学对人是什么的认识上,关注到生命的意义,注意到因单纯倡导理性精神而被压抑的生命与意志的非理性的方面。不过,与此同时,由于他的哲学是建立在个体的生物学、生理学视角之上,人与人之间的社会关系被排除在他的视野之外,因而其片面性乃至谬误也是很明显的。人类社会要能够在不同宗教信仰、价值观念、政治与经济的利益的冲突中共存,需要有它的秩序,这种秩序首先是由道德、其次是由法律来维系的,而法律不过是道德的外在化。因此,要否定以"善"为核心的道德的作用是不可能的,同理也无法将道德的标准仅仅设定为对生命力的促进上。德性的本质应当说主要是自律的,通过自律达到一种人际的和谐,从而客观上达致利我的结果。反之,如果德性仅仅是利我而排他的,那导致的结果只会是有如霍布斯所说的"人与人之间是豺狼"的敌对、侵犯状态。

与这种利己主义哲学相关,尼采哲学曾产生并仍存在一些争议之处,其中较突出的是它的贵族主义的等级观及其所表现出的社会达尔文主义。它从生物学的视角出发推崇族类的不平等,把人分为高贵与低贱,推崇理想中的"超人",蔑视、鄙夷低等的"末人",视他们为"群氓"。且不说这种思想缺乏对于弱势群体的博爱之心与社会责任,更严重的是它不论在理论或现实上都是很危险的,会为种族主义、法西斯主义提供理论上的根据,尽管这或许不是他的本意。也正因为如此,所以尼采哲学的命运有过起伏,甚至曾被希特勒所青睐,他多次光顾尼采博物馆,并在尼采的头像前拍照留念。德国纳粹主义的欣赏一度使尼采哲学蒙上恶名。不过后来对尼采哲学的正面解释占了上风,人们开始关注其中积极的方面,借鉴它对欧洲文明精神与现代性的批评,尤其是后现代主义者从中汲取学养,如诠释的视角主义、反本质主义等学说,这些使得尼采成为 20 世纪最具影响的哲学家之一,并且因此也在我国的现代性研究中占有一席之地。

思考题

1. 尼采的现代性批判关注的焦点是什么?

2. 尼采为什么把欧洲的现代性称为"虚无主义"文化?

3. 什么是尼采反理性所要张扬的对立物?

阅读书目

尼采:《权力意志》,张念东等译,商务印书馆,1991 年。

尼采:《悲剧的诞生》,周国平译,三联书店,1986 年。

海德格尔:《尼采》之第 5 章"欧洲虚无主义",孙周兴译,商务印书馆,2003 年。

注　释

〔1〕 哈贝马斯:《尼采:后现代性的开端》,见汪民安等编《后现代性的哲学话语》,浙江人民出版社,2000 年,第 346 页。

〔2〕 尼采:《权力意志》,张念东等译,商务印书馆,1991 年,第 224 页。

〔3〕　同上书,第 244 页。

〔4〕　尼采:《瞧,这个人》,载《尼采文集》,楚国南译,改革出版社,1995 年,第 87 页。

〔5〕　尼采:《权力意志》,第 200 页。

〔6〕　同上书,第 229 页。

〔7〕　同上。

〔8〕　同上书,第 227 页。

〔9〕　同上书,第 201 页。

〔10〕　同上书,第 229 页。

〔11〕　海德格尔:《林中路》,孙周兴译,上海译文出版社,1997 年,第 219 页。

〔12〕　尼采:《权力意志》,第 280 页。

〔13〕　同上书,第 281 页。

〔14〕　同上书,第 679 页。

〔15〕　同上。

〔16〕　同上书,第 280 页。

〔17〕　尼采:《悲剧的诞生》,周国平译,三联书店,1986 年,第 330 页。

〔18〕　同上书,第 331 页。

〔19〕　尼采:《权力意志》,第 199 页。

〔20〕　同上书,第 275 页。

〔21〕　同上书,第 281 页。

〔22〕　哈贝马斯:《尼采:后现代性的开端》,第 347 页。

〔23〕　尼采:《上帝死了——尼采文选》,戚仁译,上海:三联书店,1989 年,第 58 页。

〔24〕　同上书,第 58 页。

〔25〕　《尼采文集》,楚国南译,改革出版社,1995 年,第 51 页。

〔26〕　见洪谦《西方现代资产阶级哲学论著选辑》,商务印书馆,1964 年,第 15 页。

〔27〕　尼采:《悲剧的诞生》,第 334 页。

〔28〕　尼采:《权力意志》,第 684 页。

〔29〕　同上书,第 506 页。

〔30〕　同上书,第 699 页。

〔31〕 同上书,第 702 页。

〔32〕 同上书,第 358 页。

〔33〕 同上书,第 480 页。

〔34〕 同上书,第 338 页。

〔35〕 尼采:《悲剧的诞生》,第 334 页。

〔36〕 尼采:《权力意志》第 204 页。

〔37〕 同上书,第 678 页。

〔38〕 同上书,第 534 页。

〔39〕 同上书,第 238 页。

〔40〕 尼采:《查拉斯图拉如是说》,尹溟译,文化艺术出版社,1987 年,第 136 页。

〔41〕 尼采:《权力意志》,第 663 页。

〔42〕 同上书,第 232 页。

〔43〕 同上书,第 696 页。

〔44〕 同上书,第 443 页。

〔45〕 同上书,第 443 页。

〔46〕 尼采:《悲剧的诞生》,第 365 页。

〔47〕 同上书,第 363 页。

〔48〕 哈贝马斯:《步入后现代:以尼采为转折》,载《后现代性的哲学话语》,第 98 页。

〔49〕 鲁迅:《文化偏至论》,载《鲁迅全集》,鲁迅先生纪念委员会编,人民文学出版社,1973 年,第 1 卷。

海德格尔:现代性与存在的意义

现代性的本质:世界成为图像

主体性形而上学的终结

追问存在:虚无主义的克服

"无家可归"与人的救渡

海德格尔的哲学是一种"存在哲学",它在 20 世纪西方思想界有广泛的影响,被看作后现代的先驱、后现代主义的一个重要思想源泉。[1]海德格尔始终关注的是人的"存在"问题,他从这一视点出发展开对现代性的批判,把现代看作一个存在"作为技术的世界"而出现的时代,把现代性归结为一种源于对存在的遗忘而导致的由于技术统治人,而不是人统治技术所造成的"无家可归"状态。因此现代世界在他的眼里,是一个完全"贫困的时代",其特征是"大地的荒芜","现存一切无条件的物化",处于一种崩溃的状态。因此,他的现代性批判,是以对当代世界的这么一个基本判断为前提的,并由此引出对这种状态的思想根源,即现代人的本质之所在的主体性哲学,以及这种哲学在根本上表现为"遗忘存在"的虚无主义本质的批判。

一 现代性的本质:世界成为图像

1. 世界图像的时代

海德格尔对现代世界的理解,一言以蔽之,是把现代看作一个"世界图像的时代"[2],亦即世界被把握为图像。这里,"世界"指的是"存在者整体",而所谓"图像",则指的是这一存在者整体仅是在被人所"摆置"、作为一种"被表象"的意义上,才是存在的;也就是说,存在者作为与人相对立之物,被强行纳入一种与人的关系之中,即一种表象与被表象的关系,其中人是表象者,是主体,而世界对象则是客体,是被表象者。因此,海德格尔说:"世界之成为图像,与人在存在者范围内成为主体是同一个过程。"[3]可见,海德格尔这里用"图像"这一概念,要表达的是近现代西方哲学的思想模式,即主客体乃是一种相对立的关系,并且这一关系是一种表象的关系,是纯粹从"意识"的角度加以把握的。此外,世界之成为图像,还有另一层意思,即它意味着这样一种世界观,把人与世界的关系看作一种征服的关系。人通过计算、计划以及在这种征服中所培育起来的暴力,来施行他对自然世界的征服,并且在这种征服中进一步确认他的主体性,即作为一切存在者的尺度和准绳的地位。在海德格尔看来,一旦人与自然的关系变成这样的人为主体而世界成为图像,则不仅万物被蒙上阴影,同时人的存在的意义也会被遮蔽,使"存在是什么"成为一个晦暗不明的问题。

这样一种世界图像的时代,在海德格尔看来,又具体表现为五种根本性的现象,即科学、机械技术、艺术、文化和"弃神"。其中,他认为机械技术乃是现代技术之本质的"最为显眼的后代余孽",也就是说,它最为鲜明地体现了现代技术的特征。而"弃神",并不意味着彻底地抛弃神,并非是无神论,它意味着一种"对于上帝和诸神的无决断状态"[4]。他认为,惟有通过弃神,与诸神的关系才能转化为宗教的体验。"弃神"这一个现象,是直接与中世纪相对的,因为对中世纪而言,存在者被看作神的造物,是由神的创造而产生并存在的。

　　海德格尔虽然列举出现代的这五种现象,但他要集中论述的,只是其中的"科学"这一现象,并且他作出这一论述的目的,也是为了论证现代世界被视为图像的思想。对此,海德格尔从对科学的本质的剖析入手,进而深入到对科学的形而上学基础的分析,尔后由此引出现代的本质——"主体性"意识以及相伴随的世界图像观,并对它们加以批判。

　　就科学的本质而言,海德格尔认为它的本质的东西在于"研究",而研究的本质则表现为三个环节:选题(Vorgehen)、筹划与产出(Betrieb)。这三者的作用与关系是:科学研究首先需要确定一个对象,以便有一个特定的研究领域与方向;其次,由此这需要有一个筹划的活动;最后,研究出的成果要能够走出实验室,得到检验和传达,产生出某种产品。海德格尔对科学本质的这些说明,其原文既晦涩难懂,又无什么精彩之处,目的无非是要引出关于科学的形而上学基础的说明。

　　在这一有关科学的形而上学基础的说明中,海德格尔的出发点是把科学研究界定为一种"表象"的方式,也就是说,无论是在自然科学还是人文科学(海德格尔列举的对象是历史)中,它们采用的一个共同方式都是把所研究的东西(存在者)对象化,或者用他的话说,是把它们加以"摆置",放在认识者(主体)面前,这样做的结果,是使主体与客体二分并对立起来,使不论自然还是历史都成了"说明性表象的对象"[5]。所谓"表象",乃是主体对对象的知觉的产物,亦即对象摆在主体面前,主体对它加以观看,由此在意识上产生的某种主观性的感觉形式。这样一种表象式的认识方式,从哲学上说,早在笛卡尔那里就已得到形而上学的解释,存在者作为对象被看作表象性的,同理,真理也被规定为有关表象的确定性。海德格尔并且认为,笛卡尔有关存在者与真理的这种形而上学观,影响着包括尼采在内的整个形而上学。

由于存在者被当作客体,相应地认识者就成为与存在者客体相对立的主体。这一有关人的本质,即主体性的认识,一方面意味着与中世纪这方面的认识(人作为上帝的造物)的决裂,是一种积极的进步,但另一方面,它又产生了另一种类型的弊病:人作为世界的表象者,他是第一性的,是主体,这使他在与世上万物的关系上成为"中心",成为一切存在者不论在存在方式上,还是在真理方式上都必须以之为根据的东西。由此,海德格尔把"世界成为图像和人成为主体"看作"对于现代的本质来说具有决定性意义的两大进程",认为它们使得我们能够看清"初看起来近乎荒谬的现代历史的基本进程"。[6]

2. 技术的"座架"本质

与世界成为图像和人成为主体这两个进程相关联的,是技术的本质。一事物的本质,在海德格尔看来乃是"被看作某物所是的那个什么"[7]。就此而言,技术包含着三个方面,一是对器具、仪器和机械的制作和利用,二是这种被制作、被利用的东西本身,三是技术所要达到的目的和须满足的需要。但技术的本质并非任何技术因素,就像树的本质并不是任何一棵树那样。技术的本质也不是工具,而是存在者整体"解蔽"的一种方式,它表现的是一个历史时代的人的存在方式,包括其世界观、行为方式乃至命运。

"解蔽"是海德格尔用以说明技术的本质的一个关键概念,它与"座架"一起,构成海德格尔对技术以及科学的现时代的本质之解释的核心概念。他既把技术的本质解释为"座架",同时也把座架解释为"一种解蔽的方式"[8],座架"归属于解蔽的命运"[9]。这就意味着座架与解蔽这两个用语的含义是相通的,它们一起构成对技术的本质的解释。为明白起见,这里让我们分别对这两个概念作一番诠释。

所谓"座架",德文原词是 Gestell,它意指某种用具,如书架。此外也有"骨架"的意思。不过,海德格尔使用"座架"一语,并不是用来指任何器械或者哪一种装置,也就是说,它并不是什么物性的东西,而是人与周边的存在者发生关系的方式。海德格尔主要用"摆置"与"解蔽"来描述这一方式。我们先来看"摆置"。从构词上说，座架 Gestell 的词根是 Stellen，即"摆置"。在海德格尔那里，摆置主要有促逼、制造和呈现的意思。"促逼"指的是一种逼迫性的行为，如开采矿山、砍伐森林，为的是取金属、林木为用，亦即将它们生产出来。而一旦生产出来，得到加工，产品的面貌自然也就"呈现"出来，这就使对象从原先不识其用途与意义等的"遮蔽"状态，转化为呈现出目的、用途与意义的"无蔽"状态。这里的"遮蔽"与"无蔽"，亦是海德格尔常用的用语，用以表示存在的意义从晦暗到澄明状态的变化。

从"摆置"的上述含义上看，不难看到"座架"一词在海德格尔那里是个贬义词，他用它来表示技术的本质乃是人用一种逼迫、强索的方式，来"向自然提出蛮横的要求"，对自然采取一种掠夺的态度，要求它提供能够被开采和贮藏的能量，使之服务于人的生存的目的，而不是像我们今天所认识到的那样，在对待自然的关系上，应当有一种"可持续发展"的观念，来尽力保护资源，保护人类唯一的一个家——地球，争取做到人与自然的协调发展。显然，技术的这种"座架"式的本质，使它对自然具有危险的破坏性，因此海德格尔指出："座架占统治地位之处，便有最高意义上的危险。"[10]早在 20 世纪 30 年代，海德格尔就已看出，科学的进步将使对地球的剥削和利用，达到今天还无法想像的状况，并发出"拯救地球"的呼吁。先期指出破坏地球生态、破坏环境资源的危险，呼唤一种新的生存方式，是海德格尔作为哲学家的先觉，是他对人类的一个贡献。

与座架相关的另一概念是"解蔽"。"解蔽"在词义上是与"遮蔽"相对的。它来自古希腊哲学所使用的 aletheia 一词。按照海德格尔的研究，在亚里士多德那里，aletheia 意味着"事情本身"，意味着自身显现的东西，意味着这样那样得到了揭示的存在者。在《存在与时间》中，海德格尔采用上述词义，用"解蔽"来表示真理的去蔽、展示的性质，把真理定义为："揭示状态和揭示着的存在。"[11]例如，我们原来并不知道为什么会"下雨"，通过对它的成因的揭示，这一现象就得到了解蔽。这意味着"真"属于此在的一种揭示行为,它使事物从隐藏的状态显现出来,展现出一种无遮蔽的、澄明的状态。因此,真理在揭示存在的意义上,被早期的海德格尔看作此在的一种生存方式。不过,后来他改变了这种说法,认为把"无蔽"(aletheia)命名为真理是不妥当的,因为它尚属于存在的"在场性"的一种澄明状态,因此只构成追问、"思"真理的一个前提条件,而不是真理本身。

在有关技术与生产这一相关领域方面,"遮蔽"指的是自然事物的未被开发现象,而"解蔽"则用来表示自然中隐蔽着的能量被开发出来,然后其形态又被加以改变,在贮藏起来之后,被加以分配和转换。因此,海德格尔把自然之物的"开发、改变、贮藏、分配、转换",也视为它们的"解蔽的方式"。[12]也就是说,从技术的角度看,解蔽意味着自然之物在逼迫性的意义上("促逼")被加以处置("摆置"),被开发生产出来,从而被给以某种人为的、显现出的形态。此外,解蔽还有一个重要的特征,即它是一种被订造的解蔽。订造(bestel len)一词,在德语中的原意是预定、订做、指定等。海德格尔用它来表示自然之物或人被按照某种目的要求而设定其地位、作用。例如,森林中的护林人,不管他本人是否意识到,已经被木材工业所订造,因为这是一种出自纸张生产的需要——它需要木材原料,因此需要看护好森林。而纸张生产的需要又是被报刊的出版所需要,所订造;进一步说,报刊的出版又是被公众表达意见、文化生活的需要所订造,等等。这样一种特定的需要和安排,使得物质产品、人的工作与生活的存在方式,亦即"解蔽"的方式,就与"订造"密不可分。所以,海德格尔说,现代技术是一种"订造着的解蔽"。

明白了摆置、解蔽、订造这些词的意思,就不难理解为什么海德格尔说现代技术的本质是"座架"。既然在技术社会中,人的生存方式是一种被预定、订造的东西,好比是机器中的一颗螺丝钉,这就意味着人是被放置在某种"座架",即某一境遇、某种既定的生存(工作与生活)方式中,被命运(它意味着事件的不可改变与不可回避)所逼迫,所"遣送",所摆弄,身不由己。因此,海德格尔写道:"我认为技术的本质就在于我称为'座架'的这个东西中，……座架的作用就在于：人被座落于此，被一股力量安排着、要求着，这股力量是在技术的本质中显示出来的而又是人自己所不能控制的力量。"[13]

既然座架是一种命运，而命运又是无可改变的，因此人的自由的本质就被推入危险之中。这种危险并非来自技术本身，而是源于技术的本质，是它把人推入这种被订造、被支配的命运中。但从另一方面说，恰恰又是技术之本质"必然在自身中蕴含着救渡的生长"[14]，也就是说，救渡乃是植根并发育于技术之本质中的。既然技术的本质乃是一种不可违的、人被遣送于其中的天命，那么人只有认可（gewären）这一天命。他的得救首先取决于在认命的前提下对技术的本质以及人的本质进行沉思，明乎得救的可能所在。正是技术控制人、摆弄人的危险，威胁着人的生存本质，因而它促使人通过沉思而猛醒，人观到人的本质的最高尊严。"这种最高尊严在于：人守护着无蔽状态，并且与之相随地，向来首先守护着这片大地上的万物的遮蔽状态。"[15]认识到人的这一本质及其最高尊严，人就有了得救的可能，救渡的希望从而升腾而起。

不过，这一希望究竟何在，海德格尔也仅能给出一种朦胧的憧憬，祈求重新回到西方命运的发端处——古希腊，在那里 technē 并不只是表示手工行业和技能，而且也指美的艺术的创作。海德格尔希望把人从技术崇拜引向艺术崇拜。他推崇"艺术是神力和宝藏"[16]，艺术本身就是一种解蔽，它表现的是事物的真实性，而真理意指的也正是真实的本质，它是存在者的"祖露"。因此艺术是存在之真理的生成与发生，艺术作品通过对存在的解蔽，展现其现实性，从而能够开启存在者之存在，引领存在者进入一种"澄明"的敞开之所。凭借这一澄明状态，存在者才能够成为无蔽的，从而也才能有存在者的真理。海德格尔把艺术描绘为展现真理的最好的方式，而不仅仅只是一种审美的所在，艺术也因此成为他摆脱技术的座架命运的寄托，而这也意味着摆脱现代性命运的寄托。

二 主体性形而上学的终结

1."忘在"的形而上学

海德格尔对技术的本质——座架的批判,最终归结到它对人的生存的威胁,并希望以此批判来唤醒对人的尊严的关注,由此使人认识到自己的最高尊严和本质,进而产生救渡的希望。不难看出,海德格尔对技术本质的这一批判,是与他对人的本质的看法联系在一起的。人的本质在他的哲学中被认定为一种"存在",而由于现代技术对世界的统治,使得现代的工业生产流程与现代性的主体形而上学世界观成为可能,由此导致的一个结果是对存在的"遗忘"。作为20世纪具有广泛影响的存在主义哲学的创始人,海德格尔对现代性的批判的另一个主要方面,就是批判这种主体性形而上学。不破不立,这也是为正面确立他的存在哲学所作的一个相关论证。

"形而上学"这一哲学的分支,在海德格尔看来属于"所有哲学的起规定作用的中心和内核"[17]。在历史上,它所涉及的乃是一些超感性世界的内容,如作为世界原型的理念、至上的上帝、道德的先验法则、理性权威等。"现代的形而上学",海德格尔指的是从笛卡尔发端,至尼采那里结束的形而上学,其特征是"主体性"的,因此海德格尔也称它为"主体性的形而上学"。

之所以是"主体性"的,其重要的特征一是这种形而上学所探究的对象,是"绝对不可怀疑的东西、确定可知的东西、确定性"[18]。这样一种绝对的确定性,首先是由笛卡尔经过普遍怀疑的方式,在处于思维中的"自我"找到的。任何东西都是可以怀疑的,唯独"我在怀疑"、也就是我在思维是不可怀疑的。对此海德格尔也同先前的黑格尔等哲学家的评价相一致,认为它是现代哲学——主体性哲学的开端,"现代的自我立场及其主观主义即源出于此"[19]。

二是它把认识的根据、道德价值的根据乃至一切事物(包括主体性本身)的根据,都建立在这种笛卡尔的"自我"之上。这里的"我"、主体,因而乃是一种最高原理的"基体",是一个别具一格的"基础",其他的物作为客体，都根据"我"这个主体才得到规定；或者说，这种形而上学，尤其是在笛卡尔哲学那里，把人与世界的关系主要解释为一种认识主体与对象客体的关系，而且这种关系又是一种"表象"的关系。在这种关系中，"主体性"表现在人作为主体，其本质在于"自我"，在于他的"意识"的心灵活动被用来作为绝对的根据，而且这一心灵活动被建立为一切尺度的尺度，"即据以测度什么能被看作是确定的东西的那一切尺度的尺度"[20]。主体本身属于"表象着的主体"，他感觉着对象，意识着对象，并且被表象的对象也从主体的表象中获得它的确定性。也就是说，对象的状态如何，甚至它是否存在，都取决于它被主体所表象的状态。在笛卡尔那里，它表现为某个观念是否清楚明白，假如不是的话，他甚至连自己是否坐在火炉边这样的现实状态都会加以怀疑。在康德那里，能够成为认识对象的，必须是"显现"给认识主体的东西，即"现象"；并且有关这一现象表象的认识要具有普遍必然性，必须经过先天范畴的规整，使之按照一定的经验法则来进行综合。海德格尔把这种由表象主体来为被表象对象提供保证的做法，称为"主体性所具有的第一性的本质规定"[21]。正是因为这种作为全部认识之根据的"我"由此成为本质性的人的规定，因此人也就被理解为"理性动物"，从而"理性现在就明确地并且按其本己的要求被设定为一切知识的第一根据和对一般物的所有规定的引线"[22]。

对于"主体性形而上学"，海德格尔特别关注的是尼采。在他看来，现代的主体性形而上学，是在尼采的作为一切现实的"本质"的权力意志学说那里得到完成的。这种主体性在尼采的"上帝死了"这一命题中得到了最高度的表现，因为此命题对上帝这一最高价值提出了"进行彻底重估的意识"，并因此要重新确定生命、意志等新的价值，从而使主体性的作为世界万物的标准、尺度的精神得到最充分的体现。"超人"的提出，就是尼采用以作为这种新的主体性、亦即"现代人"的代表。因此"上帝死了"与"重估一切价值"这两个命题，意味着作为现代人的本质之所在的自我意识"完成了它的最后的一步"。[23]

2. 形而上学的虚无主义

不过对于尼采,海德格尔最关心的还是虚无主义的问题。在上一讲中,我们知道尼采把虚无主义看作一种"最高价值的自我废黜",并把自己的对一切价值进行重估,从而是对新价值进行设定的哲学视为"完成了的"虚无主义。然而在海德格尔看来,虽然尼采对欧洲的虚无主义进行了猛烈的抨击,但实际上尼采根本没有认识到虚无主义的本质。之所以如此,须从"形而上学"这一本源上挖掘根本的原因。其理由如下。不过在列举这些理由之前,有必要事先予以说明的是,这里海德格尔所说的"形而上学",包括尼采及其以前的形而上学,我们将它们称为"旧形而上学",以便同他自己的"形而上学"(即关于存在的学说)相区分,以免陷于混乱。海德格尔显得自相矛盾的是,虽然他宣称形而上学在尼采那里得到完成,也就是终结了,但仍然大谈自己的存在论的"形而上学"。

首先,旧形而上学本质上乃是一种虚无主义,而尼采哲学虽然是形而上学的完成,但依然还属于形而上学的范畴,因为它仍然把人的存在规定为意志,从而也就是规定为主体的"意愿","而自我意愿本身是自我认识",因此,它仍然是以一种笛卡尔的主体性哲学的方式,用"我意愿"、即类似于"我思"的方式,作为对象的本质所呈现的依据。这体现在它的对一切价值进行重估的要求上。这意味着某一事物、观念是否有价值,完全取决于主体本身的愿望,亦即价值取向。

其次,旧形而上学之所以属于虚无主义,一方面是由于它所关涉的超感性世界领域,如理念、上帝、先验法则等,都是"必然要丧失其构造力量并且成为虚无的",但另一方面,并且对海德格尔来说更重要的,是因为"存在"在它那里是被遗忘的。在海德格尔看来,"形而上学"的使命本来就是要询问存在者之存在,或者进一步说,它追问的是存在者之所以存在的根据,是存在者是什么而不是无的根据。而旧形而上学对"存在者"与"存在"是不加区分的,它所涉及到的只是存在者而非存在,并不去追问存在本身的真理。因此在旧形而上学那里,存在本身是缺席的。存在之真理失落了,它被遗忘了。关于这方面的问题,我们在下一部分还会专门讲到。

"忘在",即对存在的遗忘,是海德格尔给旧形而上学安上的一项最大的罪名。反之,关注存在,则是他自己的哲学的"终极关怀"。为什么要殚精竭虑来关心存在的命运?海德格尔给出的解释是,这是与欧洲的命运相连接的。他写道:"我们把追问在的问题与欧洲的命运连结起来,地球的命运就在此中决定,而就欧洲本身说来,我们的历史的此在则表明为中心。"[24]之所以这么说,是因为他认为当时的欧洲存在着严重的危机,这一危机集中表现在"对精神力量的剥夺",其结果是使得欧洲人精神萎靡,精神力量溃散,在那个时代已经开始丧失其强大的生命力。他指责在当时的美国与俄国,都盛行一种"无差别性的平均状态",平庸的能力与简单的技能占据了统治地位。海德格尔把这痛斥为一种"恶魔",它会摧毁一切世界上的精神创造物,而欧洲在这场灾难来临之际却显得不知所措。

在这种恶魔降临所带来的灾难中,有一种是对精神力量的剥夺,这是一种把精神误解了的意义上的剥夺,它使得"欧洲的境况愈加成为灾难性的"。海德格尔并且历数了这种对精神的误解在四个方面的表现。一是把精神曲解为智能,也就是把它仅仅看成单纯从事思考、认识、计算的东西,而没有看到精神不仅是智能的源泉,而且也是肉体之力与艺术之美的源泉,是它们的承载者与统治者;二是,与此相关联,精神就沦为其他事物的工具的角色,成为替它们提供服务的东西;三是,用这些工具及其产生出的产品一起被想像为文化的领域,精神的世界变成了文化,科学成了一种仅仅获取知识与传授知识的技术的、实用的事务;四是,作为为目的而设的智能的精神与作为文化的精神最终就变成了人们用来装饰的奢侈品与摆设,成为用来炫耀自己并不想否弃文化、并不想成为野蛮人的虚饰。

海德格尔指出,与这四种对精神的误解相反,精神的本质在于它是"向着存在的本质的、原始地定调了的、有所知的决断"[25]。这里所谓的"决断",专指人"为着存在的澄明而去蔽"[26],也就是把握存在的真理。在精神主宰的地方,存在者总是存在得更深刻。按照对精神的这种解释,海德格尔对自己追问存在问题的意义自视甚高,认为它是"唤醒精神的本质性的基本条件之一,因而也是历史性的存在的源初世界得以成立,因而也是防止导致世界沉沦的危险,因而也是承担处于西方中心的我们这个民族的历史使命的本质性的基本条件之一"[27]。

由于形而上学乃是虚无主义,而海德格尔现在将形而上学予以重建,这意味着他所期望的是消除欧洲虚无主义的根源。海德格尔反对欧洲虚无主义的着眼点,是要唤醒欧洲人的精神,重振欧洲的精神状态。他秉承德国哲学观念论的传统,十分推崇精神的作用。他强调,世界总是精神性的世界。动物没有世界,也没有周围世界的环境。这也就是说,精神是世界的根本,也是人存在的根本。现代的世界由于精神的萎靡与溃败正陷于危机之中,它"正发生着一种世界的没落。这一世界没落的本质性表现就是:诸神的逃遁,地球的毁灭,人类的大众化,平庸之辈的优越地位"[28]。如同尼采一样,海德格尔作出了虚无主义根源的诊断,只是各自下的药方不同。尼采寄希望于具有权力意志的超人,而海德格尔则毕生为存在的本质与意义而布道。并且他认为,也正是在进行这种对存在的追问的时候,旧形而上学才得到克服,因为人在生存中就离开了旧形而上学的生物的人的范围,离开了"主体性"的人,这也就是他所说的"当思回降到最近的东西的近处的时候才克服形而上学"的意思,即,惟有思想返回到对存在之思时,形而上学才真正回归到它所应处的领域,从而也才真正克服了虚无主义的形而上学。

三　追问存在:虚无主义的克服

1. 存在意义的追问

欧洲精神危机的根源,在于虚无主义,而虚无主义的要害,在海德格尔看来是对存在的遗忘。对此他写道:"把这个在忘得精光,只和在者打交道——这就是虚无主义。"在海德格尔那里，"存在者"与"存在"是不同的，而旧形而上学关注的只是存在者，而非存在，因此它未能追问存在者存在的根据，从而也就未能追问存在的意义。所谓存在的根据，海德格尔指的是决定存在者的"生成、消亡和持存中的某种可知的东西"[29]。作为根据，存在显现为一种"在场性"，它把存在者带向其当下在场，即在世上的出现，包括繁忙、沉沦、畏（Angst）、朝向死亡等生存的状态。

由于形而上学忘记了存在，因此作为存在者之为存在者的真理的历史，它本质上就是虚无主义，包括尼采哲学也是如此。虽然尼采在《权力意志》中指出了虚无主义的存在，但他同样没能对存在者与存在加以区分，因而同样属于只和存在者打交道而遗忘了存在的行列。这样，尼采也就没能了解真正的虚无主义，或者说了解虚无主义的本质。

既然虚无主义是现代人精神危机的根本症结所在，因此如何克服虚无主义，无疑就成为现代性批判的一个关键问题。海德格尔对这一问题的解决，与他对形而上学的重建是一致的，这就是把它们都归结为追问存在的本质和意义的问题。他认为这是"真正克服虚无主义的第一个而且是唯一的有效步骤"[30]。这一追问是从根本上的追问，也就是，"我们追问的是在者在的根据，是在者是什么而不是无的根据"[31]。这一问题构成形而上学的根本问题。

要讲清海德格尔这里所说的问题，我们必须先对他的"存在者"与"存在"这两个概念的区别作个说明。所谓"存在者"，泛指的是一切的人和物，海德格尔所举的例子有：街上矗立着的中学的教学楼，以及走廊、楼梯、教室和粉笔等，都属于存在者。而"存在"，则指的是存在者的存在，它表现为存在者的出现，显露为某种现象，把东西摆出来。对于人这一特定的存在者，他的存在就是他的生存的方式，是他在特定的历史时空中的存在，因此海德格尔用"此在"这一概念来刻画人的存在。

"此在"（Da-zei），即在特定历史境遇、社会环境中的存在，这意味着人的本质并不在于它是生命有机体。如果我们只是把人当作生物中的一种，要和其他的生物、动物划清界限的话,那是做不到的。由于旧形而上学的原因,人们一般总是想着生物的人,即使生命力被假定为精神或思想,而精神或思想以后又被假定为主体、人格、精神,但仍然是想着生物的人。海德格尔之所以这么这么说,大概是由于他认为主体、人格等大体上仍然属于"意识"这类的人的、相对于在世上的存在而言的自然属性。他认为,正确的认识应当是,人的本质在于人的生存,在于他的基于在世的生存。这里,"在世"的"世",并非指与"天国"相区别的"尘世"的存在者,也不意味着有别于"教会的东西"的"世俗的东西";而是指存在的"敞开状态",人的存在被天命所命定,被"抛"到存在的这种敞开状态中来,即被抛到一种海德格尔在《存在与时间》中所描述的"烦"的状态中来。

之所以说是被"抛"到世界中来,海德格尔用这个词是要突出表明人与世界的关系并非像传统认识论所冥思苦想的那样,主体如何能够走出自身的意识领域,进入"外部"的客体。实际的情况是,人本来就一直和外部世界的存在者一道在"外面"了。因此,"关于存在之为存在的问题处于主体—客体关系之外"[32]。人本来就处于世界之中,包括"认识"的活动也只不过是"此在"的"在世"中的一种存在的方式。主体与世界的关系既不是产生于认识之中,也不是产生于世界对主体的作用。因此人在世界中所构成的存在关系先于认识关系,人首先要生存,然后才能谈得上认识活动,这是海德格尔在哲学史上对认识论优先状态的一个变革,而使存在论优先于认识论。这是他反对主体性形而上学的一个具体举措。

人被"抛"到世上,是被抛到一种存在的"敞开状态"中来,即身不由己地受到他所处的生存环境的"摆布"。"敞开状态"指的是此在本身的存在状态,以及他与世上万物所发生的关系的方式。人在这种敞开状态中,在一种被摆布、被制约的条件下展开自己生存的可能性,展开自己生存的内容。

"烦"则是海德格尔所描述的人的存在的基本现象,它包括"烦忙"(与他物、首先是与所使用的"用具"发生关系)与"烦神"(与他人发生关系)这两个基本方面。用比较易懂的语言来说,"烦"包括人为了能够生存而不得不面对的两种根本生存状态,首先是要劳动,这就需要使用生产工具;其次,当你与某些工具打交道时,实际上你已经不可避免地与生产、销售这些工具的人在打交道了,因此人必然得跟世上的其他人打交道,他无法单独存在,而只能是与他人共在。简言之,劳动与交往是生存的两种基本方式,海德格尔用"烦"来总称它们,并由此说"烦"从本源上规定着存在者被他身处的世界所摆布的基本方式。我们也可以借用他后来使用的"座架"这一用语,来理解所谓人被抛入世界而被摆布的状态。虽然人有他的思想、追求和嗜好,但它们也是植根于烦之中的,也就是说,是受烦所制约、所约束的。人要追求他理想的生活,有这样的自由,但这同样摆脱不了生存环境的约束。

追问存在的意义,作为对形而上学的克服,还有另一方面的意义,即对"人道主义"的批判。在他看来,人道主义也出自于形而上学,因此它与虚无主义同根。"人道主义的本质是形而上学的。"[33]既如此,自然它也属于应被批判之列。

2."人是存在的看护者"

海德格尔使用的"人道主义"一词,从概念的内涵上说,意指对人性或人道的研究,并且这种研究的目的是要论证人之所以成为自由的,其根由在于自己的人性或人道,人正是在自己的人性或人道中发现自己的尊严。因此,依据各自对"自由"与"人的自然本性"的看法之不同,人道主义表现为不同的理论学说,如马克思的人道主义、萨特的存在主义,甚至还有基督教的人道主义。不过,从总体上说,作为人道主义,它们都是同出于形而上学的,因此就与虚无主义同根,从而在表现上也就有相同之处,这就是都遗忘了存在。"人道主义在规定人的人性的时候,不仅不追问存在对人的本质的关系。人道主义还甚至阻止这种追问,因为人道主义由于源出于形而上学之故,既不知道这个问题也不了解这个问题。"[34]

人道主义由于不对存在进行追问,因此它采取的是一种独断的方式,即对人性加以设定。从历史上第一个人道主义,即罗马的人道主义开始,一直到后来包括现代的一切种类的人道主义,都把人设定为"理性"的。这一设定在海德格尔看来,虽然并不是错误的,也就是说,他并不反对把人看作是理性的,但这一设定却是远远不够的,因为它未能深入到"理性的可能性的根据"问题,即"生存"问题这一层面上。人只有在生存中,在与他人或他物打交道时,才会发生思想或行为是否"理性"的问题,假如人不"在"了,他自然也就退出这些是否理性的现象,并归于消失。因此,海德格尔说,要思考存在的真理,就要从人的生存出发来思考。

此外,说仅仅把人看作是理性的还不够,还有这么一层含义,即人比单纯被设想为理性的生物要更多一些。这里,"更多一些"的意思是更原始些,更本质些。这是从人与其他存在者的关系来说的,人并不像启蒙哲学所宣扬的那样是其他存在者的主人,而只是大千世界中的一员,因此对人的真正定位是:"人是存在的看护者",是存在的"邻居"。[35]人在世上与他者和睦而居,达到与自然的和谐,而不是将自己作为存在者的主人,把它们对象化,更不是作为存在者的主宰,将它们作为掠夺的对象。

海德格尔指出,假如要坚持使用"人道主义"这一用语,并把他的这种主张也归入人道主义的话,那么现在人道主义的意思是:"人的本质是为存在的真理而有重要意义的。"[36]他并且表示他的这种人道主义是反对迄今为止的一切人道主义的,不过它并不包含防护任何非人道的东西之意,而是因为以往的人道主义把人的人道放得不够高,因此他的人道主义能够为人们打开一些新的视界,这就是思存在的真理,也就是从存在的真理的视角来思人道的人的人道。

四 "无家可归"与人的救渡

1. 现代世界的命运

上面我们看到,"忘在"被海德格尔视为形而上学之所以是虚无主义的根本原因所在。忘记存在,亦即不关心人的本质、不关心存在的根据与意义的结果，表现为一种"无家可归"的状态。因此，海德格尔写道："……无家可归的状态实基于存在者之离弃存在。无家可归状态是忘在的标志。"[37]并且这种无家可归的状态成为了普遍的"世界命运"。[38]

"无家可归"是海德格尔有关现代性论述的一个基本命题，是他对现代人的命运的一个基本判断。前面我们所提到的他关于技术的"座架"本质、欧洲的虚无主义、形而上学的忘记存在等论，凡此种种，都可最终归结为"无家可归"这一命题。人之所以沦入这样一种悲剧性的状态，根子在于他们离弃了存在，忘记了存在的意义。这是海德格尔作为哲学家对时代反省的结论。与当时的哲学家、现象学的创始人胡塞尔一样，他们都疾呼欧洲科学的危机、文化的危机、人的危机，虽然各自的用语与切入的角度有所不同。这体现了他们对现代世界状况的一个共同的忧虑。我们现在所具有的"以人为本"这样一个已成为共识的观念，应当说与这些哲学家的呼喊有着直接的关系。

在海德格尔那里，这种无家可归的状态亦可用"异化"的概念来刻画。对海德格尔来说，异化指的是人的非本真性存在，亦即发生在人的生存过程中的沦落状态。人的本真性的存在，在于他的依据自己对世界和生活的理解与筹划，而去生存的可能性。这种本真性的存在依赖于两个基本的条件。一是"本己性"，即每个人自身的个体性、独立性，这使得他可以依据自己的愿望来选择、筹划自己的生活，对自己的存在有所作为。这样的选择、筹划、有所作为，对于人的生存来说是最为真实的东西。二是"自由"，即为了实现这种选择所需要的存在的自由，它为实现人所选择的生存可能性、亦即某种生活方式提供了保障。

不过，有如我们所知的，按照何德格尔对现代技术社会中人的生存状态的分析，现在人为技术"座架"所摆布，身不由己，丧失了选择自己生存的可能，因此他沦落了，沦入一种非本真的存在状态中，因此处于无家可归的状态。海德格尔并且把这种"无家可归"视为一种"世界命运"，它在黑格尔与马克思那里都曾被在"异化"概念下揭示过。这里，我们先来简单回顾一下黑格尔与马克思的异化概念。在黑格尔那里,"异化"主要是被用来作为构造自我意识或绝对精神的自我运动的动力或依据,也就是说,自我意识或绝对精神的发展,是以自身的否定,即变成它的他物(对立物),并进而扬弃这一对立物,亦即恢复到自身而前进的。黑格尔把这说成是一个意识的异化及其克服的过程。精神的运动(辩证法)就是这样展开自身,并形成一个自我发展的圆圈的。在《精神现象学》中,黑格尔以这种方式来表现精神从"意识"、"自我意识"、"理性"直至"绝对知识"的自我发展和形成的过程。马克思剥离了黑格尔异化概念的神秘外壳,吸取了其中的一些合理因素,包括否定性的辩证法,以及把人的对象化认作对立化、认作外在化和对这种外在化的扬弃,把劳动认作本质等思想,并把改造过的异化概念应用于对现实的人与劳动的分析。因此,马克思的异化概念主要讲人的异化与劳动的异化,它们是资本主义生产方式产生的一种特有现象,劳动者生产出自己的产品,但他却无法支配这些商品,反倒为它们所控制、所支配;也就是说,这些商品成为一种异己的力量来支配劳动者,使得劳动者成为商品社会的被奴役者,丧失了自己应有的权利,成了一无所有的无产者。

海德格尔称赞马克思的异化分析的深刻性,认为这种深刻性在于它"深入到历史的本质性"之中去了,因此马克思主义的历史观比其他的历史学来得优越。不过他对马克思主义的认识仅限于此。实际上对于马克思来说,重要的是他的分析的结论,而不在于分析本身。而海德格尔不计马克思的结论,反倒把马克思的分析结果归结到自己的"无家可归"的结论中来:"马克思在基本而重要的意义上从黑格尔那里作为人的异化来认识到的东西,和它的根子一起又复归为新时代的人的无家可归状态了。"[39]

2."只还有一个上帝能够救渡我们"

既然现代世界处于这样一种"无家可归"的状态,那么它的出路何在呢?应当说指出这样的出路乃是人们所期望于思想家的东西。不过在这方面海德格尔显然并不能令人满意。他指责哲学遗忘存在,未能深思存在,在此问题上根本就没有进步，包括尼采在内。虽然尼采最后体会到无家可归的味道，但尼采在形而上学的范围内却不能找到摆脱无家可归的痛苦的其他出路，因此他只有把形而上学倒转过来，废黜了柏拉图的超感性的理念与上帝的超验的价值世界，使形而上学立足于感性生命与意志的世界。不过这在海德格尔看来只不过是一种无出路状态的完成，它终究还是属于"忘在"的虚无主义。

那么海德格尔本人究竟给出一种什么样的解决方式呢？与这些"忘在"的形而上学不同，海德格尔给出的摆脱无家可归状态之路是去"思"存在。但究竟怎么思存在？这样的思应当是什么样的？海德格尔就此区分了两种思维，即计算性思维与沉思之思。计算性思维在某种意义上有点类似于韦伯所说的工具理性，它是一种基于特定目标而对预计的成果进行估算的思维。它精打细算，权衡利弊，在受益更多而同时更为廉价的多种可能性中进行权衡。计算性思维唆使人不停地投机，追求功利性的目的。反之，沉思之思则是思索在一切存在者中起支配作用的意义的那种思想。它是海德格尔哲学所特有的思维，而计算性思维则是近代哲学所养育的世界观的产物，这种世界观把主体与世界对立起来，世界显现为一种对象，计算性思维则对其发起进攻，目的在于使人成为世界的主人，统治者。

沉思之思旨在使人在现代世界中摆脱无家可归的困境，以便在技术化的千篇一律的世界文明时代中重建存在的家园。所谓"在世"的本质就在于居住。沉思之思通过追问存在的真理，同时又从存在方面来规定人的本质居留来服务于这一目的。有关存在的真理，或具体说来有关存在的生存结构与生存机制等问题，海德格尔在早期的著作《存在与时间》中给出了详细的论述。至于现代人如何摆脱无家可归状态的问题，则海德格尔给出的只是某种朦胧的意境，如他引用荷尔德林的诗句"人诗意般地栖居"，来表达他所憧憬的理想生存状态。在晚年，他甚至更多地表现出一种神秘主义的倾向，寄托于某种"存在的天命"。不仅真正的"思"成了对天道的追寻，"诗"也是出乎天道、追寻天道，乃至技术亦是天命展现的途径之一。因此海德格尔最终的哲学归宿是"认命"。他反对柏拉图的形而上学超验世界,但最终自己又设置了一个神秘的天道。他思存在思了一辈子,最后除了对天道的认命,仍然留下的无奈,是喟叹"只还有一个上帝能够救渡我们"。在他看来,哲学家们所唯一能够做的事情,不过是"在思想与诗歌中为上帝之出现做准备或者为在没落中上帝之不出现做准备"。[40]

在对存在的终身之思中,海德格尔对现代社会状况、它所集中体现的现代性进行了具有先行意义的批判。他把现代社会的特征归结为技术的统治,把形而上学归结为遗忘存在的虚无主义,把哲学关注的目光引向人的生存,为的是解救欧洲的时代命运,把它从处于被技术性的座架所摆布的命运中,从遗忘存在的虚无主义的精神危机中解救出来。他的这一存在哲学后来在欧洲乃至世界范围内产生了巨大的影响,成为20世纪哲学中一股主流性的人文主义思潮。此外,海德格尔试图改变人作为主体、世界作为图像这两大"近乎荒谬的现代历史的基本进程",把人从与自然相对立的冲突关系中救渡出来,主张人与自然的和谐相处,使人成为存在的看护者,而不是自然的逼索者、征服者。海德格尔的这些现代性批判站在时代潮流的前面,引领时代的先进理念,有着积极的意义。

不过,海德格尔对现代性的批判,是从否定近现代哲学的立场出发的,表现出一种"向后看"的倾向,他始终认为:整个西方思想史是从源头的退化,它表现为对存在的遗忘;自柏拉图以来的西方哲学史不过是一部遗忘存在的历史。以这样的眼光来看待西方哲学的发展,就彻底否定了包括启蒙的理性哲学在内的哲学的进步,因此他甚至断言:"唯当我们已经体会到,千百年来被人们颂扬不绝的理性乃是思想的最冥顽的敌人,这时候思想才能启程。"而理性,乃是现代性的核心之一。海德格尔对待理性的这种态度,表现了他对现代性观念的否定态度。

海德格尔本性上属于书斋哲学家,他对现代社会有着强烈的批评,但对于如何解决这些社会问题,他却没有作相应的制度方面的思考,因此就像哈贝马斯所批评的那样,"海德格尔所选择的不是批判而是神话"。他所寄托的不论是思或诗,在他的存在论所描绘的烦、畏、怕、等生存现象给人留下浓重的世俗郁闷的味道后,带给人的则是另一番虚无缥缈的感觉。思应当建立存在之家,但这种"家"却被转换为"语言之家"。"语言是存在的家。人以语言之家为家。"[41]话语虽然隽永,耐人寻味,但自问自答,却是答非所问。现实的生存状态是无法从语言中寻得解脱的,诗意再美好,终归还是文字编织出的"桃花源"。人们可以尽情品味海德格尔的诗意般栖居的意境,但这最多也只是一种精神上的解脱,"无家可归"者依然还是"无家可归"。

最后,对于海德格尔的现代性批判来说,最为致命的是,他要通过追问存在及其意义来克服形而上学的虚无主义,但存在的意义在海德格尔哲学中,只是去"生存"而已("人的'本质',就是人的生存。……存在的'本质'在于它的生存"[42]),生存本身成了意义所在。然而生存却可以包括许多截然不同的方式,包括有尊严的与无尊严的、体面的与不体面的,等等。即使苟活于人世,也是一种生存方式。海德格尔把存在的意义简单归结为生存,这就非但没有克服虚无主义,反倒埋下了更深的虚无主义的种子,因为虚泛的生存就是意义,等于生存没有意义,这样的生存哲学没有找到生存的真正意义、人生的真正价值,这是海德格尔的存在哲学未能振拔于尘世的根子所在。当人们在他的哲学中感受到生存的沉沦乃至作为一种"向死的存在"而陷于郁闷时,人们需要的是一种能够提供生命的真正意义、精神的真正寄托的哲学。这也是为什么哲学以及宗教要寻求一个超验的价值世界的奥秘所在。

思考题

1. 海德格尔是如何看待现代性的本质的?

2. 海德格尔为什么要反对"主体形而上学"?

3. 海德格尔试图通过什么途径来克服"虚无主义"?

4. 海德格尔为什么说现代人的命运是处于"无家可归"的状态?

阅读书目

海德格尔:《世界图像时代》,载《海德格尔选集》,孙周兴选编,上海:三联书店,1996 年。

海德格尔:《技术的追问》,载《海德格尔选集》。

海德格尔:《尼采的话"上帝死了"》,载《海德格尔选集》。

注 释

〔1〕 "海德格尔被许多人称为后现代的先驱,甚至被看作为后现代的中心人物……例如,在美国,理查德·帕尔默把海德格尔的思想称作是后现代的最激进的说法。在意大利,瓦提莫对后现代的理解主要来源于海德格尔。关于法国的情况,人们一再地指出,所有的后结构主义均是海德格尔的儿子,所以后现代思想也和海德格尔有一些亲和性。"见沃尔夫冈·韦尔施《我们的后现代的时代》,洪天富译,商务印书馆,2004 年,第 314—315 页。

〔2〕 海德格尔:《世界图像时代》,载《海德格尔选集》,上海:三联书店,1996 年,第 885 页。

〔3〕 同上书,第 902 页。

〔4〕 同上书,第 885—886 页。

〔5〕 同上书,第 896 页。

〔6〕 同上书,第 902 页。

〔7〕 海德格尔:《技术的追问》,载《海德格尔选集》,第 925 页。

〔8〕 同上书,第 938 页。

〔9〕 同上书,第 943 页。

〔10〕 同上书,第 946 页。

〔11〕 海德格尔:《存在与时间》,陈嘉映等译,北京:三联书店,1987 年,第 265 页。

〔12〕 海德格尔:《技术的追问》,载《海德格尔选集》,第 934 页。

〔13〕 海德格尔:《只还有一个上帝能救渡我们》,载《海德格尔选集》,第 1307 页。

〔14〕 海德格尔:《技术的追问》,载《海德格尔选集》,第 946 页。

〔15〕 同上书,第 950 页。

〔16〕 海德格尔:《科学与沉思》,载《海德格尔选集》,第 955 页。

〔17〕 海德格尔:《形而上学导论》,熊伟等译,商务印书馆,1996 年,第 19 页。

〔18〕 同上书,第 791 页。

〔19〕 海德格尔:《现代科学、形而上学和数学》,载《海德格尔选集》,第 876 页。

〔20〕 海德格尔:《世界图像时代》,载《海德格尔选集》,第 920 页。

〔21〕 海德格尔:《尼采的话"上帝死了"》,载《海德格尔选集》,第 797 页。

〔22〕 海德格尔《现代科学、形而上学和数学》,载《海德格尔选集》,第 883 页。

〔23〕 海德格尔:《尼采的话"上帝死了"》,载《海德格尔选集》,第 803 页。

〔24〕 海德格尔:《形而上学导论》,第 42 页。

〔25〕 同上书,第 49 页。

〔26〕 同上书,第 22 页。

〔27〕 同上书,第 49—50 页。

〔28〕 同上书,第 45 页。

〔29〕 海德格尔:《哲学的终结和思的任务》,载《海德格尔选集》,第 1243 页。

〔30〕 海德格尔:《形而上学导论》,第 202 页。

〔31〕 同上书,第 32 页。

〔32〕 海德格尔:《尼采》,孙周兴译,商务印书馆,2003 年,第 826 页。

〔33〕 海德格尔:《关于人道主义的书信》,载《海德格尔选集》,第 387 页。

〔34〕 同上书,第 366 页。

〔35〕 同上书,第 385 页。

〔36〕 同上书,第 388 页。

〔37〕 同上书,第 382 页。

〔38〕 同上书,第 383 页。

〔39〕 同上。

〔40〕 海德格尔:《只还有一个上帝能救渡我们》,载《海德格尔选集》,第 1306 页。

〔41〕 海德格尔:《关于人道主义的信》,载《海德格尔选集》,第 358 页。

〔42〕 同上书,第 369 页。

第九讲

福柯：规训的现代社会及其主体

启蒙的意义与现代性的态度
"未崩溃的"现代性的合理性
规训的现代社会
权力造就的主体

福柯是 20 世纪一位具有世界影响的法国哲学家，德娄兹曾称他为当代最伟大的哲学家之一。福柯一生的哲学生涯，他所思考的主题，在他晚年曾自己概括为对"我们自身的历史本体论"这一"实践整体"的探讨。它包括三大领域：对物的控制关系的领域，对他人的行为的领域，对自身关系的领域。而贯穿其中的三条轴线则是：知识轴线、权力轴线与伦理轴线。福柯通过知识、权力与伦理对我们的本体论这一"实践总体"所进行的探讨，实际上构成的是"对我们是什么的批判"。[1]这在问题本身的意义上可说是从古希腊的"认识你自己"到康德的"人是什么"的哲学永恒命题的延续。不过就与康德相比而言,他们两者在探寻问题的思路上迥然各异,康德在实践哲学方面是为了构造某种道德形而上学,而福柯则是在摒除了近现代哲学有关人的预设,即一些先验的、超历史的人的观念,而通过对疯癫、监禁、性等历史事件的考古学调查与谱系学研究,来揭示现代社会的规训性质,以及人为权力所造就的现实,从而给出一个真实的现代社会与真实的"主体"。人被理解为一个处于历史的、社会的、尤其是权力的关系网络中的存在,是被社会通过知识话语、道德话语等权力话语,以及包括从医院、学校到监狱等各种手段所规训、控制的。福柯以这样的画面展现现代性的现状,讲述启蒙并未使人类步入"成年"的道理,并以继承启蒙运动的质疑与批判的精神为己任,坚持对现实社会的批判,以此来探寻、追求自由的"新的原动力"。[2]

一 启蒙的意义与现代性的态度

1."启蒙"问题不可回避

在福柯看来,"什么是启蒙"这个问题在现代性问题中具有根本的意义,这一方面是由于历史的进程本身使启蒙重新成为"当代关注的中心",这一进程主要包括如下三个方面。首先是科学技术在社会生产力的发展和政治决策中所起的重要作用,其次是社会的"革命"史本身,它与理性主义的哲学有关,因为自从 18 世纪以来,整个理性主义就怀有这种"革命"的希望。最后,是在殖民时代终结之际,一场责问西方世界的运动开始涌现:西方的文化、科学、社会组织以及最终它们的理性本身,有什么权利要求取得在世界范围内的普遍有效性? 正是历史发展所带来的这三方面问题,使得在历经两个世纪之后,"启蒙又回溯了"[3]。

此外,启蒙在现代性问题中之所以具有根本的意义,另一方面还表现在它在某种意义上仍然决定着"今天我们是谁、我们思考什么、我们做些什么",意即决定着现时代人们的思维方式与道德实践的关键问题。正因为如此,所以在福柯看来,现代哲学在本质上"就是这样一种哲学,它正试图回答这个两世纪前如此鲁莽地提出的问题:什么是启蒙?"[4]这里,福柯从根本上把现代哲学归结为对"什么是启蒙"这一问题的问答,可见此问题在福柯心目中所具有的重要地位。此外,他并且指出这一问题所具有的难度及其重要性,这表现在现代哲学虽然对此"一直无法回答,但也从未设法摆脱",因此在两百年的时间里,这一问题不断地以各种不同的形式反复出现,从黑格尔、尼采、马克思,直到霍克海默和哈贝马斯。不过,在福柯看来,遗憾的是这些大哲学家们都未能成功地回答这个问题。正是鉴于这一问题的重要性,福柯本人专门写出《什么是启蒙》一文,试图加入这一诠释者的行列,作出自己的解答。

2. 现代性的态度:"哲学的质疑"

在进行这一回答的时候,福柯把关注点投向了康德的文本,因为它们有着一些值得注意的"原因",这特别表现在康德在对其时代的反省中,采取了一种与其他哲学家不同的方式,即并不试图在一个"整体性"的或未来结果的基础上理解其时代,而是在"寻求差异"、寻求是什么差异使得今天与昨天不同。之所以这么说,是由于在福柯看来,康德之前已有的对现时代进行反省的三种形式,要么将现时代归属于现存世界的一个特定时代,它与其他时代的区别在于自身所具有的一些内在特点,有如柏拉图所做的那样;要么试图在自身中对正在到来的事件所显露的预兆进行辨认,以此来把握现时代,像奥古斯丁的做法那样;要么把现时代理解为朝向新世界降临的"过渡时刻",如同维柯在他的《新科学》中所描绘的那样。正因为康德与这三种思考现时代的方式不同,他是从时代的"差异"中来把握时代的差别,因此福柯认为,康德的文本"构成了一个新的问题"。[5]

福柯并且具体分析了康德这一不同思考方式的体现,这就是,康德界定启蒙的方式并不是正面加以定义,而是采取一种否定性的方法,把启蒙看作一种"出路",它是这样的一个过程,把人们从由于无法运用自己的理性而陷于盲从的某种意志方面的"不成熟状态"中解除出来;也就是说,对于康德而言,启蒙的本质在于唤醒人们大胆地运用自己的理性,敢于去认识,而不臣服于任何权威,以此来摆脱思想与意志方面的蒙昧状态。福柯并且注意到康德对理性的"私人运用"与"公共运用"的区分,前者指的是某人作为社会的一个特定角色,如士兵、纳税人、教区负责人等,运用理性来追求某种特定的目的和结果;后者则指的是某人摆脱了这种特定的社会位置而纯粹作为人类的一员,亦即站在人类的立场上"为理性而理性"地思考。启蒙之所以能够发生与存在,一个重要的思想条件就是理性的这种公共与自由的运用。

从根本上说,福柯对启蒙所持的是一种肯定的态度。他赞许启蒙是一个在欧洲社会发展的特定时刻所发生的"将真理的进步与自由的历史相连接的事业"[6],是历史上发生的一组政治、经济、体制的和文化的事件,包含着社会转型、政治体制的类型、知识的形式、实践与合理化的方案,以及技术的变化等多种因素。它在很大程度上仍然决定着我们今天的生活。此外,从哲学的角度看,启蒙"对当代哲学具有根本意义"[7],它为我们的哲学思考提供了问题,并规定了一种相应的哲学思考方式。

福柯进而诠释启蒙的精神实质,并把康德的启蒙思想誉为"现代性态度的纲领"。他认为找出这种现代性的态度有其重要的意义,它比起努力去区分"现代"与"前现代"或"后现代"来说,是更为重要的事情。这里所谓的"态度",福柯指的是"与当代现实相联系的模式;一种由特定人民所作的自愿的选择;最后,一种思想和感觉的方式,也是一种行为和举止的方式,……它有点像希腊人所称的社会的精神气质"[8]。

福柯还以波德莱尔为例来说明这种所谓的现代性的"态度"。在西方社会,基督教的世界观把上帝创世与人的救赎、归返天国作为一种永恒,这就既把永恒建立在过去,同时又把它建立在来生,而唯独不建立在现时之上。但实际上对人而言,享有现实的人生才是最珍贵的东西。波德莱尔一反传统对于永恒的看法,强调一切基于瞬间,将当下现时的瞬间视为唯一可珍贵的东西。他认为倘若离开瞬间,一切永恒都是虚假的、毫无意义的。福柯就此指出,当波德莱尔把现代性定义为一种"短暂的、飞逝的和偶然的"全新感觉,一种与传统断裂的感觉时,就属于这样一种有关现代性的"态度"。

不过,与波德莱尔不同,对于现代性的"态度"或"气质",福柯从根本上说认同的是它的"哲学的质疑"、亦即"批判性质询"的品格。[9]这种哲学的态度或气质乃是根植于启蒙的,而这正是福柯所要强调的。在他看来,这种质询使得人与现实的关系、人的存在的历史模式和作为自主性的自我的构成作为问题进入哲学家的视野,成为哲学反思与批判的对象。有鉴于此,福柯强调,我们应当从启蒙中继承下来的精神财富,或者说能够连接起我们与启蒙的共同的态度,正是这种对时代进行永恒批判的哲学气质,而不是去忠实于某种信条。特别地,他提出必须从"'支持或者反对启蒙'的智性敲诈中解放出来",也就是说,反对对启蒙采取一种非此即彼的片面态度,而保持一种清醒的头脑,对启蒙的精神实质怀有正确的认识,重在承续发扬它的质疑与批判的精神。

福柯并且把这种哲学批判的精神气质概括为一种认识到某种"界限"的态度。在他看来,批判乃是由"对界限的分析与反思构成的"[10],虽然对他而言,今天批判的实践面临的是与康德不同的界限问题,也就是说,康德所要划定的是经验科学的认识界限——现象世界,而福柯所要辨明的则是批判实践的界限——"它不再是寻求具有普遍价值的正式结构,而是对一些事件的历史性探讨"[11]。这意味着批判的目标不是去制造形而上学,不是去寻求确认一切认识的、道德行为的普遍结构,而是去质询将我们的思想与行为同历史事件连接起来的那些话语的具体实例。

福柯所说的这种批判的实践,意指自己的"谱系学"与"考古学"的研究方式。他指出,谱系学是在"构思"的意义上的,而考古学则是"方法"意义上的。之所以如此,是因为谱系学的方法乃是一种"能够阐明知识、话语、客体领域等事物之构成的一种历史形式,它无需参照某个主体,不管这个主体超越了事件场,还是顶着空洞的自体贯穿于历史"[12]。它着重于把握事物之间的关系,主要是权力与知识、主体、自我之间的关系,具体说来,即权力之网对于知识、真理、主体的支配、控制关系,而不是像以往的主体哲学那样,需要依据某种先验的"主体"概念,以之作为根本的参照系来把握知识、真理与主体等。

与谱系学不同,考古学方法的特征在于:其一,它是历史的,设法得出的是使我们的所思、所说、所做都作为"历史事件"来得到陈述的那些话语;其二,它是探求规则的,以类似于康德问题(纯粹数学、自然科学何以可能等)的方式,旨在探究知识得以可能的条件,即支配我们思想和话语实践的各种产生法则和转换法则是什么,虽然这些法则属于"知识的积极无意识"的东西,我们未必意识到它们的存在。在这方面,考古学的研究"并不设法得出整个认识的或整个可能的道德行为的普遍结构",而是设法得出作为历史事件而得到陈述的那些有关思想与行为的话语。[13]

不论是考古学还是谱系学,福柯声言他的这些研究方式所追求的目标完全是非形而上学的,或者说,他所持的是一种历史的、批判的态度,它属于实验性的,是通过现实来检验的。反之,假如想脱离当代的现实而去构想、制订出有关某种社会、思想、文化的整体方案,这种做法只会导致"最危险的传统的复辟"。[14]福柯的这些说法正是他自己的思想方式的理论总结。在他的学术研究生涯中,他确实是不作抽象的、整体性的思考的,如"人是什么"之类的形而上学问题,而是关注一些具体的有关人的事实,如性、监禁、疯癫等,以便从经验性、历史性的事实中得出有关人的真正认识。

通过对什么是启蒙、什么是现代性的反思,以及对康德与启蒙的批判精神的肯定,福柯最终的落脚点放在了对自己的哲学思考模式与质疑方法同启蒙精神、亦即现代性的"态度"的接续上。这使我们清楚地看到福柯本人有关现代性的评价立场,它与后现代主义的否定现代性的立场(如利奥塔将现代性视为一种"元叙事",而将后现代主义界定为"反元叙事")是不同的。从实际的情况看,福柯本人不仅没有介入有关现代性的论争中,而且还对思想界所提出的有关现代性的问题感到些许茫然和踌躇。因为他坦言自己从来都不很了解在法国"现代性"这个词到底讲的是什么东西,针对的是什么类型的问题,包含的是什么意义,并且也不知道"人们所说的后现代性是什么"[15],这些现代主义者与所谓的后现代主义者之间有什么异同。由此可见,福柯本人并不怎么关注后现代主义思潮及其后现代性理论。把他归入"后现代主义"的范畴,属于后人对福柯思想的诠释之所为,而并非福柯本人明确的意识指向。

二 "未崩溃的"现代性的合理性

1. 理性批判不可"讹诈"

关注与反思启蒙对当代哲学的重要意义,自然离不开对"理性"的性质及其历史作用的思考。在福柯看来,自 18 世纪以来哲学和批判思想的核心问题一直是、今天仍旧是、而且他相信将来依然是:我们所使用的这个理性究竟是什么? 它的历史后果是什么? 它的局限是什么? 危险又是什么? 在他看来,对"理性"进行反思,追问它的历史,包括它的走向成熟,使主体无需他人的监护,能够达成自律,并进而评价理性对世界的"统治",这样的追问与评价是在继续追随康德的"什么是启蒙"的问题。他并且认为,19 至 20 世纪的现代哲学在很大程度上是转向了康德的这一问题。

从总体立场上看,应当说福柯对理性持的是一种偏属"中庸"的态度,即反对对理性采取一种非此即彼的做法,既不作单纯的否定,也不作单纯的肯定。他称那种对理性采取非此即彼的极端态度是"讹诈":"人们经常讹诈整个理性批判或讹诈批判性的思考:要么接受理性,要么堕入非理性主义。"[16]因此,他一方面不赞成对理性持一种极端的否定态度,因为那种要把理性视为必须予以消灭的敌人的观点,是极端危险的;另一方面,他认为同样极端危险的是,把对理性进行任何批判性的意图,都视为会使我们陷入非理性的危险之中。

这里,我们先来看看福柯对理性的批评。这方面,他主要不满于理性的"专断",认为在 18 世纪的理性主义的"革命"理想中,理性扮演的是"专断"的角色:"理性,犹如专断的光芒。"[17]这种专断的表现,从福柯的有关论述中,我们可以看到它既表现在笛卡尔对事物进行普遍的怀疑中,独独把理性排除在怀疑的对象之外,把它看作一个自足、确定无疑的思维的基础与出发点;也表现在它对待非理性的压制态度上,尤其是在历史上对"疯人"所采取的不择手段的、乃至是很残忍的手段,包括"烧灼术、切口排液、制造表皮脓疮和注射疥疮液"等;并且在现今还表现在以理性为标榜的西方文化、科学和社会组织,要求在世界范围内取得普遍有效性。

2. 合理性的问题与"代价"

不过,虽然福柯对理性的专断、对它的压制非理性有着尖锐的批评,但从根本上说他似乎还是对理性持一种肯定态度的,这集中表现在他肯定理性所具有的"自我创造"性,以及由此产生的体现在科学文化、技术装备、政治组织等方面的"合理性"形式,即从理论到实践、从观念到制度的各种各样的建立、各种各样的创造、各种各样的变革。"正是通过它们才产生了这样那样的合理性。"[18]他明确表示自己所感兴趣的正是这些合理性的形式,因为它们体现了人类对于自身的关注。为此,他一直致力于对这类合理性形式的分析。他认为,从韦伯到哈贝马斯,不断被反复提出的是如下这些相同的问题:"理性的历史是什么?理性的统治是什么?理性的统治通过哪些不同的形式起作用?"[19]而这些问题归根到底就是关于在政治、社会与文化各领域的治理的合理性的问题,因此"问题的关键在于明确合理性的形式,使合理性的形式占据统治地位"[20]。他认为,现代社会的这些合理性形式,在某一确定时期,如我们所处的时代,支配着知识的类型、技术的形式和政权统治模式。因此可以说,"在这些领域的运转中,合理性的地位是很重要的"[21]。

针对一些否定现代性的合理性形式,认为它们在知识的类型、技术的形式和政权统治这些领域中正在崩溃和消失的观点,福柯明确给予批驳。他宣称自己看不到有这样的消失,并且也看不出有任何理由来支持这样的论调。相反,他断言现代性的这些合理性形式并没有崩溃和消失,而是通过一些变革,使新的合理性不断地产生。针对后现代主义的一种流传甚广的说法——理性与现代性是一个叙事,但现在已经结束,另一种叙事将代之而起——福柯声言这样的主张是"没有意义的"。[22]

在对合理性的分析中,福柯声称他所努力要摆脱其影响的,有这么两种模式,一是现象学的,它认定存在着一个理性的本质的基础和计划,断言现实中人们由于对此有所遗忘,因此才发生了对这种理性本质的基础和计划的背离。另一是马克思主义与卢卡奇的,它们肯定合理性的存在,并把它等同于理性本身的形式,但同时认为由于资本主义环境的影响,使得合理性产生了危机,最终造成了合理性的遗忘和非理性的堕落。

福柯并不赞成这两种他所谓的有关合理性的解释模式,在这方面,他为自己提出的问题是:"人类主体怎样使自身成为知识之可能的对象,通过哪些合理性形式,通过哪些历史条件,以及最后,付出了什么代价?"[23]具体说来,福柯尝试去分析的有关合理性的问题域,其一是"疯癫"的问题,是什么导致了理性对疯癫的统治,使得疯癫者只能生活在沉默之中;人们怎样才能说出生病(疯癫)的主体的真实,或者说,疯癫的主体的真实性何在? 其二是有关话语主体、知识的主体的真实性问题,他们是先于语言而存在的、构成语言所有意义的本源,或者本身仅仅是话语"构成规则"的条件的产物? 其三是关于罪犯与惩罚的问题,自我之所以成为犯罪主体的真实原因是什么? 最后,还有性的问题的研究,在性成为社会对主体进行规训化控制的一个工具之后,主体怎样才能说出关于自我作为性快感主体的真实?

在对上述问题作出自己的解答时,福柯的合理性理论表现出如下的一些特点。

首先,福柯强调制度性的因素在合理性问题上的影响。在提出这样的问题:"通过什么代价主体才可以说出关于自我的真实,又通过什么代价主体才可以说出关于自我之作为疯子的真实"之后,福柯紧接着指出:"在所有这些复杂的、重叠着的东西中,您可以看到一种制度的游戏:阶级关系、职业矛盾、知识模式乃至整个历史以及主体和理性都参加了进来。"[24]也就是说,在他的研究所涉及的规训与惩罚、知识与权力、自我与性等问题域,其合理性问题在根本上都是属于制度方面的游戏。不过,福柯这里所使用的"制度"一语是广义上的,它除了包括通常所指涉的阶级关系之外,还包括"知识模式"等方面的内容。

其次,是突出合理性概念与权力的关系。"权力"是福柯现代性理论的一个聚焦点。不论是研究"现代主体的系谱学",还是研究现代的"规训社会",福柯把各种各样的自我、性、知识、惩罚、规训等现象,都归结为"权力"运作的产物,把形形色色的社会控制都还原为权力的功能。他断言,在人文科学里,所有门类的知识的发展都与权力的实施密不可分,并且当社会变成科学研究的对象,人类行为变成供人分析和解决的问题时,这一切都与权力的机制有关,甚至人文科学在他看来也是伴随着权力的机制一道产生的。同理,在合理性问题上,福柯一样强调合理性形式与运转着的包括统治、知识和技术等权力形式是互相关联的,在这里存在着合理性形式与权力形式这"两种形式的交换、传导、迁移和相互影响"[25]。他指出,有关权力对某种类型的合理性产生影响的问题,在西方自 16 世纪以来,特别是在当代的法兰克福学派的哲学家那里,人们就对这种合理性进行了广泛而持久的思考。而对他本人而言,福柯明言在思考诸如"主体如何能够说出关于自身的真实"这样的问题时,"权力关系是我试图分析的诸联系中的决定性要素"。[26]

再次,福柯在合理性问题上注意到的是它与偶然性的关系,是在偶然之中来把握必然性。他认为,在合理性问题上可以求助于历史,但这是在一定限度的范围内才有意义的。因为,历史的作用在于表明正存在着的东西在过去并不总是存在,这意味着"事件总是在碰撞和偶然的汇合处、在脆弱的不确定的历史线条上出现的"。因此,合理性是在"这张偶然之网上浮现出来的",但这并不意味着合理性形式是非理性的,相反,合理性形式是以人类实践和人类历史为基座的。各种不同的合理性形式是通过偶然的事件而展现出来的,不过它们最终又表现为一种必然性的形式。这里,福柯对必然与偶然的关系的看法,颇有黑格尔的辩证哲学的味道。

最后,是合理性的代价问题。在上述有关合理性的论域中,福柯经常提及的是合理性的"代价"问题,这表明了他对这一问题的关注。这里"代价"的意思是,在理性的历史上,人类对这些论域的合理性的认识与把握是经历了曲折与错误的,这包括错误地对待实际上是心理病人的疯子,在古典时期甚至把他们与罪犯一起监禁,等等。用福柯的话来说,"这个代价是使疯子成为绝对的他者,它不光是理论上的代价,而且还是制度上的代价乃至经济上的代价。例如建立精神病学以确定疯子"[27]。这里所谓的"他者",指的是与理性相对立的东西,即理性的对立物,包括"非理性"等。

与福柯的理论思考的总体风格相一致,在合理性问题上,他给出的更多是质疑、揭露、批判,而不是正面地回答某一领域中的合理性是什么。这意味着福柯通过解释相关的合理性在历史上付出的代价,为人们留下的更多地是对建立有关论域上的合理性的思考。似乎可以作出这么一个比方:福柯是一个善于诊断的医生,但却不精于治疗。

三 规训的现代社会

启蒙运动的价值追求,是建立一个自由与理性的社会,但究其结果,现代社会是否达到了这样的目标,它在本质上是否成为一个自由的社会,还是人们依然处于各种权力的控制之下? 这是一个福柯力图予以审视的问题。他通过对疯癫、惩罚和性的历史分析,对现代社会制度研究的结果表明,现代社会乃是一个以管制和控制为唯一目标的"规训"的社会。所谓"规训"(discipline),其本意兼有纪律、训练、惩罚等诸种含义,福柯用以特指一类技术方法或手段,它们是使肉体运作的微妙控制成为可能的,使肉体的种种力量永久服从的,并施于这些力量一种温驯而有用关系的方法。规训的结果是产生服从社会规范而又熟练的肉体,驯服的肉体。

1."权力无所不在"

现代社会如何通过规训的技术来达到控制的目的,对于这一点我们可以从福柯对监狱、性、知识话语的分析中看出。这里可以预先指出的是,福柯这方面的研究是通过展现"权力"在其中所起的普遍作用,亦即通过揭示"权力无所不在"的现象来进行论证的。这里,福柯所谓的"权力",指的并不是通常政治学意义上的在一个国家里保证公民服从的一系列机构与机器,即"政权",也不是指由某一分子或团体对另一分子或团体实行的一般统治体系。这些在福柯看来,乃是权力的"最终形式"。[28]而他所使用的"权力"概念,特指某种"众多的力的关系,这些关系存在于它们发生作用的那个领域"[29],这些他所谓的"任意两点之间"都会发生的权力关系,概指广泛意义上的统治者与被统治者的关系,它们存在于包括家庭、学校与团体之中。也就是说,福柯把权力视为一张广泛存在、普遍地发挥着作用的关系之网,它们构成自己特定的"有机体",有着自己在斗争与对抗中所产生与变化的规律,有着自己赖以发挥作用的"战略"。作为一张这样的权力之网,权力是无所不在的。"这并非因为它拥有将一切会聚在它的不可战胜的一致之下的特权,而是因为它随时随地都会产生,或者,更明确地说,在任意两点的关系中都会产生权力。权力无所不在,并不是因为它包含一切,而是因为它来自一切方面。"[30]权力就像一架包罗万象的机器,任何人都无法逃脱它。

福柯所谓的这种现代权力,与此前的权力观的不同之处在于,它是微观的、持续的、网状覆盖的,并且是生产性的,而不是压制性的。"权力在生产,它生产现实,它生产对象领域和真理仪式。"[31]权力的这种生产是通过性话语、知识话语、道德话语等规训手段进行的,产生的是对现有社会与道德规范的认同与服从,产生的是顺从的人格与肉体,而不是相反的统治与压迫。

这里,福柯的权力观的一个独创之处,在于它把权力与知识密切地联系起来,提出了著名的"权力—知识"的命题。在他看来,权力的机制在历史上从未得到深入的研究,而且出于人道主义的传统,人们接受了错误的观点,将知识与权力对立起来，似乎一旦有了权力，就不再有知识：权力使人疯狂，统治者都是瞎子。然而，福柯声言，权力与知识这二者其实是一个整体，"权力的行使不断地创造知识，而反过来，知识也带了权力"[32]。

按照这样的知识—权力观，现代的规训制度借助于一系列有关规训的知识与技术，并由之得到发展，包括各种各样运用于监狱、医院和学校中的进行监视和控制的"微型技术"，它们使权力的运用深入到了社会有机体的最细微的末端。现代的规训社会因此主要是从始于18世纪晚期的"规训制度"（disciplinary institutions）中发展起来的，并且它是以逐渐的、局部的方式，而不是自上而下强加的。

2. 实行规训的"技术"

福柯提到的这类"微型技术"中，比较重要的有"盯视"（the gaze），它是管理者通过可见的手段来监管所辖居民的一种权力技术，其目的在于对居民进行可以看得见的监视和控制。它又可以分为两类，一类是"概览式"的，另一类是"分门别类式"的。

"概览式"的范例是监狱中用以有效监视犯人的"全景敞视建筑"，福柯把它作为一个体现了现代规训的"全新的社会"的典型加以论说。它的一个特定外形是在中央建一座瞭望塔的环形监狱，从塔里守卫人员可以看到里头的所有囚室，从而随时能够观看、辨认犯人们的一举一动。这样的建筑从设计、结构到功能上都体现了知识、技术和权力之间的联系。监管者的目的加上设计者的专业知识造就了这样的理想建筑，它使监管拥有便利的技术，监管者能够方便地收集被监管者的各种信息。此外，它使权力融合进这样一座建筑的结构本身之中，仅仅是该结构本身就可以约束犯人，只要其中存在着监管者在场的可能性。而且更进一步地，它给犯人造成一种精神上的紧张和压力，因为他们的行为哪怕还未发生，也已可能随时受到干预。

在福柯看来，这样的监狱乃是现代社会的一个生动象征、一个微缩的严酷模型。它体现了现代权力的最根本的规训特征，因此是一种"彻底的规训机构",一种典型的监禁体系。他并且认为,社会的其他机构都不过是以它为模式建立起来的,不管是在收容所、医院、监狱还是在为人们所赞许的学校,被规训的社会都在对人们实施着控制,整个社会机体也由此形成了完整的监视网络。于是,在现代的规训社会中,每个个体都处于这个无处不在的监狱之城的网罩之下,处于这个巨大的监狱所固有的规训权力的持续与耐心的改造之中。规训制度的普遍化,全景敞视主义的监视技术对我们日常生活的彻底入侵,这是福柯对现代社会的规训与控制性质所作出的两个基本论断。

福柯还从对性话语、性经验的研究中继续他对规训社会的描绘。在人们一般的观感中,"性"乃是个人最隐私之处,因而也是最为远离权力与规训的地方。然而福柯通过对性史的研究要向人们揭示的是,性欲也是通过权力关系来表现,也是为社会所规训、所控制的,它表现为一个"有关人类性的话语的权力—认知—快感系统"。性是"权力关系尤其强烈的转移点"。[33]他指出,随着维多利亚时代的到来,掌权者对性给予了极大的关注,不仅试图分析和研究性,而且还试图通过使性和性话语成为某种可以治理的东西,来获得对它们的控制。那些由于人口增长而带来的经济和政治问题,如生育率、结婚年龄、避孕法,乃至当今的性解放、同性恋等,这些问题的中心可以说就是性的问题。而社会也由此"在它之上结成了话语、专门知识、分析与禁令纵横交错的网"[34]。不论是医学检查、精神分析调查还是家庭控制,都可以被看作权力对性的运用。

权力对性的规训与控制,福柯举出一些事例加以阐明。这里我们引用其中的两个。首先是人口方面的。福柯写道,18世纪权力技巧的一项重大改进,便是"人口"作为一个经济与政治问题凸显出来。人口意味着人力或劳动力,从而意味着财富。而"处于人口这一政治与经济问题中心的,便是性"[35]。这样,围绕着"性"这一中心,便有关于出生率、结婚年龄、合法生育与非法生育、未婚同居等的种种分析,由此产生一整套关于相关性问题的考察结果的话语,出现了对性行为及其后果的分析,并最终依此来建立一些规则律令,以便对出生率的增长采取要么鼓励、要么抑制的措施。由此整个人口的性行为就既成为分析的对象,同时又是干预的对象。

其次是儿童的性问题。福柯认为,这方面的情形也大体一样。以18世纪的情况为例,在学校方面,对儿童的性意识的规训表现为采取各种规定与防范措施、惩戒与义务条例,等等。学校因此可以说从来没有停止过对性的一再强调。它们从课堂的空间、桌子的形状、娱乐课的安排、宿舍的分布(有无隔墙、有无隔帘等等)、休息睡觉时间的巡视条例等种种方面,不厌其烦地关涉着儿童的性问题。在社会方面,医生们不仅为教育机构的董事和教师提供咨询,而且将自己的看法告诉学生家长,教育者们制订出有关的规划,并递交当局审阅,等等。总之,围绕着学童和他们的性问题,社会"繁衍着一整套戒律、观点、评论、医学忠告、医院病案、改革纲领以及建立理想学校的计划",等等。教育者、医生、牧师、家长都谈论着儿童的性问题,包括与儿童本身直接谈论他们的性问题,这使得孩童们自己也谈性的话题,这就"把他们裹入了一个话语网,这网有时直接跟他们谈,有时谈论他们或者强迫他们接受点点滴滴正经规范的知识,或者利用这点点滴滴正经的知识作为基础,去教给他们一种对他们来说根本无法理解的科学——所有这些使我们能够将权力干涉的强化与话语的增殖联系起来"[36]。这也就是说,社会关于儿童的性的知识话语越多,它对儿童这方面进行的权力干涉也就越加强化,规训也就越加彻底。

福柯并且总结出权力对性的控制关系的一些特征。首先它们之间是一种"否定的关系",如抛弃、排斥、阻碍等等。一涉及性与快感,权力只会说"这绝不允许"。其次是"对法规的坚持",这表现为权力总是让性按它的指令行事,它为性制定法规、秩序,并通过法规起作用。再来是"禁令的循环",对于性,权力只会用禁令,它的目的是让性否定自己。要么你否定自己,要么遭受被压制的惩罚。此外,福柯提到的还有"检查机制的逻辑"、"手段的一致性"这两个特征,前者指明权力对性的禁令所采取的三种形式:不允许发生、防止人们谈论,以及否认它的存在;后者说的是权力对性的征服总是采用相同的方法:它根据法律、禁忌和检查作用的机制行事。总之,"权力使被它主宰的事物只能做权力允许做的事情"[37],这就是权力对性的规训与控制的最终目的与结果。

四 权力造就的主体

1."主体是在奴役和支配中建立起来的"

福柯在性方面的关注焦点是权力—知识在现代主体中的内化。如果说福柯对监狱的规训、控制作用的分析意在表明权力如何从外部塑造了主体,那么他对性的关注焦点则在于权力—知识在现代主体中的内化,亦即权力如何从内部产生自我,形成有关主体的意识。这表明了福柯力图摆脱西方近现代的主体哲学模式,意欲揭示另一种关于主体的学说,不是把主体视为笛卡尔意义上的独立自足、自我决定的主体,本然或天生的主体,而是看作由权力所造就、生成的结果。对此,福柯写道:"首先,我相信不存在独立自主、无处不在的普遍形式的主体。我对那样一种主体观持怀疑甚至敌对的态度。正相反,我认为主体是在被奴役和支配中建立起来的;或者,像古代那样的情形,通过解放和自由的实践,当然这是建立在一系列的特定文化氛围中的规则、样式和虚构的基础之上。"[38]他并且分析了"主体"一词所具有的两种含义——"受别人控制并依赖别人,通过意识和自我认识而与他自己的身份联系起来",认为这"两种含义都暗示了某种征服和使屈从的权力"。因此,他断言,正是某种权力使个人成为主体。

福柯权力论的一个突出特点,是极大地扩展了权力的概念,尤其是把它从政治领域扩展到社会生活领域。在论述权力在社会生活领域中的作用时,福柯的一个基本思想是强调权力并非单纯压制性的力量,而是比这复杂得多,尤其他实际上是生产性的。"我在研究疯癫和监狱时,发现一切事物似乎都围绕着这样一个核心:什么是权力。或者说得更明确些,权力是如何实施的。……在本世纪60年代,往往把权力定义为一种遏制性的力量:根据当时流行的说法,权力就是禁止或阻止人们做某事。据我看来,权力应该比这个要复杂得多。"[39]这种复杂性的一个重要表现,就是权力是生产性的,它能够创造现实,创造对象的领域,包括能够按照自己的意愿来对主体进行规训和控制,从而产生所需要的、驯服的主体。

不过,权力发挥这种生产性的作用的方式并不是直接的,而是通过话语来表达、进行的。这方面福柯的一个基本思想是,权力并不在话语之外,而是透过话语而运作的某种东西,话语本身是权力关系中的一个策略因素。因此权力是通过与道德话语、知识话语相结合,通过对主体的规训来造就它所意愿的主体的。这种规训本质上是在追求"真理"的名义下进行的,即关系到"人是什么、人做什么、人能够做什么"这样的真理问题,这些问题对于人作为一个道德主体来说无疑是具有核心意义的问题。而在福柯看来,除非通过真理的产生,否则权力是无法实施的。反过来,从另一方面看,则"真理无疑也是一种权力"[40]。权力与真理相结合,以真理的名义出现,这应当说是知识与权力相结合所采取的最为堂皇冠冕的形式。

从道德方面讲,福柯认为古代与近代的西方伦理在追求的方向上是不同的。古代的道德努力把人们的生活塑造成一种个人的艺术,因此那种成为道德主体的愿望,那种对伦理的追求,主要是为了证实人的自由,即使他们仍然需要服从某种集体性的准则。这种道德的追求赋予人们一种生活的形式,人们也依据这种形式来认识自己。而对基督教来说,因为要受到基督教文本、上帝意愿以及服从原则的制约,所以道德越来越呈现出规范法则的形式。这样,按照福柯的看法,西方社会在道德伦理的追求上,从古代到基督教时代,表现为这么一个变化的过程,从追求个人伦理的道德发展为对系统法则的服从。这个变化,对于福柯有关社会规训的解释来说,是一个相应的强化的过程。

2. 权力造就主体的方式

在福柯对"忏悔"行为的分析中,我们可以具体看到权力是如何与道德话语相结合,来造就某种主体的。忏悔是基督教特有的一种仪式。福柯论述道,它是一种话语仪式,在这种仪式中,说话的主体同时又是所说话的主题;它同时又是在权力关系之中展开的仪式,因为不当着听取者的面,谁也不会去坦白忏悔。这听取者不光是带着耳朵听听而已,而是一个权威,扮演着"真理的主人"的角色,来对忏悔者的话语进行诠释。他需要忏悔者坦白,规定忏悔者要坦白,通过强制性的手段使之彻底说出个人的隐秘,并不断介入这一忏悔过程,进行评价、裁判、惩罚、谅解和安慰,行使自身的权力,按照自己的诠释来构建"真理的话语",为忏悔者涤罪,使他从负罪的重负中释放出来,给他灵魂得救的希望。于是,忏悔者就经由导引者所点拨的路子前行,在对良心的指导与自我的检讨中,在精神的聚合与对上帝之爱的追求之中,"经验体会的强化一直延展到他们的肉体,并通过伴随着的话语使效果达到极致"[41]。可以想像,在这种忏悔仪式的反复熏陶中,基督教的道德法则系统是如何内化到心灵与肉体之中,从而影响、塑造着一个使自身不断纳入宗教以及社会的道德法则系统的主体。福柯因而断言:"西方人早已成为坦白的忏悔的动物。"[42]

这样,忏悔术一方面是权力施展作用的一种方式,同时也是规训与造就主体的过程。按照导引者的权力话语的引导,忏悔者一步步地接受着什么是道德的、人应当做什么的规范,改变着自己的道德观念,乃至洗心革面、脱胎换骨。根据福柯的看法,随着新教、反改革运动、18世纪的教育、19世纪的医学等等的兴起,忏悔摆脱其仪式的、排他的局限性,广泛散播了开来,被运用于一系列的关系之中:子女与父母、学生与教师、病人与精神病医师、犯法者与法律专家等,并且所采取的方式也发生了变化,包括询问、咨询、自叙、信件等方式,主体规训的手段也由此得到了大范围的扩展与延伸。

与主体并非天然生成的、而是被权力所造就的思想相联系,福柯同样对主体哲学的"人"的观念进行解构。在这种主体哲学中,人是理性的、独立自决的,是万物的准绳、至上的目的,是一切自然围之运转的中心。但在福柯看来,这种"人"的观念,不过是欧洲近期的一个产物:"人是一个最近的发明"。在 18 世纪末以前,所谓的"人"是不存在的。在此之前的古典时期,人,作为一个最初的现实,作为独立自主的对象,并没有地位。针对于此,福柯提出的问题是,人作为一种生物早已存在,为什么只有到了 18 世纪末、19世纪初哲学人类学意义上的"人"才出现?"人"是怎样被构造为知识的主体和客体的?并且今天它为什么面临消失的命运?

福柯认为,之所以有这种"人"的观念,是"人道主义"思想所造成的结果。自 17 世纪以来,人道主义始终都以某种特定的人的概念作为基础,并且为人们所追求的人的观念作出辩护与论证。这里,"所谓人道主义,我指的是总体话语"[43]。而主体理论则是人道主义的"核心"。作为一种总体话语,它提供的是抽象的、自足的、理性的"人"的观念。然而,实际上人是处于具体的社会、道德与权力关系之中的,尤其是处于权力之网中。人并非是一座"孤岛"。处于权力之网中的人,也是处于被规训、控制的状态之中的,因此他乃是权力话语的代码所造就的某个范畴,而不是抽象、自足的人。

在消解这种人道主义的"人"的观念时,福柯刻意将"人道主义"与"启蒙运动精神"区别开来。他认为这两者是根本不同的,前者属于历史上发生的事件,是一个历史的过程,是西方社会在不同历史时代多次出现的、始终与价值判断相关联的一种"论题"或"论题的集合体",因此它有关人、人性与主体等方面的观念,经常被用来作为道德与社会批判的原则,因而它在某种意义上起着意识形态的作用。而启蒙运动则是"一个主题或者更是一组超越实践、在欧洲社会的一些场合一直重复出现的主题"[44]。有如我们在本章前面所讲到的,它是历史上发生的一组政治、经济和文化的事件,它所造就的精神,在福柯看来主要是一种"历史意识",一种质询、批判的精神,特别是一种认识到事物的某种"界限"的态度,即它不再寻求具有普遍价值的正式结构,不再像人道主义那样提供"总体性的话语",而是对一些事件进行历史性的探讨。

由于"人道主义"与"启蒙运动精神"的上述区别,因此福柯强调,将"人道主义"与"启蒙运动精神"混淆起来是危险的。特别是人道主义在欧洲有一些不同的派别,包括基督教的、存在主义的、人格主义的,甚至还包括马克思主义的。在福柯看来,至少在17世纪之后,所谓的人道主义一直依赖于从宗教、科学和政治学中借来的人的概念,正因为如此,所以"它是与具有自主权的我们自己的批判和永恒的创造的原则相反的"[45],而这样一种批判的、创造的原则,构成的正是启蒙所拥有的历史意识的核心。福柯既肯定启蒙的批判精神,就必然要反对这种缺乏独立性的人道主义。也正因为如此,所以他认为"启蒙与人道主义不是处于一种同一的状态,而是处于一种紧张的状态"[46]之中。他甚至认为如果将它们混淆起来,那将是危险的,因为有的人道主义,如16世纪的人道主义的编撰学,是反对启蒙的。因而,在对待启蒙与人道主义两者的关系上,福柯的结论是必须从将这两个问题混杂在一起的历史的和道德的混乱观念中逃离出来。

"人死了"是福柯继尼采说出"上帝死了"之后的又一惊世骇俗之语。他认为,人道主义意义上的"人"本来就属于一个"幻影",就像人道主义本身也只是在19世纪才出现一样;而在16至18世纪的文化中,"人根本没有任何位置。这期间的文化为上帝、世界、相似的物和空间的法则所占据,当然也少不了肉体、情感和想像。然而人本身完全没有出现"。[47]在福柯看来,"人"只是随着现代时期的生命科学、经济学和语言学的兴盛而产生的,同样,它也伴随着20世纪的精神分析理论、语言学和人类学等新学科的出现及其对"人"的新理解(人是欲望、无意识与语言的产物)而消亡。这意味着"人"与其他的认识概念一样,不过是在特定的时代与文化背景下所形成的观念。在早期(1966年)的一次访谈中,福柯甚至有这样的说法:"在'语言说话'的地方,人就不再存在。"[48]这就把"人"完全归结为受语言规则系统与知识话语所主宰、控制的产物。

在现代性问题的分析与批判上,福柯重要的是展现一种哲学的精神、一种方法论的启示。他充分肯定启蒙运动的质疑、批判的精神,强调哲学的"质疑"植根于启蒙中,强调能够维系我们与启蒙的纽带就在于激活启蒙的这种质疑、批判的"态度"与"气质"。福柯并且使用了"永久地激活"这样的字眼,着力突出了启蒙这一精神的永恒的意义。他告诫人们:"'启蒙'这一历史事件并没有使我们变成成年,而且,我们现在仍未成年。"[49]人类及其社会在本质上是属于历史的,它们现在仍然尚未成熟。在人们的观念、话语与行为中,仍有许多不合理的东西,这就使得人们需要通过我们自身的历史本体论,对我们之所说、所思、所做进行批判。这是人们为使自己能够作为自由的存在所必须进行的工作。在福柯看来,这样一种哲学的探讨方式,属于人们应有的哲学态度与哲学生活。

在方法论问题上,福柯哲学具有鲜明的特点。首先,作为思考的前提,他反对非此即彼的思想方式,这表现在对待启蒙的态度上,是反对对启蒙的"讹诈",对它既不作片面的肯定,也不作片面的否定,而是采取一种辩证的态度。其次,他拒绝总体性的思考,不去构造那种理论的大叙事,而是进入到知识、监禁、疯癫、性等微观、经验的层面,对具体的对象域作出考古学或谱系学的分析。这种分析或批判,在福柯看来,关键在于"对极限的分析和对界限的反思"[50]。这里的"极限"和"界限",指的是在普遍的、必然的、不可避免的东西中,区分出那些属于"个别的、偶然的、专断强制的成分"[51]。这在福柯的哲学活动中,表现为对知识、权力与伦理的一系列事件的历史性调查,其目的在于辨明上述这些必然与偶然之物的区别,指明"对于我们自身作为自主主体的建构来说并非必不可少的东西"[52]。把这样的思想延伸到现代性问题上,则意味着我们应当清除那些对于现代性来说并非合理的、因而也就是并非必不可少的东西,以便能够为现代性的一个基本价值——"自由"寻找一种"尽可能深远的新的原动力"。这是福柯反省启蒙与现代性所追求的目标,是他的哲学的一个企盼。

福柯的现代性理论着重于对合理性问题与现代社会的规训性质的研究。他由此发展出一种独创的"权力"理论,并以此为核心展现了一幅权力无所不在的现代社会画卷。作为近现代西方哲学出发点的自足的"主体"与"人"的观念也由此被解构。假如权力真是无所不在,包括处于知识与话语之中,并且人本身也是权力所造就的产物,那么作为现代性的核心价值之一的"自由"，就会受到应有的质疑：是否现代社会真正是一个"自由"的社会，人们在其中到底能够享受到多大程度的自由？

不过，虽然福柯就此提出的质疑是很有意义的，并且确实在知识、话语中也存在着权力的因素，但福柯的权力论给人的印象却是一种夸大的"泛权力论"。我们前面所列举的福柯的例证即可印证这一点。在有关儿童的性教育上，并非一切有关这方面问题的研究都应被归入权力控制的范畴，诸如"观点、评论、医学忠告、医院病案"等，必也是五花八门、观点各异，岂能说它们都展现为权力，都是某种权力话语？本来，话语与话语之间，就有着主流话语与非主流话语的区别，如果说主流话语能够压制非主流话语，这体现着权力的作用，那么非主流的、被压抑的话语，又怎能也泛泛地归入权力话语之列？因此，不加区别地谈论权力话语，只能说是一种"泛权力论"。

思考题

1. 福柯所认为的"现代性态度"是什么？
2. 福柯的"合理性"理论表现出哪些特点？
3. 福柯如何揭示现代社会通过规训的技术来达到控制的目的？
4. 福柯是如何论述权力造就主体的？

阅读书目

《福柯集》，杜小真编选，上海远东出版社，2003 年。

《权力的眼睛——福柯访谈录》，严锋译，上海人民出版社，1997 年。

哈贝马斯：《理性批判对人文科学的揭露：福柯》，载哈贝马斯《现代性的哲学话语》，曹卫东等译，译林出版社，2004 年。

注　释

〔1〕《福柯集》，杜小真编选，上海远东出版社，2003 年，第 542 页。

〔2〕福柯：《什么是启蒙》，载汪晖等主编的《文化与公共性》，北京：三联书店，1998

年,第437页。

〔3〕福柯:《康纪莱姆〈正常与病理〉一书引言》,载《福柯集》,第452页。

〔4〕福柯:《什么是启蒙》,载《文化与公共性》,第422页。

〔5〕同上书,第423页。

〔6〕同上书,第434页。

〔7〕福柯:《康纪莱姆〈正常与病理〉一书引言》,载《福柯集》,第451页。

〔8〕福柯:《什么是启蒙》,载《文化与公共性》,第430页。

〔9〕同上书,第441页。

〔10〕福柯:《什么是启蒙》,载《文化与公共性》,第437页。

〔11〕同上。

〔12〕《米歇尔·福柯访谈录》,载《福柯集》,第434—435页。

〔13〕同上书,第539—540页。

〔14〕福柯:《什么是启蒙》,载《文化与公共性》,第438页。

〔15〕《福柯集》"编选前言",第501页。

〔16〕福柯:《结构主义与后结构主义》,载《福柯集》,第494页。

〔17〕福柯:《康纪莱姆〈正常与病理〉一书引言》,载《福柯集》,第452页。

〔18〕福柯:《结构主义与后结构主义》,载《福柯集》,第495页。

〔19〕同上书,第492页。

〔20〕同上书,第494页。

〔21〕同上书,第502页。

〔22〕同上。

〔23〕同上书,第496页。

〔24〕同上。

〔25〕同上书,第505页。

〔26〕同上书,第506页。

〔27〕同上书,第496页。

〔28〕福柯:《求知之志》,载《福柯集》,第345页。

〔29〕同上。

〔30〕 同上。

〔31〕 福柯:《规训与惩罚》,转引自汪民安等编《福柯的面孔》,文化艺术出版社,第173页。

〔32〕 福柯:《关于监狱的对话》,载《福柯集》,第280页。

〔33〕 福柯:《性史》,张延琛等译,上海科学技术文献出版社,1989年,第12页。

〔34〕 同上书,第26页。

〔35〕 同上书,第24页。

〔36〕 同上书,第29页。

〔37〕 同上书,第83页。

〔38〕 《福柯访谈录:权力的眼睛》,严锋译,上海人民出版社,1997年,第19页。

〔39〕 同上书,第27页。

〔40〕 同上书,第32页。

〔41〕 福柯:《性史》,第71页。

〔42〕 同上书,第58页。

〔43〕 《福柯的面孔》,第155页。

〔44〕 福柯:《什么是启蒙》,载《文化与公共性》,第435页。

〔45〕 同上书,第436页。

〔46〕 同上书,第436页。

〔47〕 福柯:《人死了吗?》,载《福柯集》,第79页。

〔48〕 同上书,第82页。

〔49〕 同上书,第542页。

〔50〕 同上书,第539页。

〔51〕 同上。

〔52〕 同上书,第537页。

第十讲

利奥塔:现代性元叙事的解构

现代性与"元叙事"批判

知识与合法化问题

后现代的合法化模式及其悖谬逻辑

让-弗朗索瓦·利奥塔(Jean François Lyotard, 1924—1998),当代法国著名的哲学家。他在《后现代状况:关于知识的报告》一书中把"元叙事"视为"现代性的标志",把后现代定义为"不相信元叙事"[1],而使"合法性"及其根据问题成为现代性与后现代性之争的核心问题,从而也使自己成为后现代主义哲学理念的一个主要阐释者。

利奥塔是一个具有强烈使命感的哲学家,他始终关注社会的政治与文化现实,因此他的思想的一个显著特点,是对社会现实的关怀,特别是对 20世纪 60 年代法国社会运动与社会思潮的思考。利奥塔曾经认同过黑格尔的辩证法,信仰过马克思主义,但后来放弃了它们,认为历史的行程并非像黑格尔与马克思所描述的那样,是一个通过克服矛盾而最终达到和谐统一的过程。他宣称这种最终的统一只是一种幻想。在他看来,马克思主义已经无法解释变化了的西方社会现实,历史并不朝着马克思所预言的方向发展,因而马克思主义属于一种过时的语言。他认为西方文化的发展正在失去它的批判性,表现为一种屈从于现实的倾向,而他努力要重建的,正是文化的这种批判性。他的知识分子的使命感,使他在1968年法国"五月风暴"运动中所发出的呼声是,要将"批判、解构现行的制度"作为"我们的"任务。[2]而他所进行的思想与文化批判的结果,最终归结为在"后现代主义"的名义下对现代性与"元叙事"的批判。

一 现代性与"元叙事"批判

1. 现代性标志着一种"元叙事"

对于利奥塔来说,"现代性"并不是一个时间的概念,并不意味着某个历史时期,而只是标示着一种"状态"(mood)。它是一个与"后现代"相对的概念。在1979年为《仅仅是游戏》(*Just Gaming*)一书所补充的一个注释中,利奥塔明确写道:"不应在时间分期的意义上来理解后现代",所说的就是这个意思。

既然现代性是从"状态"的意义上理解的,那么它是一种什么样的状态呢?利奥塔对此给出的是一个很著名的解释,即现代性标志着一种"元叙事"。所谓元叙事,利奥塔又称"宏大叙事",它"确切地是指具有合法化功能的叙事"。[3]

这一有关元叙事的说法,涉及到的是某种能够给予所要辩护的对象以合法性功能的叙事,亦即某种形而上学的论说、理念等。这是因为,有如韦伯所指出的,"一切权力,甚至包括生活机会,都要求为自身辩护"[4]。元叙事就是这种为权力、制度、统治方式乃至生活机会辩护的形而上学话语形式,旨在用一种普遍原则统合不同的领域,形成某种普遍的思想意识与价值规范,从而为制度的认同与权力的运作提供合法性的基础。然而这种统合的结果,导致的是"总体性"的产生,是用一种强势话语来压制其他的弱势话语。利奥塔所列举的这类元叙事,包括自由、启蒙、精神辩证法、社会主义等。

"合法性"问题一般认为是由当代著名德国哲学家哈贝马斯所提出的。他认为,晚期资本主义社会之所以会产生合法性的问题,是由于国家干预经济领域,介入生产过程,从而负担起越来越社会化生产的公共费用的结果。这些费用需要通过税收来维持,然而如何征税、税收使用的轻重缓急次序以及行政运作本身等方面的问题,在由具有利益冲突的不同阶级所组成的社会里,很难形成某种共识,加上提供着"意义"解释、整合社会认同感的社会文化系统又与行政系统相分离,无法随时满足行政系统的要求,这就加剧了合法化的困境,并导致了合法化的危机。由此,哈贝马斯的结论是,晚期资本主义陷入了合法化困境,处于合法化危机之中。

可以看出,哈贝马斯是从社会学的层面提出合法化问题的。与此不同,利奥塔则把它上升到哲学的层面,探讨合法性的根据所在。具体说来,就是分别对于现代性与后现代性而言,它们的合法性来自于何种根源?

上面我们看到,利奥塔将现代性的合法性根据,归之于某些所谓的"元叙事",即一些形而上学理念,它们关涉到的主要是未来社会所要实现的目的。它们之所以能够具有合法性功能,是因为它们被认作是普遍适用的、对人类具有指导意义。这意味着具有目的与意义,同时又具有普遍性的价值理念,是现代性的合法性的根据。把握了这一点,对于理解后面所要论及的利奥塔为何要竭力反对普遍性(总体性),倡导差异性思维,有着直接的助益。

根据利奥塔的解释,是自由等理念赋予了现代性特有的形式:从事于某项由理念所导引的事业。这意味着在利奥塔的眼中,现代性属于一种黑格尔式的概念本质主义,先验的目的性理念构成其本质,规定着其行为指向。因此现代表现为这么一些目的性追求:追求理性与自由的进一步解放;在资本主义的背景下通过技术科学的进步来实现整个人类的富有;并且如果把基督教也包括在现代性之中的话,还有通过让灵魂皈依爱,以使人们得救的基督教叙事,等等。利奥塔认为,这类叙事理念的典型代表是黑格尔的思辨哲学,它把所有这些叙事一体化了(这可以理解为诸如"自由"属于辩证法观念自身的运动,因而是自我实现、自我解放的。自由、人类解放与辩证法融为一体,它们成为既是观念、又是实体本身的辩证法运动中的某个环节),因而成为思辨的现代性的凝聚。

利奥塔并且具体列举了在共和制中"解放"的叙事如何起着合法化的功能。他指出,共和制激发的是反思和判断,而不是信仰。既然不是信仰,所追求的目的性就并非不言而喻的了,而是需要论证其合法性,这使得它诉诸解放的宏大叙事。这一大叙事一方面发挥着神话一样的作用,把社会政治制度与实践、立法的形式、道德、思想形式和象征体系等予以合法化;但另一方面,它与神话又有不同,它把这种合法化建立在要实现的未来、也即要实现的理念上,而不是建立在一种类似上帝创世说那样的创生行为的基础上。一言以蔽之,元叙事以目的理念构成社会存在与发展的理由、根据,从而也扮演着赋予合法性功能的角色。我们可以用另一种话语来解释利奥塔有关元叙事的说法,就它所扮演的这一角色而言,它实际上就是一种意识形态和价值规范系统,其作用是为政治统治提供一种有效秩序的基础。

2. 现代性的"合法化"危机

利奥塔继而指出,由于现代性是由元叙事所引导,由它赋予合法性的,因此随着大叙事本身发生信任危机并走向衰落,现代性也产生了合法化丧失的问题,甚至导致整个现代性事业的毁灭。这是利奥塔的现代性批判所要给出的主要观点。

合法性的丧失集中表现为这两个方面。一是从科学和技术的发展看,就现实状况而言,它并未给人带来更大的自由、更多的公共教育或者更多的公平分配的财富。相反,它加重了人们对技术科学的发展能够为人类社会带来什么后果,能否使人类社会保持稳定的忧虑。这种忧虑既包括物质上的,同时也包括思想上和精神上的,因此这实际上是在瓦解着现代性的理念、理想,破坏着现代性;此外就衡量它是否"成功"的标准而言,技术科学本身也无法说明什么才是成功的,或者为什么成功是好的、公正的或真实的。既然它本身缺乏这类标准,这就使它实际上加快了合法性丧失的过程。

二是从欧洲所经历的政治现实看。利奥塔从 1792 年之后欧洲现代历史里的"合法性的源头"反思起,认定这是"民族"理念在起作用。在这段历史中,不同民族的人们不仅用争论、而且用战争来确立他们各自的民族理念。他认为,这就是为什么在 19 世纪和 20 世纪里,国内战争如此普遍,以及即使是国家之间的现代战争也总是国内战争的原因。这方面他作为典型例子经常提到的是德国法西斯屠杀犹太人的罪行,他强烈谴责这是"从生理上"来毁灭整个民族的罪行,并以"奥斯威辛"(德国法西斯在二战中设立的集中营)作为这种罪恶的代名词,作为"悲剧性地'未完成的'现代性的范式性名称"[5]。在利奥塔看来,"奥斯威辛"不但代表着现代性的合法性的丧失,甚至代表着现代性本身的"毁灭"与"清算"。

3."后现代就是不相信元叙事"

在利奥塔看来,伴随着大叙事的危机的产生,以及现代性的合法性之丧失的,是后现代主义思潮的兴起。"简言之,我认为后现代就是不相信元叙事。"利奥塔这一有关后现代的界定,直指对元叙事的怀疑,这印证的是他有关现代是一种"状态"概念的说法。从"合法性"的角度上审视,现代性与后现代性就显现出它们在状态上的区别,前者依赖于元叙事(普遍性的目的理念),后者则来自于自身的游戏活动,来自人们自己的语言实践与交流活动。正是由于游戏规则的不同,造成了它们的合法化规则的变化,进而造成了它们从思维方式到规范系统等状态的变化。

利奥塔并且对这种元叙事之所以产生危机、导致自身衰落的原因进行了分析。探本溯源,他认为这方面的真正原因在于知识的"非合法化"根源,以及这些 19 世纪的大叙事本身所具有的虚无主义因素。具体而言,它导源于思辨的活动本身所包含的与知识的含混关系。以黑格尔哲学为例,在那里知识仅当它们以"扬弃"的方式使自己上升到更高的阶段,并由此使自身得以合法化时,才成其为知识。由于这种思辨的活动是以上升到一个更高的阶段来证明其合法性的,因此这就意味着它是依靠压制处于下面阶段的知识为生的;同时这也意味着实证科学并不是一种知识的形式,因为实证知识无法进行这类"扬弃"式的证明自身合法性的运动。此外,指称性的话语(如生命有机体、化学性质、物理现象等等)在其合法性中,也并不知道它们所思考、所认知的东西。因此,黑格尔的思辨哲学蕴含着一种对实证知识的怀疑主义,就像他本人所承认的那样。

利奥塔进而指出这种思辨活动所遵循的游戏规则。他举这一思辨性命题为例:"一项科学的陈述,当且仅当它能够在普遍的发生过程中产生,才能够是知识。"这一陈述的合法性在于它预设了此过程的存在。思辨的语言游戏因此是以对这一过程存在的假设为前提的,离开了它,思辨的语言游戏便不再具有合法性。换言之,思辨的语言游戏是建立在人为的、假设性的前提之上的,既然这种前提本身的合法性都尚未得到确认,因此思辨的语言游戏的合法性当然是成问题的。

二 知识与合法化问题

既然现代性所奉行的语言游戏的规则不再具有合法性,因此一个问题自然随之发生,这就是,在元叙事衰亡之后,知识的合法性的安身之处何在?就此,利奥塔从对知识的性质、类别与功能,当代知识的状况,叙事知识与科学知识的语用学以及它们的合法化模式等方面入手,来探求知识的合法性问题。我们可以把这一探寻看作一个康德式的问题:知识的游戏规则何以可能?利奥塔正是试求通过指明知识规则得以成立的条件,来解构现代性的规则系统,进而确立后现代的游戏规则。

1. 后现代社会知识的性质及其合法性问题

利奥塔对当代知识状况的基本判断是,自从 20 世纪 50 年代后期西方社会进入后工业时代、文化进入后现代以来,知识的性质与状况已经改变。这一变化集中表现在如下几个方面。一是知识的信息化。以电子计算机运用为标志的信息技术正在迅速改变着知识的性质,使得只有将知识转化为批量的信息,才能够成为可以操作与运用的资料。二是知识的跨国化、国际化。伴随着通讯卫星(今天我们可以说还有互联网)的出现与使用,信息的传播与控制远远超出了民族国家的控制范围,由此产生了对这些信息的控制权力的问题。三是知识的商品化、"唯利化"。知识成为首要生产力,不过它不再只是以本身为最高目的,它的传播也不再是由于它本身的价值或重要性,而是由于它的货币化。这使得它以信息的商品形态出现,在知识的供应者与使用者之间表现为商品的生产者与消费者的供求关系。利奥塔认为,知识的这些性质,构成了后现代社会知识的本质。在他看来,在如今的电脑时代,知识的问题比以往任何时候都更加是一个统治的问题,

知识在性质上所发生的这些变化,使利奥塔引出了知识的合法性问题。虽然他同法国的另一位后现代主义哲学家福柯一样,在这一问题上将知识与权力联系起来,提出知识的合法性问题是一个"双重合法性"的问题,即知识的合法化与权力的合法化,但实际上他展开论述的只是知识的合法化本身的问题。他从两个方面对此加以论述。一是知识(包括叙事知识与科学知识)自身的合法性,即它是通过什么途径获得合法性的,是需要借助于某种外在的学说,如"元叙事",还是自身就具有合法性;二是知识如何能赋予社会存在(如社会规范、国家权力等)以合法性的问题。利奥塔意在通过对这两个问题的分析,以叙事的合法性危机为焦点,来论证"后现代"的到来,说明与之相伴随的知识与社会的游戏规则的转变。由此知识的合法性问题在利奥塔哲学中的核心地位凸现出来。

利奥塔对合法化问题的分析是从有关叙事知识的性质入手的,他通过

对叙事知识与科学知识的比较,来辨明它们各自的特征,并进而论述合法性问题的现状。这里,我们先来辨明什么是他心目中的"知识"概念。

在利奥塔那里,"知识"(knowledge)是个外延最大的"属"概念,它不仅包含求"真"的科学认识,而且包括形成"好"的规范的伦理知识,和关涉声音与视觉的感知的审美判断,以及称为"叙事"的知识。"学说"(learning)次之,是所有指称或描述对象的命题的集合,这些命题是可以被判定为真假的。"科学"(science)则是外延最小的"种"概念,属于"学说"的子集,它也是由指称命题所构成,不过在可接受性上附加了两个条件。一是它们所指涉的对象必须具有可重复性,另一是它们所使用的语言必须能够被确定为是否属于专家们认定为相关的语言。

在这三类知识中,利奥塔关注的是叙事知识与科学知识的性质及其合法性问题,尤其是前者,因为这关系到"元叙事"的合法化功能。即然利奥塔认为现代性的合法性是由叙事所赋予的,因此叙事的性质如何,它又是如何做到这一点的,就成了问题的关键。

叙事知识在利奥塔看来,不仅拥有收集、整理、传递故事,而且还有规定、评价和表达感情的内在功能,其中最突出的是它的臧否事件与历史、论说评判社会的功能,以及自立正当性、自我合法化的功能。他以卡希纳瓦人的民间叙事程式来论证这一点。一个卡希纳瓦人总是用同样的程式开始他的故事叙述:"下面是……故事,和我历来听到的一样。现在轮到我来给你们讲了,听吧。"他结束故事的程式也是一成不变的:"……故事在这儿结束了。给你们讲这个故事的人是……(卡希纳瓦人名),听故事的白人是……(西班牙人名或葡萄牙人名)。"[6]在这一不变的程式中,说者、听者与故事的对象(主人公)的身份得到了确定,它们都服从于叙事中的命名规则,并藉此被引入一个由名字所规定的文化世界,进入某种传统。

利奥塔指出,这里通行着一种在说者、听者与被谈论者(主人公)三方之间的语用学规则,它是由社群共同体、应用语言与行事的能力(在听、说与做事之间转换)以及社会环境这三种要素构成的游戏中产生的,具有一种自我合法化的性质,不需要任何特殊的程序来批准自己的叙事;也就是说,叙事来自于历史上形成的语言游戏的传承,叙述者因其从听者的角色转换过来而具有话语权和权威性,这样的角色转化代代相传,使得叙事无须论证与证明,在其传播的语用学中就能进行自我证明。叙事以这种方式"界定了有权在文化中自我言说、自我成形的东西,而且因为叙事也是这种文化的一部分,所以就通过这种方式使自己合法化了"[7]。这里,对于叙事的合法性来说,重要的是它的自立正当性的性质,话语权来自社群共同体内的文化继承,来自这一文化所默许的语言游戏及其语用学规则本身。它所传递的知识并非仅仅是为了陈述,这种具有自身合法性的叙事同时还具有传递立法、规范行为的作用,它确定着什么是人们应当说、应当听乃至应当做的东西。叙事也由此构成联结与约束社会共同体成员的一种纽带。

与叙事知识的语用学不同,科学知识遵循着另一种语用学规则,因此它的合法化也就呈现出不同的方式。这里我们先来看看利奥塔心目中的科学知识语用学是怎样的。

利奥塔这方面的论述由对科学陈述的结构与关系之分析入手。他以哥白尼的"行星的轨道是圆的"这一陈述为例,来剖析其中在说者、听者与所指称的对象三者之间蕴含的某种"紧张"关系,以说明这些关系实际上是一些有关科学陈述的可接受性的不同规定。这一可接受性的特征在于,不论是说者还是听者,也不论他们是提出自己的论断或是反驳某一命题,他们都必须给出相关的证明。这表明科学知识是论辩性的,需要以证据为基础,因此命题的真值是决定它的可接受性的标准。与此相关,所述的命题被假定为须得与它所指谓的对象相符合,如上述命题中作出的有关"行星的轨道"的论断,就得要符合它的实际对象。

在科学与叙事之间的关系上,利奥塔认为科学歧视叙事,把叙事归为另类,认为它们是野蛮的、原始的、未开化的、落后的,是由一些意见、习惯、权威、偏见、无知、意识形态等构成的,因而是一些仅仅适合于妇女与孩童的故事、神话或传说。科学家们质问叙事话语的有效性,并且得出结论说,它们从不属于论辩与证明之列。反之,叙事对于科学采取的是宽容的态度,把它看作叙事文化大家庭中的一种变体。它并不认为自己在知识的合法性问题上有什么优先性,而只是通过自身的传播运用来证明自己,并不诉之争论与学理的证明。

在此问题上,利奥塔所要指出的是,科学知识与叙事知识各有自己的判断标准,因此不能用单方的标准来判定另一方的知识的有效性。它们两者具有一种平行的关系,也就是说,科学知识并不比叙事来得必然;此外,它们都是由一些命题组成的,这些命题的提出都是由游戏者遵循既定的规则进行的,并且这些规则对于每一种特定的知识来说也都是特殊的,由此有关这些命题是否"好"的标准也就依类别而不同,除非是出于偶然。这样,利奥塔引出这部分分析的最终结论:我们不可能根据科学知识的标准来判定叙事知识的存在与有效性,反之亦然;它们各自的标准是不同的。

在合法化问题上,利奥塔论证了这么一个悖论:虽然科学贬抑叙事,但它又不得不求助于叙事来获得合法性。首先,科学无法依靠自身得以合法化,因为它追求的目标是真理,它的命题的可接受性是依其真值状况来判定的。这样,假如它想依靠自身来获得合法性,而不借助于叙事,它就将被迫自我假设,"这样它将陷入它所谴责的预期理由,即预先判断"中,这在科学本身所运用的论证方式上是不允许的。[8]科学需要依靠来自自身之外的经验事实的检验,通过争论与证明来得到证实,这使得它时时面临挑战,面对被"证伪"的危险。其次,科学毕竟不像叙事那样以其形成人们的观念、从而规范人们的行为而直接融于社会共同体之中;它形成了一种职业,带来了一些机构,这就产生了这些机构与社会的关系问题。科学从事的求"真"的研究及其职业机构偏离在那些共同形成社会纽带的语言游戏(包括政治的、哲学的、宗教的,等等)之外,因而只是社会结合的间接的构成因素。这些原因使得科学自从柏拉图以来,就一直借助于叙事来为自己提供合法性,而古代、中世纪和古典的伟大哲学中的部分论述,就是有关科学的合法化话语。例如在柏拉图的《对话集》中,科学语用学表现为如下的规则:对话者之间是相互平等的,辩论的唯一目的是达成共识("同构"),指称的单一性是对话者可能取得一致意见的保证。

2. 现代知识危机来自合法性原则的内在侵蚀

不过,在论述合法性问题时,利奥塔并非从单纯科学知识的层面上,而是从总的知识的层面上进行的。他关注的是在近现代社会中,知识是如何凭借元叙事来获得合法性;他并且把这种关注延伸到对时代精神、时代的思维方式的思考,由此有了对现代性的批判与对后现代思维方式的宣扬。

在利奥塔看来,知识所借助的元叙事有这么两种,即政治叙事(自由的叙事)和哲学叙事(思辨叙事)。自由的叙事属于政治性的,它将人类视为解放的英雄。按照这种模式,知识并不是在自身中、也不是通过实现某一主题的学说来找到合法化的根据,而是在一个实践的主体,即人类中来寻求这一根据。这是因为自我合法化的知识并不是激发起人民的各种运动的本源,相反,这一本源存在于自我建立或自我管理的自由之中。因此这种合法性模式所追求的目的并不是知识的自我合法化,而是一种自律性的自由,它也由此表现为一种解放的叙事。这里,利奥塔提到的自律性的自由,指的是卢梭从政治哲学层面上所论证的"公意"理论,以及后来康德进而从道德哲学层面加以深入论证的自由意志学说。

利奥塔指出,这种合法性模式通过意志的自律性,将优先性赋予完全不同种类的语言游戏,即康德称之为"道德命令"、而如今叫做社会规范或法规的东西,它体现在如同利奥塔所举的"必须摧毁迦太基"、"最低工资标准应定在 x 法郎"这样的例子里。这种合法性模式在指称性话语与规范性话语两者之中,注重的是对有关社会"正义"的规范性命题的合法化,而并不关心属于真理范畴的指称性命题(如"地球围绕太阳旋转")的合法化问题。这是由于实证性的指称性命题只能使我们知道事物"是"什么,以及了解执行某种规范时所处的现实,而不能使我们明白"应当"做什么、"应当"执行什么。然而,一个行动是否可能,与它是否公正并不是一回事。这样,知识的唯一的合法性就在于使道德成为现实。知识由此不再是主体，而只是服务于主体的工具；知识与社会、国家的关系，也变成手段同目的的关系。在这种合法性模式中，除了服务于由实践主体所设定的目的以外，知识并没有最终的合法性。

另一种思辨叙事的合法化模式属于哲学性的，它把合法性看作是来自于哲学义理层面，而不是国家与政治层面。这种模式对科学与社会、国家的关系的诠释，与第一种模式大为不同。利奥塔以当时德国的教育部长洪堡（Wihelm von Humbodt）关于教育与科学的思想为例，具体说明了这种"思辨叙事"主张的实质。洪堡的教育理念基于如下两方面的考虑。一方面，他宣称科学服从于它自身的法则，科学的机构与机制依据自身而存在并不断更新自己，不受任何约束与限定；但另一方面，他又主张，大学应当使学术适应于"国家之精神的与道德的训练"。在他看来，真正使国家、民族与全体人民感兴趣的并不是学术，而是品格与行为。这样，在利奥塔看来，洪堡面临着由两种不同的语言游戏所构成的大冲突——依据真理的标准来判断真假的指称性语言游戏，与支配着伦理、社会和政治实践的，以正义为准绳的规范性语言游戏之间的冲突。它类似于康德在科学认知与道德选择两者之间所陷入的冲突。然而对于洪堡的教育计划而言，这两种话语的统一又是必不可缺的，因为这一计划不仅包含着个人如何获得知识，而且也包含着培养出完全合法化的知识与社会主体。

寻求对这一冲突的解决，使洪堡诉诸于一种精神，它是由三重愿望所构成的。首先是科学活动方面的愿望：从某个本原的原理中推导出一切事物；其次是主导社会与道德实践的愿望：将所有事情都关联到某种理想；第三是有关科学活动与道德行为之统一的愿望：在一个单一的理念中实现上述科学原则与道德理想的统一。利奥塔指出，在洪堡那里，这一最终的综合构成了合法的主体。对洪堡所代表的叙事类型来说，知识的主体并非人民，而是"思辨的精神"。因为，如果没有思辨的精神，就没有创造性的科学能力。这种思辨精神不像在大革命后的法国那样体现在一个国家中，而是体现在一个思想的、精神的系统中。因此合法化的语言游戏不是政治国家性质的,而是哲学性质的。"思辨"是哲学的思辨,它是使科学话语合法化的叙事模式。它试图使诸学说恢复统一,就像黑格尔在他的《百科全书》中所希望实现的知识的整体化一样;而这是通过诉诸理性的叙事,即"元叙事"来进行的。这种德国唯心主义的合法化哲学求助于某种"第一原则",以之在主体生命的实现过程中同时建立起知识、社会与国家的根据。它首先由知识在自身中发现合法性,然后便有了资格来对国家与社会进行合法化。

以上利奥塔关于叙事知识与科学知识的性质以及它们的合法性问题的论述,目的在于指出传统的知识合法性原则目前所处的危机状况,以及解决这一危机的方式。他以海德格尔哲学为"一段不幸的插曲"来说明这类叙事所带来的灾难性后果。他写道,海德格尔为了使知识和知识机构合法化"而把种族和劳动的叙事放入精神的叙事中",亦即提出德意志民族是"历史精神的人民",这一主体的使命应当是提供三种服务:劳动、防御和知识。它的天职不是解放人类,而是创造自己"真正的精神世界",即"保存自己的土地力量和鲜血力量的最深沉的潜能"。利奥塔抨击海德格尔这种话语的结果是"双重不幸的",它本身既在理论上不一致,同时又足以在政治语境中找到灾难性的反响。[9]

总之,在利奥塔看来,不论合法化以往采取的是何种整合模式,也不论它采取的是"思辨叙事"或是"自由(解放)叙事",在当今的后工业社会与后现代文化中都处于一种"非合法化"的过程。也就是说,它们关于知识合法化的说法,都已经失去说服力,已不再为人们所相信。因此他宣称:"合法性丧失早已是现代性的一部分"[10]。他认为,这一"非合法化"过程是由合法化本身的需求所推动的,危机来自知识合法性原则的内在侵蚀。

首先,在"思辨叙事"方面,合法化规定采取的是一种形而上学的方式,它预先设定知识的普遍性原则,也就是说,假定一个科学的陈述仅当能够在普遍的生成变化过程中获得成立时,才算得上是知识。反之,关于经验对象的指称性话语,则被认为实际上够不上知识的资格。因此,单纯的经验科学知识,如关于某种生命机体、某种化学性质、某种物理现象等,都被认为不算是知识。在这种思辨叙事的典型代表黑格尔那里,经验实证的科学只有在纳入从正题、反题上升到合题的,处于生成过程中的思辨总体体系里,通过定位为其中的一个"环节",才能在总体性话语中获得其合法性。

然而,在利奥塔看来,从 19 世纪末开始,科学知识开始展露出的种种"危机",便是来自知识合法性原则的"内在侵蚀"。这一"非合法化"的过程的蔓延,解构了原先知识的百科全书式的巨网,使每门科学摆脱了思辨叙事的束缚。它带来的结果是,学科之间的传统界限受到质疑并被重新划分,学科之间出现了交叉与更换。一些学科消失了,一些交叉的学科出现了,新的学科领域由此得以生成。知识的思辨等级制被打破,它被一种类似"平面"的研究网络所代替,大学的体制发生了变动。过去的"院系"分裂为形形色色的研究所和基金会,大学成为传授知识与科学研究的场所,它已不复再有自己的思辨合法化功能。

其次,对另一种合法化程序,即起源于启蒙运动的自由(解放)叙事而言,这种知识合法性原则的"内在侵蚀"也同样发生着作用,只不过它所触及的是不同的方面。自由、解放叙事在合法化问题上的特殊之处,在于它把科学与真理的合法化建立在伦理、社会和政治实践中的对话者的自律基础上。在利奥塔看来,这种合法化的错谬之处是很明显的,因为它混淆了具有认知价值的指称性陈述与具有实践价值的规范性(命令性)陈述之间的差别,而这种差别关系到这两种陈述的权能问题,因而是本质性的差别。他写道,没有任何理由能够说明,如果一个描述现实状况的陈述是真的,那么另一个建立在它的基础上的规范性陈述就会是公正的,因为前者表现的是现实的存在状况,其命题是由区别"真"或"假"的标准支配的,后者则不仅取决于对接受者发出的命令的公正性,而且取决于它指令的行动的执行情况。这也就是说,它们分别属于不同用语的规则系统。例如,在"这扇门是关着的"(指称性陈述)与"打开这扇门"(命令性陈述)之间,就不存在任何命题逻辑上的前后件之间的联系。利奥塔这方面的论述,用大家所熟悉的休谟的话来说,就是从事物的"是"什么中推不出它的"应当"是什么或"应当"做什么;"是"属于认识的、事实的领域,而"应当"则属于道德的、规范的领域。

利奥塔进而从康德那里继续寻求理论上的支持。他认为康德划分理论理性与实践理性的做法,其结果是为了证明科学的语言游戏仅仅具有它自己的特定规则,因此并不具有监督道德实践与审美的语言游戏的天职。这样一来,科学游戏就被置于与其他游戏相同的地位。他指出,由此后现代性的一条重要规则也就得到了阐明:科学只能玩它自己的游戏,它并不能为其他游戏提供合法性。并且,更重要的是,科学甚至无法像思辨的叙事所假定的那样为自身提供合法性;同样,人文哲学也被迫放弃了它的合法化职责,因为一旦它想实施这样的功能,便立即陷于危机之中。

在指出了传统的知识合法性原则目前所处的危机状况及其根源,并对两种传统的合法化叙事模式进行解构之后,利奥塔进一步要指出的是知识合法性的来源。他认为,这种合法性只能来自人们自己的"语言实践与交流活动"[11]。而他对这方面问题的论述,是试图放在更为广阔的"后现代世界"的视野下进行的,其最终目的是要从知识的合法性问题中,引发出更广泛的有关整个现代社会的合法性这个政治问题,从而揭示出它所包含的思想基础、哲学方法论的危机,进而在后现代的合法化模式之下,展现一种后现代的思维逻辑。

三 后现代的合法化模式及其悖谬逻辑

1. 后现代合法化模式的基础:语言游戏

利奥塔有关后现代的合法化模式及其相关的后现代思维逻辑的论述,在《后现代状况》一书中是以维特根斯坦的语言游戏说为基础的。他在该书中以"方法:语言游戏"为题,点明了维特根斯坦的"语言游戏"概念对他解决合法化问题的指导作用。他认为,维特根斯坦用这一概念所要表示的是,不同类型的言语方式能够分别用一些指认它们的性质与用途的规则来定义,就像棋类游戏用规则来规定不同棋子的走法一样。他并且概括出维特根斯坦的语言游戏说的三个基本规定。首先,语言游戏的合法性只能是游戏者之间的契约的产物,不论这种契约是否是显然的;语言游戏的规则本身并不能使自己合法化。其次,没有规则就没有游戏,甚至每条规则的些微调整,都会导致游戏性质的改变;任何不符合规则的"走法"或言说的方式,都不属于已经定义的游戏。第三,每一种言说的方式都应当看作游戏中的一种"走法"(move)。利奥塔对维特根斯坦的这一语言游戏说、尤其是它有关合法性的说法给予高度的认同,甚至誉之为"后现代世界有关的一切"。[12]

利奥塔进而由语言游戏的这些基本规定中引申出如下两条原则。第一是方法的总体构成原则,即言语行为在游戏的意义上是属于竞争性的,"说话"好比棋赛中的一种"战斗",它通过运用语言技巧以及对语词意义的创新而获胜。利奥塔之所以把这作为第一原则,是与他对社会关系的认识相关的。他把"竞争"看作社会关系中的"决定性"问题,认为这是比哈贝马斯所强调的社会交往更为根本的。就此他写道:"我们所需要的不仅是交往理论,而且是一种将竞争视为根本原则的游戏理论。"在这方面,他由语言游戏的本质上升到对社会关系本质的认识,使它们两者在性质上一致起来,都遵循相同的哲学原则。

第二条原则是,可见的社会联系是由语言游戏的"走法"所构成的。利奥塔指出,这条原则乃是第一条原则的补充,不过却是主导他的分析的原则。他指出,对于这一命题的说明将会使我们进入社会关系问题的核心,即有关这种结合关系(契约)的合法性问题。他运用维特根斯坦的语言游戏说,把这种结合的本质,归结为"本身就是一种语言游戏,探问的游戏"[13],这意味着每个人不论作为说者、听者或是被谈论的对象,总是语言游戏的参与者,他们都处于交往之网的一个"网节",即特定的位置上。利奥塔形象地把人所处的这种交往关系比喻为"自我并不是一座孤岛"[14]。他在社会的结合、规范与语言游戏之间建立起一种类比的关系,认为可以观察到的社会结合如同语言游戏一样,都是类似于遵循规则来运作的棋局,它们就像下棋一样,都应按照一定的规则来运行。此外,他还进一步通过对叙事性质的分析,把社会规则解释为在约定中形成,并通过习俗、习惯而流传的东西。

把社会结合的本质解释为类似某种语言游戏,这除了主张它的约定性、规则性外,对于利奥塔来说,还有两个重要的方面:一是断言不同"游戏"之间的异质性、平等性;二是断言游戏判定的"无标准性"。在早期,他用"异教主义"概念来表达他这方面的观念:"什么构成了异教主义?它在于这一事实,即每个游戏是按其本来面目来玩的,这意味着它不把自己作为所有其他游戏的游戏或唯一真正的游戏。"[15]这就是说,每个游戏都有其自身存在的价值、地位与趣味,它既不把自己看成其他游戏的附庸,也不看作优越于其他游戏的东西。因此,异教主义便是接受这一事实,我们可以玩多种游戏。"不给其中任何一种游戏以特殊地位,不说:这是种好的游戏。这才是异教主义。"[16]此外,游戏之间的平等性还在于不存在判定的标准,"我们在无标准的状态下判定"[17]。既然不存在判定的标准,也就无从对游戏进行比较,自然也就谈不上游戏有优劣的问题,不论是在求真的科学认识、审美的艺术鉴赏还是追求公正的伦理判断上,利奥塔认为都是如此。这样的论说,不免使人感到有点"虚无主义"的意味。虽然后来利奥塔找到一个比较容易被接受、从而也更具影响力的"后现代"概念,来代替"异教主义",但他主张语言游戏的多元性、异质性、平等性的思想,却是始终如一的。

2. 后现代思维的"悖谬逻辑"

在明确提出"后现代"的概念之后,利奥塔进而用"悖谬逻辑"(paralogy)这一用语,来表达后现代的思维方式。他认为这种思维方式的根据在于科学知识本身所发生的巨大变化,尤其是在各门科学里面,曾被认为是自然的、不可违背的逻辑正在受到修改,悖论大量存在于数学、物理学、天体物理学和生理学的理论里面。这一"悖论"现象的大量存在及其对于逻辑与推理方式的影响,使得我们必须改变自己的思维方式。他宣称,现代的思维方式是以"普遍性"为准绳的,他举哈贝马斯的"普遍性代表知识的客观性和通行的规范的合法性"的说法为例,说明在这种现代思维方式中,合法化问题被定位在"普遍性"之中来解决。[18]利奥塔反其道而行之,断言各种语言游戏(包括科学探索的游戏)的目的不是要追求达到"专家的一致性",而是要寻求这种"悖谬";合法化是由这种悖谬逻辑所达成的,构成"后现代知识法则"的,并非专家的一致性,而是创新者的悖谬推理。[19]虽然有关这种逻辑的具体内容,他并没有给出专门的论述,但他在《后现代状况》的一个注释中所给出的一段话:"……有关开放体系的研究,局部决定论,反方法论——总之,一切我归之于悖谬逻辑名称之下的东西"[20],却大致勾画出了他心目中的悖谬逻辑的主要内容。

这里,"有关开放体系的研究",指"科学是一个开放系统的模式",以及与此紧密相关的语言游戏中不存在什么普遍的"元语言"、"元叙事",即不存在普遍的判定标准,不存在能够规定与评价科学研究及其学说的绝对真理或方法的思想。"局部决定论",指有关游戏规则的任何共识,以及在游戏中可以走出的任何"走法",都必须是局部的,只是在一定的时间与空间范围内有效的,或者说,都必须是当时的游戏者所同意并且是可以最终取消的。语言游戏元素的异质性,决定着许多不同的语言游戏的存在以及它们各自不同的规则。

"局部决定论"是反对"共识论"与"系统论"的一个替代物。这里的"共识论",针对的是哈贝马斯的理论。哈贝马斯把"共识"作为民主政治的合法性基础。他的"交往行为"理论的核心,是论证理性化的人们可以在一个理想的言谈环境中,通过自由、平等的对话,在交往过程中达成共识,以此来解决各种社会与政治的问题。不过在利奥塔看来,共识是达不到的目标,因为追求共识是与科学游戏的异质性相违背的。"共识只是科学探讨的一个特殊状态,而非其目的;相反,科学探讨的目的是寻求悖谬(paralogy)。"[21]即使科学研究是在某种共同的范式下进行的,企求趋向于稳定的目标,但却总是有人要动摇"理性"的秩序,也就是说,要为科学研究划定新的领域,要为科学解释增加新的规则。这种情况的出现并不意味着没有规则,而是表明它们总是在局部上被决定的。

在利奥塔那里,共识是与异识(difference)相对的。论证了共识是不可能达到的东西,他随之强调科学研究重要的是对异识的探求,并把它界定为语言游戏的目的。这种对异识的追求同时也构成科学发展的动力。在利奥塔看来,科学并不是借助于实证主义的操作性的"效率"而得到发展的;相反,它是通过寻求以及发现"反例"来取得进展的。

利奥塔并且把对"悖谬"与"异识"的追求推及到社会规范领域中去。他所提出的问题是:一个公正社会的规范的合法化,在类似于科学探究的"悖谬逻辑"的意义上是否可行? 他认为,社会的本质是竞争的,而控制论的信息理论恰恰忽略了这一关键。他从信息的角度对个人在社会中所处的竞争状况进行了刻画。作为社会的原子,每个人都处于语用关系的交汇之中,因信息的永恒流动而改变自己的位置。竞争的对手之间,好似棋盘中的一个个棋子,随着棋子的移动而发生位置的变化。这种改变不仅影响了他作为听者与所涉及对象的地位,而且也影响了他作为说者的地位。这些"移位"必然会激发"反移位",并且每个人知道,不能仅仅被动地作出反应,因为假如仅仅是那样的话,就处于被控制的状态,成了失败者。反之,只有进行竞争,才可能立于不败之地。因此,在理解社会关系上,我们所需要的并不仅仅是交往理论,而更重要的是以竞争为根本原则的游戏理论。这种悖谬逻辑还被利奥塔运用到历史领域。在他看来,历史的进步不仅基于对其目的理念的自由探索和目的理念的多元性,而且还在于其结局也是来自异质的目的性。他认为,假如要使历史仅仅追求单一的目的,那么其结果将是"充满凶兆"的,导致的必定是诸如希特勒法西斯"第三帝国"式的恐怖结果。

语言游戏的异质性,以及在规则的形成与采用上的局部决定论,这两个思想构成了利奥塔的悖谬逻辑的基本内涵。此外,"反方法论"也是这一悖谬逻辑的一个组成要素。他援引梅达瓦(P. W. Medawar)的论述说,并不存在任何科学方法,创生观念是科学家的最高成就。科学家同人们一样,不过是讲述一些故事。不同之处仅仅在于,他有责任去证实它们。

不论是规则的异质性、局部决定论，还是反方法论，总之，他的悖谬逻辑所反对的对象，是追求总体性、普遍性、确定性的哲学思想方法。利奥塔对这种总体性哲学的反对具有强烈的政治思想背景，其中最根本的是对"极权主义"政治的极度痛恨与猛烈批判。他甚至把黑格尔哲学视为极权主义与恐怖，把海德格尔哲学与纳粹主义联系起来。他指斥思辨的德国哲学传统乃是"神学的继承"，认为这一点构成德国哲学与法国哲学的"深刻区别"[22]，并指责海德格尔哲学关心的只是"个体的"存在，而在社会公正的重大问题上陷于麻木，这种麻木导致他对纳粹的"巨大不义的沉默，对奥斯威辛的沉默"[23]。在利奥塔看来，法国哲学走的则是另一种路向，"它首先是对集体存在、对它的理想、对从语言开始的达到这些理想的手段的反思"[24]。它承袭了那些属于"最极端的批判传统的成分"，持续进行着"对主体的哲学，还有清晰性或不证自明性、自由意志、交流、理性的可靠性概念进行了严格的批判"[25]，并通过不同的途径发展出自己的语言哲学与追求差异性的思维方式。按照利奥塔对法国哲学进程的这一诠释，德国的思辨哲学是属于现代的，法国的批判哲学是属于后现代的。而他自己的哲学秉承法国哲学的批判精神，关注集体的存在与社会的正义，致力于摧毁极权主义的总体性的哲学基础。为此他的哲学的奋斗目标，是"向总体性开战"，是"激活差异，拯救它的声名！"[26]以差异性哲学、悖谬逻辑取而代之。

利奥塔这种追求歧异的悖谬逻辑思想，在他 1988 年出版的名为《歧异：争辩中的话语》(*The differend : Phrases in Dispute*)[27]中得到进一步的发展。在那里，他试图提出一种"话语哲学"(philosophy of phrase)，用"话语体系"来替代原先作为他的后现代思想基础的"语言游戏"概念。这是因为，他认为维特根斯坦的语言游戏概念仍然潜藏着某个游戏者，某个主体；语言则被作为这一游戏者的工具箱，因而重蹈了西方人类中心主义的覆辙。反之，"话语"这一概念则意味着游戏者所处的位置是由话语来设定的，并且话语并不由任何的意向来左右，它的出现反倒是先于任何这样的意向。

在这本书中，他开宗明义地将"歧异"定义为"至少是双方之间的一种冲突,这种冲突由于缺乏适用于争论双方的评判规则而无法得到公平的解决。在争论的双方中,一方的合法性并不意味着另一方缺乏合法性"[28]。这意味着歧异的各方都具有自己的合法性,并且它们之间的歧异是不可解决的,因此语言游戏具有不可公度性。不同的语言游戏之间的冲突,无法以一种对双方都公平的方式加以解决。

利奥塔从一些不同的方面来论证话语的歧异性。这一方面表现在话语群(phrase regimen)与世界的对应关系上。每一不同的话语群都对应于一种表达世界的方式,例如,一个由认识的话语所表达的世界,与一个由感叹的话语所表达的世界是不同的。这种不同的根据在于,世界是由实例所处的不同方式及其相互关系所构成的。所谓实例,包括话语的意义、所指、它的说者与听者。在利奥塔看来,对于话语的意义而言,一个感叹话语的说出者所处的语境,与一个描述话语的说出者的语境,显然是不同的。同理,就其与命令发出者和所指的关系而言,一个命令语句的接收者与一个邀请或某些信息的接受者所处的语境也是不同的。由于话语群与世界的对应关系以及各种话语的语境的不同,因此我们既无法对不同的话语进行比较,也不存在把它们正确联系起来的方式。这样,利奥塔引出的结论是,话语群之间的异质性以及不可能使它们服从于一个共同的规则,就形成了话语的不可公度性。

此外,利奥塔还通过对"话语"的分析来证明它们的歧异存在的必然性。首先,话语之间存在着连接的必然性。某一话语必然唤起其他语,不论它们之间的连接是一致的或矛盾的。例如,从"门关上了"这一话语中能引出"当然,你认为门是怎样的",或"我知道,你们想把我锁在门里",再或"好吧,我不得不告诉你"等等这些话语。利奥塔认为,通过连接,前面那个话语的歧义就暴露出来了。因此,第二种必然性是话语之间相互争辩和显露分歧的必然性。如同例句所显示的,对一个初始的话语,存在着许多虽然不同、但却是同样正确的连接,这些连接产生的话语转换每次都意味着话语世界中的冲突。

既然话语之间必然产生歧义,并且也无任何规则可以用来公平地解决由此产生的冲突,由此引出的结论是,我们必须注意倾听那些代表着歧异的各方面的声音,允许作为弱势群体的少数话语来讲话,从而达到保留不同的观点的目的,而不是以"人类整体"为借口,用普遍性的话语来压制个别的话语。因此,利奥塔把歧异视为公正的首要原则,它保证所有的声音都能在竞争的社会中拥有自己的发言权。

　　利奥塔是一位自觉冠上"后现代主义"之名的哲学家,"后现代主义"这一概念也由于他而正式进入哲学的堂奥,并借助"不相信元叙事"的命题而使其哲学义理与思维逻辑得以成形。至于此前的尼采、海德格尔、福柯等现在称之为后现代的哲学家,实际上他们之所以有此名号,乃是后人对他们思想进行诠释的结果。所以,对于后现代哲学来说,利奥塔具有一种特殊的地位,有如吉登斯所说的,是利奥塔"首先是现代性概念变得如此著名"[29]。

　　利奥塔的后现代思想,植根于他对现实的敏感的哲学捕捉,这包括对当代由于计算机与信息技术的应用所引起的知识状况的变化、当代政治思潮与政治运动(法国的"五月风暴"、苏军入侵捷克事件)等的哲学反思。基于对极权政治以及相关的总体性话语与意识形态的憎恶,利奥塔哲学批判的目标直指总体性哲学及其表现形态"元叙事",并以之作为现代性的典型标志而加以"清算",表现出比较激进的政治与思想倾向。在他看来,我们已经为向往总体与统一付出了高昂的代价,19世纪与20世纪由此已经给我们留下了所能承受的最大恐怖,甚至"共识"也是一个可望而不可即的目标,因为它违背了语言游戏的异质性原则。为此利奥塔倡导一种异质性、歧异性的哲学,一种悖谬的逻辑,反对任何绝对性、普遍性的存在,意在"重写现代性",为一种多元的、平等的社会提供新的哲学基础。不相信元叙事,解构总体性,继而重写现代性,这些是利奥塔的"后现代"概念的基本特征。他这方面思想的积极意义,在于它适应了多元社会的哲学需要,为各种不同的群体、差异的个人拥有自己话语权的必然性与合法性提供了哲学论证。

　　不过,虽然他的理论在上述"破"的方面颇有建树,但在"立"的方面,即建立新的悖谬逻辑上却是真正"悖谬"的,缺乏自身的逻辑一致性。首先,他试图通过确立"异质性"的合法性,来保护话语的多样性,反对总体性之类的绝对性。然而这样一来,由于把异质性、歧异性绝对化,他便使自己陷入另一种意义上的绝对性,即异质是绝对的、非普遍性是绝对的。假如像利奥塔那样把总体性等同于极权主义,以此作相应的类比,那么绝对的异质性显然就是无政府主义的。就此,罗蒂曾经批评说,在绝对地、教条地信奉普遍性与绝对排除合法性之间,在专制与无政府之间,利奥塔什么也看不见。

再者,一味主张异质性导致的另一直接后果,便是暴露出利奥塔思维逻辑本身的"悖谬"性。极权主义与民主政治无疑是异质的,如果按照利奥塔的逻辑,我们只是追求歧异,那么对这两种不同的政治制度而言,是否它们由其异质性就有了各自的合法性? 或者说,是否它们由于各自的语言游戏以及相应形成的规则,就同样都具有合法性? 按照利奥塔的逻辑,结论只能是如此,因为不论是极权主义或是民主政治,它们进行的都属某种游戏,只不过是不同的游戏,它们也都有各自的规则。而在利奥塔那里,合法性来自"语言游戏"、并且最终来自对异质性的保留,也不存在任何规则来解决歧异双方的冲突,由此导出的结果必然是,不论何种语言游戏,包括极权主义的"游戏",作为歧异的一方,也必然都是合法的,都有其存在的根据。

利奥塔悖谬逻辑存在的另一问题,在于有关"同"与"异"的关系。在笔者看来,绝对的"同"与绝对的"异"实际上不过是某种一厢情愿的东西。就现实社会的情况而言,它是由各种具有不同经济与政治利益、不同的文化与民族背景及不同的哲学与宗教信念的群体所组成的,这些利益、文化与信念的不同,反映为不同的话语与游戏,它们无疑有其各自平等的价值,值得社会平等地加以对待。然而仅仅由于这些不同(歧异),社会并不能有效地结合在一起。在根本性的信念与规则上,社会确实需要有一定程度上的"共识",否则诸如"宪法"之类的国家大法也无法形成,从而也不会有相应的制度。这也就是为什么罗尔斯要提出"公共理性"概念,以作为解决在一个多元化的社会中,如何通过取得"重叠共识"来达到社会统一这一问题的理性基础。虽然利奥塔强调事物的多元性、异质性有纠正总体性偏执的功劳,顺应了多元文化的潮流,有助于打造各种话语平等的环境,但从思维与处事的艺术而言,在同中有异、异中有同的现实状况下,最高的境界是把握异中之同,达到一种均衡的和谐。差异、矛盾虽是事物存在的不可避免的状态,但并非事物的最佳状态与归宿。单纯的歧异、矛盾与排斥,只会导致事物的无序与动荡,反之,和谐,在矛盾中达到的完美的和谐,才是事物存在的最佳状态。

思考题

　　1. 利奥塔为什么说现代性标志着一种"元叙事"?

　　2. 利奥塔所认为的后现代的"合法化"模式是怎样的?

　　3. 后现代思维的"悖谬逻辑"的主要内容是什么?

阅读书目

　　利奥塔:《后现代状况——关于知识的报告》,车槿山译,北京:三联书店,1997年。

　　《后现代与公正游戏——利奥塔访谈、书信录》,谈瀛洲译,上海人民出版社,1997年。

　　利奥塔:《后现代道德》,莫伟民等译,学林出版社,2000年。

注　释

〔1〕　利奥塔:《后现代状况——关于知识的报告》,车槿山译,北京:三联书店,1997年,"引言"第2页。引文据 G. Bennington 和 B. Massumi 的英译本有改动。

〔2〕　《后现代性与公正游戏——利奥塔访谈、书信录》,谈瀛洲译,上海人民出版社,1997年,第96页。

〔3〕　同上书,第169页。

〔4〕　韦伯:《经济与社会》第二卷,转引自哈贝马斯《合法化危机》,刘北成等译,上海

人民出版社,2000 年,第 127 页。

〔5〕 《后现代性与公正游戏——利奥塔访谈、书信录》,第 168 页。

〔6〕 利奥塔:《后现代状态:关于知识的报告》,第 44 页。

〔7〕 同上书,第 48 页。

〔8〕 同上书,第 62 页。

〔9〕 同上书,第 76 页。

〔10〕 《后现代性与公正游戏——利奥塔访谈、书信录》,第 128 页。

〔11〕 利奥塔:《后现代状况——关于知识的报告》,第 86 页。

〔12〕 同上。译文据 G. Bennington 和 B. Massumi 的英译本有改动。

〔13〕 同上书,第 33 页。

〔14〕 同上书,第 32 页。译文据 G. Bennington 和 B. Massumi 的英译本有改动。

〔15〕 《后现代性与公正游戏——利奥塔访谈、书信录》,第 52 页。

〔16〕 同上书,第 54 页。

〔17〕 Jean-Francois Lyotard and Jean-loup Thebaud: *Just Gaming*, University of Minnesota Press, 1985, p.21.

〔18〕 利奥塔:《后现代状况——关于知识的报告》,第 143 页。

〔19〕 Jean-Francois Lyotard, *The Postmodern Condition*: *A Report on Knowledge*, p.xxv. 参见车槿山译本"引言"第 4 页。

〔20〕 利奥塔:《后现代状况——关于知识的报告》,注释第 211 条。参见车槿山译本第 140 页。

〔21〕 Jean-Francois Lyotard, *The Postmodern Condition*: *A Report on Knowledge*, pp.65-66.参见车槿山译本第 138 页。

〔22〕 《后现代性与公正游戏——利奥塔访谈、书信录》,第 202 页。

〔23〕 同上书,第 213 页。

〔24〕 同上书,第 202 页。

〔25〕 同上书,第 203 页。

〔26〕 Jean-Francois Lyotard, *The Postmodern Condition*: *A Report on Knowledge*, p.27.

〔27〕 这里的"异识"、"歧异",以及下面的"歧义",皆译自"the differend",之所以要

使用这三个不同的译名,为的是使中文的表达更为达意。

〔28〕 Jean-Francois Lyotard, *The Differend : Phrases in Dispute*, Tr. by Georges Van Den Abbeele, University of Minnesota Press, 1988, p. xi.

〔29〕 吉登斯:《现代性的后果》,田禾译,译林出版社,2000 年,第 2 页。

第十一讲

吉登斯:晚期现代性的发展

现代性的性质与动力机制

现代性的制度性维度与全球化

现代性的"风险"

现代性的超越——后现代性

　　安东尼·吉登斯(Anthony Giddens,1938—　　)是当代英国著名的社会理论家和社会学家。在社会政治思想方面,他提出了超越"左"与"右"的"第三条道路"的理论和"全球世界主义秩序"的政治框架,主张在全球化和反思的社会秩序中,建立一种对话民主的社会制度。在现代性问题方面,他否定"后现代社会"的来临,认定当今社会处于一种"高度现代性"或"晚期现代性"的状态,并把现代性视为当今社会学研究的一个基本问题。在对"现代性究竟是什么"这一问题作出解答时,他分析了有关现代性的动力机制、制度维度、与传统(前现代)的关系,特别是着重分析了现代性的风险状况与后果等问题,意在通过反思来求得"驾驭"现代性这一"猛兽"的良策,尤其是要降低它的风险,达到超越资本主义现代性、建立一种"后传统社会"的"全球世界主义秩序"的目标。

一　现代性的性质与动力机制

1."现代性"的性质

　　作为社会学家,吉登斯主要是从自己专业的角度来看待现代性的。在解释"何为现代性"的概念时,他写道:"现代性指社会生活或组织模式,大约十七世纪出现在欧洲,并且在后来的岁月里,程度不同地在世界范围内产生着影响。"[1]在另一个地方,吉登斯虽然给出的表述有所不同,但精神实质则是相同的。这一表述是:"我是在很宽泛的意义上使用'现代性'这个术语的。它首先意指在后封建的欧洲所建立而在 20 世纪日益成为具有世界历史性影响的行为制度与模式。'现代性'大略地等同于'工业化的世界',只要我们认识到工业主义并非仅仅是在其制度维度上。"[2]还有,在一次访谈中,他回答了有关自己对现代性的理解问题:"在其最简单的形式中,现代性是现代社会或工业文明的缩略语。比较详细地描述,它涉及:(1)对世界的一系列态度、关于世界向人类干预所造成的转变开放的想法;(2)复杂的经济制度,特别是工业生产和市场经济;(3)一系列政治制度,包括民族国家和民主。"[3]

　　从上述界定中可以看出,吉登斯基本上将现代性看作一种现代社会的政治与经济制度,虽然他曾使用了一些不同的术语,如"社会生活或组织模式"、"行为制度"以及"工业化的世界"等等,但它们也都属于社会层面上的政治、经济范畴。显然,它们与我们在本书前面几章中所了解的那些从"理性"、"自由"、"合理性"以及时代"精神"或"态度"等价值论、存在论哲学立场上来解释的现代性概念不同,吉登斯的现代性概念显得具体得多。

　　对于现代性概念,吉登斯还有这么一个说法,即它是"一种后传统的秩序"[4]。现代性与传统的区别何在? 这在吉登斯看来,关键之处在于对现实、行为的"反思"方式的不同。在传统的社会与文化中,一则由于"过去受到特别的尊重,符号极具价值,因为它们包含着世世代代的经验并使之永生不朽"[5],二则由于信息、交通等多种条件的限制,社会活动的空间都是受"在场"的支配,也就是地域性活动的支配,这使得人们对行动的反思不得不"与社区的时—空组织融为一体",也就是说,不仅观察、思考问题的地域不变,而且由于以过去为取向,"'过去'的方面比'未来'更为重要"[6],因此过去、现在和将来的时间维度,在传统作为惯例的运作中也显不出有什么意义上的差别。这样一种包含时空一体的地域化的局限,使得历史的进程成为一种反复,日常生活表现为一种遵循传统的"周期化"的惯例活动,受重复性的逻辑所支配。"以前如此"与"本当如此"在原则上是重合的、一致的。这样,反思的作用在很大程度上也就不过是重新解释和阐明传统。而在现代性社会中,由于信息传播手段与交通工具的革命性变化带来的脱离地域性、时空一体化限制的结果,时空得以分割开来并得到延伸。例如,电视的实时转播使人们可以在不同的空间中得到同一时间的视觉享受与文化熏陶;而在现时的空间里,人们却可以借助以往的影像纪录使自己回归到过去的时间。反思也因此跳出地域化的限制,从而能够从传统中分离出来,对社会行为与实践进行新的认识。据此吉登斯认为,随着现代性的出现,反思具有了不同的特征。社会系统的再生产,亦即它的重构与变化,都是基于"反思"而进行的,这意味着"思想和行动总是处于连续不断的彼此相互反映的过程中"[7]。思想通过对行动的反思而指导、调整行动;反过来行动又为思想提供了进一步反思的质料。也正是由于现代社会的这种反思性质,因此在这个意义上,现代性乃是"在人们反思性地运用知识的过程中被建构起来的"[8]。吉登斯也由此将现代性又称为"反思性的现代性"。

在吉登斯看来,"现代性"在根本上属于一种"制度性的转变",表现为与传统的断裂,即在制度性、文化与生活方式等方面发生的秩序的改变。这一断裂的最突出的表现,吉登斯列举了两方面。一是在外延方面,现代性带来的变革比以往时代的绝大多数变迁都更加意义深远,尤其是它带来了全球化的结果,确立了跨越全球的社会联系方式;二是在内涵上,它正在改变日常生活中最熟悉和最具个人色彩的领域,亦即以自我实现为核心的"我该如何生活"的问题。吉登斯认为,现代性与传统的断裂,其表现可以从它的变迁速度之快与变迁范围之广显现出来。如今,现代性所产生的社会剧变的浪潮,已经席卷了地球的整个层面。

2. 现代性的动力机制

现代性既然是一种与前现代传统的断裂,那么什么是使它与先前其他时代区别开来的最为明显的性质呢? 吉登斯对自己这一设问的回答是,它"在于现代性的极度推动力"[9],亦即现代性的动力机制。他把这一机制分析为三个方面:一是时间和空间的分离;二是"脱域"(disembedding)机制的发展;三是知识的反思性运用。

时间和空间的分离以及它们在形式上的重新组合,在吉登斯看来具有特殊的重要意义,因为现代性的动力机制就是由此派生的。在这方面,吉登斯提出了时间的"虚化"与空间的"虚化"这两个概念,并以前者作为后者发生的前提。时间的虚化体现在时间从空间中的分离,具体说来就是人们不必再依赖"什么地方"来确定"什么时候",而可以依靠时钟提供的尺度统一且精确的计时,来对诸如"工作时间"加以确定。这改变了以往时间一直与空间(地点)相联系的状况,并带来与现代性的扩张相一致的结果,即日历在全世界范围的标准化,以及跨地区时间的标准化。

时间的虚化产生了空间的虚化,也就是空间与地点的分离。这里,吉登斯的"地点"指的是地理意义上的活动场所。在前现代,空间与地点总是一致的,因为对于大多数人来说,在大多数情况下,他们的社会生活空间总是受"在场"的支配,也就是受特定地域性的支配。这在很大程度上限制了人们对事物的认识。现代性的到来改变了这一状况,人们在"缺场"的情况下同样可以进行自己某种形式的活动与思考。现今的因特网更是使得人们可以远距离地从事外科手术、在网上进行各种商品与股票交易等。

时空分离的意义,对于吉登斯来说,最重要的是它构成了社会系统"脱域"过程的条件。所谓"脱域",吉登斯指的是"社会关系从彼此互动的地域性关联中,从通过对不确定的时间的无限穿越而被重构的关联中'脱离出来'"[10]。换言之,也就是把社会关系从有限的地方性场景中"剥离出来",从而能够跨越广阔的时间—空间距离去重新组织社会关系。他试图用"脱域"这一概念来替代其他社会学家们所使用的"分化"或"功能专门化"的概念,以求更好地刻画社会关系从地域性中"剥离化"的跨越时空性质,从而使现代制度的本质要素能够得到把握。吉登斯上述关于脱域的界说并不好懂,不过,如果联系到他对脱域机制类型的具体说明,事情就会变得容易些。他把社会系统的脱域机制区分为两大类,其一是"符号标志",其二是"专家系统"。

"符号标志"指的是相互交流的媒介,如象征政治合法性的符号,还有用于商品交换的货币符号等。吉登斯认为,把货币看作流通手段的看法是不恰当的,因为在现代经济秩序中,大量的金钱交易并不采取硬币或纸钞的形式。在如今,货币已经独立于它所代表的商品,显现为纯粹信息的形式。在构成现代社会最具特色的脱域形式之一——资本主义市场的扩张中,货币在其中的空间延伸中扮演了不可或缺的角色。此外,吉登斯引用齐美尔的论述来说明货币在实现时空分离方面的威力,它能够使所有者与他的财产在空间上彼此分离,而且可以分离得如此之远,任处于地球上的不同角落。

"专家系统"构成现代社会的另一种脱域机制,其作用在于把社会关系从具体场景中直接分离出来。这里,专家系统指的是"由技术成就和专业队伍所组成的体系",这一体系编织着人们生活于其中的物质和生活环境。例如,只要你一出门乘上汽车,就进入了一系列的专家系统,包括汽车的设计与制造、高速公路、交通信号等;而一旦登上飞机,则马上进入了另外一些专家系统。虽然你对汽车与飞机等的知识十分有限,但你并不需要介入这些系统中;相反,却可以脱离于这些系统之外,由它们为你提供预期的保障,并借助它们达到自己的目的。

由符号标志与专家系统这些脱域机制,吉登斯讲到"信任"的问题。他论述说,不论是符号标志还是专家系统都依赖于信任。例如,每个使用货币的人都存在着这样的心理状况:其他使用货币的人,不论认识与否,都同样相信这些货币的价值。货币之所以能够流通,也正是依赖于这样的信任,虽然这样的信任有其进一步的基础,包括公众对政府的信心。吉登斯并且指出,这种信任实际上是"信念"的一种形式,因为公众对货币、汽车、飞机这些符号标志或专家系统的知识往往是极为有限、模糊不清的,因而其根据并不是认知意义上的理解,而是一种信奉意义上的心理认同。这里有启发意义的是,吉登斯指出了信任与现代性制度的本质关联。我们国家现在正在进入现代社会,市场经济发展迅速。市场为人们提供了广泛的追逐私利的机会,由此也催生、膨胀了各种暴富欲望,各种形式的欺诈也由之而来,社会盛行着马克思所尖锐批判过的"商品拜物教",面临着严重的信任与信用危机,即时下所称的"诚信"问题。因此,从构建合理的现代性的角度来论述建立社会信任的意义,是一项很迫切、很有必要的工作。

现代性的内在反思因素是吉登斯所列举的现代性的第三个动力之源。"现代性的反思性指的是多数社会活动以及人与自然的现实关系依据新的知识信息而对之作出的阶段性修正的那种敏感性。"[11]这里,吉登斯通过这一"反思"概念突出的是"知识信息"在修正、调整社会活动中的作用。他所使用的"反思"概念涵义相当的宽,不仅指对社会实践、社会生活形式的不断再认识、再思考,而且还包括"收集和汇总官方统计数据"这类活动,但在根本上突出的是"知识的生产"、尤其是关于社会生活的系统性知识的生产,它构成现代性的社会系统再生产的本质因素;换言之,他强调的是,现代性之所以具有今天的状况,是人类对社会理解的产物。人类按照自己的预期与构想,造就了今天的现代性社会。

吉登斯之所以把反思性看作在根本的意义上属于"所有人类活动的特征"[12],它构成现代性的内在动力要素与特征,是基于这么几点理由。首先,人们之所以做出某件事情,是因为他们认识到应当这么做、值得这么做。这种应当与值得,构成他们所做事情的"基础"或根据。吉登斯所说的"人类总是与他们所做的事情的基础惯常地'保持着联系'",指的就是对行为的认识基础与价值基础的反思。其次,这种反思的作用,除了对行为作出某种预期之外,另一方面的作用在于对所做行为的"监测",即对日复一日变化着的社会实践进行分析,研判它们的好与不好、当与不当,并根据作出的判断来指导新的社会实践。因此吉登斯又有"行动的反思性监测"之说。[13]这里,我们可以借用现代主义哲学中的"理性"概念,来解读吉登斯所说的"反思"。它的根本意义,实际上可以还原为哲学层面上的对行为的"合理性"的预期以及对行为结果的"合理性"的追求。

不过,虽然反思被吉登斯视为现代性的一个动力之源,甚至把现代性归结为是在人们反思性地运用知识的过程中建构起来的,但是在另一方面,他也把反思看作现代性的"风险社会"中的首要风险,即"来自现代性的反思性的威胁和危险"[14]。之所以如此,在吉登斯看来是由于人类的知识本性使然。人类对世界的认识本身是不稳定的、多变的。科学依赖的并不是证据的归纳原则,而是方法论上的怀疑原则,因此现代性的反思性事实上削弱了知识的确定性。他还引用波普的这句话——"所有的科学都建立在流沙之上"[15],来形容知识的不确定性。他反对那种"必然性"的知识观,宣称没有什么是确定的,也没有什么东西能够被证明,任何建立在经验之上的社会科学知识都是不稳定的。正因为如此,所以当人类把这样的知识运用于社会改造时,也就会带来相应的不可预测的危险。吉登斯有关现代性的"风险社会"的论述,我们在下面还会专门讲到。

二 现代性的制度性维度与全球化

上述的三种现代性动力来源——时空延伸、脱域机制和反思性,在吉登斯看来构成了现代性得以从传统秩序中分离出来的条件,并由此形成了现代性的制度性的维度。因此在论述了上述问题之后,吉登斯即转向有关现代性的制度性维度的分析。这方面的内容构成他的现代性解释理论的一个基本组成部分。在《现代性的后果》一书的"导言"开头一段,他就开宗明义地提出,该书的宗旨是要"对现代性作出一种制度性分析"[16]。这一分析的结果,是提出了现代性的四个制度性维度:资本主义、工业主义、反思性监控(monitoring)以及军事力量。

1. 现代性的制度性维度

吉登斯对"资本主义"的理解是在马克思主义意义上的,把它看作一种"商品生产的体系",以对资本的私人占有和无产者的雇佣劳动之间的关系为中心,并由此构成一个社会的阶级体系。在对资本主义的分析中,他强调了这么四个方面。一是资本主义企业的强烈的竞争与扩张本质所带来的技术创新的持续性和普遍性;二是这种高度技术创新产生的一个结果,使经济关系极大地支配着其他制度;三是资本的所有权直接与雇佣劳动的商品化相关联,阶级关系直接内化于资本主义生产的范围中;四是国家的自主性在很大程度上受到资本积累的制约,国家还远远不能控制资本积累。

"工业主义"作为现代性的第二个制度性维度,在吉登斯看来它的主要特征在于对物质世界的非生命资源的利用,其中"机械化"在生产过程中起着关键的作用。他认为,工业主义的意义,在于它构成了人类与自然之间互相发挥作用的主轴线。与前现代文化中人类刀耕火种,只能仰仗自然而生存,饱受自然灾害的冲击,从而多半把自己看作自然的延续相比,以科学与技术的联盟为核心的现代工业则以旷古未有的方式改变着自然界,并使人类通过工业化而生活在一种"人化环境"中,享受工业文明的成果。他反对停留在"工业革命"时期的老眼光上,来对工业主义的涵义作狭隘的理解,也就是说,当今的工业主义已进入了高科技的时代。

"监控"作为现代性的第三个维度,它指的是在政治领域中对被管辖人口的行为的指导。这种监控包含两个方面:一是直接的,如福柯所指出的诸如监狱、学校以及露天工作场等;二是间接的,也是更重要的,是一种基于信息控制方面的监控。在这方面,吉登斯似乎深受福柯思想的影响,同样把现代国家视为一个"监控体系"。他不赞同韦伯关于"科层制"是现代组织的特征的观点,而是认为现代组织的特征在于"受其认可和必须承担的集中式的反思性监控"[17],否认官僚权威现在仍然能够是组织有效性实现的条件。不过吉登斯的这种监控与福柯不同,它是对"社会关系"进行规则化的监控,而不是社会的话语系统对人们的思想意识观念的监控。吉登斯甚至把"监控"看作"现代性的更为普遍的特征,即组织兴起的主要例证"[18]。

在对"军事力量"这一现代性的第四个维度的分析中,吉登斯注重的是在战争工业化的情景下对军队这一暴力工具的控制。这种控制的意义与前现代国家相比,就显得不同一般。因为在前现代国家那里,统治集团的军事力量并不足以控制地方诸侯或军阀,反倒是要受到它们的胁迫。因此相比起来,现代国家能够对军事力量实现成功的控制,这是国家与社会安全的一个保障。此外,吉登斯还指出军队这一暴力工具与工业主义之间存在的特殊关联,认为它导致的结果是"战争的工业化",并进而改变了战争的性质,使其进入了"全面战争"乃至后来的核战争时代。

2. 现代性的全球化

有关这一命题的提出与论述,是吉登斯的现代性理论引人注目的一个方面。作为吉登斯对时代所提出的课题的一个反思与回答,自然应当构成一个我们予以关注的视点。吉登斯把全球化看作现代性的一个"根本性后果",认为现代性眼下正经历着全球化的过程,而且它的影响在不断增强。他用"外延性"这一概念来刻画全球化,将外延性与"意向性"作为既对立又联系的两极,并把这两极之间不断增长的交互关系看作现代性的"显著特征之一",也就是说,现代性一方面表现为全球化这一外延上的扩展,另一方面又表现为人的观念、素质与生活方式的改变。这两者的关联互动,共同推进着现代性的发展。

他把"全球化"定义为"世界范围内的社会关系的强化,这种关系以这样一种方式将彼此相距遥远的地域连接起来,即此地所发生的事件可能是由许多英里以外的异地事件而引起,反之亦然"[19]。在此定义中,吉登斯是从"社会关系"的角度来界定全球化的,并且是从事件的"互动性"的角度来看待这种关系及其强化,此是其一。其二,吉登斯还从时空的转变与延伸的角度来解释全球化。他认为发生在世界各地的社会形式和事件之间的关系的相应延伸,随着全球通讯和大规模交通工具的出现而得到强化,由此形成了各种不同的社会情境或不同的地域之间的连接方式,构成了跨越世界范围的全球性网络。因此他认为,"全球化的概念最好被理解为时空延伸(distanciation)的基本方面的表达"[20]。其三,他还把现代性导致的社会活动的全球化看作一个真正的世界性联系的发展过程,这些联系包含在全球的民族国家体系中或国际的劳动分工中。

在吉登斯的视野中,全球化所造成的一个影响是有关国家的"主权"方面。他认为,所谓国家的主权来自于国家之间的关系。国家在其领土内所宣称拥有的主权,是通过其他国家对其领土的承认而得到认可的。在卷入民族国家体系之前,现代国家并未形成自己的主权。他反对那种认为在全球化的过程中,国家间的合作与结盟关系日益增强,走向一体化,以及民族国家逐渐失去对自己内部事务的主权的说法,认为在全球化的过程中,国家之间的主权关系具有一种"辩证的特征",他把这形容为一种两个倾向之间的"推—拉"关系,即一方面是各个国家具有的维护自身主权的倾向,另一方面则是由若干成员国所形成的某一结盟体系所固有的权力集中化的倾向。国家间的一致行动(权力的集中)虽然削弱了各个成员国的主权,但与此同时,通过其他方式实现的权力联合,又使得这些成员国在国家体系中增强了自己的影响力。

全球化在吉登斯的视野中被关注的另一个方面,是商业公司、尤其是跨国公司在其中扮演的角色与所起的作用。他认为,如果说民族国家是全球政治秩序中的重要"行动者",那么公司就是世界经济中的主导能动者,正是它们影响的扩大导致了商品市场(包括货币市场)的全球性扩张。商业公司之所以能够起到这样的作用,是由于在资本主义国家里,它们的经济组织相对于政治而言有着某种"独立"性,因此这为商业公司的全球性活动提供了一个广阔的空间。这些公司虽然把基地建在某个特定国家,但总可以在其他区域获得发展。

"文化全球化"的现象,在吉登斯看来是全球化的一个更为深层、更为重要的方面。在这方面,他提到通讯技术和媒体所产生的全球化影响。信息传播被看作现代性制度的全球性扩张的根本因素,因为如果去掉这一因素的话,他认为现代性制度的全球性扩张就成为不可能的。

全球化在吉登斯那里还意味着一种普世的命运,没有人能够逃脱由现代性带来的社会转型的结果,包括由核战争或生态灾难所造成的全球性风险。现代制度的影响已经波及到生活在不发达地区的、处于较为传统的情景下的人们。此外,对于发达地区而言,全球化的普世性命运表现得更为明显,甚至在人们的日常生活本质中,地方和全球之间的连结通过劳动分工和对外贸易等途径,已经被卷进"一组更深刻的演变之中"。他这方面的结论是:"没有一个国家、文化或者大型集团能够成功地使自己独立于全球的世界主义秩序之外。"[21]

与对现代性的制度性维度的分析相仿,吉登斯也分析了全球化的四个维度,它们是:世界资本主义体系、民族国家体系、国际劳动分工和世界军事秩序。在对世界资本主义体系提出解释时,他表示赞同沃勒斯坦的观点,认为资本主义之所以具有如此巨大的全球性影响,正是由于它是一种经济秩序,而不是一种政治秩序。他列举了这方面的两个理由。一是,资本主义作为一种经济秩序能够渗透到世界的边远地区,而当初产生这种经济的在政治意义上的国家本身,则完全无法将自己的政治触角延伸得如此之远。二是,对边远地区的殖民统治并不是资本主义企业全球性扩张的主要基础,因为在 20 世纪后期,原初形式的殖民主义几乎都销声匿迹了,但是资本主义经济却继续在世界各个地区扩张着。

三 现代性的"风险"

吉登斯的现代性理论的一个独特方面,是把现代性视为一个"风险社会",并从反思现代性的后果的角度,详细列举了它所面临的诸种风险,并分析了风险产生的原因。

1. 现代性是个"风险社会"

吉登斯反复强调现代性是一个充满风险的社会。这里,"风险"的含义主要指的是由于人类知识的不确定性以及由此带来的社会发展的不可预测性,所导致的人类活动的"所有方面"并不遵循命定的进程,以及"所有活动"可能具有的"偶然性"的结果。他认为与现代性的四种制度性维度相对应,都隐含着"具有严重后果的风险",这就是,经济增长机制的崩溃,极权的增长,生态破坏和灾难,核冲突和大规模战争。他宣称现代性社会是个充满错位和不确定的世界,一个"失去"控制的世界。启蒙以来人们所期望的社会和自然环境将日益臣服于合理性秩序的预想,如今已经被证明是无效的。

吉登斯这方面的思想基础是他的知识观。前面我们已经提到,他反对那种"必然性"的知识观,宣称知识在本质上是不确定的,包括任何建立在经验之上的社会科学知识都是不稳定的。此外,现代性的风险的根源,还在于社会知识自身的反思性或循环性。知识的这种性质,使得新知识(概念、理论、发现)不断地被嵌入到社会中去。它们不仅解释着世界的现象,而且还改变了它的性质,使其转向新的方向。不确定的知识在对社会产生这种变化的同时,也为社会生活带来相应的风险。受知识的不确定性与风险的不可预测性的限制,人类所能作出的,实际上是在一些"可能的世界"之间进行的选择,而这些选择总是带有一种"似乎"的性质。他认为不幸的是,过去由于受理性主义知识观的支配,现代科学和哲学的先驱们坚信他们对理性的追求带来的是一种知识的可靠性。人类知识的进步以及对社会和自然的

"控制性干预",被认为是创造了越来越大的确定性的力量,而没有认识到它们实际上是与"不可预测性"、与风险相伴随的。

吉登斯把人类对社会和自然的"控制性干预"产生的风险称为"人为的风险",把这方面的不确定性称为"人为的不确定性"。他举全球气候变暖这一例子加以说明。对这一现象的存在大多数科学家都予以认同,但也有一些人对此表示怀疑。如果全球变暖确实出现了,那么其后果是很难估量并且是充满变数的,因为这种现象是前所未有的。他认为,人为风险的出现,使我们的社会生活无论在个人的层面上,还是在集体的层面上,都比以前更加充满风险,而且不仅风险的根源和范围都发生了变化,它带来的不确定性也是全新的。

人为风险的其中一个根源在于现代专家知识。吉登斯认为,现代专家知识的本质直接导致现代性的无规律的失控性质。不过,他对此给出的理由却是让人颇为费解的。他写道,专家解决问题通常是依据其明晰或精确界定难题的能力而定。然而,一个给定的问题越是受到精确的关注,那对有关的个人而言,所涉及的知识领域就越是模糊不清,人们也就越不能预测对超越其特定领域的贡献所能产生的难以预料和控制的后果。

吉登斯由上述分析引出的结论是,未预期的后果与社会知识的反思性或循环性,是导致现代性的不确定性的两个最重要的因素;虽然我们也可以用"设计错误"或"操作失误"来对此进行解释,但毕竟它们并非是最重要的因素。因为从根本上说,设计错误与操作失误本身也属于"未预期后果"的范畴之内。不管一个体系设计得多么完善,也不管它在操作上进行得多么有效,但它的运作总是在引入某一社会系统和人类活动的范围之后才发生;而由于社会系统和人类活动的复杂性,它的种种后果自然也就是不可能预料到的。

2. 现代性的"风险景象"

吉登斯并且具体列举出了一些他所认为的现代性的"风险环境"和"风险景象"。就前者而言,它包括三个方面,首先是来自现代性的反思性的威胁和危险,也就是我们刚刚提到的由知识的不确定性以及相关的不可预测性所带来的风险;其次是来自战争工业化的人类暴力的威胁;再次是来自个人价值观方面的"人生无意义"的威胁。现代性激发了一种不确定性的泛化的氛围,这种不确定性不仅使个体感到焦虑、坐立不安,而且使每一个体都暴露在某种程度不同的危机情境中,感受到各种各样的压力和紧张,乃至感到生活的空虚与无意义。

吉登斯列出的现代性的风险景象则有七种。它们是:

(1)高强度意义上风险的全球化,如核战争对人类的生存所构成的威胁。在写于冷战后期,在1990年出版的《现代性的后果》一书中,吉登斯将核战争列为现今全球所有的危险中"最直接和最可怕的"潜在威胁。但在苏联解体后的1994年出版的《超越左与右——激进政治的未来》一书中,在他所开列的"后果严重的风险"表里,生态问题成为首要的对象。

(2)突发事件不断增长意义上的风险的全球化。由于资源与服务不再受地域的控制,因此诸如石油价格的暴涨将危及到全球使用油品燃料的每一个家庭;全球化带来的劳动分工的变化之类的事件,同样也影响着每一个人。

(3)来自人化环境或社会化自然的风险:人类的知识进入到物质环境。这里,"人化环境或社会化自然",指的是人类与物质环境之间变化了的关系的性质,即各种生态危险来自于人类知识体系所引起的自然变化。例如,由核电站的事故和核废料所引起的辐射危害;大气污染产生的"温室效应"对臭氧层的破坏以及带来的冰雪覆盖层融化的结果;热带雨林遭到大规模的破坏,威胁到再生氧的基本来源,等等。

(4)影响到千百万人的生活机会的制度化风险环境的发展。例如投资市场,其中股票交易的风险是人所共知的。

(5)风险意识本身作为风险:风险中的"知识鸿沟",即知识与自然、社会控制之间的矛盾以及其中固有的不确定性,不可能被宗教或巫术知识转变为"确定性"。

(6)分布趋于均匀的风险意识:我们共同面对的许多危险已为广大的

公众所了解。

(7) 对专业知识局限性的意识:就采用专家原则的后果来看,没有任何一种专家系统能够称为全能的专家。[22]

这些风险景象的存在,在吉登斯看来集中体现的是当今资本主义面临的两个"限度"问题。一是地球资源意义上的"环境限度"。人类生存于其中的地球,其资源并非是无限的,随着自然生态的破坏而来的是资源的枯竭以及生活环境的恶化,这将从根本上威胁着人类的生存状况。二是"现代性的限度"。它源于现代性自身的"反思性"的性质,源于人类知识自身本有的不确定性,因此在现代性的知识社会里,随着科学与技术发展水平的提高,抽象的专家系统日益控制着社会,然而由于人类反思与知识本身的局限性,以及它们固有的"人为的不确定性",必然造成在对自然与社会的预测与控制上的风险,这体现在人类对社会生活条件和自然进行干预的结果上。

在这两种"限度"中,吉登斯认为,我们面对的危险在现代性条件下,主要并不是来源于自然界,而是人类自己的行为带来的恶果,也就是说,"生态威胁是社会地组织起来的知识的结果",它是通过工业化对物质世界的影响而产生的。[23]他并且认为这两种限度之间存在着内在的联系,生态危机(环境限度)实际上乃是现代性限度的"物质表现形式"。正是这两种限度的关联性质,使得吉登斯将解决这两个限度问题的症结,归结为在积极接受人为不确定性的情况下,"努力使我们的生活重新道德化"。[24]他认可生活世界中存在着普遍性的价值,主张在受到破坏的现代社会中,人们应当在自主、团结以及追求幸福的主题引导下,恢复积极的生活价值。

四 现代性的超越——后现代性

吉登斯对当前西方社会所处的状态或时期的判断,是它仍然处于现代性的阶段,不过这样的现代性是"高度的"(high)或"晚期的"现代性。对于这一判断,他在好几个地方都有过明确的表述。例如,在《现代性的后果》一书中，他写道："当前，我们生活在一个高度现代性的时期。"[25]此外，在《现代性与自我认同》中，他有这样的提法："在我所称的'高级'现代性或'晚期'现代性（即我们现今的世界）……"[26]吉登斯有时也把这种"高度的现代性"称为"后传统的社会秩序"。所谓"后传统社会秩序"，他认为"根本不是传统秩序的消失，它是传统的地位发生了改变的秩序"[27]。他这样的表述，与他自己所说的现代性是与传统的"断裂"的说法，听起来似乎显得有些矛盾。就此应当指出的是，在吉登斯后来的著作中，他比较强调的并非是传统与现代性的断裂的一面，而是与传统相接续的一面。他论述道，虽然启蒙的思想确实动摇了所有传统，但在现实社会生活中，不仅"传统的影响依然强劲"，而且在现代社会发展的早期，对传统的重新关注在实现社会秩序稳定方面发挥了"主要的作用"；更进一步说，一些传统被重新创造或构建起来，包括民族主义、宗教以及用以解决家庭、性别和性行为等问题的更加符合实际的传统。因此，吉登斯的结论是："与其说这些传统被消解了，不如说它们实现了变革。"[28]

基于"晚期现代性"这样的判断，吉登斯并不赞成西方社会已进入"后现代"的说法。不过虽如此，他认为还是应当对后现代社会进行设想："我们必须在全球层面上想像出一个后现代时期。"[29]就此他提出"后现代性"乃是一种超越了现代性的"运动"[30]，是"脱离或'超越'现代性的各种制度的一系列内在转变"[31]，是一种更高的社会秩序，它是能够实现的。他认为，虽然我们还没有生活在后现代的生活氛围中，但已经能够瞥见那不同于现代制度所孕育出来的生活方式和社会组织形式的"缕缕微光"。这意味着在他看来，从现代性走向更高历史阶段的后现代性是一种历史的必然趋势。

这种"后现代性"在吉登斯的心目中是什么模样的呢？对此他在《现代性的后果》中为我们提供了一幅他所构想的"后现代秩序"的画面。他仿照现代性的四个维度的说法，同样为后现代性提出了四个维度，即"超越匮乏型体系"、"多层次的民主参与"、"技术的人道化"和"非军事化"。在这本书中，他提出了超越资本主义的问题，认为它不应该是与现有的、意味着计划经济的社会主义相似的东西,否则只会走向衰落。他认为按照他的生活政治的标准,这一超越还意味着超越单纯用经济标准来决定人类的整个生活状况这样的环境。

不过,虽然吉登斯在《现代性的后果》中对超越现代性以及"后现代"社会进行了构想,但他这一走"第三条道路"的设想的成形,却是在《超越左与右——激进政治的未来》一书中。在这本书中,他更多地使用"后传统"这一概念来代替"后现代"概念。他认为,"后传统这个词在许多方面优于'后现代'"。这里,对于所谓的"后传统社会"这一用语,他强调它不是单一的民族的社会,而是特指他自己所提出的"一种全球世界主义秩序"[32]。这样一种"全球世界主义的秩序",就是吉登斯试图超越社会主义与资本主义,走所谓的"第三条道路",以改造西方社会的理论构想。在《超越左与右——激进政治的未来》中,吉登斯详细地描绘了他的这一构想的框架,共有六个方面。他指出,这一构想是以保留一些社会主义思想的核心价值为基础的,虽然也从哲学保守主义那里吸收了一些有益的东西。

(1)重建社会团结。它所直面的是如何对待传统的问题,也就是如何在西方的"个人主义"的价值传统的基础上,对它进行重新理解与修正,从而重构西方社会的价值基础,在此之上重建社会团结。西方自由主义的"个人主义"的传统,与社会主义所强调的"集体主义"恰成对比。吉登斯批评新自由主义将个人主义的本质解释为市场中自我追求的利益最大化行为,认为这是错误的。他提出,个人主义应当被理解为"社会反思性的扩大"。在一个高度反思的社会中,个人必须获得一定程度的行动自主权。不过在他看来关键的是,自主并不等于利己主义,而是应当意味着互惠和互相依赖。因此,重建社会团结的问题就被吉登斯归结为在各种社会生活领域中抛弃利己主义,调整个人自主与群体之间互相依赖的关系,以达到社会和谐的问题。这一问题从西方社会与文化的价值基础的角度上说,也就是"重塑传统"的问题。

(2)改变政治思维,从"解放政治"转变到"生活政治"上来。所谓"解放政治",吉登斯写道:"我指的是激进地卷入到从不平等和奴役状态下解放出来的过程。"[33]它关注争取自由,减少或消灭剥削、不平等和压迫,关心权力与资源的差异性分配,将个体和群体从不良的生活环境中解放出来。这种政治观念的原则是"自主性原则",让个体能够拥有自由和独立行动的能力。在吉登斯看来,这种政治思维一直处于激进政治方案的中心。罗尔斯的正义理论与哈贝马斯的由交往理论所发展出来的政治框架都被他归入解放政治的范畴,前者被作为"解放政治观点的突出例子",因为罗尔斯提出的那种正义成为一种对解放的勃勃雄心;后者通过设想一种语言运用的理想语境,为个体的自主行为(解放)提供了一种社会秩序的构想。

"生活政治"则是吉登斯提出来的政治思维理念,它是一种"生活方式"或"生活决策"的政治,要在"一种由反思而调动起来的秩序",即晚期现代性的系统中,在全球化的背景下达到选择生活方式与自我实现的目的。这里,所谓的"生活方式"与"生活决策",吉登斯提到的有如下四方面的"焦点"。首先,是人与自然的关系问题。他认为,人对自然控制的极度扩张已经达到了极限,因此引起了人们的关注,带来了关于道德与存在问题的争论。这种争论不仅涉及人类为在自然中生存应当做些什么,而且还深入到海德格尔哲学提出的"存在问题"。其次,是人的生育问题,例如在有关堕胎问题上涉及的胎儿拥有什么样的权力问题。这同样是一个有关生活方式选择上的实质性的道德伦理问题。再者,全球化带来的作为整体的人的存在与合作的问题,也是一个实质性的道德问题。毫无顾忌地向往科学探索是否也有其局限性? 拥有核武器应当在道德上得到谴责吗? 等等,这些问题也直接影响到我们的存在与生活方式。最后,是自我认同的问题。生活政治在这方面所关注的,是人格与个性的权利。

吉登斯之所以大谈这些日常生活的道德伦理问题,其隐含的原因大致有两个。一是他认为在现代性的核心制度下,道德和存在问题受到压制,因此他的生活政治要重新赋予它们以重要性。另一是针对后现代主义思潮而为,他认为在后结构主义的庇护下所发展出来的"后现代性"的解释,抹煞了道德问题在当代社会情景下的重要性,甚至已经使道德问题"变得完全没有意义或毫无关系"。[34]

(3) 推行创新型(generative)政治。吉登斯认为,由于国家和政治机构正在变成一种"松散的空间",许多民众并不关心政治,"退出"政治生活,因此有必要推行一种创新型的政治,它在社会整体关怀和目标的环境下,寻求调动个人与团体的积极性,使之能够完成自身的任务,而不是由国家来代替他们完成。在这方面,创新型的政治所起的作用在于,它将注重协调国家与市场的关系,而不是使它们对立起来,并通过建立和保持民众对政府机构的积极信任的环境,以及为个人与团体的行动提供物质条件和政治框架来发挥作用。吉登斯并且认为,这种创新型的政治将是解决贫困和社会排斥问题的有效手段。

(4) 进行更彻底的民主化,发展对话民主与情感民主。吉登斯赞同大卫·米勒提出的"商议民主"的思想,即"商议民主概念强调的是所有观点都听得到的公开讨论过程可以使结果合法化的方式,而不是作为寻找正确答案的发现过程"。他进而提出,按照这样的理解,民主就不该界定为大众的参与,而是要定义为"对公共政策问题的公共商议"。[35]他认为,从这样的角度理解民主,把民主化理解为对话民主的延伸,对于民主国家的民主化具有十分重要的意义。

由于对话民主通过公共场合的对话,提供了与他人(不论这一"他人"是个人还是由宗教信仰者组成的全球社群)在一种彼此宽容的关系中相处的手段,因此它从一开始就创造了积极的社会交流形式。对话民主的重要性既表现在公共领域,也表现在个人领域。在公共领域中通过对话,而不是运用权力手段,能够原则上解决或者至少可以处理矛盾;在个人生活领域(亲子关系、性关系、朋友关系)中,对话民主可以通过对话而不是既有权力来处理这些关系。对话民主也是一种"情感民主"。能够理解自己情感的人,也善于通过情感的交流与他人进行沟通。个人之间的积极信任关系的维持,也应当通过讨论和交流来进行,而不可能通过某种武断的权力来实现。

吉登斯对于"对话民主"寄托了很高的期望,认为它对于重建社会团结来说,可能是一个实质性的、甚至可能是一个决定性的贡献。在他看来,对话民主已经在四个互相联系的领域里取得了进步,并且每一个领域的进步反过来又都对正统政治产生了影响。这四个领域是:个人生活的领域,如婚姻、性关系、亲子关系、亲属关系等;自助团体和社会运动的领域,表现在自助团体与社会运动的增加,以及社会运动受到的广泛关注;组织内部的民主化过程的发展。韦伯所断言的官僚制组织并非最好的组织,与之不同的是,现今组织的总体发展方向按照积极信任的原则来构成,它下放责任,依靠一个扩大了的对话空间来发展民主。

　　(5) 按照积极的福利模式来重建"福利国家"。吉登斯一方面肯定福利国家的福利措施和服务体现了团结和信任的信念,认为它的许多特征应当保留下来,同时也指出福利国家存在着许多问题,无论在反贫困,还是在大规模的收入或福利分配方面,它都没有发挥全面的效用,反倒使贫富差距扩大了,这导致它面临着一种并非财政方面的、而是"风险管理"的危机。对此他提出一种"积极福利模式"的设想,以求改变福利国家那种在事后才解决问题、依赖福利的"预后关怀"(precautionary aftercare)功能的状况。他倡导采用更加积极地使用生活政治措施的方法,用直接的、参与的方式来解决风险。就此他所提出的思路,是呼吁不论是富人还是穷人都应当意识到共有的责任,培养起带有主动目的的"自我"(他把这视为积极福利的"目的");特别是对于穷人来说要自尊,摆脱对福利的依赖,在一种能动的平等模式或平等化的基础上,与富人通过有组织的讨价还价,达成创造一种生活方式的契约。吉登斯并且具体提出了借以达成这一目的的如下手段:首先,可以利用在保护环境和减少有毒物质上存在的共同利益来确立实际上有利于穷人的再分配政策;其次,在保护传统和地方团结上同样运用这一思路;再者,通过采用各种措施来进一步深化由就业机会的转移所推动的平等,如"第三产业"的就业;第四,重建现存的福利制度,以减少结构性的不平等;最后,在提高人类幸福总量的过程中,与重视经济措施一样,重视那些与民主权利和免于暴力有关的措施和规定。

(6) 解决人类事务中的暴力问题。吉登斯认为在全球化的世界里,不论个人、群体或国家都不可能与世隔绝,因此也不可能采取一种在冲突时"退出"的方式。这样,可能的解决途径实际上只有两种:一是以"对话"的方式作为解决个人和文化差异的方法,因为它可以成为提高共同理解和自我理解的手段;另一是通过武力或暴力来解决价值冲突。就此,吉登斯寄希望于对话民主的潜在力量,把它看作"公民的世界主义的核心"[36],以此作为遏制乃至消除暴力的首要手段。与此相关,宗教的、种族意义上或民族主义的原教旨主义,被看作一种暴力威胁的根源,必须予以坚决的反对。

以上吉登斯所构想的后传统社会的"全球世界主义秩序",在他看来与现代性的四种基本维度有着联系。这表现在努力消除绝对的或相对的贫困,恢复被破坏了的环境,与专断的权力作斗争,减少社会生活中的武力和暴力。在倡导建立这样的"超越左与右"的世界主义秩序时,吉登斯诉诸于人类共同的利益与价值。他声言在这个世界中当我们面对共同的风险时,所有的人都有共同的利益,并且在这一互相依赖的世界环境里,出自对现代性的风险威胁的恐惧以及共同对付风险的需要,产生着以承认人类生命的神圣性、幸福和自我实现的权利为核心的共同价值,并围绕着它们形成全球化的后传统社会的普遍伦理———种以个人责任和集体责任为核心的伦理学。在吉登斯看来,这些普遍的价值与伦理同时也是指导晚期现代性的批判理论的依据。

吉登斯的从社会学角度提出的现代性理论,为我们展现的是现代性问题的现实的一面。他在全球化的背景下来考虑现代性问题,使他的这一理论有着浓厚的时代感,尤其是他以一种危机意识所探讨的现代性面临的风险问题,更足以引发人们的思考。

吉登斯对现代性社会的基本界定是,它是一个风险社会,充满着错位与风险,是一个失控的社会。产生这种风险的最主要的根源,在于人类出于知识的反思性而来的对自然与社会的干预与控制。因此现代性的风险性源于一种人为的不确定性,这种人为不确定性的出现是现代制度长期成熟的结果,它进入我们的生活意味着我们的存在"比以前更有风险"[37]。吉登斯并且把人为不确定性视为"现代性的限度"[38]。

对于社会问题,同样是治标还需治本。吉登斯的上述观点产生了一个根本性的问题:是否现代性风险的根源在于社会知识的反思性中?上面我们看到吉登斯列举了一些现代性的风险景象,包括战争、生态问题、制度化风险环境(投资市场等)、专业知识的局限性等。在这些风险景象中,反思所扮演的角色实际上并非是最终的,它提供的不过是对问题的思考。"反思"属于"思想",不应当把"思想"看作社会的风险根源所在;思想应当是自由的,并且应当鼓励人们自由地思想。思想一旦被禁锢,社会就无法发现它的问题,从而也谈不上问题的解决和社会的进步。对于社会及其"风险"而言,"决策"才是最终的东西,不论这一决策是事关集体还是国家的。应当说,决策的风险才是一切风险的根源。我们尽可以对任何事情进行反思,但是如果不作出决策、决定,不付诸实行的话,它们是谈不上有什么风险的。而一旦决策了,风险就随之而来。所以对于任何决策而言,就存在一个"科学"决策的问题。对于事关集体乃至国家事务的决策,如何做到科学决策,有着途径、方法的问题。就目前人类智慧所能设想的,民主是一个最佳的途径。通过弘扬"公共理性"[39],进行民主的对话、协商,让具有各种不同利益、观点、知识的人充分发表意见和见解,是避免决策失误,从而尽量避免风险的最好办法。不论是战争也罢、生态危机也罢,造成这些恶果的,尽管有各种原因,但最终可以归结为某个决策使然。而且,在充分民主的制度下,即使决策上出现了失误,造成了某些不良的后果,但民主的机制比起不民主的制度来,是最具纠错功能的,因而也比较可能在事后进行调整,减少风险带来的损失。总之,知识的反思本身并非是什么风险所在,根本风险在于反思后作出的决策。因此,建立一个能够充分发扬民主的制度,才是尽量减少乃至杜绝风险的有效途径。在人类现代史上,独裁制度是社会根本的祸害所在,它们对内实行专制,对外发动战争,所谓"苛政猛于虎",实为至理警言。从正面来说,越发达、越具现代性的国家,无一不是民主国家。历史上正反两方面的例子,已足以说明现代性真正的风险根源之所在。

思考题

    1. 吉登斯的"现代性"概念的内涵是什么?

    2. 在吉登斯看来,全球化与现代性之间有着什么联系?

    3. 吉登斯列举的现代性的"风险景象"有哪些,其根源何在?

阅读书目

    吉登斯:《现代性的后果》,田禾译,译林出版社,2000 年。

    吉登斯:《现代性与自我认同》,赵旭东等译,北京:三联书店,1998 年。

    吉登斯:《超越左与右——激进政治的未来》,李惠斌等译,社会科学文献出版社,2000 年。

注 释

〔1〕 安东尼·吉登斯:《现代性的后果》,田禾译,译林出版社,2000 年,第 1 页。

〔2〕 吉登斯:《现代性与自我认同》,赵旭东等译,北京:三联书店,1998 年,第 14 页。

〔3〕 安东尼·吉登斯和克里斯多弗·皮尔森:《现代性——吉登斯访谈录》,尹宏毅译,北京:新华出版社,2001 年,第 69 页。

〔4〕 吉登斯:《现代性的后果》,第 3 页。

〔5〕 同上书,第 32 页。

〔6〕 同上书,第 33 页。

〔7〕 同上。

〔8〕 同上书,第 34 页。

〔9〕 吉登斯:《现代性与自我认同》,第 17 页。

〔10〕 吉登斯:《现代性的后果》,第 18 页。

〔11〕 吉登斯:《现代性与自我认同》,第 22 页。

〔12〕　吉登斯:《现代性的后果》,第 32 页。

〔13〕　同上。

〔14〕　同上书,第 89 页。

〔15〕　同上书,第 34 页。

〔16〕　同上书,第 1 页。

〔17〕　吉登斯:《现代性与自我认同》,第 17 页。

〔18〕　同上。

〔19〕　吉登斯:《现代性的后果》,第 56—57 页。

〔20〕　吉登斯:《现代性与自我认同》,第 23 页。

〔21〕　吉登斯:《超越左与右——激进政治的未来》,第 19 页。

〔22〕　吉登斯:《现代性的后果》,第 109 页。

〔23〕　同上书,第 96 页。

〔24〕　吉登斯:《超越左与右——激进政治的未来》,第 239 页。

〔25〕　吉登斯:《现代性的后果》,第 143 页。

〔26〕　吉登斯:《现代性与自我认同》,第 3、4 页。

〔27〕　吉登斯:《超越左与右——激进政治的未来》,第 5 页。

〔28〕　同上。

〔29〕　吉登斯:《现代性的后果》,第 144 页。

〔30〕　同上书,第 143 页。

〔31〕　吉登斯:《现代性与自我认同》,第 46 页。

〔32〕　吉登斯:《超越左与右——激进政治的未来》,译者序一,第 5 页。

〔33〕　吉登斯:《现代性的后果》,第 137 页。

〔34〕　吉登斯:《现代性与自我认同》,第 262 页。

〔35〕　吉登斯:《超越左与右——激进政治的未来》,第 118 页。

〔36〕　同上书,第 257 页。

〔37〕　同上书,第 4 页。

〔38〕　同上书,第 9 页。

〔39〕　有关"公共理性"这一概念的界说,请见第十五讲最后一节。

第十二讲

詹姆逊:后现代性与晚期资本主义逻辑

现代性及其基本准则

晚期资本主义与后现代主义

后现代的文化逻辑

　　弗雷德里克·詹姆逊(Fredric Jameson,1934—　　)是当代美国活跃的马克思主义文化批评家和后现代主义理论家,同时也是最早在中国介绍后现代主义学说的西方学者。对于后现代主义学说在中国的传播来说,他起过直接的中介作用。他曾于 1985 年来北京大学讲授后现代文化理论,其讲稿经翻译后于次年出版,流传甚广。

　　詹姆逊有关"后现代"的思考背景,如同我们在第六讲中提到的,是明确肯定"后现代社会"、"后现代时期"的存在,并把它对应于"晚期资本主义"阶段。这一社会阶段在詹姆逊看来是一个与"[二]战前的旧社会彻底断裂"的"新型的社会"[1],它出现于第二次世界大战后的某个时间,并曾被冠以"后工业社会"、"跨国资本主义"、"消费社会"、"媒体社会"等名称。在詹姆逊看来,这一"新型社会"的主要特征包括:新的消费类型;有计划的产品换代;时尚和风格急速起落的转变;广告、电视和媒体对社会的无与伦比的渗透;市郊和普遍的标准化对过去城乡之间以及中央与地方之间紧张关系的取代;庞大的超级高速公路网络和驾驶文化的到来,等等。与这一社会相应的,是"后现代主义"文化思潮的存在。詹姆逊认为产生于 20 世纪 50 年代末期到 60 年代初期之间的这一思潮,所带来的冲击使"我们的文化发生了某种彻底的改变、剧变",其结果是与现代主义文化运动发生了"彻底决裂"。[2]

对于后现代主义在现时西方文化中的地位,詹姆逊提出,必须把它看作"文化的主导形式",认为只有这样才能全面地了解西方这个历史时期的"总体文化特质"。他对这一"后现代社会"及其相应的文化进行反思所提出的理论,在国内较为人知的方面有:晚期资本主义说、资本主义文化的三阶段说,以及有关后现代主义文化逻辑特征的"空间化"、"平面感"、"断裂感"和"零散化"等描述。詹姆逊的后现代主义理论主要是文化方面的,它以对资本主义的三个发展阶段为依据,将后现代文化对应于晚期(即第三阶段的)资本主义,并试图对这种文化的逻辑作出自己的分析。为有助于理解他的后现代理论,我们有必要先从他对"现代性"的看法说起。

一 现代性及其基本准则

1. 现代性与现代化

詹姆逊的"现代性"概念的一个基本规定,是与"现代化"联系在一起的。在他看来,"现代性概念的一个不可回避的方面是现代化问题"[3],尤其是在现代时期,现代性总是与科技相关的,因此最终是与"进步"相联系的。他赞同吉登斯的说法,把现代性看作一系列的"问题和答案",它们标志着未完成或部分完成的现代化的境遇的特征。在这个意义上,詹姆逊认可哈贝马斯关于"现代性是一个未完成的计划"的说法,不过认为这一说法虽然有用,但却是"含混"的。此外,在詹姆逊看来,虽然人们认为有着多种多样的现代性,如拉丁美洲的现代性、印度的现代性、非洲的现代性等等,但现代性的"唯一令人满意的语义学意义"在于它与资本主义的联系,它的"本质意义"在于它是世界范围的资本主义本身;也就是说,在资本主义的第三阶段、亦即晚期的资本主义阶段,全球化带来了一种经济与社会现代化的"标准化",它具体表现为一种"普遍的市场秩序"的"殖民化"。[4]这意味着在詹姆逊的心目中,现代性的过程是一个趋同的过程,它以资本主义的市场秩序为旨归。这里需要指出的是,詹姆逊的这一观点是他的"总体性"思维的反映。差异性、多样性中有着同一性、总体性,这是詹姆逊与利奥塔等强调"差异性"的后现代主义者的不同之处。

循此思路,詹姆逊同样把"后现代性"与现代化联系起来,把它视为是在"一种倾向于更完善的现代化的境遇中获得的东西"[5],这意味着后现代性是现代化的更高阶段上的产物。詹姆斯并且把后现代性概括为"两种成就":一是农业的工业化,也就是消灭了所有传统的农民;另一种是无意识的殖民化和商业化,亦即大众文化和文化工业。詹姆逊有关现代性与后现代性的这些界定,与前面我们所知道的福柯、利奥塔等的不同,在于他并不是从哲学、思想观念、时代精神等方面来把握现代性,而是从与现代化的不同阶段的对应关系来把握的。上面提及的詹姆逊将现代性与全球范围的资本主义相挂钩,使我们能够清楚地看出他理解现代性与后现代性问题的着眼点。

2. 现代性的四个基本准则

在《单一的现代性》一文中,詹姆逊通过对当时流行的一些现代性理论进行分析,并由此提出有关现代性的四个"基本准则"。第一个基本准则是:"断代无法避免"[6]。这里的所谓断代,詹姆逊指的是在"现代性思想语境"中所认为的一些历史时期(包括思想史、文化史)之间的"断裂"。他这方面所举的例子有:其一,笛卡尔的"我思故我在"的思想所造成的与过去哲学的完全断裂,它作为一种自我意识理论或自我反观理论的代表,构成了现代性的开始,并以这些理论形成现代性的中心特征;其二,美洲的征服带来了一种全新的现代性成分;其三,传统的看法是,法国革命和启蒙运动为现代性进行了准备,催发了它的产生,同时也使得现代性的强烈的社会和政治断裂具有荣耀。此外,还有文艺复兴与前现代性的断裂、古代人与罗马人的断裂等等。

对于詹姆逊来说,从"断裂"到某一新的历史时期的形成,又从某一历史时期到新的断裂的产生,这样的往返运动所展示的是一种新的社会、文化逻辑,一种新的因果关系。这种逻辑与因果关系是原先的社会与文化体制中并不存在、或是原本并不活跃的。所以,从"断裂"入手,通过对通行的新因果关系的分析来把握某一时期的社会与文化逻辑,这是詹姆逊所要确立的现代性研究观念的第一个准则。再者,与第二个现代性准则(即现代性是一种叙事类型)相联系,詹姆逊把"断代"或"断裂"看作一种与"叙事"相关联的"思想语境",在这种语境中,现代性作为一种"叙事",其作用主要在于对以往叙事的"改写"。詹姆逊从语言学的视角上来解释这种叙事改写的功能,把它视为一种与先前的修辞发生断裂的"新的修辞";它通过对先前叙事的改写,实现了对先前叙事范畴所进行的强有力的置换。在他看来,不同的现代性理论作为不同的现代性叙事,它们所作出的不过是对已经存在并已经成为传统智慧的现代性叙事的改写,并且,与以往所宣称的对历史的洞察相比,叙事改写"具有首要的意义"[7]。它们所产生的是新的叙事内容与方式,或者说是新的解释范式。

詹姆逊有关现代性的第二个基本准则是:"现代性不是一个概念,无论是哲学的还是其它的,它是一种叙事类型。"[8]詹姆逊提出这一准则的直接用意是很明显的,即要把现代性当作一种叙事类型、亦即某种解释理论来看待;此外,对现代性的这样一种解释,除了上面提到的对不同的现代性叙事进行"改写"的意义之外,詹姆逊的另一个用意还在于否定现有的一些有关现代性的叙事,特别是流行的"自我意识"与"主体性"这两种叙事类型。他从通常认为是现代性的"绝对开端"的笛卡尔的"我思"说起。他指出,这种我思乃是作为"意识"或者"主体性"的、作为"再现"的我思,它包含着一种主、客体之间的分裂,以及在这种分裂意义上的现代"主体"、或者说是"西方主体"的出现。然而,正如康德的批判所揭示的,主体不是一个现象,而是本体,而意识作为本体是无法被展现、被再现的,也正如拉康所提醒的,弗洛伊德在抛弃了对心理分析进行科学描述之后,断然廓除了意识问题,并将它排除在讨论之外那样,詹姆逊同样要质疑的也是这样一种现代性的"我思"理论,他认为这种理论叙事是失败的,因为我们对这种意识状态所具有的仅只是一个名称而已;然而,拥有某个事物的名字并不等于就展现了它的内容,我们称之为意识的东西并不展现在感官之中,因此我们无法对自我意识进行描述,主体性的实际经验也同样不可能被再现。

詹姆逊由此还否定了海德格尔有关主、客体分裂的"我思"问题的解决方式。他写道,海德格尔用德文词"Vorstellung"(表象、想像、表征)来表示"再现","再现"这一概念就是海德格尔的解决方法。海德格尔并且把"再现"解释为将一个客体放在自我面前,并由此对它进行想像、思考抑或通过直觉进行认识的过程,或者是如他所称的属于一种主体"占有的东西",能够对它进行掌握;这用现代的话来说,是对通过某种途径对客体进行"建构"。在詹姆逊看来,海德格尔在使用"Vorstellung"一词时,对笛卡尔的我思进行了"改变",这一改变构成了"海德格尔现代性理论的实质"[9],它用于指涉主体与客体在一种特定的知识关系(甚至是从属关系)中形成如下关系,即客体变成仅仅是被主体所认识的、或被展现的东西,而主体则是一个所在地,以及用于这种展现的一个载体。在詹姆逊看来,虽然在海德格尔那里,我们的确很难将首要性赋予主体或者客体,它们每一方通过自我生成使对方得以产生,并且通过"再现"这个词对主、客体这两个极之间的相互关系作出强调;但是,海德格尔却由此将相关问题引向对"再现"这一"词"、"概念"的研究,"再现"被解读为将某种东西放置在我们面前,或者说将假定的客体放在一个被注视状态时进行的重新组合,使之重建为一个我们可以看得见、可以将它概念化的客体。由此,詹姆逊指出,在海德格尔反对我思及对现代性的探索中,现代性的出现就被解读为一种"再现",在那里对存在作出的宣称已经与展现过程合二而一。

然而,基于同样的意识不可能被展现的理由,詹姆逊得出的结论是,包括海德格尔在内的所有发生在现代性领域内的这一切,都导致了一种严重的后果,即任何根据主体性而来的现代性理论都让人无法接受。因为,"假如意识不可能被展现,那么,任何试图按照意识转变对现代性进行定位、描述的理论都会遭遇失败"[10]。他还在其他地方谈到,当代理论中的一个很主要的话题就是所谓的"主体的非中心化",这是对自我、对个人主义的抨击。[11]在他看来,主体性在西方已属"堕落"之物,因此"反对人文主义"的口号并不是件坏事。[12]

基于上述理由,詹姆逊导出他的现代性的第三个基本准则:"不能根据主体性分类对现代性叙事进行安排;意识和主体性无法得到展现;我们能够叙述的仅仅是现代性的多种情景。"[13]他认为,这一准则的提法保留了20世纪60年代的反人文主义精神,同时也带有"后结构主义"对主体的批判(把资产阶级的"个体性主体"、"自主性主体"看作从未真正存在过的东西,它不过是一种哲学和文化的迷思,是一个神话)。此外,在回答自己的设问"为什么经典现代主义是一种过去了的东西,为什么后现代主义应该取而代之"时[14],他给出的解答案是,这是由于作为现代主义代表性观念的"主体"以及相应的"个体主义"的死亡或终结。不过,詹姆逊同时还指出,虽然在哲学的语言学转向之后,各种理论对消解主体和意识的中心位置进行了有力的批判,但结果表明,要摒弃旧的习惯,摒弃以前这种依据主体性进行的分类,并不是容易的事情。

否定了以"主体性"为范式对现代性进行的分类,那么现代性的叙事究竟属于什么性质,它对于我们的理论认识又起着一种什么样的作用呢?对此,詹姆逊的看法是,"现代性"叙事不过是对历史事件或历史问题的一种解释,它仅具有第二位的、辅助性的功能,即一种解释性的功能。他认为,假如我们对现代性叙事能够持有这种认识,那就会使我们踏上一条更有效的轨道。反之,以往的各种现代性理论在他看来"基本上属于倒退的现代概念"[15]。这一则由于它们所具有的"意识形态"的特点,使得它们局限在某种特殊体系内、对某一个特定历史时刻获得的东西进行描述,从而带有某种抵制与惰性,无法面对任何一种可以想像的体系变化,无法对它们所否定的东西提出可靠的分析。此外,还由于它们往往作为一种前卫的创新概念,企求扮演某种"预言模式"的角色,提出诸如"人类将被抹去,好比画在海边沙滩上的一张脸"[16]之类的说法,以预言的方式提出的"战胜人文主义"的要求等等,这些都导致一些现代性的"虚假问题"的产生。[17]

反之,现代性叙事的真正意义,亦即它的解释功能,在詹姆逊看来则在于它能够作为"一个纯粹的编年史的范畴"[18],用于解释历史事件与历史问题。在这方面,他认为福柯的《物的秩序》不仅为我们提供了一种现代性的历史,同时也提供了一种现代性理论。因此他大体上依照福柯的划分,从历史进程的角度将现代性区分为四个时期或四种类型。第一个时期是"前现代时期",它本质上是一个"神学的世界",其中混杂着中世纪的成分与文艺复兴的某些具有迷信色彩的特征。第二个时期属于西方现代性的开始时期,福柯将它命名为"古典时期",即 17 世纪和 18 世纪,其特征表现为科学模式与工业生产方式。第三个时期,即 19 世纪和 20 世纪,是现代历史的发明,同时也是历史主义、生机论、人文主义以及所谓人文科学的发明时期。第四个时期有点特别,詹姆逊认为它与第一个时期一样,无法从技术的角度将之称为一个独立的历史时期,因为第四个时期属于一个朦胧但却富有预言的领域,充满着语言和死亡,它生存在我们现代性的缝隙中,并对自己进行否定和消解,因此无法作为一个独立的历史时期而实现。这样,现代性真正说来只存在于第二与第三时期。

这里我们看到,詹姆逊的现代性概念实际上是一个"编年史"的范畴,它借用福柯的理论,以历史进程为依据来划分现代性时期。因此,詹姆逊的现代性概念本质上乃是一个时间的、历史的概念,这一点也体现在他将后现代视为晚期资本主义阶段的说法上；虽然詹姆逊本人否认现代性是一个"时间的范畴"，但他作出的这种划分显然在实质上乃是时间性的、亦即历史性的。说现代性是某种历史的"时期"，而又否认它是一个"时间范畴"，这显然是一个难以自圆其说的矛盾。此外，他的现代性概念的另一个特点还在于从解释性的角度着眼，试图把现代性解释为"一个完整历史时期的一种文化逻辑"[19]。这一解释同样也贯穿在他对后现代的理解上，即把后现代解释为一种"晚期资本主义的文化逻辑"，这我们在后面还会讲到。

　　了解了詹姆逊有关现代性概念的界定，也就不难理解他为现代性提出的第四个基本准则，即："任何一种现代性理论，只有当它能和后现代与现代之间发生断裂的假定达成妥协时才有意义。"[20]这一准则的核心显然在于为现代性与后现代性概念提供一种衔接，这种衔接的基础同样在于它们所属的"纯粹的编年史范畴"与"解释性"的性质。之所以需要"后现代"这样一个概念，在詹姆逊看来是由于"情景发生了变化"[21]，因此在作出理论反应时，需要有一种新的术语，虽然在挑选术语时需要谨慎从事。这种情景的变化属于历史时期的"断裂"，属于不同历史时期的"异"的方面。不过由于詹姆逊认同一种"总体性"的解释方式，因此"差异"在他看来不过属于系统总体中的一部分，不论是现代或后现代，它们同属于统一的资本主义的范畴，都是一种普遍化的市场秩序与文化逻辑中的不同阶段与类型的表现。因此，现代性与后现代性理论之间并非绝对排斥的，相反，它们是相容的、能够达成"妥协"的，因为它们在小"情景"的差别下，有着大"情景"的相似性，所以是可加以"协调"的。

二　晚期资本主义与后现代主义

1. 晚期资本主义与文化分期

　　詹姆逊的后现代性理论是建立在有关"晚期资本主义"这一分期的根据之上的。他这方面的理论来源是曼德尔的相关学说。曼德尔在他的《晚期资本主义》一书中,将资本主义的发展区分为三个主要阶段,即第一阶段的"市场资本主义",第二阶段的帝国主义的"垄断式的资本主义",以及当代的作为第三阶段的"晚期资本主义"。对于此第三阶段的资本主义的名称,詹姆逊不同意用"后工业阶段"来概括,而把它叫做"跨国资本主义",将它视为"资本主义最纯粹的形式"。这一我们现在所身处的年代,詹姆逊认为从科技发展的角度看,还可以称为"第三个(甚至第四个)机器时代"[22]。之所以有此说法,是因为在詹姆逊看来,既然社会及科技的发展会从一个时期演化到另一个时期,那么社会文化跟机器的关系以及它对机器的再现的方法形式,也会随着时代的变化而转变。

上述的"跨国资本主义"可视为晚期资本主义具有的一个特征。除此之外,在詹姆逊那里,"消费社会"也是它的另一个特征。这种消费社会的突出表现,在于"商品消费同时就是其自身的意识形态"[23],也就是说,只要你需要消费,那么任何意识形态对你来说都无关紧要了;社会上出现的只是一系列的行为、实践,而不是什么信仰。詹姆逊并且认为,当代西方人可以说是生活在一种"十分标准化的后现代文化"之中,这体现在各种媒介、电视、快餐和郊区生活等方面。反之,在过去的时代,人们的思想、哲学观点等意识形态在社会与生活中扮演着重要的作用,信仰与主义统制着人们的生活。与这一"消费社会"相联系的,是晚期资本主义的另一特征:"社会已经演变成为一个由多方力量所构成的放任的领域,其中只有多元的风格,多元的论述,却不见常规和典范,更容纳不了以常规典范为骨干的单元体系。"[24]这意味着詹姆逊将晚期资本主义社会看作一个已经完全多元的、抛弃了某种单一规范的放任社会。

与此资本主义的三阶段论相对应,詹姆逊提出了一种资本主义文化分期的三类型论,即"现实主义"、"现代主义"与"后现代主义"。他坦言自己这一分法也是从曼德尔的三分模式中得到启示、得到印证的。在他看来,这三种文化上的"主义"乃是三个特定的历史阶段,自身都构成一个完整的、全面的文化逻辑体系。它们分别反映着不同的心理结构,标志着人的性质的一种"改变",或者说"革命"。[25]

从时间上说,詹姆逊认为后现代主义起于 20 世纪的 50 年代末期到 60 年代初期之间,此时西方文化发生的"剧变",使得它与过去的文化彻底"决裂"。詹姆逊对后现代主义文化的这种评价,符合他的现代性准则的"断裂说",即后现代主义是对现代主义文化风格或类型的一种断裂或决裂。至于"后现代主义"一词的正式启用时间,詹姆逊认为大约是在 20 世纪 60 年代中期。它首先出现在"建筑"这一特定的领域,建筑师是第一批有系统地使用"后现代主义"一词的人。他们用这一概念来表示现代主义的过时与死亡,表示一种新的建筑理念与风格的开始。

2. 晚期资本主义的主导文化

詹姆逊既已认定当今晚期资本主义社会的文化属于后现代的文化,那么,这种文化奉行一种什么逻辑,它又是如何表现为现今主导文化的? 这可说是詹姆逊的后现代理论所要探寻的根本问题。用他自己的话来说是,后现代"到底如何以晚期资本主义整体逻辑里的主导文化形式呈现于社会生活中"[26]。这一问题的核心,是文化的普遍命运以及文化在特定社会层面的功能问题。对此,詹姆逊基本上是从马克思主义的经济基础决定意识形态上层建筑的思想出发,来作出自己的分析。他的基本论点是,文化的存在"不论好坏,都是建基于实质生活客观基础之上"[27],因而所谓的"后现代主义"根本无法脱离晚期资本主义世界文化领域里的基本变化因素而存在。文化领域的真实功能在于把具体世界里的诸种现象以镜像的形式反射在自身之上,因此虽然相对的自主性在早期的资本主义社会确曾在一定程度上存在,然而这种独立自主性在今天的文化中已不再存在。文化产品具有明显的意识形态性质,或者进一步说,商品已经成为自己的意识形态(有关詹姆逊这种说法与他的其他解释的矛盾,我们在结束语里会谈到)。

上面我们已经知道,后现代主义作为晚期资本主义的主导文化,是与现实主义、现代主义相比较而言的。詹姆逊对这三种不同的文化逻辑的典型特征曾经从符号学的角度进行过刻画。他表示,现实主义、现代主义和后现代主义这样一个次序可以用"符号"本身及其结构变化在世俗世界中所经历的演变来理解,它们可以分别被刻画为"解码"(decoding,亦可理解为"规范解体"的意思)、"重新编码"(recoding,亦可理解为"重建规范"的意思),以及"精神分裂的逻辑"。

这里,詹姆逊所使用的"解码"、"重新编码"以及"精神分裂"这三个概念,直接来自于当代法国哲学家德娄兹与瓜塔里。在他们那里,人类社会的早期属于"编码"、也就是规范形成的时代,它形成了"神圣的官僚体系、神圣的法典、巨大的财富、剩余物质和国家权力"。神圣帝国时代则属于"过量规范"(overcode)形成的时代,它在最初的社会规范之上又加上了大量的规范,把原始的规范重新组织成一套等级森严的体系。德娄兹与瓜塔里用"解码"来表示资本主义对一切神圣残余的摧毁,把世界从错误和迷信中解放出来,使它成为一个可以被科学说明、衡量,挣脱了一切旧式的、神秘的、神圣的价值的客体。詹姆逊称道"解码"这一用语可以间接地概括以往对西方社会的种种解释,包括韦伯的"世俗化"、法兰克福学派的"对自然的工具化",等等。"重新编码"则是德娄兹与瓜塔里用以表示人们力图"恢复具有鲜明个人性质和主观色彩的领地","力图创建那古老的规范"的努力。[28]最后,德娄兹与瓜塔里还用"精神分裂"来表示当代那些采取极端的反叛形式的人,他们反叛一切社会形态,否定一切,立意要消灭所有的规范,再次恢复一切规范和科学产生之前的那个"原始流"的时代。

詹姆逊声言,德娄兹与瓜塔里的上述说法的真正意义,在于它在结构主义的"反历史"的背景下,重新带来一种历史的视野,提供了他一直在寻找的东西,即某种合适的术语或叙述方式,使得能够以统一的口径来表达各个文学时期(如"原始的"或前资本主义的、垄断资本主义的和跨国资本主义)的联系与结构,同时又能指明其特定的社会和历史发展。他借用德娄兹与瓜塔里的这三个表达方式,把它们分别对应于他的三个文化分期,即:"解码"的时代是现实主义;"重新编码"(或者各种规范重建)的时代是现代主义;而患精神分裂症要求回归到原始流时代的理想正恰如其分地代表了后现代主义一切新的特点。[29]

在詹姆逊看来,19世纪的现实主义提倡的是一种"再现"的美学。它的认识论预设是,认识主体能够接近现实,并且现实是可以再现的,认识可以表现、把握现实的"真理",因此它是一种"再现现实的积极的征服性的模式"。[30]从符号哲学的角度上说,现实主义把符号与指涉物(现实)之间的关系,视为一种"符合"或等价的关系。在这种意义上,符号意味着"自然的"、自我有效的东西。詹姆逊也把现实主义称作一种"意识形态",它随着资本主义的发展而产生,同样也伴随着资产阶级在一个社会失范和破碎的世界里的开始衰亡,而失去它的存在基础;这意味着现实主义的对象(世俗的现实,客观的现实)已不复存在,因此它成为与社会不相适合的东西。

现代主义以一种不同的文化逻辑替代了现实主义,其特征可被刻画为"符号"和它的指涉物(referent)之间的分离。在符号学原本的意义上,任一符号除了由"能指"(signifier)和"所指"(signified)构成之外,还具有一个与现实的存在物的关系,即它指称某个对象(referent,指涉物)。能指和所指就像是一枚钱币的不可分离的两面,任何能指(即符号的语词、概念方面)都表示一个所指(即符号的意义方面)。例如"太阳"这样一个语词或概念,其意义即在于表示某个能发光的恒星。此外,这种概念的意义来自于它的"指涉物",即现实中存在的这样一种星体。不过,现代主义开始使能指与所指产生分离,与之相伴随的是符号和文化本身的自主性的出现。詹姆逊认为,在市场资本主义转变为帝国主义的时期,物化的力量开始消解现实主义的模式本身,开始把曾经为现实主义提供了对象的指涉物的经验弃置一旁。语言所指涉的世界、现实、日常生活虽然仍然存在于视野中,但却被从语言的生活中排除了出去。这一时期的符号在去除了指涉物之后,只剩下能指和所指的结合,这就使人感到它们仿佛是自主的,似乎有着一套自身的逻辑。不过,在詹姆逊看来,现代主义的这种符号的自主性,实际上还只是一种"半自主性",因为符号的完全自主性只有在后现代主义那里才能实现。

在詹姆逊那里,后现代主义对应于"跨国资本主义的或者说失去了中心的世界资本主义" 的阶段。[31]在和前两个阶段完全不同的这一文化阶段中,符号达到其完全的自主性,这意味着符号在去除了它的指涉物之外,甚至还去除了所指,而只剩下主动性的能指,亦即纯粹的符号本身;所指或者说语言的意义已经被抛弃,这表明后现代主义并不在乎符号的意义,而只关注符号本身,因此说在后现代主义那里,所指消失了。人们在这个阶段所看到的只是纯粹的能指本身所有的一种新奇的、自动的逻辑:文本、文字、精神分裂者的语言。

这里,詹姆逊强调的是后现代主义文化中的符号的"自主性"。这一自主性与现代主义的符号的"半自主性"形成对比。在詹姆逊看来,符号的完全自主性只有在成熟的后现代主义那里才能实现。这种后现代主义的文化逻辑是一种完全分离的、精神分裂的逻辑,此时符号的任意关系不仅在于符号和其指涉物(即符号所指称的现实对象)之间,而且在于能指(用以表示某种意义的语词、字符或音符)和所指(被语词所表示的观念意义)之间。

用"精神分裂症"来刻画后现代主义的符号的任意性,这是詹姆逊引借拉康的用法,把它用于一种"描述性的"、而非"判断性"的意义上,用以表示后现代主义那种能指和所指完全分离、所指消失的特征,甚至还用来表示"能指之间关系的断绝"[32],即在时间的连续性被打破的状态下,个体只限于孤立的、"当下的感受"。之所以要将这种分离与孤立冠以"精神分裂"的名称,这是采用拉康有关精神分裂理论的解释。按照这种解释,由于人的有关时间的感受,包括对过去、现在、记忆以及个人身份的长期持续性的感受乃是一种语言效应,而精神分裂者并不具备正常人有关时间连续性的感受,他们头脑中的过去和未来的时间概念已经消失,只剩下单纯的、孤立的现在,因而只是生活在永远的"当下"之中;或者换句话说,精神分裂者的感受是一种有关孤立的、隔断的、非连续的能指的感受,他们无法将之与一个连续的序列关联起来,因此他们也不知道我们心目中的个人身份,因为这种有关身份的感觉有赖于"我"在时间上的持续性的感受。这样,由对时间和逻辑纽带的消解,以及单纯的个别经验片段的前后接续,带来的结果是不存在某种抽象的意义、确定的价值和既定的社会秩序,因为这类意义、价值和秩序总是与有组织的、连续的社会生活联系在一起的。

詹姆逊把精神分裂症视为后现代文化理论中"一个非常流行的主题"[33],认为它构成后现代主义音乐与文学作品的显著特色。在前者,它表现为没有时间感的调性的统一或奏鸣曲的形式;在后者,典型的例子是法国的"新小说",它以一种零碎的、片断的材料形式出现,表现为意象的杂乱的堆积,在阅读中给人以一种移动地结合的感觉,而永远不能产生某种最终的"解决"。对于这种后现代主义的文学表现方式,詹姆逊持的是否定态度,蔑之为一种"东拼西凑的大杂烩"[34]。

三　后现代的文化逻辑

前面我们知道,詹姆逊把资本主义文化区分为现实主义、现代主义与后现代主义三个时期。作出这种区分的意义,在他看来是要把握不同时期的文化的"主导形式",以便通过这几个不同的文化主导形式,来更全面地了解这个历史时期的总体文化特质,从而能够把一连串非主导的、从属的、有异于主流的文化面貌聚合起来。詹姆逊同时还用"文化逻辑"一词来表达这一文化"主导形式"的概念。但不管使用哪一个概念,它们的用意是一样的,就是要从"总体文化"的角度来把握后现代主义。所谓的文化"主导形式"或"文化逻辑",其核心是某种"支配性价值规范的观念",由之聚合起"各种各样的文化动力"、文化"力量",从而形成一个"文化中枢",并相应产生其价值系统。[35]

1."总体性"思维与全球化

力图把握文化的主导性逻辑这样一种思考方式,正是詹姆逊所推崇的"总体性"思想方法的集中表现。就此,詹姆逊论证道,假如缺乏对这种文化主导逻辑的普遍认识,我们就会片面地把现阶段的历史状况视为多元文化的简单呈现,把它当作文化差异的随机演变。进而,历史也只能被看作不同文化动力的勉强共存,至于这种共存能够带来什么样的"效应",在这种理解方式下则始终无法看清楚。

在第十讲中我们已经知道,"向总体性开战"、倡导差异性思维,是利奥塔的后现代主义的一个方法论宣言与纲领。现在,在总体性"几乎成了每个人自发去反对的东西"的时候,詹姆逊明确主张总体性思维,这无异于逆水行舟,颇具反潮流的味道,无怪乎他有着这样的感叹:"引人注目的是我对后现代主义的研究所采用的总体化方式,……为什么激起了这么多人的反感。"[36]詹姆逊主张总体性的思维方式,源于他的马克思主义的思想背景。他认为马克思主义理论的强大力量,在于它坚持认识的总体观。它把社会生活看作一个整体,因为劳动的解放、人的解放不是局部的、单个的、孤立的事件,而是在整体意义上的人类命运。詹姆逊持守马克思主义的辩证法,声称它在今天仍然是分析资本主义的最佳模式。这一模式表现为一种总体性的辩证思维,它构成认识世界的指导原则。

对于后现代主义者,包括德里达、利奥塔等以歧义、异质性等概念来反对总体性思维的论说,詹姆逊以系统本身存在矛盾、变异是系统的组成部分的思想加以反驳,主张要发掘社会表象背后的深层本质,必须以总体性和系统性的原则为方法论的前提。他强调"中介"概念在认识中的重要作用,把它视为辩证分析的一个基本手段,用以克服诸如意识形态从政治、宗教从经济的分离,日常生活与学术实践之间的鸿沟等这类社会生活不同区域、层面的分隔化,以及由此造成的这些不同区域、层面之间相互孤立的破碎性和自治化的后果。因此中介的作用在于联系起两个不同的结构层面,它既有分析性的运作,同时又有综合性的运作,藉此人们可以把握社会上各种不同现象和特定领域之间的内在联系。

詹姆逊用以支持这一总体性思维的一个主要依据,是全球化的事实。他把全球化看作一个涵盖了政治、经济、文化和社会等方面的总体性概念,它体现的是不断加强的同一性,而不是差异性。因为,当今自主的国家市场和生产领域正迅速同化为一个单一的空间;民族的独特性,譬如饮食方面的独特性,业已消失;世界各国正被整合成全球性的劳动分工;尤其是在文化方面,全球化使地方性的文化濒临灭绝的境地。

2. 后现代的"空间化的文化"

不论是全球化还是总体性,在詹姆逊那里,都关联到一种后现代的"空间化"观念。他把"空间化"看作"在某种较高的意义上为我们提供了理解后现代主义的一把钥匙"[37],认为后现代就是"空间化的文化"。反之,"时间化"则被作为理解现代主义的一个关键术语,时间的体验构成现代主义的主导要素。后现代主义之所以是空间化的,乃由于现代主义的时间感及其历史性观念已经产生了危机,就像前面所提到的那样,后现代社会中的主体就像精神分裂患者一样,头脑中不存在过去和未来的时间概念,他们只是生活在孤立的"现在"之中,对时间的连续系列的感觉已经消失,因此在日常生活里,他们的心理经验及文化语言都已经让位给空间的范畴,由其所支配。

詹姆逊的空间概念主要受到亨利·列斐伏尔的影响,后者把空间看作并非被给定的,而是通过社会实践生产出来的。列斐伏尔提出的"空间一体"理论,包含了感知的物理空间、构思的精神空间和生活的社会空间。在詹姆逊那里,晚期资本主义所生产出的后现代空间,除了表现为随着经济全球化而来的"跨国性"空间以外,还突出地在文化上表现为一种"超级空间"。跨国性的空间在今日已是不言而喻的,詹姆逊的理由是,随着晚期资本主义的大规模全球性扩张,世界正面临一个新的全球性体系,面对一个新的、整体性的全新空间。这一新的空间概念带来的是一个不同的政治文化模式,通行一种不同的文化逻辑。"超级空间"则有类于列斐伏尔所说的"精神空间"与"生活空间",它是对人在现实生活空间中所产生的"精神空间"的观感。詹姆逊举处于洛杉矶市中心的一座后现代建筑"鸿运大酒店"为例,通过对这座建筑物中的空间结构、玻璃幕墙、升降机和自动楼梯等的描述,来揭示当人们身处这庞大的空间时所产生的那种茫然若失、距离感消失直至自我迷失的感觉。他描绘道,当设在塔楼里的高速升降机从高处冲回到地面的大堂中心,触目所及,但见人来人往,全无秩序,感受到的是拥挤的人流所充塞的空间。你身处其中,完全失去距离感,再不能有透视景物、感受体积的能力,整个人便融入这样一个"超级空间"中。再者,四座塔楼完全对称,无论你身处大堂的哪一个地方,都莫辨东西南北。即使大堂近来加设了颜色标志和方向指示牌,可这都让人觉得大家来来往往忙忙碌碌,无非歇斯底里而又可怜兮兮地极力想在一个失去的空间里寻找旧时空间的明确坐标。

詹姆逊就此想揭示的一个"最主要论点"是,"超级空间"作为新近的一种空间转化的结果,使得空间范畴超越个人所能为自身定位的能力,一旦置身其中,我们便无法以感官系统组织我们四周的一切。我们既不能透过认知系统组织环绕我们四周的一切,也不能为自己在外界事物的总体设计中找到自己确定的位置方向。这意味着自我主体的消失在于为后现代的超级空间所吞没。在当前的社会里,庞大的跨国企业雄霸世界,信息媒体透过不设特定中心的传播网络而占据全球。主体处身于由跨国空间与超级空间共同构成的巨无霸空间中,最强烈的感受乃是一种深深的无奈:"作为主体,我们只感到重重地被困于其中,无奈有力不逮,我们始终无法掌握偌大的网络实体,未能于失却中心的迷宫里寻找自我究竟如何被困的一点蛛丝马迹。"[38]

3. 后现代文化的病状

詹姆逊曾对后现代文化的特征在不同场合作出过不同的概括,包括它的商品化、平面化、零散化以及情感的消失等等,甚至把"盗袭"(指对某种独特风格的模仿)也当作它的一个特点。这里,我们在詹姆逊这些概括的基础上再行归类,将他心目中的后现代主义的特征归结为如下几个方面。

其一,是文化的商品化。詹姆逊为后现代勾勒出一幅它的"堕落"的风情画:举目便是下几流的拙劣次货(包装着价廉物亦廉的诗情画意)。周遭环顾,尽是电视剧集的情态、《读者文摘》的景物,而商品广告、汽车旅店、子夜影院,还有好莱坞的 B 级影片,再加上每家机场书店都必备的惊险刺激、风流浪漫、名人传奇、离奇凶杀以及科幻诡怪的所谓"副文学"产品,联手构成了"后现代社会的文化世界"。[39]这一商品化的结果使后现代文化在内容形式以及美感经验方面,都带来一种与以往文化大相径庭的版本。它抹掉了以往高雅文化与通俗文化、纯文学与通俗文学之间的差别,矫揉造作成为文化的特征。詹姆逊痛陈商品化进入文化的结果是,艺术作品正在成为商品,甚至理论也成了商品。

其二,是詹姆逊称为一切后现代主义文化的"最明显特征"的"无深度感"[40],即浅薄化。他以梵高的画作《农民的鞋》作为现代主义视觉艺术的代表,同后现代的华荷的《钻石灰尘》进行比较分析,认为人们从中看到的是"两个截然不同的世界"。他首先引用了海德格尔对梵高这一画作的诠释,说明它如何透过色泽鲜艳的画面,把早经隐没的客观世界完整地建立起来,以艺术品为中介,把鞋的"实体"转化为"存在",使人品味到"大地"与"人间"的观念。反之在后者那里,画作缺乏内涵,甚至可以说它已经不再向观画者诉说什么了,观画者也无法为这样的画作进行任何的"阐释活动",因为它是如此的表面化,给出的不过是一种"崭新的平面而无深度的感觉"。[41]这种浅薄的艺术观念与表现手法,使得"影像"(image)与"类象"(simulacrum,亦可理解为某种"模仿物")构成后现代"主导"性的文化形式,这也即是詹姆逊所说的后现代主义使"现实转化为影像"的意思——影像不过是对现实的表面的、粗浅的拷贝。[42]在削平思想的深度之后,后现代主义专注的只是符号、文本的字面上的肤浅意义。

与这种"无深度感"相伴随的,是后现代主义对如下四种"深度模式"的排斥:一是辩证法,它要从现象进入本质,找到其中的规律;二是弗洛伊德的精神分析,要从意识的层面进入深层的无意识;三是存在主义理论,试图从非本真性深入到把握本真性的存在;四是符号学,它区分开能指和所指,认为所指隐含着某种意义。总之,这四种深度模式的共同之处,就是都不相信表面的现实和现象,而试图走进一个内在的意义里去。詹姆逊认为,后现代主义对这四种深度解释模式的抛弃,是一个"很重要的历史转折",标志着"传统哲学的结束,新的理论的出现"。[43]

其三,是"主体"、"自我"及其"情感"的消失。詹姆逊认为,如果说用以刻画现代世界主体状况的词语是"疏离和异化",那么踏入后现代境况之后,文化的病态已全面转变,现在则应当用"主体的分裂和瓦解"来对此进行概括和说明。詹姆逊解释道,"主体的灭亡"指的是不假外求、自信自足的资产阶级独立个体的终结,同时这也意味着"自我"作为单元体的灭亡,它再也不是万事万物的中心。与此相联的是,自我既已不复存在,那么情感也就无所寄托,同样也不存在了;也就是说,后现代的一切情感都是"非个人的"、飘忽无所主的。詹姆逊解释说,他用"情感的消逝"所要概括的,正是这种由主体与自我的消逝所带来的人的种种内心病态的结局:一切个人的风格、能够在艺术中表达的个人特征,统统由于机械再生产技术的流行而告终结。詹姆逊并且用"零散化"一词来刻画主体消失的"后现代主义的病状",它除了表示自我的不复存在,还进而表明自我已经变成"无数的碎片"。不难看出,詹姆逊的这种说法,延续的是西方哲学对工具理性、技术社会和"单面人"的批判。

詹姆逊对这些后现代主义特征的把握与分析,目的是为了"紧握后现代主义的真理"。他由此认为首先要掌握的是后现代主义文化的基本对象,亦即在跨国性的世界空间里,来达到对后现代主义这一前所未有的文化模式的把握,借此来"为自我及集体主体的位置重新界定,继而把进行积极奋斗的能力重新挽回",以便发展出一种"具有真正政治效用的后现代主义",从而完成时代的文化政治使命。[44]

作为一个文化批评家而非思想家、哲学家,詹姆逊留下的是一些对后现代的社会与文化的批评。他认定后现代社会的存在,把它等同于资本主义发展的一个晚期阶段,并把后现代主义看作相应于这样一个经济基础的文化形式。这是来自美国的"马克思主义者"的一种后现代主义解释。

詹姆逊思想的特点是兼收一些他人的概念与学说,例如马克思的经济基础与上层建筑的关系的学说,曼德尔的资本主义三阶段说,利奥塔的叙事说,列斐伏尔的空间说,拉康的精神分裂说,吉登斯的断裂说等,以之作为自己分析与批判的视点。缺乏自己独特的视角与概念,尤其是进行"总体性"思考所需要的相应的整合性范畴,这是詹姆逊理论的最大缺陷,也使得他难以跻身于大思想家、哲学家的行列。由此而来的结果是,由于缺乏哲学的洞见与深度,他对现代性与后现代主义的分析,给人留下深刻印象的东西并不多。他提出的关于现代性的四个基本准则,大体上也是对以往理论的一个综合,一般属于泛泛而论的东西,并不能给人什么有意义的启迪。

在方法论上,詹姆逊崇奉总体性方法,试图以某个一统性概念来把握当代社会与文化的总体特征,这使得他采纳"后现代"的概念,以求把握相关的社会实质与文化逻辑,最终达到把握后现代的真理的目标。但是在追求这样的目标时,詹姆逊的理论表现出一些"硬伤"。

首先,他缺乏分析哲学那样的严格的概念分析以及相应的概念的明晰性,甚至在概念的使用上表现出相当大的随意性与明显的矛盾性。这里仅举两方面的例子来说明这一点。一是,就詹姆逊使用的最基本的"后现代主义"概念而言,它本身就是含糊不清的,带有"以偏概全"的错误。他批评"无深度感"是后现代主义的特征,但仅就他归入后现代主义范畴的"后结构主义"来说,诸如福柯、德里达与利奥塔等人的学说,显然并非没有深度,至少我们可以说,假如他们的哲学没有深度,那么詹姆逊的理论就更无深度可言了。由此,詹姆逊似乎陷入这样一个尴尬的境地:要么是他的"后现代主义"的概念本身的内涵与外延有问题,要么是他对后现代主义的批评是草率的、失真的。二是,詹姆逊一方面说文化只能是建基于现实的生活之上,文化领域的真实功能在于把具体世界里的诸种现象以镜像的形式反射在自身之上,"后现代主义"同样无法脱离晚期资本主义世界而存在,因此文化的自主性在今天已不再存在;但另一方面,他又说在后现代主义中,符号达到完全自主的地步,它不仅脱离了与指涉物的关系,而且还去除了所指,甚至用"精神分裂症"来刻画后现代主义的符号的任意性。此外,既然说文化只能是镜像式的反映,又如何能够说在早期资本主义中文化有其"相对自主性"?

其次,在对待后现代社会与后现代主义的态度上,詹姆逊的理论表现出一种明显的、令人惊讶的矛盾状态。一方面,他肯定"后现代性的成就",包括经济与社会方面的,认为"现代性是一系列的问题和答案,它们标志着未完成或部分完成的现代化的境遇的特征;后现代性是在一种倾向于更完善的现代化的境遇中获得的东西,它可以概括为两种成就:一是农业的工业化,也就是消灭了所有传统的农民;另一种是无意识的殖民化和商业化,换句话说就是大众文化和文化工业"[45]。这意味着比起现代性来,后现代性是更为完善的现代化的结果,有着更高的经济与文化上的成就。它不仅表现为上述经济方面的"资本主义的形式和力量的强化",而不是它的"衰落或被超过"[46],而且甚至在哲学、文化上,也有着不凡的成就。例如,他赞扬后现代主义的"理论"或理论话语"激起了大量关于新的思维和新的观念的写作",这构成"后现代性的巨大成就之一"[47];但另一方面,在嘲讽后现代社会的"举目便是下几流拙劣次货"这样一幅"堕落的'风情画'",把浅薄、没有深度、零散化等归结为后现代文化的病状,贬斥后现代文化在表达形式上的艰深晦涩、在性欲描写上的夸张渲染、在心理刻画上的肮脏鄙俗,以至于在发泄对社会、对政治的不满时所持的那种明目张胆、单刀直入的态度,称之为"超越了现代主义在其巅峰时期所展示的最极端、最反叛、最惊人骇俗的文化特征"[48],乃至痛斥后现代文化的"奇特怪异,全无道德标准"时[49],他又以一副完全不同的面孔与口吻出现,后现代文化这时在他的笔下已无完物。

有着诸如此类的矛盾与不确定性,难怪詹姆逊对自己提出的后现代主义的"模式"有着这样的说法:"我提出了一个后现代主义的'模式',到底是否名副其实,现在只得听天由命。"[50]虽然他也还表示了某种乐观,认为这一模式的构成最终是有吸引力的,不过"听天由命"的说法,毕竟透露出他心中的些许茫然。

思考题

1. 詹姆逊是如何看待现代性、后现代性与现代化之间的联系的？

2. 詹姆逊所提出的"现代性的基本准则"有哪些？

3. 詹姆逊刻画了后现代"文化逻辑"的哪些特征与病状？

参考书目

詹姆逊:《晚期资本主义的文化逻辑》,张旭东编,陈清侨等译,北京:三联书店,1997年。

《詹姆逊文集第4卷:现代性、后现代性和全球化》,王逢振主编,中国人民大学出版社,2004年。

詹姆逊:《后现代主义与文化理论》,唐小兵译,北京大学出版社,1997年。

注　释

〔1〕 詹姆逊:《晚期资本主义的文化逻辑》,张旭东编,陈清侨等译,北京:三联书店,1997年,第418页。

〔2〕 同上书,第421页。

〔3〕 《詹姆逊文集第4卷:现代性、后现代性和全球化》,王逢振主编,中国人民大学出版社,2004年,第6页。

〔4〕 同上书,第10—11页。

〔5〕 同上书,第10页。

〔6〕 同上书,第23页。

〔7〕 同上书,第27页。

〔8〕 同上书,第31页。

〔9〕 同上书,第40页。

〔10〕 同上书,第41页。

〔11〕 詹姆逊:《后现代主义与文化理论》,唐小兵译,北京大学出版社,1997年,第194页。

〔12〕 同上书,第206页。

〔13〕 《詹姆逊文集第4卷:现代性、后现代性和全球化》,第74页。

〔14〕 詹姆逊:《晚期资本主义的文化逻辑》,第401—402页。

〔15〕 《詹姆逊文集第4卷:现代性、后现代性和全球化》,第72页。

〔16〕 同上书,第49页。

〔17〕 同上书,第57页。

〔18〕 同上。

〔19〕 同上书,第25页。

〔20〕 同上书,第74页。

〔21〕 同上书,第73页。

〔22〕 詹姆逊:《晚期资本主义的文化逻辑》,第485页。

〔23〕 詹姆逊:《后现代主义与文化理论》,第29页。

〔24〕 詹姆逊:《晚期资本主义的文化逻辑》,第452页。

〔25〕 詹姆逊《后现代主义与文化理论》,第157页。

〔26〕 詹姆逊《晚期资本主义的文化逻辑》,第500页。

〔27〕 同上书,第504页。

〔28〕 同上书,第282页。

〔29〕 同上书,第282—283页。

〔30〕 《詹姆逊文集第4卷:现代性、后现代性和全球化》,第229页。

〔31〕 詹姆逊:《晚期资本主义的文化逻辑》,第286页。

〔32〕 同上书,第409页。

〔33〕 同上书,第291页。

〔34〕 同上书,第292页。

〔35〕 詹姆逊:《晚期资本主义的文化逻辑》,第432页。

〔36〕 《詹姆逊文集第4卷:现代性、后现代性和全球化》,第204页。

〔37〕 詹姆逊:《晚期资本主义的文化逻辑》,第293页。

〔38〕　同上书,第 497 页。

〔39〕　同上书,第 424 页。

〔40〕　同上书,第 440 页。

〔41〕　同上。

〔42〕　詹姆逊:《晚期资本主义的文化逻辑》,第 433 页。

〔43〕　詹姆逊:《后现代主义与文化理论》,第 201 页。

〔44〕　詹姆逊:《晚期资本主义的文化逻辑》,第 515 页。

〔45〕　《詹姆逊文集第 4 卷:现代性、后现代性和全球化》,第 10 页。

〔46〕　同上书,第 63 页。

〔47〕　同上书,第 1 页。

〔48〕　詹姆逊:《晚期资本主义的文化逻辑》,第 429 页。

〔49〕　同上书,第 506 页。

〔50〕　《詹姆逊文集第 4 卷:现代性、后现代性和全球化》,第 216 页。

第十三讲

哈贝马斯:现代性的重建

现代性话语的反思

现代性规范基础的重建

现代性的规范内涵

哈贝马斯(Jürgen Habermas,1929—　)是当代哲学家中对现代性问题予以最自觉的关注与反思的一位,并且也是对现代性予以最着力辩护的一位。概括起来,他的现代性研究包含两个主要着眼点,其一是将它作为一种"现代病理学理论"[1],来诊断现代性理论中存在的问题,另一是把现代性作为"一项未完成的构想(project)"[2],宣称自己自 80 年代以来就一直进行着这一引起广泛争议的构想。就前者而言,他把现代性的问题在哲学层面上归结为受制于一种"意识哲学"的范式,依据一种分裂的"理性"以及与之相关的"主体性"概念,来建立现代性的规范基础。对于后者,他构造出一种"交往行为理论",试图依靠"交往理性"来重建现代性的规范基础,设想通过建立一种生活世界的运行原则,使个体与社会共同体的矛盾能够得到协调一致,从而克服西方社会的个体主义的弊端,在社会化的过程中实现个体化,并且通过在公共领域中的沟通与取得共识,达致一种意见与意志的公共性,由此实现对国家的真正意义上的民主控制。

一 现代性话语的反思

哈贝马斯的现代性"现代病理学理论",把"主体哲学"、"意识哲学"诊断为现代性问题的根本所在,也就是说,正是由于现代性以主体性原则及其内在自我意识结构作为科学、道德与艺术的规范的基础,才导致了一系列问题的发生。哈贝马斯的这种"现代病理学"的分析从黑格尔开始,也就是说,回到黑格尔的现代性概念。之所以如此,是因为在他看来,原本到韦伯为止,现代性与合理性之间的关系一直都是不言而喻的,然而今天却成了问题。要想搞清楚这种内在联系,就必须回到"第一位清楚地阐释现代概念的哲学家"黑格尔那里[3],从黑格尔的现代概念开始,搞清问题的根源与症结之所在。

1. 主体性作为现代性的自我确证原则

主体性原则之所以产生并能够作为现代性的原则,这在哈贝马斯看来,是由于现代世界本身面临着一个自我理解以及现代性需要确证自身的问题。他认为,从后期经院派直到康德那里,近代哲学已经提出了有关现代的自我理解的问题,而到了 18 世纪末,现代性要求确证自己的问题变得十分突出,这使得黑格尔把它作为一个哲学问题,甚至于作为他的哲学的基本问题加以探讨。

在对上述哲学问题作出回答时,黑格尔发现"主体性乃是现代的原则"[4]。所谓"主体性",在黑格尔那里意味着一种关涉到自我的结构,其核心的要素有两个,一是作为个体行为权利的"自由",二是作为思想、精神之本质的"反思"性活动。宗教改革、启蒙运动和法国大革命,表现为体现了这种主体性原则的主要历史事件。自马丁·路德开始的宗教改革运动,使盲从的宗教信仰变成了一种自觉的精神反思,原本神圣非凡的神的世界,变成了由人们所设定的东西。"圣饼"不过是面粉做成的,"圣骸"也只是死人的骨头而已。而《人权宣言》和《拿破仑法典》则反对将历史上的法作为国家的实体性的基础,从而实现了意志自由的原则。

进而言之,哈贝马斯认为现代的宗教生活、国家和社会,以及科学、道德和艺术等都体现了这种主体性原则。它们在哲学中表现为这样一种结构,即笛卡尔"我思故我在"的抽象主体性和康德哲学中绝对的自我意识。由于不论在笛卡尔还是康德那里,理性都构成"我思"或"自我意识"的内核,因此,这种主体性哲学在根本上属于以"理性"为核心的"意识哲学"。在这种意识哲学中,自我意识要么被作为先验能力的本源放置到一个基础的位置上,要么被作为精神本身而提高到绝对的高度。哈贝马斯现代性批判的最主要目标,就是指向这种"主体性哲学"或"意识哲学"。他要论证的一个基本论题,是这种主体性哲学或意识哲学已经走向终结,并用自己的"交往行为理论"来取而代之。这一基本思路构成哈贝马斯现代性批判的主轴,因此也是我们本讲的主线。

现代性的自我理解与自我确证的问题之所以发生并成为迫切需要解决的问题,是因为对于进入现代性的西方社会来说,它与传统社会的"断裂"意味着价值系统的转换,而与此相伴随的,是有关这一以自由为核心的新价值系统的源泉、合理性等问题。既然上帝已不再作为价值之源,它通过康德的批判,已被视为只是一种出于道德上的需要而作出的"设定",其功能在于借助"神"的心理威力,提升个体对自律性道德的敬畏感,那么,现代性的价值系统必须寻找新的价值之源,并依据它来对这套新的价值系统的合理性作出论证,此即"现代性的自我确证"的基本要义。

这一新的价值之源即是主体的"理性",它通过"我思",即思想的反思性活动来发现并确证现代性的价值系统。康德曾经用"理性的法庭"的说法来比喻理性的权威性。一切现存的东西都必须在理性面前接受批判,一切提出有效性要求的东西都必须在理性面前为自己辩解。理性成为一切事物的合理性、正当性的最高审判者、裁决者。对理性的这种认识,同样也可以用来解释为什么黑格尔要把"反思"同"自由"一起列为主体性的两个核心要素。在黑格尔那里,理性的威权甚至要比康德来得更高,它不仅构成心灵的反思的要素,而且还构成外在事物的本质、规律与灵魂,即它们的所谓的"逻各斯"(logos)。

通过理性的反思来确证现代性的价值系统,意味着现代性在其自身内部寻求规范,意味着主体从自身的本质中获得"自我意识",并使之成为现代性规范的来源,从而也使它成为主体性原则的关键。但在哈贝马斯看来,黑格尔对现代性作出的这种自我确证是失败的,因为理性一旦被视为某种绝对的知识或精神、某种预知了未来一切事件的命运并能够把它的绝对力量强加于他者之上的逻各斯,也就弱化了哲学的批判意义,贬低了哲学的现实意义,因而实际上也无法解决现代性的确证问题。

在哈贝马斯那里,黑格尔之所以没能解决现代性的自我确证问题,还在于他未能重建现代性内部破裂的总体性。随着宗教的社会一体化力量在启蒙过程中趋于衰竭,带来的结果是知识与信仰的分离,理性自身的分裂(分解为理论理性、道德理性与审美理性),以及精神自身的异化。为了克服现代性内部的分裂,黑格尔至少从宗教、艺术和哲学三个方面分别进行了构想。在早年,他把宗教看作"实现和确证由理性赋予的权利的力量"[5],并设想一种基于普遍理性的"民众的宗教",这种宗教的总体性力量在于,它融入了人类的道德价值,构成公众生活的一个不可或缺的部分,不论个体生活的一切要求或是国家的公共行为都与之相关。后来,黑格尔继而把艺术作为"面向未来的和解力量"[6],因为审美直观是理性的最高行为,真和善只有在美中才得到协调一致。诗是人类的导师,只要它以新的神话形式发挥公共效力,就足以取代宗教的凝聚力。因此,艺术应当重新获得公共机制的特征,并释放出修复大众的道德总体性力量,甚至真正的理性宗教也应当把自己委托给艺术,成为一种"艺术宗教"。当然,最终对于作为哲学家的黑格尔来说,哲学,尤其是它的"理性"与"绝对"概念,是最具威力的一体化力量。

由于理性本身是"绝对"的威权,因此它作为一种力量,能够使发生分裂的生活关系系统重新统一起来。理性的这种"绝对"的力量,在于它的"绝对知识"与"绝对精神"的性质。在黑格尔哲学那里,"绝对知识"与"绝对精神"构成的是事物的内在本质和灵魂。事物之所以能够成其所是,达到其本质,就在于拥有概念的根据。因此,借助理性概念的绝对性,黑格尔建立起以理性自身的原则来把握现代性的哲学(逻辑)根据。

不过,在哈贝马斯看来,黑格尔的这些努力未能奏效,因为他想在主体哲学范围内来克服主体性,这使他陷入这样的困境,即脱离了哲学实践而无法对现代进行批判。哈贝马斯并且指出,从青年黑格尔派开始,争论的各派都一致把主体性原则和自我意识原则认定为狭隘的启蒙权威主义特征的集中反映,认为这种主体哲学将"自我"神圣化和幻想化,因此陷入了一种"自我幻觉"的困境。黑格尔之后(哈贝马斯称之为"后形而上学时代")的现代性批判,都是针对这种主体性原则及其相关的理性观念。这些批判者认为,必须去除笼罩在理性外表上的虚假光环,因为这种理性的目的乃是要建立起它的合理性统治,将主体性提升为某种错误的"绝对者"。不过在对理性进行批判时,他们采取了不同的策略,产生了不同的现代性话语。哈贝马斯对这些话语进行了系统的反思,其目的是要指明这些理性批判最终都是失败的,因为它们终究都摆脱不了主体哲学或意识哲学的范式;而由于这种范式已经陷于枯竭,因此他的交往理论是走出这一困境,为现代性提供新的规范基础的唯一选择。之所以如此,在他看来乃由于"交往行为"是人类维持其生活世界生存的基本条件。

2."现代性批判"未能摆脱主体哲学的困境

现代性话语的一个根本转折,在哈贝马斯看来是在尼采那里出现的。他认为,"随着尼采进入现代性话语,整个讨论局面发生了翻天覆地的变化"[7]。尼采哲学标志着"步入后现代"的转折,因为它改变了以往现代性批判的路子,并不继续从事对以主体为中心的理性的批判,而是彻底放弃了启蒙的辩证法。哈贝马斯把尼采的《悲剧的诞生》称之为"后现代性的'开山之作'"[8]，这意味着尼采被视为后现代主义哲学的鼻祖。他指出尼采赖以从事现代性批判的工具是"权力理论"。在第七讲中我们知道，尼采之所以反对理性，是为了张扬一种"理性的他者"，即体现生命本质的权力意志，以改变现代人在现存的哲学价值观与基督教伦理的宰制下所形成的颓废、软弱、压抑生命的精神状态。

在哈贝马斯看来，尼采正是从这种特殊的视角来考察现代性，目的是为了打破现代性的"理性外壳"。尼采用权力理论来解释现代性中理性与权力的混同，在他那里，理性不是别的，就是权力，是十分隐蔽的权力意志。[9]权力意志无所不在，并且这种权力理论将自身再神话化，它只是一种"酒神精神"原则的形而上学概念。尼采以酒神的审美要求代替了真理要求，由此贬低求真知识，贬低断言命题的真实性和规范命题的正确性，把审美提高为唯一能够超越真理与谬误、善与恶的"认识"工具。他把艺术批评家的趣味判断提高为价值判断的模式，提高为"评价"的模式，用趣味判断来回答真理和公正的价值问题。这样一来，所有的解释都被归结为评价，而评价则被等同于意志表达，现代性批判也由此被归结为"重估一切价值"，并在此基础上建立起一种评价事物的等级秩序，如高贵与卑贱、强者与弱者、超人与奴隶，高贵的意味着"好"的，普通的则转义为"坏"的，等等。因此，哈贝马斯认为，在坚定的反启蒙的理论家中，正是尼采把反启蒙推向了极端。

尼采的现代性批判的影响，在哈贝马斯看来在两条路线上被发扬光大。他把巴塔耶、拉康、福柯视为"怀疑主义的科学家"，他们试图用人类学、心理学和历史学等方法来揭示理性对非理性"他者"的压制，以及权力哲学的反常化等等。海德格尔、德里达则被视为"比较内行的形而上学批判者"[10]，他们采用一种特殊的批判方式，追根溯源，把主体哲学的根源一直挖掘到前苏格拉底。这里，我们以海德格尔和福柯为例，来看看哈贝马斯如何论证这两条现代性批判的路线仍然无法摆脱主体哲学(意识哲学)的樊笼。

海德格尔对西方主体哲学的批判，属于从内部来克服形而上学。哈贝马斯把海德格尔对尼采的解读和批判归纳为四个主要方面。首先,由于对包括文化在内的一切"文本"的意义的理解,都是由作为"先入之见"的、形成视野的概念框架的"前理解"所决定的,因此形而上学据此又重新恢复了它的统治地位。其次,这一识见对海德格尔的现代性批判产生了深远的影响。他把人视为存在者的中心和尺度,是决定一切存在者的主体,因此现代的本质乃是一种主体性。这样一来,海德格尔就成了自黑格尔以来的主流性现代性话语的继承者,他并未能摆脱这一话语系统的窠臼。再者,海德格尔希望从尼采的权力意志的形而上学,回归到前苏格拉底时期的前形而上学起源那里。既往的形而上学历史既然是一种遗忘存在的历史,那么它的终结意味着需要寻找新的开端,而这在海德格尔那里是通过复归形而上学的本源来实现的,他通过对存在的追问促成了另一种形式的形而上学。最后,海德格尔的这一思路,使得他在第一步摧毁了主体哲学,但在第二步却又重回到主体哲学的概念束缚之中,因为他的唯我论的此在概念实际上乃是主体性的翻版,这体现在此在认识人类生存的原始活动,是存在者的一切生存都必须植根于其中的东西。重困于主体性的思路使海德格尔最终未能进入对形而上学的揭露性批判,从而也在事实上脱离了现代性批判的轨道。

与海德格尔想沿着解构形而上学的思路把尼采的理性批判纲领推向前进不同,福柯试图通过解构历史学来实现这一目的。在哈贝马斯看来,福柯的基本思想在于把现代性的基本特征看作是主体具有一种自相矛盾和人类中心论的知识型。这种现代知识型被一种独特的求真意志所主宰,对于这种求真意志而言,任何一种挫折都是在促使新的知识的产生,或者说,它的一切努力都为的是寻求新的知识。这是一种知识不断累积的意志,主体性和自我意识正是在它里面逐步建构起来的。哈贝马斯认为,对于理解福柯来说,这种求真意志是揭示知识与权力之间内在联系的关键,因为知识本身就是一种权力,一种掌握着某种话语的传播、从而在实际上支配着人们思想的权力,因此在这种求真意志背后隐藏的是十足的自我权力化。这样,在福柯哲学那里,"权力"构成一切思考的轴心,成为理解他的哲学的关键。不过,在哈贝马斯看来,福柯的这一现代性批判同样是失败的,因为他的权力概念本身是完全来自意识哲学的。意识哲学认为,主体与他可操纵的对象世界之间能够建立起两种基本的关系,即知识判断方面的认知关系和行为效果方面的实践关系。这里福柯所作的颠倒在于,他把意识哲学所肯定的权力对真理的依附关系,变成了真理对权力的依附关系。于是,权力成了无主体的权力。哈贝马斯对此批评说,仅仅把主体哲学的基本概念颠倒过来,是无法摆脱主体哲学的。因此结论是,福柯无法用从主体哲学自身获得的权力概念,来消除他所批判的主体哲学的种种困境。

哈贝马斯对现代性的哲学反思是全面的。除了上面提到的那些人物以外,在汇编了他的现代性讲演的《现代性的哲学话语》一书中,我们还可以看到他对包括黑格尔左派、黑格尔右派、霍克海默、阿多诺、德里达等在内的诸多思想家及其流派的批判。不过,虽然这些思想流派众多,但他批判的总结论则是一个:它们都未能找到一条摆脱主体哲学或意识哲学困境的途径并作出自己的正确选择。这样的结论使哈贝马斯引出如下的话题,即如果所有这些理论都未能找到走出这一困境之路,那么,"我们就有必要重新回到现代性话语的起点,以便重新考察当时人们在面临重大选择时所指明的前进方向"。他并且声言,这就是他的现代性系列讲演的"根本意图"。[11]哈贝马斯所要给出的摆脱主体哲学困境的理论,就是他试图用以重建现代性规范的基础的"交往行为理论"。

二 现代性规范基础的重建

1. 黑格尔、海德格尔与"交往理性"

哈贝马斯的交往行为理论的基础,是"交往理性"。他试图用这一概念来替换传统的理性概念,借此走出以自我意识为标志的主体哲学的困境,为现代性规范重建它的理性基础。上面第一节中我们看到的哈贝马斯对主体哲学、意识哲学的不同表现形式的批判,都是他为重建这一基础所进行的理论铺垫。在进行这方面论证时,哈贝马斯所做的一项工作,是力图证明在黑格尔、海德格尔等现代性反思的哲学家那里,已经有着"交往理性"的思想火花,只不过他们未能沿着这一思路继续前行,其结果是与这一理论失之交臂。

黑格尔这方面的思想火花,在哈贝马斯看来,体现在他的"和解理性"概念中。在《基督教精神及其命运》一文中,黑格尔用这一概念来阐明这种理性如何让主体感觉到他是一种一体化力量。他对自己所处的"现代"时代的一个基本判断是,它是一个分裂的时代。为了调和这一分裂的时代,重建破裂的总体性,黑格尔预设了一种伦理总体性。它表现为一种"爱和生命"的伦理,其中体现着主体间性的一体化力量。按照哈贝马斯的解释,黑格尔的这种和解理性用主体间的交往中介来取代主客体之间的反思关系,并反抗以主体为中心的理性的权威。这种和解理性所追求的精神,是建立一种共同性的媒介,其中任一主体既懂得与其他主体取得一致,又能够保持其自我。主体的个体化是交往受到阻碍的动力,而这种交往的终极目的是重建伦理关系。哈贝马斯认为,这种思想转向本来可以促使黑格尔从交往理论的角度来弥补主体哲学中理性的反思概念,并对它加以转化。但可惜的是黑格尔并没有走上这条道路,其原因在于黑格尔一直都是依据民众宗教的观念、而不是道德哲学的观念来阐述伦理总体性。

海德格尔的交往行为思想曾经出现在他关于"世界"概念的分析中。在对"此在是谁"这一设问的回答中,海德格尔将原本用我自己、主体、自我来作出的回答,扩展到诸多行为者之间的社会关系世界,宣称与他人相隔绝的自我归根到底并不首先存在。哈贝马斯对此解释说,当海德格尔从孤立的目的行为视角向社会互动的视角转变时,他所阐释的实际上是一种沟通过程。在这个沟通过程中,世界作为主体间共有的生活世界背景始终处于在场状态。从用于交往的语言中可以发现这样一种结构,生活世界通过主体以及他们的沟通行为而得以再生产出来。不过,与黑格尔一样,海德格尔也未能沿着这一思路走下去,从交往理论的角度来回答"此在是谁"的问题。

他依然返回到从此在自己身上来获得为世界建基的根据,这体现在自由被解释为通过自我对世界的筹划并使之实现为存在物的过程。

不论是黑格尔或是海德格尔,他们之所以未能走上"交往行为理论"之途,根本的原因在于仍然陷于主体的意识哲学范式之中。由于一个范式只有在遭到另一个不同范式的明确否定时才会失去力量,因此哈贝马斯认为,惟有彻底地以交往范式来取代意识哲学范式,才能使现代性批判走上通途。他断言,意识哲学的范式已经穷竭,只有转向交往范式才是消除现代性哲学的穷竭的唯一出路。

2."主体间性"与"交往范式"

如果说意识哲学着眼于个别性的主体的理性自决,体现的是西方个人主义的哲学基础,那么哈贝马斯的交往范式则着眼于主体之间的交往与沟通,以此求得对事情的共识,从而达到对行为的协调。我们可以构造一个通俗的例子来说明这一交往模式。比如说,当前房价飞涨是一个社会极为关注的热点问题。如何来解决这一问题呢? 按照哈贝马斯的这一模式,就是请各方人士都坐下来,一起通过对话协商来解决。但是不难想像,在各方人士中,开发商基于自己最大目标地追逐利润的考虑,他们否认房市存在什么泡沫;已购房者、尤其是投资性购房者,也希望房价能够不断上涨,实现自己房产升值的目标;尚未购房者则基于自己利益的考虑,希望政府能够采取有效措施来平抑房价,保证居者有其屋;而地方政府从自己政绩的角度考虑,希望以更高的价格出售土地,获得更多的土地出让金,并从更高的房价中获得更多的税收。如何能在这些不同利益群体之间进行博弈,求得一个合理的解决呢? 按照哈贝马斯的交往理论,这需要主体之间具有一种"交往理性",然后通过一种程序化的"沟通"过程,在交往理性的规范的约束下,各方都遵守真实性、正当性和真诚性的要求,对其行为进行协调,最终使各利益群体取得某种共识,于是万事大吉,棘手的问题得到各方均感满意的解决。以下我们来看看哈贝马斯所给出的理论论证。

从理论的启示来说,哈贝马斯指出,这一范式的转换在方法上是从语言范式那里获得教益的。语言蕴含着一种双向理解的模式,它是对话双方通过交谈来达到对对方所要表达的话语的理解,因此从语言范式中可以引出一种相互认同的主体间性的结构。这里,从主体哲学的单个的"主体性",转向交往理论的"主体间性",在哈贝马斯看来具有根本的意义。这涉及到哈贝马斯对人类社会本质的理解。在他看来,"人类是通过其成员的社会协调行为而得以维持下来的,这种协调又必须通过交往"[12]。这就是说,通过交往而达到协调,是人类得以生存与延续的基本前提条件与状态。可以看出,在哈贝马斯的心目中,人类是一种和平的存在者,假如推论下去,我们还可以据此说,哈贝马斯把人性看作是善的,他给出的是一种和平的哲学。应当说,他的哲学之所以经常被批评为具有乌托邦的色彩,根源在于他的这一立论前提。

对于交往理论而言,之所以说"主体间性"这一概念具有重要的意义,还在于它构成个体之间自由交往的前提。一旦具有言语和行为能力的主体相互进行沟通时,他们就具备了主体间性这种关系。正是由于有了主体间性,个体才能通过人际之间的自由交往而找到自己的认同,也就是说,才可以在没有强制的情况下实现社会化。因而,"这一方面意味着行为范式的转变:从目的行为转向交往行为;另一方面则意味着策略的改变,即重建现代理性概念策略的改变"[13]。这一改变在于,哲学需要解释的现象已不再是主体哲学所关注的对客观自然的认识和征服,而是可以达到沟通的主体间性,不管是在人际关系层面上,还是在内心层面上。哲学研究的焦点也因此从认识—工具理性转向了交往理性。

从行为模式来说,交往模式刻画的是一种以沟通为取向的模式。在这种模式中,行为者以"互动"的参与为特征,以便就生活世界的问题达到彼此之间的沟通,并由此协调起他们的行为。哈贝马斯把沟通看作一个相互说服的过程,它把众多参与者的行为在动机的基础上用充足的理由协调起来,以便有效达成某些共识。因此,这种共识不是由外在造成的,也不是由某一方强加给另一方的。这里的一个问题是,达成共识的标准是什么?哈贝马斯提出,这可以用主体间对有效性的要求的承认来加以衡量。在谈及有效性要求时,哈贝马斯提出了"语境"的概念,也就是说,命题和规范的有效性是与语境相关的。在这方面,有效性表现出了它的两面性。一方面,作为有效性的要求,它应当是普遍的,超越了任何特定的语境,破除了任何的局限性;但另一方面,接受有效性要求又有一定的时空约束,它总是在一定的时空范围内、在一定的语境中提出的,这使得有效性与特定语境下的日常生活实践关联起来。就此,哈贝马斯写道,有效性要求使得社会互动和生活世界语境连为一体。

从行为的意识基础来说,在哈贝马斯的交往理论中,用以替代传统的以主体意识为特征的"理性"概念的,是"交往理性"。他认为,并不存在一种后来才给自己披上语言外衣的所谓纯粹理性。纯粹理性从一开始就是一种体现在交往行为语境和生活世界结构当中的理性。他希望通过对交往行为的形式特征的阐明,来建立起这么一种交往理性的概念。

何以见得有这样的交往理性的存在?哈贝马斯认为,"这种交往理性表现在交往共识的前提之中"[14]。也就是说,这种交往理性之所以是"理性"的,在于它构成在交往中取得共识的前提条件。这一点表明了交往理性在交往行为模式中的根本地位。因此,要重建现代性规范的基础,首先就是要重建它的理性基础。此外,这种共识是通过某种程序性的过程取得的,因而哈贝马斯进而把交往理性看作是一种"程序主义"的东西,它通过参与者之间的相互理解、沟通,并通过论证的过程,来达到某种共识。

不过,尽管交往理性具有纯粹程序主义的特征,但它却是直接进入社会生活过程的,无论是在文化价值领域还是各种论证、日常交往实践中。这一则是由于不论在上述的任何一个领域,交往都需要主体间的理解和相互承认,因此交往理性的范式不是单个主体与可以反映和掌握的客观世界事物的关系,而是主体间性的关系。当具有言语和行为能力的主体相互进行沟通时,他们就具备了主体间性关系,其中理解行为承担着一种协调行为机制的作用。另一方面,则是由于在这种理解与相互承认的过程中,交往理性表现为一种约束的力量,这种约束力量可说是植根于交往理性的双重性质。交往理性是经验的,因为交往必定是在各主体之间的交往,而不可能发生在某一单个主体的内部,这就使它不仅受到外部环境的约束,而且它自身的实现条件也使它分成历史事件、社会空间和以身体为中心的经验等不同的维度,也就是说,它与生活世界密不可分地交织在一起;与此同时,交往理性又是"先验的",因为每一次交往的行动都必定指向某种"超越性的规范",它是主体所不能控制、支配的。正是这些语言与道德方面的规范,为交往获得共识提供着保障。当哈贝马斯说交往理性通过这种约束力量,"明确了一种普遍的共同生活方式",指的就是在由这种规范所形成的"伦理总体性"之下,主体间所共享的一种"合理的共同生活结构"。[15]

由交往理性的经验性质,"生活世界"概念就凸现了它的意义。哈贝马斯把它视为一种"由背景假设、团结和社会技术组成的混合物",它具有一种"整体论知识"的特征,"明确而不可动摇"[16],其作用在于构成一股"保守力量",在形成共识方面起着防止可能出现的"异议"的风险;也就是说,生活世界起着一种类似于维特根斯坦的"生活形式"概念那样的"河床"的作用——生活之河川流不息,然而河床却是稳固不变的,它通过信念、传统习俗、知识背景等的作用,成为一种抵御怀疑主义的"确定性"的根源。与此相同,哈贝马斯把"生活世界"作为"互动参与者的资源",通过它,互动参与者提出了能够达成共识的命题。但不同的是,哈贝马斯把生活世界与交往行为视为一对"互为补充的概念"。一方面是交往行为依赖于生活世界的资源,但另一方面,它同时又构成了具体生活方式的再生产中介,也就是说,生活世界又是交往行为培育的结果。

就像韦伯提出了经济行为的目的—手段合理性的标准一样,哈贝马斯也提出了交往行为的"交往合理性"的标准。他一方面肯定韦伯的社会合理化分析理论,声言这是他的"理论的出发点",另一方面,又批评韦伯"没能看见资本主义合理模式中的选择性,也没能看见资本主义发展中那些受到压制的要素"。[17]在哈贝马斯看来,目的—手段合理性的实现使人类在物质生产方面获得了巨大的发展,产生了巨大的物质财富,不过这种合理性只是应用在物质生产层面上的;在交往的层面上,需要有不同的合理性标准。他所尝试的一项工作,就是试图通过"把交往行为从制度的严寒区域分离和解放出来,从而发展一种进化观"[18]。他声称从 1977 年底就开始坐下来认真探讨合理性的问题,意在创立理解语言和交往的标准思想内容。他发现合理性概念包含三个层次的关系:第一,认识主体与事件的或事实的世界的关系;第二,在一个行为社会事件中,处于互动中的实践主体与其他主体的关系;第三,一个成熟而痛苦的主体(费尔巴哈意义上的)与其自身的内在本质、自身的主体性、他者的主体性的关系。他并且认为,只要从参与者的角度来分析交往过程,这三个层面便会呈现出来。与此相应,合理性包含了对这三种关系的各自要求,即:(1)真实性要求。有关客观世界的事态与事实的陈述必须是真实的;(2)正当性要求。交往行为建立的主体之间的关系必须是正当的;(3)真诚性要求。主体作出的言辞表达与他的意图必须是一致的。如果行为者之间的理解与沟通能够满足这些要求,那么就不难取得共识,行为也就不难得到协调,社会合作也就有了合理的基础。

三 现代性的规范内涵

在现代性问题上,哈贝马斯的一个众所周知的立场,是把现代性看作一项未完成的构想,而为之进行辩护和重行设计。在这方面,除了重构现代性规范的理性基础、提出交往理论之外,哈贝马斯所做的另一项工作,是构想了有关"现代性的规范内涵"。虽然他就此作出直接论述的篇幅有限,所述及的思想也有些语焉不详,但勾勒出他的大致设想,对于理解他的现代性重建的思想,还是有理论上的意义。

哈贝马斯对现代性状况的基本判断,一是断定它是"问题百出的"[19]、"已经崩溃的",二是要努力对它进行"修复","继续追求文化、社会和经济领域中的现代性可能",也就是将这一未竟的事业进行到底。哈贝马斯写道,这也是他关注现代性问题的动机所在。他述说自己这一动机所具有的可以归属于宗教传统的情怀,是要找到一种"共同生活的方式",使得包括社会的从属关系也能进入真正的非对抗关系,从而可以摒弃西方社会的个人主义传统,走进理想的"集体主义"。[20]

如何继续追求现代性的可能性,对于哈贝马斯来说,除了批判与辩护之外,一项重要的工作就是要清理出现代性的规范的内涵。他论辩说,现代性并非是什么可以随意选择与抛弃的东西,它"仍然包含着规范的、令人信服的内涵"[21]。激进的现代性批判看不到这一点,因此已经为告别现代性的错误做法付出了昂贵的代价。他批评道,无论是阿多诺用一种充满悖论的方法要求真实的有效性,还是福柯拒绝从明显的矛盾中得出结论,或是海德格尔和德里达通过逃向神秘或把修辞学和逻辑学混为一谈来回避论证的义务,最终形成的都是一种难以调和的混合物,在"规范的"科学分析内部都是自相矛盾的。这些激进的现代性批判的错误根源,在哈贝马斯看来归根到底是一样的,即它们都是"自我关涉的理性批判",绕不出主体哲学、意识哲学的圈子。

1. 自由:现代性的基础与原则

哈贝马斯突出"自由"在现代性中的位置,认为从实证的观点看,现代性的时代"深深地打上了自由的烙印"。这表现在三个方面:作为科学的自由,作为自我决定的自由,以及作为自我实现的自由。他特别为"自我决定的自由"作出这么一个解释,即它指的是任何观点如果不能被看作是他自己的话,其标准断难获得认同与接受。哈贝马斯并且把"自我决定"和"自我实现"的自由,看作"现代性的标准基础"。[22]这意味着现代性是建立在个人自由的基础上的,尤其是"自我决定"所意味的思想与意志的自由,"自我实现"所意味的行为的、政治的自由。虽然哈贝马斯也指出了这样一个以自由为特征的时代仍然有其阴暗面,自身充满着矛盾,它的资本主义机器的运转,伴随着的是失业的社会问题,是少数弱势群体的边缘化,但他还是认可自由这一首要价值,肯定它是现代性所作出的贡献。

除了把自由称为现代性的标准基础之外,哈贝马斯还把自由视为"现代性的原则"[23]与"现代的首要特征"[24],并具体列举出它在一些领域中的表现。他写道,主体自由在社会里表现为主体受私法保护,合理追逐自己的利益(法律上的自由);在国家范围内表现为原则上人人都有平等参与建构政治意志的权利(政治上的自由);在个人身上表现为道德自主和自我实现(道德与行为的自由);在与私人领域密切相关的公共领域里则表现为围绕着习得反思文化所展开的教化过程(教化的自由)。这些不同领域的自由,为个人作为处于不同生活领域中的"资产者"、"公民"以及"人"的权利,提供了有效的保障。哈贝马斯特别指出,这些生活领域相互之间不断分离,最终各自独立。这一分离与独立的历史过程,也正是人摆脱原始依附关系、自由得以实现的过程。

2. 普遍主义的道德

在哈贝马斯的思想中,现代性的"规范"占有重要的位置。这除了表现在他提出"交往理性"概念是为了重建现代性的规范基础之外,还表现在他强调规范的"普遍主义"性质,亦即道德、价值和标准的普遍化。现代性既然有其规范的基础,而且社会的合法性秩序最终是建立在规范的基础之上的,那么作为规范内容的道德与价值,就必然有其普遍性,否则规范就无从谈起,这是自然要导出的一个结论。

在对道德的性质的看法上,哈贝马斯声称自己赞同一种"相对狭窄的"道德观念,即把道德看作"是指那些可以通过理性而得以决定的实践问题——是指通过舆论而能得以解决的行为冲突"。[25]在这一对何为道德的理解中,可以看出,哈贝马斯看重的是道德的实践的品格。道德既用于解决行为的冲突,自然就需要有能够据以决定行为之是非的、普遍的标准,因此哈贝马斯写道:"道德密码……只有当它们拥有普遍的内核的时候才能接受。"[26]他并且把"阐述道德观点中的普遍核心"这一点,看作哲学家在道德中的任务。[27]道德本身必须具有普遍性的规范内容,这是道德普遍主义的一方面的含义;它另一方面的含义是,这种规范的普遍实施及其所能预见到的结果,必须值得为所有的人所认可、所接受。

既然道德是普遍主义的,那么这种普遍主义意味着什么呢?哈贝马斯对此曾给出如下的回答,不过这一回答却是有针对性的,也就是说,是针对一种"认为对普遍道德核心不存在任何选择的观点"。在这一特定的语境下,哈贝马斯写道:"普遍主义……意味着在认同别的生活方式乃合法要求的同时,人们将自己的生活方式相对化;意味着对陌生者及其他所有人的容让,包括他们的脾性和无法理解的行动,并将此视作与自己相同的权利;意味着人们并不孤意固执地将自己的特性普遍化;意味着包容的范围比今天更为广泛。道德普遍主义意味着这一切。"[28]

哈贝马斯所持的这种普遍主义包含着认同他种生活方式,"将自己的生活方式相对化"的观点,我们可以列举一个他自己的例子来加以说明。他说,当年英国刚进入印度的时候,遇上了焚烧寡妇的仪典。这从文明的角度看,自然属于一种残害妇女的恶俗。然而印度人说这风俗属于他们的整个生活方式。哈贝马斯反问道,有权去制止吗?他给出的回答是:"在这种情况下,我认为英国人应当回避。"[29]理由是,其一,这种生活方式属于民族的自我维持,其二,对于其他的生活方式来说,不能简单地判断它必须终结或必须被同化。

哈贝马斯的上述回答,在笔者看来是不能令人满意的。假如说作为一种策略,英国人暂时采取一种回避的态度,那在策略上是可行的;但假如把焚烧寡妇的恶俗也不加区分地作为"他种生活方式"来加以认同,采取一种善恶不分的、"将自己的生活方式相对化"的道德立场,这实际上提倡的是对恶的忍让。这与他所自诩要坚持的道德的"普遍主义"显然是有矛盾的。

不过在理论上,对于道德原则的普遍性和实际有效性,哈贝马斯还是一再予以肯定。他希望人们对此不要持"过于怀疑的态度"[30],声称自己在这一问题上"坚持一种谨慎的普遍主义"[31]。哈贝马斯的这种观念是与他所说的自己理论的"总体性视角"分不开的。他把交往行为本身视为一个"整体",这一整体是由语言建构世界的创造性因素同语言的内在功能(表现、人际关系和主观表达)所具有的认知因素、道德实践因素以及表现因素等所构成的。他并且经常使用"理性关系的总体性"、"伦理的总体性"之类的字眼,用以表示建立在"共同生活结构"基础上的、具有普遍有效性的道德伦理系统。现代性所面临的问题之一,在他看来就是宗教的"一体化"力量的消失,以及理性自身的分裂,亦即原本统一的理性分裂为理论理性、道德理性和审美理性三个部分。他不断强调道德原则的普遍主义力量,要重建理性总体与伦理总体,并提出一种整体化的交往模式,其目的是为了填补宗教一体化力量的消失所出现的缺位,修复现代性所出现的分裂,在交往理性的基础上形成一个伦理的共同体,以建立"一种普遍的共同生活方式"。[32]通过交往、沟通取得共识,从而建立一种共同的生活方式,这可说是哈贝马斯推重道德的普遍力量的缘由所在。

3. 生活世界的运行原则

建立一种共同的生活方式,也就是建立一种共同的"生活世界"——由各种活动领域所构成的整体。哈贝马斯把现代性的规范内涵看作这一生活世界的"运作原则"。对他来说,能够"拯救出现代性的规范内涵"的,终究还是要依靠他的"交往理论"。[33]之所以这么说,哈贝马斯的依据是,交往行为和生活世界是一对互为补充的概念。生活世界是交往行为培育的结果,而交往行为反过来又依赖于生活世界的资源。

哈贝马斯把他所称的"生活世界的资源"区分为"文化、社会和个性"三个组成部分。"文化"乃是一种"知识储备",其意义在于能够为交往行为者所用,使得他们能在沟通中作出富有共识的解释;"社会"意味着一种合法的秩序,依靠这种秩序,交往行为者通过建立人际关系而达成一种建立在集体属性基础上的团结;"个性"则是一个用来表示习得力量的术语,有了这些习得的力量,个体才会具有言语和行为能力,才能在各种既有的语境中介入沟通过程。

这一由上述文化、社会和个性三要素构成的生活世界,本质上依靠的是一种"再生产的过程"。假如生活世界无法进行再生产,它自然就无法延续其生存。生活世界的这种再生产,哈贝马斯认为正是由于"交往行为的贡献"才成为可能。就上述三种要素而言,它们的再生产的意义,除了确保新出现的语境分别在语义学层面、社会空间层面以及历史时间层面上能够和现有的世界状态很好地结合起来之外,还分别表现在:文化再生产确保传统的连续性和满足日常实践理解所需的知识的一致性;社会一体化用正当的人际关系来协调行为,并使集体认同趋于稳定;成员的社会化保证了后代能够获得一般的行为能力,并把个体的生活历史和集体的生活方式协调起来。简言之,在这三种再生产过程中,它们产生的是建立共识的阐释框架(或"有效知识")、正当的人际关系(或"团结")以及互动能力(或"个人认同")的不断的更新。

对于哈贝马斯所要论述的现代性的规范内涵来说,这里重要的是在生活世界中所运行的原则,即个体与共同体、个体化与社会化之间的关系。在他所强调的构成了生活世界及其再生产前提的"主体间性网络"中,根本之点在于"必须通过同等关注每个人的利益而确保所有人的社会关联"。[34]因此,尽管作为交往过程的参加者,每个个体都可以提出自己的主张,但他们只有通过对真理的共同追求而与共同体保持联系这一前提下,才能保持个体的自主。这意味着个体的自主与共同体的共识是一致的、不矛盾的,因此这一运作原则产生的积极结果是,在同样的语境中,社会化过程就是个体化过程,反之,个体化过程也是社会化过程。

由于个体化与社会化是统一的,这使得生活世界不断趋向于合理化。哈贝马斯把这种合理化看作基于"现代性的规范内涵——可错论、普遍主义和主观主义"的结果。[35]这里,哈贝马斯将从近代到当代的几种原本有所冲突的观念融合进他的"现代性的规范内涵",其中"主观主义"强调的是认识与伦理行为中的主观因素,包括意识和情感在其中的作用;"普遍主义"强调的则是道德伦理传统与当代政治生活中的标准与准则的普遍性意义;"可错论"则宣称我们所接受的信念是可错的,它将科学认识看作只是趋向于真、可能为真,而并非绝对是真的。从其内在性质来说,"主观的"是与"普遍的"相对立的,客观的才是普遍的;"普遍的"也与"可错的"相冲突,既是普遍的,也就意味着是必然的,从而也不会是可错的。不过,哈贝马斯将这几个规范原则融合在一起,作为他试图调节传统与现代、个体与社会之间的矛盾冲突的根据。

这一根据表现在,由于这几个规范原则的共同作用,因此首先,传统的连续性得到加强,现代性的合理性也相应得到延续。因为在个体化与社会化的互动的过程中,尽管个体化(主观主义的表现)产生出强大的压力,可错论的意识也对文化进行了批判,但由于上面提到的个体的自主性是与共同体保持共识为前提的,因此,个体化与社会化两者是一致的,因而历史传承过程中所形成的具有普遍意义的传统并不会因此消失,相反,这一传统反倒会得到延续。其次,话语沟通中的普遍主义程序增强了生活语境中的团结。传统原本是依靠信仰的力量来维持其合法性,从而达致社会团结的。现在,现代性的生活语境则是依靠运行于交往过程中的普遍主义程序来做到这一点。普遍的、而不是因人而异的程序化为社会民主提供了保障。这里,哈贝马斯强调的是普遍主义的程序性方面。再者,个体化和自我实现范围的扩大巩固和稳定,摆脱了僵化的社会化模式的社会化过程。由于社会化成为一个个体与共同体之间的互动的过程,每个个体均可自由地表达自己的意见,并且这种表达借助普遍化程序上的保障而能进入沟通的过程,因此社会化也就表现出活力与生机。反之,如果社会的言路不通畅,个体的意见得不到表达乃至被压制,那么社会只会陷入一种僵化的状态。

对于这种个体化与社会化相一致的理想状态,哈贝马斯强调"主体间性网络"构成其运作的前提。只有通过主体间性的结构,主体之间才能进行交往,才能相互认同,并且生活世界的三个组成要素——文化、社会和个性,也才会相互交织在一起。因此,哈贝马斯认为从"主体性"到"主体间性",以及相应的从"主体哲学"到"交往理论",标志着一种范式的转换,一种从局限于自我意识与自我决定的哲学范式,向自由交往的、寻求共识的哲学范式的转换。用罗蒂的评论来说就是,哈贝马斯想要用"主体间性哲学"这种"具有更大的社会功用性的东西",来取代启蒙的、个体的"主体性哲学"的传统。[36]由此,寻求个体与共同体相一致的途径已开辟出来,这就是通过社会化而达到个人化。交往范式奠定了一种以沟通为取向的行为模式,互动的参与者们通过就世界中的事物达成沟通,而把他们的行为协调起来。

与主体间性网络相关联的是交往理性,哈贝马斯用它来取代西方主体哲学的个体理性。他的这一交往理论把现代性的规范内涵引向生活世界的互动的运行原则,而这种互动性的沟通及其能够取得的共识,在哈贝马斯那里是通过一种"公共领域"而实现的。所谓"公共领域",他指的是向社会公共开放的一个社会生活领域,尽管充满异议,但公共意见终究能够在其中得以形成。公共领域是一个介于国家与社会之间进行调节的领域,它所产生的意见和意志的"公共性",使得公众能够对国家活动实施民主控制。这也就是哈贝马斯所说的交往理论能够拯救现代性的规范内涵的寓意所在,即通过理性的公共运用,使个体能够在公共领域中达成共识,形成某些公共意见和意志,由此达到对国家进行民主控制的目标。

一种评论认为,哈贝马斯"以其对现代性的探讨而处于时代的中心位置上"[37]。确实,在当代有影响的哲学家中,哈贝马斯是对现代性问题作出最全面、最系统的反思的,其思考的范围可以说涵括了所有在现代性与后现代性思想领域中有代表性的人物。在深刻反思的基础上,他对现代性的"病症"作出了自己的诊断,认为它最典型的社会病理表现为工具理性支配下的"意义丧失、失范状态以及精神病症等"。[38]不过,尽管现代性处于"问题百出"的境地,并且受到后现代主义的猛烈批判,但哈贝马斯仍然坚持维护这一未竟的事业。他对现时代作出的判断是"我们仍生活在现代,而不是后现代"[39],并表明自己鲜明的立场:"不放弃现代性计划,不屈尊后现代主义或反现代主义"。[40]

哈贝马斯为继续现代性事业所作出的哲学方面的努力,总的说来是试图转换它的规范基础,即把启蒙以来作为主导思潮的、以个体理性为核心的主体性哲学、意识哲学,通过批判转换为他的交往理论。这一理论的核心概念,一是交往理性,二是公共领域。通过交往理性,各主体之间在生活世界里通过沟通,达到相互理解、知识共享、彼此信任,取得认同的目标,并进而在公共领域中依据所达成的具有公共性的共识,来实现对国家的民主控制。

不过,哈贝马斯的这一理论建构招致了普遍的批评,其中比较集中的意见是认为他的这一理论过于理想化,这表现在社会事物并非像他所设想的那样简单,包括像沟通这样的过程,其实际过程远比他所想像的要来得复杂、更具矛盾性。笔者认同这样的批评。我们再回到前面他给出的印度焚烧寡妇的仪典之例。在这一例子中,甚至连哈贝马斯本人都认为"英国人应当回避"。他为何不提出通过"沟通"来解决、来制止呢? 可见在实际生活世界中的沟通如何之难,他在这里甚至都不运用自己为社会开出的"交往理论"的药方。

由此可见,哈贝马斯的交往模式的构想呈现为一种在社会真空中进行的状态。那里没有侵害,没有欺诈,没有强权,没有暴力,甚至也没有利益冲突。语言被赋予神奇的功能,"在交往行为中,语言理解的共识力量,亦即语言自身的约束力能够把行为协调起来"[41]。社会的一体化也"可以通过一种枯燥而标准化的语言来进行",甚至连生活世界也是"语言地建立起来的"。[42]按照这样的逻辑,不仅夸夸其谈的人可以成为世界上最富有的人,而且还可以成为创世者。

由于其理想化的色彩,因此哈贝马斯关于现代性规范内涵、尤其是用交往理论来拯救规范内涵的论述,属于一种"应为"哲学。有这么一种说法,在人生、社会、历史目的论上人类需要有"乌托邦",如此才有希望寄托之所在,才能鼓励人类向善前行,但这样的理论乌托邦应当是某种先验哲学的所为,它具有的只是范导与教化的功能,而不应当是一种现实的社会理论。假如作为一种现实的社会理论,它是应当预设有特定的前提条件的。

从其积极意义上说,哈贝马斯的现代性反思与批判中最具价值的,或许是像罗蒂所揭示出的那样,无形中展现了"私人的善与公共的善"、"私人化的哲学与公共的哲学"的区别。按照罗蒂的说法,启蒙的主体哲学或意识哲学属于私人化的哲学,因为它关注的是诸如"主体"、"人的本性"之类的问题,而交往理论属于公共的哲学、民主运作程序的哲学。他赞扬哈贝马斯的交往理论这一公共哲学对民主社会所具有的贡献意义,因为它把哲学的视角引向对"公共领域"的关注。罗蒂的上述见解是颇具启发意义的。与个体理性与公共理性、主体哲学与主体间性哲学、个体领域与公共领域相对应,哲学由此有了私人化的哲学与公共哲学的分别。这一区分具有哲学类型学的意义,有助于我们更清楚地了解启蒙哲学的性质以及哈贝马斯的交往理论的内在意义。

不过罗蒂的上述见解中也伴随着一个根本性的错误,即它完全贬低、抛弃了"私人化的哲学"(或许我们应当将它改换为"个体哲学"这一名称才更贴切)。启蒙的主体哲学、或者说是个体哲学的意义,在于对主体的自我意识、自我价值的启蒙与弘扬。它唤醒了人的主体意识,其中最为核心的是人的理性与价值(自由等权利)的观念,为现代性社会的产生创造了思想意识方面的前提条件。尽管启蒙哲学难免有着这样那样的缺陷,但按照它的基本理念作出的制度安排,包括在宪法中对人权(生命权、财产权、思想权等)的保护等,毕竟使现代社会获得比中世纪社会明显进步的形态。个体哲学这方面的意义,本来是毋庸置疑的,尤其是对于一位哲学家来说,更是不能视而不见的。因此,罗蒂否认私人化哲学的意义,认为主体是一种"反民主的怪物",民主社会无须关注"主体"之类的问题[43],这样的论断显然是成问题的。

思考题

1. 哈贝马斯为什么要用"交往理性"来重建现代性规范的基础?

2. 哈贝马斯提出的"现代性的规范内涵"主要有哪些内容?

阅读书目

哈贝马斯:《现代性的哲学话语》,曹卫东等译,译林出版社,2004 年。

《现代性的地平线——哈贝马斯访谈录》,李安东等译,上海人民出版社,1997 年。

《哈贝马斯精粹》之第一部分"合理性与公共领域"、第四部分"现代性与形而上学批判",曹卫东选译,南京大学出版社,2004 年。

注　释

〔1〕《现代性的地平线——哈贝马斯访谈录》,李安东等译,上海人民出版社,1997 年,第 45 页。

〔2〕哈贝马斯:《现代性的哲学话语》,曹卫东等译,译林出版社,2004 年,"作者前言"第 1 页。

〔3〕同上书,第 5 页。

〔4〕同上书,第 19 页。

〔5〕同上书,第 29 页。

〔6〕同上书,第 37 页。

〔7〕同上书,第 98—99 页。

〔8〕同上书,第 100 页。

〔9〕同上书,第 65 页。

〔10〕同上书,第 113 页。

〔11〕同上书,第 346 页。

〔12〕《哈贝马斯精粹》,曹卫东选译,南京大学出版社,2004 年,第 378 页。

〔13〕同上书,第 372 页。

〔14〕哈贝马斯:《后形而上学思想》,曹卫东等译,译林出版社,2001 年,第 60 页。

〔15〕哈贝马斯:《现代性的哲学话语》,第 376 页。

〔16〕同上书,第 378 页。

〔17〕 《现代性的地平线——哈贝马斯访谈录》,第59—60页。

〔18〕 同上书,第60页。

〔19〕 《现代性的地平线——哈贝马斯访谈录》,第123页。

〔20〕 同上书,第75页。

〔21〕 同上书,第123页。

〔22〕 同上书,第124页。

〔23〕 哈贝马斯:《现代性的哲学话语》,第343页。

〔24〕 同上书,第96页。

〔25〕 《现代性的地平线——哈贝马斯访谈录》,第164页。

〔26〕 同上书,第120页。

〔27〕 同上书,第96页。

〔28〕 同上书,第137页。

〔29〕 同上书,第107页。

〔30〕 同上书,第120页。

〔31〕 同上书,第163页。

〔32〕 哈贝马斯:《现代性的哲学话语》,第376页。

〔33〕 同上书,第392页。

〔34〕 同上书,第390页。

〔35〕 同上书,第409页。

〔36〕 罗蒂:《真理与进步》,杨玉成译,华夏出版社,2003年,第275页。

〔37〕 〔英〕威廉姆·奥斯维特:《哈贝马斯》,沈亚生译,黑龙江人民出版社,1999年,第173页。

〔38〕 哈贝马斯:《现代性的哲学话语》,第391页。

〔39〕 《现代性的地平线——哈贝马斯访谈录》,第103页。

〔40〕 同上书,第56页。

〔41〕 哈贝马斯:《后形而上学思想》,第59页。

〔42〕 哈贝马斯:《现代性的哲学话语》,第394页。

〔43〕 罗蒂:《真理与进步》,第284页。

第十四讲

哲学范式的转换：从现代性到后现代性

个体理性与主体中心的解构

"合理性"范式的变化

从认识论走向解释学

在前面的十几讲中，我们论述了现代性的一些基本观念，它作为社会与文化现象的一些表现形式，以及围绕现代性问题所展开的论辩，包括后现代思想对现代性的批判，以及哈贝马斯对现代性的辩护等。论述及此，一个需要进一步深究与分辨的问题是，现代性与后现代性各自依据的哲学基础是什么？为了建立这一基础，后现代思想对现代性的哲学基础进行了哪些主要的批判？为此，我们将从后现代思想对"理性"、"主体性"与"合理性"概念的解构入手，论及"合理性"范式的变化，由此推及后现代话语的一个主要哲学基础——维特根斯坦的"语言游戏"说。最后，我们还将进一步涉及现代性与后现代话语的认识论基础，论述从现代性的知识观念向后现代的解释观念的转变。

一 个体理性与主体中心的解构

在现代性批判中,对西方哲学的理性主义及其理性观念的批判是核心的部分,因为理性构成现代性的"自我确证"的基石;也就是说,现代性是以理性为依托来进行启蒙、反对宗教教会的迷信、替代上帝进行现代社会的设计并塑造现代人的科学与道德观念。然而,从韦伯开始,这样一种理性的观念却被看成导致现代性陷入困境乃至危机的根源。尔后,这种理性概念进而被看作是个体性的,它与个体的"自我意识(我思)"、"自由意志"相联系,是一种"主体中心"观念的表现。

1. 个体理性与主体性

现代性中的理性概念,属于"个体理性"的范畴。之所以如此,是因为它着眼于从个体的意识、个体的判断方面来考察、论述理性的功能与作用。这表现在如下几个方面。

首先,它从认识的发生过程来论述理性高于感觉,属于高级的思维层面,因此理性的认识比感性的认识更可靠,更能够把握事物的本质。例如,笛卡尔认为,虽然感觉能够告诉我们关于某块蜡的形状、颜色,但却无法让我们知道它的性质,只有理性能够告诉我们这一点。他还曾明确宣称"感官是骗人的",就像从远处看的话,塔似乎是圆的,但走近时却发现是方的。显然,这种关于认识能力的界定以及认识发生过程的描述,是属于个体意义上的,因为只有个体才能够是认识的载体,才能够具体从事某种认识的活动。尤其是对于康德这样的理性主义哲学家来说,理性构成认识的先验条件,也就是说,它是通过个体所具有的"我思"能力,亦即一种综合感性知觉的"统觉"能力,以及理性中所本然(在经验之前)具有的先天范畴,来对感觉材料进行综合,并赋予其普遍必然性。虽然对于这种认识活动的性质与功能,人们可以从普遍的意义上进行把握,但这种认识活动毕竟属于个体所为。

其次,它从道德行为的规则方面来论述理性的根据作用,论述实践理性、而不是感性的欲望或情感,构成道德法则的来源。就康德而言,人的道德行为在本质上是"自律"的,也就是说,它通过为道德立法,即建构道德的法则,来提供善恶的道德标准,形成主体的道德意识,并由此来规范、约束自己的道德行为。

这种个体意义上的"理性"概念与"主体性"概念密不可分,理性是以主体为中心的理性。现代性意义上的主体概念,从积极的意义上说,其一,在认识论上,它赋予主体以主动性,扭转了那种将认识简单看作被动式的反映的看法,并深入到认识主体中内有的心灵结构,即它的统觉综合能力以及思维的范畴框架。对于这样的范畴框架作用的认识,康德的看法具有典型性。他认为诸如"因果性"之类的范畴在认识中所起的作用,在于能够对感觉提供的杂多质料进行综合,进而规定出其相应的判断形式。例如,对"天下雨"、"地湿"这两个知觉之间的联系,因果性范畴提供一种对它们分别作为原因与结果之间的联系的综合,并将这一因果联系通过假言判断的形式("如果天下雨,那么地湿")表现出来。这样,认识的根据并不在于主观认识与客观对象的符合,而在于认识主体本身所内有的概念工具。其二,在道德论上,它赋予主体以强烈的自律的道德意识。善的行为之所以为善,在于行为者的道德义务感,在于他们在道德上的自我规范。判断一行为是否为善,其标准并不在于行为的结果,而在于行为的动机,在于该行为必须出自一个纯粹善良的意愿。其三,在价值论上,它赋予主体以人格的价值与尊严。人是最高目的,是自然的一切事物必须为之服务的目的。作为这样的目的,人只有价值而没有价格。人的尊贵价值体现在他们具有的各种不可剥夺的权利上——生命、财产、自由,等等。

不过,从其消极方面说,"主体性"的意识也产生了一些消极的结果。首先,从人与自然的关系而言,主体性是与作为客体的物相对立的。人自视为主体,力求能够在世界中成为一切存在者的尺度,成为它们的根据;反之,外部世界的对象被视为一种与主体相对立的客体,它们没有意义,没有价值,是被主体所统治的东西。按照海德格尔的说法,世界因此成为"图像",成为人们实行对外部事物的计算、计划和制造的产物。现代性的进程因此成为对作为图像的世界之征服过程。其次,从认识者相互之间的关系看,这种个体性的主体概念表现为一种孤立性的主体,没有涉及主体之间的沟通与交流,认识仅仅局限在主体的意识之内,成为单独个体的孤立行为,认识论也因此成为一种"唯我论"。而这一顶"帽子"是哲学家们所不愿意戴上的。为走出认识论这一封闭的圈子,哲学家们必须解决如同胡塞尔所指出的这类问题:"我怎么能够把在我之中构造出来的东西恰好经验为他人的东西;同时,确实与此不可分的还有,我怎么能够对在我之中构造出来的自然与由他人构造出来的自然做出认同"?[1]对于这一问题的解决,使得哲学从主体性走向了"交互主体性"或"主体间性"(intersubjectivity)。哈贝马斯曾经这样论述"主体间性"概念的意义,他写道,有了主体间性,个体之间才能自由交往,个体才能通过与自我进行自由交流而找到自己的认同,也就是说,才可以在没有强制的情况下实现社会化。哈贝马斯所提出的"交往理性"的概念与沟通范式,就是以"主体间性"关系为基础的。

2. 后现代的理性批判

"主体间性"概念的出现与对个体理性的批判,二者共同构成促使理性观念转变的重要因素。对西方哲学的理性主义及其理性观念的批判,构成了现代性批判的核心部分,这一点是不难理解的。因为有如我们已经知道的,"理性"概念构成现代性的"自我确证"的基石,现代性依据它来进行启蒙、进行现代社会的构设。然而,从韦伯开始,这样一种理性的观念在被分析为工具理性与价值理性的对立之后,却被看成导致现代性陷入困境乃至危机的根源。对理性主义及其理性观念所造成的危害的批判,影响较大的有如下几个方面。

一是理性主义造成的虚幻的"理性世界"、"形而上学世界"的危害。这一批判以尼采为代表。在这种虚构的理性世界里，先验的概念成为事物的本质，它们被假定为"真实的"世界，而现实的世界反倒成了它们的摹本。原本真实的存在成了不真的东西，这造成了根本的颠倒。理性在这方面所起的作用，恰如以前"神"的作用那样。就像霍克海默所指出的，理性主义形而上学的努力，是"从理性中推出之前来自启示的那些东西：人类生活的意义和永恒原则"，从 16、17 世纪以来即已如此。[2]尼采认为，这种理性世界导致的结果是对现实的人的生活、生命的压制，是在去除了宗教世界的压制之后所产生的新的压制。理性被认为造成了新的专制，成了新的"暴君"。

二是"工具理性"的危害。这一批判由韦伯发端，他这方面的著名论断是，理性分裂为价值理性与工具理性的对立，并且工具理性占据了统治地位。它带来的后果，借用中国的古语来说是"见利忘义"，亦即对利益的功利性追求成了现代性社会的主导，而启蒙思想所向往的诸如社会公正等价值理想却在实际上被抛弃。这样的结果使韦伯对现代性的现实与未来充满了悲观。工具理性这一概念后来在现代西方哲学的人文主义思潮中成为思想与社会批判的一个主要工具，尤其是在法兰克福学派的批判理论那里。

除了哲学层面上的这两种批判之外，我们还可以见到来自其他层面的批判。在科学哲学方面，著名的有费耶阿本德（Paul Karl Feyerabend, 1924—1994）以《告别理性》为名，明确宣称"理性是个大灾难，是告别它的时候了"[3]。不过虽然费耶阿本德的书名如此醒目，但他全书的论说却使人感觉散乱且离题甚远，其中较有关联性的内容仅仅是在科学的结构与研究标准方面。就此他断言在科学的事件与结果上并不存在普遍的结构，并且科学的研究也不存在普遍的标准，以及解决科学问题的方法是依赖于其背景的，科学研究不存在持久不变的边界条件，由此来得出否定普遍理性的结论。这是从理性等于某种普遍性的逻各斯的理解出发，所涉及的仅是理性概念的一个方面。

在政治哲学方面，社群主义否认罗尔斯的新自由主义关于理性的个人及其自由选择正义原则的先验假设，认为这种抽象的自我在现实中并不存在。任何个人所处的历史背景和社会现实是千差万别的,这使得个人之间形成了各不相同的利益、地位、权利、义务、观念和期望等,因此对个人的分析必须放在其所在的社群与社群关系中来进行。新自由主义以一种先验的假设来替代个人之间的差别,因而成为一种非历史的、反传统的伦理学。此外,社群主义还以多元论来反对新自由主义的一元论哲学基础,声称不仅社会的政治权力是多元的,而且社会的其他利益和价值也应当是多元的,这样自然也就不存在任何普遍的、唯一的原则,包括社会的正义原则。

美国学者罗斯诺曾经分析了后现代对理性的批判,认为它出于如下几个动机。首先,现代理性是以"普遍主义"为前提的,它假定了一种统一的整体,断言同样的规则是到处适用的。在不同的国家、文化、历史阶段之间,合乎理性的主张被看作是普遍适用的。与此相反,后现代主义认为事物各有其特殊性,应当对具体的情况作出特定的分析。由于不同的认识有其不同的基础,因此后现代主义假定,所有的认识范式都是平等的,它们有着各自的逻辑,普遍理性因此是不存在的。理性最应当批判之处,在于它没有为文化特性和个人特性留下地盘。

其次,理性作为启蒙运动、现代科学与西方社会的产物,后现代主义认为它粘合起启蒙、现代科学与社会的种种缺陷,因此是有过错的。理性成为一种专制的、强迫的和极权主义的东西。由于它假定了某个唯一的、"最佳的"解决方案,因此就排斥了异端和宽容。它为了取得效率、统治和强权,就减少了不确定性、偶然性和民主的范围。在后现代主义看来,放弃理性也就意味着摆脱对于权威、效率、科层、强权、技术等等的现代性偏见,不必再受到某种公认范式的权威的压制。

第三,理性和合理性的观念同后现代对于情绪、感觉、反省、直观、自主性、创造性、想像力等的确信相冲突。后现代主义认为,倡导理性,等于赞同机械胜于自然,静态的成品胜于动态的过程,呆滞的有序胜于动态的无序,等等。不过,在这第三点动机上,罗斯诺给出的理由显得有点勉强。因为倡导理性未必就等同于倡导机械性、静态性。人们很容易想起的明显的例证是黑格尔。黑格尔可说是一位绝对的理性主义者,但他的哲学、尤其是其中的辩证法学说,倡导的是矛盾的、动态的、发展性的思维。

以上我们对现代性的理性概念的实质及后现代思想对理性概念的批判进行了一番概括性的分析。从这些分析中可以看到,对理性的最大诟病是在思维方式、或者说是在认识论上的,这表现在理性以"普遍性"为其品格,不论在认识或道德方面,都先验地设定一种普遍主义的原则,认定原则的唯一性、普遍性,亦即主张一元论。而这在主张多元论的后现代主义看来,是与事物的真实本性相矛盾的,因为任何事物都有其特殊性,"差异"构成事物的本性;一旦以普遍主义为圭臬,就必然会以总体性来压制差异与个性,排斥异端与宽容,而这是不能容许的。这样的思想集中体现在利奥塔那里,就是他所发出的拯救差异、向总体性开战的呼声。有关后现代思想在认识论上的转向,我们在下面还会有进一步的论述。

二 "合理性"范式的变化

如果说后现代主义对理性进行批判的结果,是消解了理性的主宰地位,使理性的他者,包括生命、意志等非理性的东西摆脱了从属的地位,在多元的世界里获得了它们各自的一席之地,那么合理性范式的转换,则是使后现代主义获得一种新的"游戏规则"的确证依据,因此它成为后现代话语的一个重要思想基础。

1."合理性"的诸种模式

从历史上看,比较典型的"合理性"模式大致有如下四种。

第一种是理性主义的,以黑格尔为代表。黑格尔哲学的立脚点,是以理性(思想)、概念为事物的本质。用他的话来说,理性是世界的"灵魂",它构成世界的内在的"最固有、最深邃的本性",亦即是"世界的普遍东西"。[4]由此思想出发,不难引出理性是事物的现实性标准的论断。在这方面,黑格尔为人所熟悉的命题是:"凡是合乎理性的东西都是现实的;凡是现实的东西都是合乎理性的。"[5]这一命题所建立的合理性标准,在于事物的"合乎理性",也就是说,凡是合乎理性的东西,就是现实的,就具有合理性,反之则无。

分析起来,黑格尔的"合理性"包含着三方面的意思。首先,由于在黑格尔那里,理性也意味着逻各斯,即世界的内在规律,因此他的合理性概念可解读为事物的合乎规律性;其次,由于黑格尔的哲学是一种"思有同一"的哲学,即它把思想(理念)认定为与事物是同一的,凡是为思想所真确把握的即是事物的本质,思想的"真"同时也是事物的"真",因此这种合乎规律性也就等于是合乎思想的规定;最后,思想表现为一种逻辑的形态,特别是表现为"概念"的基本形态,因此事物的合乎理性就表现为合乎概念的规定。

这里我们试举"市民社会"为例。理想的市民社会,应当是一个自治的、保有市民充分的自由权利,使得他们能够追逐自己的利益的社会。这样的概念规定合乎市民社会应有的理念(在黑格尔那里,理性的东西"与理念同义"[6]),因此凡是合乎这一概念规定的市民社会,按照他的合理性标准,就是合乎理性的。从性质上看,黑格尔的这一合理性模式是先验性的。它出于一种事物"应当"如何的思想,以之来规范事物的存在。这种合理性模式,属于西方哲学中典型的柏拉图主义。所谓柏拉图主义,就是以理念作为事物的"原型"、本质,一切事物的存在,不过是"模仿"或"分有"这一理念。在中国古代哲学中,朱熹的"月印万川",即形而上的、同一的"理",为不同表现形态的事物所分有,也属于这一类型的思想。

进一步说来,这种柏拉图主义的合理性模式构成了利奥塔所反对的"元叙事"的哲学根据。"元叙事"的实质就在于以先验性的观念(概念)作为事物以及行为的依据。例如黑格尔的辩证法叙事,就是在"思有同一"、亦即思维与存在同一的前提下,以辩证法的正题、反题与合题的形式,作为自然、社会与思维的运动与变化的依据。依照这种辩证法的叙事,一切事物的变化都是按照正(同一)、反(矛盾)、合(综合)的方式来展开的。也就是说,事物首先表现为一种同一性,它就是它自身,A = A;其次,这一事物由于其自身所包含的矛盾的推动而变化,向它的对立面过渡、转化;最后,矛盾着的对立面在更高的阶段上实现了和解,形成了新的统一的事物。在马克思的社会发展学说那里,我们看到了这种辩证法的影响。人类社会的发展,在马克思的学说中表现为一个从原始的、无阶级的共产主义社会,其间经过有阶级的社会的不同阶段(如封建社会、资本主义社会等),最后经过矛盾的自我否定,达到更高阶段的、无阶级的共产主义社会。不过不同的是,马克思的辩证法是唯物的,用他的话来说,是把黑格尔原本头脚倒立的理论颠倒过来。

第二种合理性模式是实用主义的。与黑格尔的理性主义将理性作为事物的合理性标准不同,实用主义在态度上是经验主义的,它关涉的主要是思想(概念)与行为的合理性。虽然老的实用主义者并没有专门论述合理性,而是主要论述"真理"与方法的问题,但从其相关的论述中,我们却可以引申出有关合理性的思想。如同实用主义把判定某一思想或概念的"真"的标准置于它所产生的效果之上,我们也可以得出类似的结论,即实用主义的合理性标准乃是建立在思想与行为的效果之上。就像有用的就是真的一样,凡是能够引起预期效果的思想与行为,就是合理的。或者进一步说,就像真理的有效性就是使之产生效应的过程一样,在实用主义者那里,合理性也意味着一个使思想与行为产生合理结果的过程。实用主义的这种合理性观念,用一种后发的经验结果来作为检验思想与行为的合理性的标准,这与理性主义用先验的思想规定作为合理性的依据,正好构成两个相反的主张。

第三种合理性模式是维特根斯坦的"语言游戏"模式。这一模式后来为后现代主义所采用,构成了它们的一个重要思想基础,尤其是在利奥塔那里,他用维特根斯坦的这一模式来证明各种叙事之间平等的合法性。维特根斯坦的这一合理性模式,体现在他有关语言游戏及其规则的论述中。他从语词与句子的意义在于它们的用法入手,从"游戏"的角度来解释语言的性质,把讲语言看作一种类似游戏的活动,它构成生活形式的一部分,也就是说,语言游戏乃是文化习俗、生活习惯的产物。这其中,对于"合理性"问题来说重要的是,任何游戏都是遵照一定的规则来进行的,包括语言的正确用法也总是要遵守语法规则。没有规矩,不成方圆。维特根斯坦把规则的作用比喻为"路标"。他写道,一条规则立在那里就像一个路标。如果在正常的情况下路标能够引导行人达到其目的地,那么路标就是合适的。此外,规则的路标式作用体现为某种"习俗",它们是"约定"的产物,就像我们用"红灯"来表示禁止车辆通行,而用"绿灯"来表示放行一样。维特根斯坦甚至说,做一个报告,下一个命令,下一盘棋,"都是习俗"。[7]

按照这样一种哲学,任何的文化与行为,从游戏的角度看,它们的合理性就在于形成某种规则,并且这些规则能够起着路标一样的作用,引导人们达到预期的目的。规则合理不合理,是与"目的性"有关的,衡量的标准在于它们作为规则的有效性,能否引导人们达到目的。此外,进一步说,"'遵从规则'的东西是在日常生活中造成的"[8],它们逐步构成我们的"生活形式",亦即思想与言说的语境的某个部分,各种文化与行为的规则也因此逐渐内化为某种习俗,成为人们自然而然的习惯。这样,遵从规则最终成为遵从习俗,而合理性也就蕴藏于其中。

第四种合理性模式是普特南(Hilary Putnam, 1926—)的,他以某种既有的价值来决定"事实"、"生活世界"的合理性与否,而不是由生活世界本身来决定其中事情的合理性。这与维特根斯坦的上述合理性模式正好相反。普特南把维特根斯坦的合理性概念,连同逻辑实证主义者以及一些牛津日常语言学家的合理性概念,都归结为一种合理性的"唯标准观点"。这指的是他们用某些"惯例化的规范"来定义什么是理性上可接受的,什么不是理性上可接受的。这里的"惯例化的规范",普特南指的是诸如"语言规则"、"公共语言惯例"、"文化习俗"这类"公共规范"。不过,在他看来,我们不能凭借公共规范去决定在哲学上什么是理性上证明了的,什么是正当的,什么不是。之所以如此的理由在于,仅仅按照这些规范,所有这样的论证都不可能保证是正确的,或大致是正确的。因为,"假如果真只有能按照标准得到证实的陈述才是可合理地接受的陈述,那么这个陈述本身并不能按标准得到证实,因而并不能成为可合理地接受的"[9]。普特南建立自己的合理性概念的依据,是断言事实与价值两者不可分离,并据此最终将合理性建立在价值论的基础上。他论证说,每一个事实都有价值负载,并且每一个价值也都负载着某个事实。不过虽如此说,在他那里事实与价值却有层次之别。"价值"是最深层的东西,"事实"("真理")处于其上。然而,尽管有此层面上的区分,但在普特南看来这两者却是不可分离的,并且有关事实的认识是由价值所规范的。他认为人们无法选择仅仅"摹写"事实的构架,因为任何一个概念构架都不仅仅是"摹写"世界的,其中都会包含有价值的因素。不过,在这方面普特南给出的仅仅是有关道德与社会事实方面的例证。他写道,在选择一个描述日常人际关系和社会事实的构架时,尤其是在考虑有关自己的生活蓝图时,虽然会涉及到众多的因素,但道德价值这一因素无疑是首先会涉及到的。这里,我们要说,如果仅仅只是在道德与社会事实的领域来谈论问题,当然这些所谓的"事实"是离不开道德因素的。例如,某人"逃税"是一个事实,而在"逃税"这一字眼里,就已包含着道德上的谴责。不过,普特南所要引出的结论却是有关"真理"领域的,这就越出道德与社会的范围,涉及到自然科学的领域。在这方面,是否事实仍然与价值不可分,就未必如此了。

依据上述的真理与价值不可分离的主张,普特南提出了他的合理性观念。他认为,真理概念本身并不是一个终极性的东西,就其内容而言,它依赖于我们理性上的可接受性标准,并且从这一可接受性标准中获得生命。进而言之,这些可接受性标准又依赖于我们的价值,并以我们的价值为先决条件。就此,普特南明确提出,合理性理论又以我们关于"善"的理论为前提。[10]他并且将这一合理性标准从认识论推及到本体论领域,宣称"经验世界"对于我们的合理可接受性标准的"依赖"。[11]我们运用理性上的可接受性标准去建立"经验世界"的理论图像,然后随着那幅图像的发展,我们据之修正这个理性上的可接受性标准,并且一次又一次地永远修正下去。他甚至断言,我们必须持有理性上的可接受性标准,才能有一个经验世界;这也就是说,"实在世界"依赖于我们的价值。走到这一步,普特南的合理性概念实际上打上了柏拉图主义的印迹,因为他一样主张由概念来决定经验世界的构成,只不过他作了一点修正,将可接受性标准视为可以不断修正的。

2. 后现代话语的"语言游戏"说基础

在时间的顺序上,普特南的合理性理论比维特根斯坦的晚出,但从思想的性质上说,维特根斯坦的合理性理论却是属于后现代的。这一合理性模式以反对先验的合理性秩序、提供一种多元的合理性模式为特征,这些正契合了后现代的思想方式。在当代,后现代主义正是沿着这一哲学思想范式继续前行,以之为根据发展出一套后现代的话语。在这套话语世界里,一切思想与话语的模式都是平等的,因为它们都有自己的逻辑,所以并不存在普遍理性存在的地盘,也不存在某种唯一的合理性标准。后现代思想认为,假如预设了某个"最佳答案"和"唯一的解决方案",其结果必然会排斥异端和宽容。在后现代思想看来,放弃普遍理性的范式意味着摆脱对于权威、层系、强权、技术等等的现代性偏见,意味着不必有以下社会科学的关注:秩序、一致性、可预见性,以及"由某个被公认的范式的权威所决定的制度化程序"[12]。

维特根斯坦的这一语言游戏及其合理性的哲学范式,对于后现代主义来说有着重要的意义,产生着深远的影响。在第十讲中,我们讲到利奥塔对维特根斯坦这一语言游戏说给予了高度评价,乃至盛赞它为"后现代世界有关的全部"。利奥塔并且运用维特根斯坦的这一思想,来反对现代性的立足于"元叙事"之上的合法性观念,并据之建立起他的合法性理论;也就是说,利奥塔否定现代性用形而上学理念来赋予社会行为以合法性的做法,认为合法性乃是来自于类似语言游戏的约定性规则,它是由参与者(游戏者)以某种"契约"、"约定"的方式产生的,并且各种游戏各有其自身的玩法。不存在某些具有特殊地位的游戏,也不存在所谓的"唯一真正的游戏"。每个游戏都有其自身存在的价值、地位与趣味,它们都是平等的。

由语言游戏说所得出的合法性思想,对于利奥塔来说还有着进一步的意义。既然各种游戏各有自己的玩法,各自遵守自己的规则,由此自然导出文化与社会的多元性、异质性的思想,并使它们也从语言游戏概念中得到论证。此外,社会关系的本质也由此被归结为某种语言的游戏、探寻的游戏,它们都类似于遵循规则来运作的棋局,其规则是在约定中形成的,并通过习俗、习惯而流传的东西。

利奥塔这一由维特根斯坦的游戏概念而来的合法性观念,可以说反映了后现代话语的一种哲学基础,它是与先验主义的形而上学正相反对的。文化与社会典章制度的合理性或合法性,被看作并非来自某种先验的观念,而是来自社会的游戏活动及其规则本身,甚至于是来自由这些规则所凝固了的习俗、亦即"生活形式"本身;并且由于这样的合理性或合法性并非由某种先验的观念所统制,而是由各个不同的游戏自身所产生,因此文化与社会典章制度的合理性或合法性也就不是唯一的、一元的,而是异质的、多元的。追求多样性而不是统一性,倡导多元论而不是一元论,构成后现代思想的一个基本特征。这一特征直接来自于后期维特根斯坦的"游戏"说,它为后现代的思想方式提供了哲学的依据。

后现代思想的上述特征,集中体现的正是现代性的"世俗化"进程的延伸与深化。现代性的世俗化,解除的是宗教的神秘化的光环,它以启蒙理性所提出并论证的思想和社会原则,来取代天启的神灵的旨意,为现代社会作出了一整套从思想文化到社会典章制度的设计,使社会进入现代化的进程,并取得了现代性的形态。后现代性的进一步世俗化,要解除的则是理性形而上学的神秘化。它反对的是理性设计所具有的类似于神意安排的特征,试图从生活形式、习俗本身来提供合理性的基础,对各种不同的社会与文化"游戏"的合理性给出论证,从而最终奠定一种后现代文化的多元论。

然而,这种语言游戏的合理性模式本身却也存在一定的问题。由于游戏本身是无所谓价值的,它属于娱乐的性质,有如康德所说的并无功利感,寻求的是休闲与快感,而社会行为却是有价值性的,因此在这两种不同的游戏行为(娱乐性的与价值性的)之间进行类比,并以此为根据来提供社会行为合理性的基础,同样把社会行为的合理性单纯归结为由游戏所产生,归结为它们的规则性,并最终归结为生活形式与习俗,这就会产生下述的问题:依据生活形式本身能否判定该生活形式中的游戏的合理性? 因为从给定的前提中只能得出它所蕴含的既定结论,而不可能反对前提本身。所以一个显然的问题是,如果给定的生活形式本身是有问题的,不是一种好的生活形式、不是一种好的社会制度,那么以它为前提所能得出的,也只能是自我肯定的结论。这样,合理性的问题就被封闭在一个既有的圆圈里,假如它是一个坏的圆圈,那么人们也只能顺从它,因为它能够为自己提供合理性的证明。

从正面的意义上说,后现代思想所认同的这一维特根斯坦的合理性模式,是与它们的认识论模式的转变密切相关的,或者说就是植根历史语境、追求意义的多义性的解释学意识的一部分,它们一起构成了某种"后现代"的精神。

三 从认识论走向解释学

1. 近现代的知识观

从近(现)代(modern time)以来,认识论(知识论)一直是哲学的中心。西方哲学在近代实现的一个转向,就是"认识论的转向",亦即从中世纪的关注本体论问题,转向近代的关注认识论问题。这一转向一般认为是从法国哲学家笛卡尔那里开始的。黑格尔曾经对笛卡尔哲学所起的历史作用寄予很高的评价。在他看来,近代哲学是以思维为基础的,而哲学在奔波了一千年之后,现在才在笛卡尔那里"回到了这个基础"。[13]正由于笛卡尔以"我思故我在"命题奠定了认识的主体性基础,他也由此获得"近代哲学之父"的美名。

随着哲学的认识论转向,近现代的知识观也随之形成。这一知识观的鲜明特征,在于将客观性、普遍性、必然性、确定性等,视为知识的属性,因此属于一种"绝对论"。这种知识的观念在理性主义者那里表现得特别明显。笛卡尔以数学为楷模，将"确定性"作为知识的标准。只有那些"清晰"、"明确"的认识，才是不可怀疑的、真实的认识。

康德将知识反思的类型由数学扩大到物理学，亦即包括了非经验的与经验的两种类型。他更明确地论述了知识的属性问题，这突出表现在两个地方。一是，他提出以"客观性"为最终标准来区分开"意见"、"信念"与"知识"，即从作为"真"的判断看，"意见"是不仅主观上不充分、而且客观上也不充分的，因而是三者中最低级的判断；"信念"是仅仅主观上充分、但客观上不充分的判断；"知识"是最高一级的判断，它是既在主观上、同时又在客观上充分的真判断。[14]另一是，而且更重要地，他的知识论的关键，是要论证纯粹知性概念（范畴）如何能使经验知识满足知识的客观有效性与普遍必然性的标准。为此康德哲学遇到的一个最为棘手的问题，是如何解决主观性的、先天的范畴能够使经验知识具有客观有效性的问题。我们知道，"客观性"的含义，从符合论的角度看，本来意味着主观的认识与客观的对象相一致。但康德的那些先天范畴乃是主观的，它们如何能使认识具有客观性？康德既采用范畴对对象进行建构的先验论方式，而不采用符合论，这使得他无法从主观认识与对象相符合的角度来论证知识的客观性。为此，他提出了一个特别的思路，将"客观有效性"与"普遍必然性"视为两个可以互换的概念。之所以能够如此的理由是，由于当一个判断符合一个对象时，关于这同一个对象的一切判断也一定彼此互相符合，因而判断的客观性就意味着它的普遍必然性；反过来，一旦我们把一个判断当作是普遍有效并且是必然的，我们也就把握了它的客观有效性。因为没有理由要求别人的判断一定符合我的判断，除非别人的判断同我的判断涉及的对象是同一的，它们都同这个对象符合一致，因而它们彼此也一定符合一致。

黑格尔同样把普遍必然性作为知识的标准，不过与康德不同的是，他把概念的普遍必然性视为不言而喻的东西，因为他的理性或理念本身就是逻各斯，是一种必然的东西，因此他不用烦神去论证知识如何具有客观性与普遍必然性。对思维的"客观性"概念,黑格尔把它规定为"不单纯是我们的思想,而且同时也是事物和对象本身的自在的东西"[15]。黑格尔用这样的规定来把它与通常意义上的"客观性"和康德意义上的"客观性"区别开来。通常意义上的客观性,指的是外部现实存在的东西的意义,它有别于纯粹主观的、意谓的和梦幻之类的东西;康德意义上的客观性,指的是一种"普遍必然的"东西,它有别于我们感觉方面的偶然、特殊和主观的东西。黑格尔自己意义上的客观性,既用来区别于单纯的思想规定,用以表示并非主观的东西,同时又与事实本身区别开来,亦即表示它是一种被概念规定构成其本质的东西,是思想与现实的统一。因此黑格尔的客观性概念实际上是一种本质主义。至于普遍性概念,黑格尔给出的是一种"整体论"。他在概念的这三个环节的界定上所强调的,是不论普遍、特殊或个别,它们都是整体性的,都是一个统一的概念总体中不可分离的环节,只不过表现的是它的不同规定的方面。一方面,普遍中包含有特殊与个别;另一方面,特殊与个别中也包含着普遍,并因此成为一个有规定的具体物。对概念的普遍、特殊与个别三个环节的反思,构成黑格尔看待事物之间的关系,以及概念与事物之间的关系的基础,从而也是他的认识逻辑的基础。因为在黑格尔看来,概念就是存在和本质的真理,因此存在和本质在概念那里是返回到它们的"根据"。

这种追求客观性与普遍必然性、寻求认识的根据的思路,使得康德与黑格尔的知识论的基调是基础主义的。

在康德的知识论那里,这种基础主义首先表现在先天的范畴作为一些基础信念,能够为其他非基础的信念提供支持,赋予它们以普遍必然性并形成知识判断,因此它们在认识中的作用,就如同基础主义所说的基础信念那样,能够对非基础的信念提供支持,使之得到确证,从而成为知识。其次,康德的范畴作为基础信念,它们同基础主义的基础信念的相同之处在于范畴本身也是本源性的,无需其他信念来支持,但却能为其他信念(判断、命题)提供确定性,使之成为知识的东西。最后,康德的范畴对非基础信念的支持作用,表现为它们把仅有主观有效性的知觉判断转变为具有客观必然有效性的经验判断。

黑格尔的基础主义则主要表现在两个方面：一是把范畴作为认识的根据。范畴作为基础信念的作用，用他的话来说是构成了认识之网上的"网结"，为认识提供对事物思考的视点。例如我们在思考事物时，这些基本的范畴可以引导我们从质、量、度，本质与现象，同一、差别、矛盾等角度或关系上来思考、规定事物的关系。二是将他的整个逻辑学的概念体系的推演，都解释为是在寻求根据、回溯到根据的过程。后面这一种解释，尤其构成了黑格尔基础主义的突出特点。他在《逻辑学》一书中论证"必须用什么做科学的开端"时，力图阐明他的逻辑学是如何从"有"这样一个抽象的开端开始，尔后每一步的前进都是在"回溯到根据，回溯到原始的和真正的东西"[16]。这样，虽然从结果方面看，黑格尔的逻辑从最初的东西出发之后，经过推论达到了最后的根据，但由于这一开端"在一切后继的发展中，都是当前现在的、自己保持的基础，是完全长留在以后规定的内部的东西"[17]，就好像在马克思的《资本论》中，作为开端的"商品"概念，在以后展开的有关资本主义生产关系的分析中，始终长留于其中、构成其基础一样，因此逻辑概念的向前运动最终表现为重又回到开端，形成为一个首尾相绕的圆圈。这样，我们可以说，黑格尔的基础主义是一种有关哲学或其他理论体系的基础主义，它把整个概念体系的构成运动都看作一个寻求并回溯到其基础的过程。也正由于这一点，黑格尔与一般意义上的基础主义不同，他并不认为在论证中人们可以找到一个最终的基点作为论证的基础，而是认为这样的基础只能存在于一个不断延伸的过程中。

以上我们看到，由笛卡尔、康德和黑格尔所代表的现代的知识观，将客观性、普遍性、必然性、确定性视为知识的属性，使得这种知识观具有一种"绝对论"的色彩。此外，这种知识观还表现为基础主义的形态，追求以某种绝对的东西，如"我思"、范畴等，作为知识的不变的、确定不可错的基础。从整体上说，这种知识观受到的是数学与物理学思维的影响，表现为一种科学主义。特别是在笛卡尔与康德那里，这种影响是直接的、关键性的，虽然对于黑格尔来说是个例外,其哲学更显然地是一种柏拉图主义。

这种绝对的知识观所造成的结果之一,就是后现代主义所批判的作为现代性标志的"元叙事",即一种普遍的、作为判定其他话语之标准的绝对话语。这种话语以它所确立的命题为普遍的、绝对的真理,并以之作为判定其他命题的真实或谬误的标准。换言之,这种现代性的知识观造成的结果是一元的思维方式,它排斥多元的、追求差异性的思维方式。现在的问题是,知识是否都应当具有现代知识观所要求的客观性、普遍性、必然性和确定性? 或者知识是可错的,其概念是可修正的? 甚或知识只是一种假设,其有效性是有待证明的,并不含有什么"真理"的意味?

2. 后现代的解释学意识

我们说过,现代性与后现代性的不同在于时代精神的转换,在于从前者的思想方式与行为方式向后者的转变。这种转变的一个突出方面,正是表现在知识观的变化上。认识不再被看作是追求把握某个绝对的真理,知识的属性也相应地不再被看作是什么客观性、普遍性、必然性与确定性。相反,认识被看作是在进行某种解释活动,它要把握的是对象的意义。而意义并非是某种单一的、可一次性地解释完毕的东西;相反,它是一个处于不断解释的过程中,可以通过在不同语境下形成的不同理解来不断生成的东西。

与现代知识观的科学主义主流思潮相反,后现代的知识观属于人文主义思潮。本来,由于认识对象的不同,在自然科学方法论与人文社会科学方法论两者是否同一的问题上,自从 19 世纪的新康德主义以来,就与实证主义的一元论主张发生过持久的争论。实证主义以数学、自然科学为楷模,主张社会科学也应当遵从自然科学的精确化的实证方法——其方法的特征是"说明"(explanation,亦有译为"解释"的),以求把握事物的规律,特别是其中的因果关系。而新康德主义则认为由于人文科学的对象是以人为主体所发生的行为与事件,而人是有目的性、有意志、有情感、有价值追求的,这些构成了人文科学对象的特殊性,尤其是在历史领域。因此人文科学的认识方法是"理解"（understand），重在把握事件的意义及其蕴含的价值。以狄尔泰、海德格尔尤其是后来的伽达默尔为代表的"解释学"，就是这一争论背景下发展出来的一种哲学流派，属于人文主义思潮的产物。以福柯、德里达为代表的后结构主义也同属这一思潮。

就与现代认识论相对立的后现代诸种知识观而言，解释学具有典型的意义。它发展出一种比较完整的解释理论，将解释的对象视为某种"文本"（text）。解释者处于某种既定的语境里，在特定的历史与文化背景下进行自己的理解与解释，这就使他不可避免地形成自己解读文本的"视域"。解释者视域的不同，决定了他们对同一文本会作出不同的解读，阐发出来的意义也不同。同是一部《三国演义》，国人自然将它看作历史小说，而日本人却可从中找出管理的案例，读解出一些管理学的道理。此外，在解释学看来，文本的意义是开放的，随着解释语境的变化，它也处于一个不断生成的过程中。当解释者对文本作出不同的理解时，他才是作出真正的理解。总之，解释学的意识是一种多元意义的意识，开放性解释的意识。

这种解释学的意识在后现代主义者那里得到进一步的强化与发展。福柯明确提出："解释已经成为一项无限的任务。"[18]他并且认为，解释的生命就在于相信存在的仅仅是解释，每一个被解释物都已经是一个解释。反之，一旦我们相信存在着某物的符号，其功能仅仅在于用于指称事物，相信存在着某种隐秘的、固有的本质，它们静待着我们去发现，那实际上就等于宣告了解释的死亡。此外，更有意义的是，福柯本身还身体力行，对一些人们耳闻目染、习以为常的现象提出了自己独特的解释。例如，他将知识解释为一种"权力话语"，把知识与权力联系起来，使人们看到权力在社会中无所不在的渗透，它形成一张普遍地发挥着规训作用的关系之网，"知识—权力"即是其中的一个表现。福柯这些独具慧眼的解释实践，为人们提供了这方面的范例。

德里达同样把有待解释的对象看作一般意义上的"文本"，并从符号学的角度将文本所记录的符号看作是"延异"（différance）性的，它们保留着差别的痕迹。因为语言本身就是差异的产物,任何一个语词都是凭借自身与其他语词的不同而得到其意义的。以汉语为例,"大"之所以不同于"天",就在于后者比前者在上面多了一横的笔画;"道"不同于"到",虽然它们的发音相同,但书写则不同。此外,随着时间的推移,语词也会不断增加着自身的含义,甚至是极为不同的含义。例如"道"这一语词,在日常用语中是极为普通的"道路"的意思,但在老子哲学中,它却是一个最高的形而上学概念,是"万物之始"、万物存在的本源。

语言符号自身这一差异的本性,为文本的解释留下了广阔的空间。任一文本在问世之后,即已脱离了作者的意愿,成为一个独立的文化生命体。虽然它原本是由作者创造出来的,但由于文字特有的差异性与可解释性的特征,它已无法在读者那里完全"复活"作者的意想,而只能留待读者随时去解读其意义。文本问世的时间越长,越是如此。在这方面,德里达发展出以"歧义"说为基础的意义理论。由于语词是差异性的,因此它也是多义的。传统的语言理论总是把语词的歧义看作是不正常的,应当而且可以还原为单一的。但德里达依据他的"延异"的符号观,认为歧义是正常的,是不可还原的。他并且认为这种不可确定的歧义是由一种"既不/也不"的逻辑、或者说是"在……之间"(betweeness)的逻辑所支配的。这就从语言符号的本性方面为意义的解释理论提供了一个根据。

德里达的这一理论突出体现的是后现代在语言观、知识观上的"差异性"意识。语言的本性是差异的,而不是同一的;认识同样也不是要把握一个同一、普遍的总体,而是要把握事物的差异。单纯追求普遍性的思维,造成的结果是对特殊性、个性的压制。这样的语言观、知识观之争推及到文化领域,面对的就是多元文化与一元文化的问题。假如按照现代知识论的"普遍性"原则,那么不同的文化之间是否有优劣之分,就应当存在一个普遍的标准;但如果存在这样的标准,则势必否定文化的个性、差异性,而使文化趋向一个无差别的、同一的整体。这样的结果是后现代主义者所不愿意看到的,因而他们强烈地反对普遍性、同一性的思维,主张差异性,倡导多元论。

在这方面,福柯提出,认识的目的并不是去找出差异之下的共同因素,而是应当要"差异地"理解差异,因而差异就不再让位于导致产生概念一般性的普遍特征,并将成为纯粹的事件,即有差异的思想、对差异的思想。福柯早期即提出"知识型"的研究应注重不同知识型之间的"断裂",而不是其整体性。所谓"知识型",他指的是决定各种话语和各门学科所使用的基本范畴的认识论的结构型式,是某一时代配置各种话语和各种学科的根本性的形成规则。在福柯看来,知识型的变异从根本上讲是任意的,知识型之间的相互接替并不存在什么内在逻辑,而是一些"难以理解的非连续性"。在他所概括的四种知识型——前古典的、古典的、近代的以及现代的知识型之间,他认为它们都是不可通约的,绝对的非连续性是最高的知识型内在的法则。

德娄兹提出的是一种"差异逻辑"。他认为哲学的方法是多元论的,因此应有一种与"同一逻辑"不同的"差异逻辑"来把握事物的"多样性"。他批评传统哲学由某种第一原则来演绎事物,使世界成为一个等级体系。他力图通过倡导一种"差异哲学"来摆脱传统形而上学。"把事物劈成碎片"是德娄兹所喜爱的格言。在《差异与重复》中,他提出"存在就是差异"、差异无所不在的观点。这里,差异不仅是指事物在空间上的相互外在性,同时还指它们在时间中的前后相继性。德娄兹强调这种差异逻辑拒斥稳定的同一性,反对普遍化的秩序、总体性,追求的是把握事物的多元性、机遇、流动和生成。在他看来,概念是差异的超常表达,而不是一致性的仲裁者。它在结构上是不稳定的,这首先是因为它不会把自己限制于线性的发展,从而使它的总体模型是不可预见的。其次,概念意味着帮助建立某个新的语境,并使自己跃入并融合于其中,因此它总是不可避免地具有一种把自己转变为其他命题的倾向。

与此相似,利奥塔的知识论以探求"悖谬推理"(paralogy)为目标。这种推理以"规则的异质标准"和"对歧见的探求"为视点。认识、对话的目的并非像哈贝马斯所说的那样是求得"共识",而是要探求歧见(dissesion)。因为共识是与语言游戏的"异质性"相背离的,因而是一条永远无法企及的"地平线",是一种过时的、可疑的价值。利奥塔甚至把"发明者的悖谬推理"、而不是专家的一致性,确认为"后现代知识的法则",理由是发明总是产生于歧见之中。"元叙事"之类的总体性话语用普遍的规则来压制、排除对立的意见,其结果总是对少数派话语的压制。后现代知识法则的目标则旨在保存差异,鼓励多元性。在《后现代条件》一书的最后,他满怀激情地疾呼:"让我们向总体性开战……让我们激活差异,拯救它的声名。"〔19〕

从认识范式的角度看,笔者认为后现代主义所形成的这种知识观表现出一种特殊的思维逻辑,即人文思维逻辑。这种逻辑的基本特征我们在上面实际上已经反复提及,这就是,试图转变科学主义的思维方式,反对本质主义与对普遍性的追求,重视对象的差异与多样性。这种人文思维逻辑的意义,在于转换了一种认识范式,即从主客体对立的、以实证科学为楷模的近现代认识模式,转向以语言游戏为类比的知识范式。与之相伴随,知识论问题的基础,也由"客观性"与"普遍性"转向了"合理性"或"合法性",亦即意义解释的多元性的合理性根据何在,语言游戏的多样性的合法性何在。人文思维的这种新范式的确立,使得不同认识之间的平等对话成为可能,它为当前的"多元文化"观念提供了认识基础。

思考题

1. 后现代性与现代性所依据的哲学基础各是什么,其根本的不同之处何在?

2. 近代知识论与当代解释学在知识观上有什么根本的区别?

阅读书目

维特根斯坦:《哲学研究》,汤潮等译,北京:三联书店,1992 年。

德里达:《延异》,载《后现代性的哲学话语》,汪民安等编,浙江人民出版社,2000 年。

伽达默尔:《真理与方法——哲学解释学的基本特征》,洪汉鼎译,上海译文出版社,1999 年。

注　释

〔1〕 胡塞尔:《生活世界现象学》,倪梁康等译,上海译文出版社,2002 年,第 190 页。

〔2〕 霍克海默:《反对自己的理性》,载《启蒙运动与现代性》,詹姆斯·施米特编,徐向东等译,上海人民出版社,2005 年,第 371 页。

〔3〕 费耶阿本德:《告别理性》,陈健等译,江苏人民出版社,2002 年,第 17 页。

〔4〕 黑格尔:《逻辑学》(哲学全书·第一部分),梁志学译,人民出版社,2002 年,第 69 页。

〔5〕 黑格尔:《法哲学原理》,范扬等译,商务印书馆,1996 年,"序言"第 11 页。

〔6〕 同上。

〔7〕 维特根斯坦:《哲学研究》,汤潮等译,北京:三联书店,1992 年,第 109 页。

〔8〕 同上书,第 119 页。

〔9〕 普特南:《理性、真理与历史》,童世骏等译,上海译文出版社,2005 年,第 239 页。

〔10〕 同上。

〔11〕 同上书,第 152 页。

〔12〕 波林·罗斯诺:《后现代主义与社会科学》,张国清译,上海译文出版社,1998 年,第 191 页。

〔13〕 黑格尔:《哲学史讲演录》,贺麟等译,商务印书馆,1978 年,第四卷第 63 页。

〔14〕 康德:《纯粹理性批判》,李秋零译,中国人民大学出版社,2004 年,第 602 页。

〔15〕 黑格尔:《逻辑学》(哲学全书·第一部分),第 104 页。

〔16〕 黑格尔:《逻辑学》,杨一之译,商务印书馆,1976 年,上卷第 55 页。

〔17〕 同上书,上卷第 56 页。

〔18〕 转引自 J. G. 梅基奥尔《福科》,韩阳红译,昆仑出版社,1999 年,第 87 页。

〔19〕 利奥塔:《后现代状况——关于知识的报告》,岛子译,湖南美术出版社,1996 年,第 211 页。译文据英译本有改译。

第十五讲

消费社会、全球化与后现代性

消费社会与后现代性

现代性的隐忧与后现代性的悖论

在上一讲里,我们主要从哲学的本体论(主体与理性)、形而上学(合理性问题)和认识论的角度,论述了这些领域中从现代性向后现代性观念的变化。在本讲中,我们将首先论及这一变化的社会基础,阐述后现代主义者有关"消费社会"的一些看法,由此来论究消费社会与后现代性的关系,指明消费文化与后现代观念之间的联系。尔后,作为本书的结尾部分,我们将反思现代性的隐忧,并从全球化这一当代社会的另一个重要现象着眼,探究后现代性与全球化之间构成的矛盾或悖论关系。

一 消费社会与后现代性

把当今社会界定为一种"消费社会",对于后现代主义来说有着重要的意义。在波德里亚看来,当需求生产(消费者生产)成为社会的中心任务时,后现代就从现代那里分离出来了。因此有的论者把"消费社会"概念看作"隐含着理解后现代性和后现代主义的关键线索"[1]。消费社会既被看作一种公认的全新社会状况，它的生活方式支配了所有的社会成员；同时也被看作一种主导性的文化符号的关键，这种消费文化为广告、传媒所造就的符号世界所操控，它带来的后现代变化在于所有的东西都变成一个相同的消费类别，包括意义、真理和知识。

1. 消费社会与消费崇拜

詹姆逊将"消费社会"列为与后工业社会、媒体社会或跨国资本主义社会同一系列的概念，认为它代表着"一种新型的社会生活和新的经济秩序的出现"。在美国，这一资本主义的新动向出现于20世纪40年代后期和50年代初期的战后繁荣年代，在法国，则开始于1958年第五共和国的建立。20世纪60年代是一个重要的过渡时期，在此期间一个表现为新殖民主义、绿色革命、电脑化和电子资讯的新的国际秩序确定了下来，同时后现代主义思潮作为这一社会的文化表现，也开始出现并产生影响。

在第十二讲中，我们曾经提到詹姆逊有关消费社会的一些论断。他把商品消费成为其自身的意识形态及其放任、多元的表征，作为消费社会的典型特征。这里，我们还想进一步谈及的是，他还沿用马克思的观点，将"商品拜物教"作为资本主义消费社会的另一个特征。这表现在，在资本主义消费社会这一纯经济的社会中已经不复存在的宗教与神圣性，却借助于一切东西都转化为商品形式的时机，在商品身上又悄然转了回来，表现为"商品拜物教"。这一过程是如何实现的呢？他论述道，在资本主义社会，垄断是商品生产的一个特征，产品都是成批生产的，而且都是大同小异。比方说有五家烟草公司，它们生产的香烟基本上是一样的，生产技术也是同一个水平。在这种情况下，怎样才能推销这些大同小异的香烟呢？于是人们给不同的香烟一个不同的形象，然后说服消费者这些香烟的味道都是独特的，例如"万宝路"不同于"温斯顿"。这就要让消费者相信在抽"万宝路"时，他能获得一种特殊的东西。因此万宝路的形象总是和西部的风光、马背上的豪杰、辽阔的天空等联系在一起。詹姆逊解释说,于是这就产生了一种不同的精神商品、不同的物神,它引发着特殊的消费欲望。

不过,对于资本主义消费社会的极端的描述,是在波德里亚(Jean Braudrillar,1929—)那里出现的。曾经有人对波德里亚作出这样的评论:他发展出了迄今为止最引人注目的也是最极端的后现代性理论。他是立场最为鲜明的后现代思想家之一,被他的追随者称赞为后现代世界的"守护神"。[2]这里,让我们来领略一下他的理论是如何地"引人注目"。

波德里亚明确地对后现代社会下了这么一个判断:"我们处在'消费'控制着整个生活的境地。"[3]在这种消费社会里,一种由不断增长的物、服务和物质财富所形成的惊人的消费现象,构成了人类自然环境中的一种根本变化。商品的堆积、丰盛,造就了消费社会的特殊景观。波德里亚援引了马克思如下这段对商品社会的生动描述:"在伦敦最繁华的街道,商店一家紧挨一家,在无神的橱窗眼睛背后,陈列着世界上的各种财富:印度的披肩、美国的左轮手枪、中国的瓷器、巴黎的胸衣、俄罗斯的皮衣和热带地区的香料。"[4]这些商品的诱惑一览无遗,连一个橱窗的屏障都没有。消费社会创造了许多的消费手段与消费场所——购物中心、超级市场、网络购物街区、主题公园、电视购物、信息广告片、电话推销、银行信用卡等等。消费变得如此简单,你甚至不用现金,只需掏出你的信用卡。一切你需要的东西都能买到,从一双普通的鞋子到一张跨洋的机票。一切的英雄崇拜、祖先崇拜、神灵崇拜,统统都汇集为商品崇拜。超级购物中心就是人们的"先贤祠"、人们的"阎王殿",所有的消费之神或恶魔都汇集于其中。

商品崇拜、消费崇拜成为消费社会的伦理和意识形态,深入人们的思想意识。它表现为对需求、享乐的追求。这些关于开支、享乐、非计算、超前消费的主题,取代了那些关于储蓄、劳动、遗产的"清教式主题"。在波德里亚看来,这种消费伦理甚至还取代了处于竞争阶段的资本主义的利他主义的个人主义价值体系,产生出消费者的个人主义。因为在竞争阶段,资本主义还需要利他主义的个人主义价值体系来支撑,还需要它来维持个体权利之间的某种平衡,以及个体的权利受到他人权利制约的思想。但在消费社会,"利他主义再也不足以重建即使是最小的社会团结"[5]。消费社会对个体的需要,并不是他的积蓄与投资,而是他的消费。因此这一社会的价值体系的重心,从个体企业主与个体储蓄者这些竞争时期资本主义的先驱,转向了个体消费者,转向制造消费英雄的神话,"把消费描绘成一场'人文解放运动'的前奏"[6]。消费者到处被作为至高无上的"上帝"来加以称赞、奉承和歌颂。

2. 消费逻辑与符号操控

把消费系统从意识形态的角度来考虑,这表明波德里亚上升到哲学的层面来解释消费系统的意义。在这方面,他把消费系统的意识形态功能,归结为来自消费作为区分价值的"编码机制"的规定性以及交换和沟通的系统功能。这里的"编码"指的是有关符号的编码。在他有关消费社会的看法中,"符号"具有举足轻重的作用,这种作用甚至被波德里亚视为某种"消费逻辑",它表现为一种"符号操作",其结果是用来否定真相。就此他写道,消费社会的特点在于"在空洞地、大量地了解符号的基础上,否定真相"[7]。以往,在马克思有关"商品"的理解中,使用价值和交换价值是商品的基本属性。但在波德里亚看来,商品还具有一种"符号"的价值,在这种符号价值中,商品的价值是以它们所带来的声誉和展现的地位、权利的方式来衡量的,它体现在消费者的时尚、名望、奢华等身份象征上,成为他们社会地位的标识。在消费社会中,这一符号价值日益成为商品和消费的一个重要组成部分,被认为和交换价值起着几乎同等重要的作用。这种符号价值的作用并且伴随着广告、包装、展示和大众传媒的增长而不断增强。在波德里亚的笔下,商品的消费逻辑无所不在,它支配着整个文化、性欲、人际关系,直至身体的幻象和冲动。一切物品的功能、一切人们的需求,都被操纵为利益的话语,都服从于利益的追逐。一切都被展现、挑动,被编排为形象、符号和可消费的类型。人们不再思考,也没有目的性,甚至也不存在能够审视自己是好是坏的镜子;存在的只是陈列商品的玻璃橱窗,它们引诱人们凝视的是不断迅速增多的商品。人们进入了一种消费的游戏,受到其中的符号秩序的规约,不同的消费水平规定了人们社会地位的符号标志。

符号之所以能在消费社会中起着这样的操纵作用,在波德里亚看来,是由于符号的信息功能已经改变。以往,符号被看作能指(语词、画面等符号本身)和所指(符号所指涉的对象)的连接。这种符号观以所指为中心,将能指的意义看作是由所指所决定的。波德里亚将这种符号观意义上的信息,称作"过渡性信息",它是一种以所指为中心的信息。但在他看来,消费社会中的信息在本质上已经发生了变化。在电视这种以其自身为中心的画面中,或在以编码规则为中心的信息中,能指变成了其自身的所指,因此这是一种以能指为中心的信息。以电视的情况为例,它从画面所指的事件,转变为自身即是如此的画面消费;也就是说,它并不用去参照画面之外的任何东西。除了画面本身之外,它既不让人们看到具有各自特性的历史、社会、文化的事件,也不让人们理解这样的特性。一切现实的或历史的事件都通过电视自身的编码规则、剪辑模式的处理而得到诠释并播发出来。人们在电视上看到的并不是什么现实的、历史的事件,而是一些经过编码的各式各样的符号,是经过编码者所诠释过的东西,其含义已为编码者所强行规定。

消费社会里符号的这种以能指为中心的信息功能,在波德里亚看来,集中体现在广告、传媒的作用之上。用莱昂的形象的比喻来说,广告和传媒使"城市成为一个'巨型屏幕'"[8]。消费社会的一个特点,就是广告、传媒的作用越来越强化。波德里亚声称他对传媒作用的看法不再像以往那样是乐观主义或悲观主义的,而是"嘲讽的和对抗的"[9]。他把广告作为大众传媒的一个"杰出"代表特别加以分析。他首先把大众传媒的作用归结为"包装和曲解",也就是对世界的信息进行剪辑、戏剧化和曲解,把这些信息当成商品一样进行赋值,并对作为符号的内容进行颂扬。由于一切信息皆是由传媒的加工而来,因此可以说"传媒即信息"。这即是说,社会上传播着的信息都是被电视、广播等传媒所解码、所"消费"了的,它们已经与现实相脱节,而与传媒的技术手段紧密联系在一起。电视的技术手段越先进,其"直播"、渲染的手段越高超,世界的真实性就越缺乏,越造成呈现于电视上的"真相",造成一个对完整的世界进行剪辑和诠释的系统。

广告作为这种传媒的"杰出"代表,更是从根本上摧毁了以往建立在真伪基础上的意义诠释的逻辑,而制造出一个文化的"伪世界"。在波德里亚看来,广告的大众传播功能出自其自主化的逻辑,也就是说,它参照的并非某些真实的物品、某个真实的世界或参照物,而是让一个符号参照另一个符号、一件物品参照另一件物品、一个消费者参照另一个消费者。这意味着广告并不以真实事物为基础,而是"超越真伪的"。它并不欺骗我们,而是以"创造出非真非伪的劝导性陈述"为目的,制造出一种商品的神话与消费的欲望。这也就是说,广告通过媒体的传播具有宣传的作用,而"宣传就是对需要与消费的操控"[10]。波德里亚以"白尔洗—洗得—更—白"这样一句广告语为例,说明这一话语和其他广告意群都是不进行解释、不提供意义的,因此是非真非伪的。不过,这类广告话语通过不断地播放、反复地出现,它们所作的是一种唯一且同一的东西,即商标的"隐喻"。由此所造成的是一种命令式的反复叙事,其结果就像是咒语一样,使购物者通过其购物行为实现了广告所造成的商品神话事件的神圣化。

广告、传媒以及诸如迪斯尼乐园这样的"拟象世界"为典型的整个"拟象文化"的特殊功能,造就的是一种符号的世界。这是一个超现实的、"仿真"的世界。之所以是"超现实"的,在于它是根据"无起源、非现实的"某种模型所产生出的东西;也就是,模拟并非来自于现实之物,而是来自于想像、幻想、虚构这类"非现实的实在"。于是,在这一消费社会的符号世界里,人们陷入了由形象、景观和拟象构成的游戏中,它们越来越隔绝着人们同外部世界的联系。人们更多地是同传媒、符号相接触,他们的意识日益为传媒发出的符号所渗透、所麻醉,陷入一种由传媒符号所构造出来的迷幻状态中。符号(能指)原本所指称的外部现实(所指),现在变得不再具有什么意义。现实存在连同它们的本质、深度由此也就消失了。在波德里亚看来,符号的本质与功能上的这种变化,亦即从以所指为中心到以能指为中心,表现的是从现代性到后现代性的变化。现代性是依照一种表征的逻辑在运作的,在这种逻辑中,符号、观念指称着外部存在的现实;但在后现代话语里,符号玩着自己的游戏,它不再具有同外部指涉物相联系的意义,而只是符号之间相互指涉。能指通过在游戏中进行编码、解码,产生出自己的类象、景观等,由此构成一个拟象的世界。

波德里亚这一有关符号之间相互指涉、构成"类象"的独立世界的论述,可以说把握了一个值得注意的现象,即符号本身也会虚构一种现实,符号与符号之间通过相互关联,可以建立起一种拟象的世界。的确,通过与现实的接触,人们可以得到一种真实类型的经验;而与拟象接触,受其熏陶,人们也可以得到另一种类型的感受和影响。波德里亚曾宣称"电视就是世界"[11],这是以极端的方式讲出了部分的真理。在现今工作紧张,生活节奏加快,交往的方式发生变化,人们在公寓中闭门而居的情况下,传媒的发达更是推波助澜,影像世界成为人们除现实世界之外的第二生存世界,它尤其构成一个精神寄托的场所。李欧梵曾经讲过这么一个事情。他在香港讲学后,临别时每一位女生送给他的礼物都一样,都是日本电视连续剧的 VCD 片子。这些电视剧都是有固定模式的商业片,它们虚构出一些温情主义色彩的故事,"故意制造出一些假相"。而它们之所以受到欢迎,是因为它们在生活快节奏的香港,弥补了现实世界中无法把握的永恒感情的缺憾。这样的影像世界并不反映什么现实,并不具有真实性,但却会对人们的观念与行为产生某种"操控",乃至成为一些人理想的"模型"。

3. 模拟的世界与意义的解构

波德里亚的符号论后来的发展,是走向一种"拟象"论。他把现时代看作一个"模拟的时代",其突出标志是"所有指涉物的消失"以及它们"在符号体系中被人为地复活"。[12]这里的从"消失"到"复活"的过程,是他对当代西方社会文化发展过程的判断;这也就是说,在他看来,西方社会文化已经由追求对现实加以反映、表现,进入到当今的完全陷入象征和类象的阶段。在这一阶段中,符号不再代表、表现任何东西,不再与任何现实相交换,而只是与其自身相交换,它绝对地消除了意义的存在,因此这意味着进入一个模拟和"超真实"的时代。他把这一图像的发展过程区分为四个阶段。(1)图像作为某种现实的反映;(2)它遮蔽和颠倒着基本现实;(3)它遮蔽着基本现实的缺失;(4)它不再与任何现实发生关联,是它自身的影像。这最后一个阶段即是所谓的指涉物"在符号体系中被人为地复活",也就是图像完全摆脱了指涉物,在模拟的背后不再有什么"现实"或"真理"。模拟不需要原型物体,而是通过模型来生产真实。它生产出的是一种"超真实"(hyperreality)。所谓"超真实"指的是一种按照模型产生出来的真实。这种真实不再是一些现成之物,而是人为地从某种"铸型、存储体和控制模型"中生产出来的"真实"[13],就好像用 X 光合成的产品是在没有空气的超空间中制作出来的一样。超真实是一种在"幻境式的自我相似"中精心雕琢出的真实,是用真实的符号来替代真实本身。随着超真实的降临,类象开始构造现实自身,人们也由此生活在一个巨大的、不再与现实相交换的模拟物中。

波德里亚把美国作为当代模拟世界的一个典型来加以说明,其中尤以迪斯尼乐园为代表,因为"迪斯尼乐园是所有令人困惑的模拟程序中最好的模型",它构成了美国社会的缩影,成了体现一个真实的美国的"意象"。这一乐园开始于错觉和幻觉的游戏:海盗、边疆、未来世界等。迪斯尼的成功之处正在于它是作为一个模拟世界的"意象场所",人们在其中游乐,感受着美国的生活方式,体会到美国的价值观念,并由此进行着对矛盾现实的"理想化的换位"[14],把它当成是真实的美国,而环绕着迪斯尼的洛杉矶和美国,反倒是不真实的。

由模拟世界的论说中,波德里亚要演绎出的结论是,我们处于一种"模拟的逻辑"中,这种逻辑与"事实逻辑"和"理性秩序"无关。模拟逻辑的运作在于,模拟具有"模型先行"的特征。所有的模型将现实的世界包围起来,它们的运行轨迹构造出了事件的领域。"事实"正是产生于模型之中,不论这样的事实是多么微小,并且任何事实都不再具有它们自身的任何轨道,它们只是纯粹的被构造物。既然事实只是来源于模型,它们就已不再是什么事实。而没有了事实,也就不存在什么"真相"和"假相"的区分、"真实"和"类象"的区分,同样也就无所谓有什么"意义"。

由否定意义的存在,波德里亚进入到对西方宗教与道德文化的批判。他认为,所有的西方信仰都建立在"表象"论的基础上,都以此为赌注——符号能够指涉深层的意义,符号能够与意义互换,并且有某种诸如上帝之类的东西能确保这种互换。但如果上帝本身也能够被模拟,也能够还原为一个符号,只是某个类象而已,那么整个西方的这套认识体系就变得无足轻重了。一切只是符号与自身的互换,根本就没有什么与现实的互换。波德里亚就这样把符号系统看作一个本身自足的东西,它可以封闭在自身之内,却能够制造出超现实的模型,从而制造出事实来。

波德里亚认为,符号功能的这种转变,标志着一个关键性的转折点。在前面我们提到类象发展的四个阶段中,按照波德里亚的看法,当符号起着"掩饰某物"的作用时,它"意味着真理和巫术的神学"。他并且把"意识形态的观念"也归属这种神学,这就是说,西方以往以追求真理为指向的哲学认识论,以及类似的政治、宗教观念,都被归入这种否定意义上的范畴,而"没有任何东西可掩饰的符号"、亦即"与现实没有任何关系"的符号,则是开始了一个积极的"类象和模拟的时代"。在这个时代里,不再有任何认识自己的"上帝",不再有任何从错误分离出来的"真理",也不再有任何从"人为的复活中"分离出来的"真实"。不论是"上帝"、"真理"还是"真实",总之这一切都已经死去。世界成为一个模拟的世界、图像的世界,它就是后现代的世界。

后现代世界奉行的认识原则与现代世界相反,后者以"表象"为原则,将符号和真实看作是对等的,而前者则把这一原则视为一种"乌托邦",是子虚乌有的东西,并从否定这一原则出发,否定符号是一种价值,宣称符号的"指涉物的死亡"。这样,在后现代的世界里,在模拟的时代,没有真理,没有现实,也没有意义。它留下的只是一些"碎片",所有能做的事不过是去游戏这些碎片。因此,"游戏碎片——这就是后现代"。[15]

对意义的否定,使波德里亚宣称自己是"20世纪后现代性二次革命"的一部分,这一革命的目标是对意义进行解构,就像早先对表象进行解构一样。把握表象、追求真理既是现代性思维方式的标志,那么解构表象、解构意义就标志着后现代性思维方式的到来。指涉物既已死亡,相应地,任何依靠意义活着的人都会因为意义而死亡。不难看出,波德里亚由此已经陷入了虚无主义。他自己也坦言,"我就是一个虚无主义者",而且是一个采取"理论暴力"的虚无主义者。[16]这样的虚无主义者要反抗的是某种无法忍受的"霸权体系",就此采取的手段是"嘲弄"和"理论暴力"的激进行为。波德里亚为人们留下的正是这样的形象。

从对消费社会的符号操纵的消费逻辑的分析,到后现代的模拟世界说的提出,波德里亚对当今西方社会进行了激进的批判。以消费社会作为一个切入点来把握现今的西方社会,这应当说抓住了现今西方社会的一个突出特征。在消费社会中,商品的身份符号功能,广告传媒造就的符号世界及其操纵作用,取代英雄崇拜的商品崇拜,这一切是否会像后工业社会、信息社会、知识社会的概念出现一样,促成一个"后现代社会"的产生以及相应的观念的变化?波德里亚在这方面的见解是极为激进的,乃至是虚无主义的。不过,与他的"任何依靠意义活着的人都会因为意义而死亡"的论断相反,恰恰是任何不依靠意义而活着的人,都会因为意义的丧失而死亡。即使是对于上面提到的香港女生而言,在日本电视剧的假相世界里得到感情缺憾的满足,本身也是一种别样的意义。毕竟人是有精神的存在,尽管他们所追求的意义各不相同。

二　现代性的隐忧与后现代性的悖论

1. 现代性的隐忧

现代性研究的兴起,本来就是源自于对现代社会的观念和现实的反思与批判。这种反思与批判借助于"现代性"概念来加以聚焦,把相关的问题集中在一个概念之下。这些问题中的一个方面,有如我们在前面诸讲中已经见到的,是关于现代性的风险与隐忧。

较早表达了对现代性的忧虑的是韦伯,他的忧虑在于社会理想价值与意义的失落。韦伯将"世俗化"看作现代性的一个基本特征,其表现是世界的"祛魅",即宗教世界观的瓦解与世俗文化的产生。它带来的"理性化"的结果,是价值理性与工具理性的分裂。人们并不以理想的价值来作为行为的目的,而是以现实的利益为追逐的目标,并在科学崇拜的背景下,相信通过计算的手段可以获得一切。这样,在价值理性与工具理性的冲突中,诸如财富、权力这类特殊的价值成为一些人的"上帝"(终极关怀);加之科学本身对"意义"问题的排斥,这些使得世俗化的世界落入一个甚至比中世纪还不如的境地,那时人们还有信仰,还追求生活的意义。总之,现代性使人变得越来越世俗、越工具化,而世界的前景也就随之越来越堪忧。

尼采对现代性的忧虑在于精神方面,他痛斥构成现代性核心的"现代灵魂"的堕落与陷入虚无主义的深渊。这导致了世人精神状态的萎顿和疲靡,造成了对生命力的压制。在尼采看来,缺乏意志的"善良人"不过是"衰退的象征"。"现代精神已无可救药",是他对现代性的根本诊断。这种精神的病况来自于"理性"的权威统治,来自于传统的"奴隶道德"。现代人的意志力的"衰微"使得"本能"取得了至高无上的统治地位。为此,他要重新肯定生命的价值,呼唤一种追求解放的"酒神精神",追求一种振拔生命的"强力意志",以型塑一种与现代的"弱者"形态相反的人,即反叛传统道德与价值、具有超强个性与创造力的"超人"。

海德格尔对现代性的担忧在于世界的进程上。现代世界向何处去？假如按照它既有的把人作为主体、把世界作为图像这两大"近乎荒谬的现代历史的基本进程"，则继续着作为主体的人与自然客体的对立，人对自然的掠夺，甚至更为严重的是，世界将成为一个技术的世界，技术进而成为对人的统治力量。一言以蔽之，世界为人所摆置，而人为技术所支配。这一结果使现代世界处于一种可悲的"没落"状况："诸神的逃遁，地球的毁灭，人类的大众化，平庸之辈的优越地位。"而这其中最可悲的，是人的存在的意义被遗忘，人因此处于一种"无家可归"的状态。为此，海德格尔想通过关注人的生存状况，思考存在的意义，来呼唤对人的存在的关注，解救陷于精神危机之中的现代欧洲社会，从而最终实现对人的"救渡"。

吉登斯从社会学的视角对现代性的风险作出了分析。他一再强调现代性是一个充满风险的社会，并认定这一风险从根本上来源于人类知识的不确定性。人类不断地对世界作出新的解释，并按照自己的意愿不断地把新发现的概念、理论用于改变社会。然而我们怎么能够保证这些新理论是正确无误的呢？在新概念与理论得到实践的验证之前，它们只具有"似乎"的性质，只不过是一些假设与信念。假如它们是错误的话，那只会导致人类进行某些有害的、甚至是灾难性的试验。理性主义试图使我们相信的理性的力量与知识的确定性，实际上不过是一些幻想。因此，社会知识的不确定性与难以预期的后果，构成了现代性风险的两个最关键的因素。

除了以上这些我们在前面诸讲中曾论及的现代性的风险与隐忧之外，这里我们还想谈及加拿大哲学家查尔斯·泰勒(Charles Taylor)在这方面的思考。他曾经出版过一本名为《现代性的隐忧》的专著，对这方面的问题有着专门的研究。泰勒宣称他对现代性存有三个隐忧：一是源于西方"个人主义"而来的意义的丧失、道德的沦丧；二是源于工具主义理性而导致的目的的迷失；三是在现代高度集权化、官僚化的政治世界里的自由的丧失。不难看出，后两个命题明显具有韦伯的色彩，是韦伯观点的进一步演绎；但在第一个命题的阐发上，泰勒则是社群主义的著名代表。

个人主义是自由主义的思想基础,它将个人看作"实体",而共同体只不过是"虚构体"。在此本体论基础上,个人主义强调个人的权利,认为其他的权利都建立在个人权利之上。个人因此是第一位的,社会则是第二位的。在泰勒看来,个人主义是在 17 世纪的思想背景下,尤其是在受过教育的欧洲人的思想中发展起来的。他提到的个人主义代表有两种:一是笛卡尔的,它要求每个人自负其责地为自己思考;另一是洛克的,它试图论证个人及其意志优先于社会责任。但不论是何种表现方式,对于泰勒来说,个人主义总之属于一种"原子主义",它把个人权利作为评判社会政治结构和政治行为的基本标准。

泰勒认为,这些个人主义思想在历史上曾有过积极的作用,它们对古代的等级政治制度形成挑战,促成了以建立市场经济为指向的新的政治形式和经济生活模式的发展。然而,个人主义后来起的主要是负面的作用。在泰勒看来,它弥漫于当时的时代,自 60 年代以来在西方社会尤其得到了有力的发展。这种个人主义颠倒了个人与社会的关系,它所造成的危险,在于导致以自我为中心,以及随之而来的对社会各种事物的冷漠,包括政治的、宗教的事务等。个人由此封闭在自身的领域中,与社会相隔绝,忽视了对他人及社会的关心。他引用托克维尔的话说,民主的平等把个人拽向自身,"导致个人将自己完全封闭在内心的孤独之中的危险"[17]。这不仅导致个人生活圈子的狭隘化、平庸化,而且造成了个人利益至上主义,它注重的是个人的权利,而忽视了个人的义务。

在泰勒看来,个人主义与工具主义理性是结合在一起的,它们的扩散是一个"现代性的特点"。[18]个人主义关注自我的实现,这使得个人主义者把他周围的人当成纯粹工具性的。之所以如此,他给出的解释是:一方面,这是由于工业社会从其开始就一直带有流动性。农民离开土地进城寻找就业机会,在今天则是求职者在不同城市之间流动,以及由于都市化产生新的居住方式。旧的人与人之间的关系纽带被斩断了,社会越来越不具有人情味。另一方面,技术统治、官僚统治的社会赋予了工具主义理性越来越大的重要性。这必然助长个人利益至上主义。因为它诱导人们用工具主义的眼光来看待社会共同体。个人主义与工具主义理性相结合的结果,归根结底导致的是道德理想的衰落与沉沦。

泰勒指出,对个人主义在当代弥漫的状况的关切,也出现在一些有影响的著作中,例如丹尼尔·贝尔的《资本主义的文化矛盾》,克里斯托夫·拉西的《自恋主义文化》等。他援引贝尔和拉西分别用以刻画个人主义实质的"享乐主义"与"自恋主义"的概念,认为他们的用意在于暗示道德理想在当今已经丧失。阿兰·布鲁姆甚至认为,在当今时代,活命哲学已经取代了英雄主义,成为受人赞赏的品格。不过,泰勒并不赞成这样的结论。他认为虽然这些说法刻画了一些人、乃至是许多人的状况,但却并非把握了我们文化中的变化。他坚持主张道德理想的力量,宣称道德理想是社会所需要的东西。

针对个人主义的观点,泰勒论证说,在个人与社会的关系上,个人是社会现实的产物,不能离开社会而存在。在这方面,泰勒区分了两种不同意义上的个人主义。"反常的和破裂的个人主义"是背离社会的东西,它"没有与任何社会规范挂钩",反之,"作为道德原则或理想的个人主义"则必须提出个人如何与他人一起生活的观点。泰勒基于对道德理想的坚持,提出个人只能按照自然与历史的要求、人类同伴的要求、公民的职责、社会团结的要求乃至上帝的要求等来界定自己。否则的话,个人就会陷入一种"自闭"的境地。由个人与社会的这种关系的认识出发,自然会得出个人的权利并非是无条件的,而是与个人对社会的义务相等同的结论。因此,只有承认个人的义务,才能真正实现个人的自由。

从泰勒所提出的主张来看,他进行的是一种折衷主义的工作。用他自己的话来说,是在进行一种"挽救"的工作。一方面,他反对上面提到的贝尔、拉西和布鲁姆对"自我实现"目标的否定,肯定个人主义思想中自我选择的积极意义,坚持一种"真正的"自我实现的道德理想价值,并不全盘否定由个人主义所熏陶出的文化;另一方面,他也反对对这种文化进行无条件的肯定、原封不动地接受它的做法。他认为,上述的全盘指责自我实现的伦理与简单地全盘赞同其当代形式一样,都是一个极大的错误。他所要做的"挽救"工作,就是试图说服人们,在自我实现与社会和道德的要求之间并不是一种排斥的关系,而是一种可以相容的关系。他斥责后现代的"变种",如德里达、福柯及其追随者们"企图降低重要有意义视野的合法性"[19],片面地强调真实性(authenticity)的创造的方面,突出创造性的非道德主义,指出这就是时髦的"解构"学说所包含的东西。他批评后现代的"解构"学说是对真实性要求的一种"变质",也就是忘记了真实性的整体性要求,而在"真实性"理想所包含的两大方面中,如创造、发现、原创,与另一方面的对重要的有意义视野的开发、对话中的自我定义等,仅仅突出它的某一方面的含义,尤其是仅仅突出它的创造性的非道德主义,而忽视了人与人之间的对话环境,丢弃了对"有意义视野的开发"。

面对个人主义、工具理性主义等造成的现代性道德理想的滑落,以及后现代主义的非道德化倾向,泰勒所设想的救治之途,依然是以个人为基础,以个人的道德理想为基础。具体说来是,个人以一种对"真实"的自我的正确理解为基础,从与他人、社会的关系上来界定"真实"的自我,由此得出一个正确的自我认同,以形成对某个生活目的的信奉,将自己引向更加自我负责的生活形式。这样,真实性的理想将开辟一个责任化的时代,迫使人们更多地自负其责。这样,除了继续倡导实现一个真正自我的道德理想的价值之外,还应当通过民主活动形成一个有效的共同目标,以形成多数人的共识与团结,来对抗个人利益至上主义与工具主义。泰勒认为,如果让内置于市场和官僚国家中的个人利益至上主义和工具主义放任自流,其结果会造成社会的分裂。在此问题上他提到,如何形成一个共同的民主目标,"恰好是一个分裂的民主系统中的难事"[20]。泰勒所提到的这一任务,也是罗尔斯所思考的一个核心问题。不过与泰勒不同,罗尔斯并不诉诸个人的道德理想,而是通过提出"公共理性"的概念来加以解决。这我们在下面很快就会说到。

2. 全球化与后现代性的悖论

研究现代性与后现代性,一个不可回避的问题是"全球化"。这里需要回答的至少有这么两个子问题。首先,现代性与全球化是什么关系,到底是现代性带来了全球化,还是全球化产生了现代性?其次,后现代性与全球化又是什么关系?既然现代性是与全球化共生的,那么后现代性是否继续这样的关系,抑或它与全球化是一种排斥的关系?

笔者认为,现代性与全球化是一个共生的现象,但从根本上说,它们的根本驱动力在于经济的现代化进程,在于扩大商品市场与投资市场的需要。马克思一段经常被引用的名言,形象而又概括地描述了这一全球化的动力与进程:"由于开拓了世界市场,使一切国家的生产和消费都成为世界性的了。使反动派大为惋惜的是,资产阶级挖掉了工业脚下的民族基础。古老的民族工业被消灭了,并且每天都还在被消灭。"[21]正是由于扩展世界市场的需要,使得现代性的形成过程同时又是一个全球化的过程。

这里,一个广为争论的问题是,在经济全球化带来世界性的市场经济及其规则趋同的同时,是否也带来了文化的趋同,即产生着文化的全球化,抑或是相反?对此,马克思持的是一种肯定的观点。在紧接着上面那段话之后,他写道:"物质的生产是如此,精神的生产也是如此。各民族的精神产品成了公共的财产。民族的片面性和局限性日益成为不可能,于是由许多民族的和地方的文学形成了一种世界的文学。"[22]这段话清楚地告诉我们,马克思认为,随着经济的全球化,文化这类"精神产品"也必然实现全球化,一种"世界的文学"或文化随后将会形成。

从现实的状况看,历史的进程也确乎如此。全球化挟商品化的浪潮,促使了与经济关联度较密切的文化部分、也就是那些容易被商品化的部分(电影、音乐等),向趋同化的方面发展。特别是当这部分文化成为一种"文化工业"的时候,如好莱坞的电影、日本的卡拉 OK、欧洲的足球俱乐部等,它们使文化融进经济之中,成为经济全球化的一个有机部分。文化与经济的合流,更加速推动着全球化成为一个从经济到文化的一体化、普遍化的进程。

不过,这一进程并非是没有受到抵制的,相反,它受到后发国家及其文化的顽强抵抗。这里,现代性文化与后发国家的文化之间形成一种紧张的关系,或者叫做"张力"。由于经济实力与军事实力方面的巨大悬殊,全球化展现为一种"单边化",以发达国家为主导的新的世界经济秩序及政治秩序格局,对欠发达国家造成巨大冲击,使之成为被同化的对象,而不是彼此之间在对等的基础上相互同化、互相融合。这就使得一些后发的民族国家对全球化产生了抵制乃至反抗。此外,由于不同民族国家之间本有的宗教信仰、哲学信念等意识形态上的差别,加上西方国家、尤其是美国,又借全球化之机谋求自身的利益,因此全球化在"对抗性文化"的民族国家看来,就成为"美国化"或"西方化"。这样,在欠发达国家中,传统民族文化的惯性、政府的利益、民众的民族情绪等,就形成了一种合力,共同抵抗外来文化的同化压力。民族主义由此应运而复兴,成为当今世界与全球化相伴随的一个现象。民族主义对西方文化的抵抗,主要抗击的是它的核心部分,即宗教、哲学等意识形态的部分。至于文化的边缘部分,那些可以成为"文化工业"的部分,民族主义是可以容忍的。不排除民族主义者可以一方面享用西方的汉堡包、欣赏爵士乐,同时却焚毁美国国旗。

上面我们作出的论断是现代性与全球化相共生,虽然在文化的一体化方面,"对抗性文化"的抗力是顽强的,其一体化的过程是遥远的。就另一个子问题而言,也就是后现代性与全球化的关系而言,又是怎样的呢?

讲述后现代话语的哲学家们,似乎一般都肯定后现代性与全球化之间构成的联系。例如,詹姆逊就说道,我们现在大都愿意将以全球化为本质的跨国资本主义阶段"与后现代性联系起来"。[23]他并且认为,后现代争论和全球化这两个问题是错综地交织在一起的,关于后现代的各种立场终究要回到这两个问题上来。这意味着,后现代性与全球化的关系问题构成了理解后现代主义立场的基础,有关它们的解释最终应当在此基础上作出。对于詹姆逊本人而言,他在这一基础之上给出的解释,就是所谓的"晚期资本主义的文化逻辑",后现代主义被定位为晚期资本主义的主导文化,就像"现实主义"、"现代主义"这两类文化分别对应于资本主义的两个前面的阶段——"市场资本主义"与"垄断资本主义"一样。

不过有趣的是,虽然詹姆逊将后现代主义作为晚期资本主义(全球化是其本质特征)的文化逻辑,但他却认为后现代性与全球化两者之间构成一个矛盾或悖论。之所以如此,是因为后现代高扬的是差异、区别和多元主义,但全球化则意味着趋向"同一性",它展现的是 "一幅无与伦比的标准化图画;一幅被迫进入世界体系的统一的图画"。这样,一方面是后现代性的差异与多元化,另一方面是全球化的同一性与标准化,这就使两者处于一种辩证的关系之中,"至少是在难以解决的二律背反的模式上"[24]。

对这一悖论现象的解释,詹姆逊诉诸黑格尔的辩证法。他对此辩证法进行了这样的解读:这一"伟大的"辩证法以同一性开始,但它总是依据与其他事物的差异性来界定自身,于是人们转向差异,然而任何差异反过来又都与同一性范畴有关。这样,人们把同一与差异两者理解为不可分解的对立,总是将两者放在一起进行思考。但此后却发现它们并未构成对立,而在某种另外的意义上,它们是互相同一的。在这一点上,人们接近了同一与非同一的同一性,对立变成了矛盾。詹姆逊指出,这即是回归黑格尔哲学的意义和作用,在当今它仍然是对我们有用的教导,在我们试图理解"全球化"这一仍然定义模糊、但影响不断扩大的现象的努力中,尤其需要黑格尔的这些教导。

在詹姆逊本人的分析中,我们也可发现应用这类辩证法转换的例子,例如文化转换为经济(好莱坞的电影成为出口的商品等)、经济转换为文化(麦当劳食品变成一种快餐文化);再如,全球化的标准化抹掉了中心与边缘之间的差异(例如大都市这样的中心与作为边缘的"外省"),一切都被解中心化了,然而随着解中心的过程所赢得的许多新自由的产生,新的差异重又产生出来。

不管詹姆逊对后现代性与全球化的悖论的解读是否令人信服,但他毕竟展示了这一悖论存在的事实。后现代思潮在全球化的背景下登场,以倡导"异质化"、追求"多样性"为旨归,本身就是与"同一性"、"一体化"相悖的,具有一种逆潮流而动的意味。在某种意义上,它可视为对文化的趋同化表现出的抗争。从文化需要有一种张力的角度看,后现代话语的意义正是在于这一点。它的出现为文化构造了一种必要的张力,在趋向一体化的世界里发出了不同的声音,在同一中保留了差异,努力使文化存有多样性的异彩。任何仅仅"单边化"的文化总是危险的,至少它会掩盖既有文化中的不良因素、危险因素,导致某种"元叙事"来主宰文化、统制文化,甚至可能使文化成为某种专制的文化。这方面的历史教训是普泛而又深刻的。

全球化与后现代性的悖论可以说折射了全球化与本土化的矛盾问题。全球化的趋同是向现代化目标的趋同,是形成现代性的趋同,但在实现这一目标的途径上,各个民族国家又表现为不同的"本土化"的过程与形式。即使是对于同为市场经济体制的西方社会而言,它们建立民主制的途径也是不同的。英国的民主制是在君主立宪的方式下实现的,法国的民主制是以大革命的激进方式实现的,德国的民主制则与民族意识形态密切相关。这表明,在社会所追寻的目标与奉行的价值观念一致的情况下,是可以存在差异的,这是一种在同一性前提下的存异。

这里,一个关键的问题是,当今全球化是否存在这样的同一性前提?为此我们必须辨析全球化的趋同的实际状况。全球化表现出的同一性可以是政治的、经济的、文化的;文化方面又可辨析为目的论的、价值论的、伦理观的以及宗教信仰上的,等等。一般而言,目前全球化的趋同主要是市场经济体制与运作规则的趋同,也就是在经济层面上的一体化。例如,加入世界贸易组织就意味着要遵守相同的贸易规范。但在其他方面与层面上,则差异与矛盾性有着不同程度的表现。在政治方面,本有的东西方之间不同政治体制的差异乃至对立依然存在,再加上由于全球化带来的对后发民族国家在税收、市场、体制等方面主权的削弱,发达国家与后发国家之间随着经济上的一体化的加强,政治上则仍然深藏着对抗的种子。在最深层的文化层面上,虽然有着抽象的价值认同,如民主、自由、人权、法治等,但对于这些价值的解释存在着差异与对立。道德伦理观上,在一些基本的个人道德准则上,尽管不同的宗教与哲学文化对于诸如不得偷盗、不得乱伦之类的禁忌始终有着相同的道德"底线",但在道德本体论方面,东西方道德哲学之间则有着较大的分歧,它表现在对人性的"善"(儒学的性善说)或"恶"(基督教的原罪说)的不同认识上、在对人的基本权利的认知差异等方面。

不过最为严重的是,对于当今社会来说,文化层面上的根本分歧在于社会目的论与宗教价值观方面。前者表现为"主义"与"社会"之争,即应当建立何种形态的社会,资本主义的或社会主义的社会、自由民主的社会或专制独裁的社会。后者则表现在由于不满于全球化对本土文化的摧毁,尤其是不满于异教国家对自己祖国的干涉、占领所迸发出的宗教情感,这种宗教情感往往与民族主义情绪混杂在一起,形成大众性的愤恨与反抗行为,就像穆斯林民众对西方国家、特别是美国的仇视与反抗一样。这种仇恨如今甚至已演变为恐怖主义的行为。

美国著名学者亨廷顿(Samuel P. Huntington)在这方面曾经作出过这样的论断:在20世纪80年代到90年代,伊斯兰教的复兴和"重新伊斯兰化"是穆斯林社会的"主题"。他甚至认为已经出现了一场全球性的宗教复兴,并且这一复兴的"原因",恰恰在于20世纪后半叶席卷全球的社会、经济和文化的现代化进程。[25]亨廷顿认定这一复兴并不是要拒绝现代性,而是拒绝西方,反对西方化。回到我们的论题上来,这意味着经济的全球化与现代性的到来,并不排除文明之间的冲突。

根据以上对全球化趋同中的矛盾状况的分析,可以看出一般所说的全球化的一体化,以及它所要达致的"同一性",目前只是在比较有限的程度(主要限于经济层面)上实现的。而社会目的论与宗教价值观上的对立,形成的是根本性的对立,它们并且带来对各种社会价值的不同理解。这些矛盾与对立,目前由于民族国家之间对于资源、市场、资本、技术的相互依赖,以及由此获得共同经济利益的需要,而在一些地区得到掩饰和缓解。和平共处下的竞争比起"冷战"毕竟能为各方在经济利益上提供获得"多赢"的机会,"和平与发展"从而成为国际主流社会的主题。但这并不能抹去由于意识形态、宗教信仰的不同而在文化深层存在的深刻分歧与对立,政治冲突及至升级为军事冲突的根源依然存在。此外,国际社会始终具有的最大危险还在于它的"无政府"状态。联合国对于建立与维护国际秩序的能力是极为有限与脆弱的,它在美国与英国撇开自己去攻打伊拉克的做法上表现出的无能为力,就是一个明证。

上述分析表明,全球化的共同基础依然是很脆弱的,它不过建立在经济利益的基础上,而缺乏文化的深层的基础,也就是缺乏目的论、价值论、宗教观等方面的基础。这样一个在文化深层上仍是分歧乃至对抗的世界,它所期待的应当是一种什么样的哲学呢? 是后现代主义吗? 后现代主义的精神是批判性的、否定性的。它批判工具主义理性,否定虚幻的主体性与人的观念,旨在对启蒙精神、现代性进行解构,其诉求是差异与多样性,是各种"游戏"(叙事的、文化的等等)平等存在的合法性。它看到的是全球化中的同一性与差异性的矛盾,但并不能提供一种建构性的哲学,并不能有助于培育一种多元世界应有的哲学精神。"批判"固然不可少,但"建构"更为重要。

在当今哲学中,笔者比较推崇的是罗尔斯所阐发的"公共理性"概念。罗尔斯这一概念是植根于对多元社会的分析背景下的,虽然它针对的并非国际社会的大语境。罗尔斯所捕捉的问题本身就体现了其眼光的犀利,这一问题是:"一个由自由而平等的公民——他们因各种合乎理性的宗教学说、哲学学说和道德学说而产生了深刻的分化——所组成的稳定而公正的社会之长治久安如何可能?"[26]这也就是说,罗尔斯提出公共理性概念的依据,针对的是一种在宗教信仰、哲学信念与道德观念等方面存在着深刻分歧的多元文化的社会。为此,他希望建立起一种有别于"个人理性"的"公共理性"精神,使具有不同思想信念的人们,能够据此在"公共世界",也就是今天一般所说的"公共领域"里进行交流,就根本性的社会正义问题达成"重叠共识",从而使社会能够确保其统一性和稳定性。就罗尔斯的公共理性概念的思想实质而言,它与哈贝马斯的"交往理性"有共同之处,都在于论述通过人们之间的交往来达成对社会事务的共识。不同之处主要在于,罗尔斯的论题对其背景(多元文化的社会)与目的(在思想与文化分歧的状态下,争取求得超越性的共同规范,达到社会的长治久安)这两方面的刻画都更有现实针对性,更能切中社会要害。

任何时代都需要有建设性的思想与哲学。吉登斯曾经指出,现代性社会的风险主要来源于人对社会的反思性本身。这类反思的正确与否决定着对社会的控制与操作的后果。虽然笔者并不同意将现代性的风险根源归结为社会知识的"反思性"(详见第十一讲结束部分),但强调社会反思的重要性却是可以认同的。在这方面,能否集中社会的理性与智慧,提高社会反思与预见的正确性,从而保证社会历史进程的合理性与确定性,这在任何多元纷争的社会里,都是极为必要的。而现代性与后现代性问题的探讨,正是构成这类反思的一部分。它的意义就在于进入公共的领域,以便在思想话语的交流中,形成对我们身处其中的社会的有益共识,尤其是在我们国家正处于全球化浪潮的冲击下,建设和谐的现代性社会的今天。

思考题

1. 消费社会的特点是什么,它与后现代性有什么联系?
2. 现代性存在哪些隐忧?
3. 全球化与后现代的关系如何?

阅读书目

波德里亚:《消费社会》,刘成富等译,南京大学出版社,2001 年。

泰勒:《现代性的隐忧》,程炼译,中央编译出版社,2001 年。

詹姆逊:《论作为哲学问题的全球化》,载《詹姆逊文集第四卷:现代性、后现代性和全球化》,王逢振主编,中国人民大学出版社,2004 年。

注 释

〔1〕 大卫·莱昂:《后现代性》(第二版),郭为桂译,吉林人民出版社,2004 年,第 97 页。

〔2〕 道格拉斯·凯尔纳:《后现代理论——批判性的质疑》,张志斌译,中央编译出版社,2001 年,第 143 页。

〔3〕 让·波德里亚:《消费社会》,刘成富等译,南京大学出版社,2001 年,第 6 页。

〔4〕 同上书,第 2 页。

〔5〕 同上书,第 77 页。

〔6〕 同上书,第 78 页。

〔7〕 同上书,第 13 页。

〔8〕 莱昂:《后现代性》(第二版),第 99 页。

〔9〕 波德里亚:《生产之镜》,仰海峰译,中央编译出版社,2005 年,第 217 页。

〔10〕 同上。

〔11〕 转引自莱昂《后现代性》,第 135 页。

〔12〕 波德里亚:《生产之镜》,第 187 页。

〔13〕 同上书,第 186 页。

〔14〕 同上书,第 194 页。

〔15〕 转引自瑞泽尔《后现代社会理论》,谢立中等译,华夏出版社,2003 年,第 136 页。

〔16〕 转引自凯尔纳《绪论:千年末的让·波德里亚》,载《波德里亚:批判性的读本》,陈维振等译,江苏人民出版社,2005 年,第 16 页。

〔17〕 泰勒:《现代性的隐忧》,程炼译,中央编译出版社,2001 年,第 5 页。

〔18〕 同上书,第 23 页。

〔19〕 同上书,第 76 页。

〔20〕 同上书,第 135 页。

〔21〕 《马克思恩格斯选集》,人民出版社,1995 年,第 1 卷第 276 页。

〔22〕 同上。

〔23〕 《詹姆逊文集第四卷:现代性、后现代性和全球化》,王逢振主编,中国人民大

学出版社,2004 年,第 386 页。

〔24〕 同上书,第 389 页。

〔25〕 亨廷顿:《文明的冲突与世界秩序的重建》,周琪等译,新华出版社,1999 年,第
95 页。

〔26〕 罗尔斯:《政治自由主义》,万俊人译,译林出版社,2000 年,"导论"第 13 页。

后　记

本书是应本《名家通识讲座书系》执行主编、北京大学中文系温儒敏教授之邀撰写的。不过，虽然是以讲座的形式出现，但本人在写作时，却同写研究专著没有什么两样，都是通过自己对所涉及对象的原著的研读，来提炼出有关的解释框架，对之作出论述。由于对于书中所阐述的那些思想家来说，几乎有一半人并没有直接提出"现代性"的概念，从而也没有直接针对这一问题的论述，因此如何勾勒出一个相关的问题域，提炼出相关的解释框架，并使它们形成一个具有前后关联的话语系统，就是一件比较费力的事情。此外，此前自己曾经主持过一个有关现代性的国家社科基金项目，并提交出版过《现代性与后现代性》一书，因此如何在本书中有所突破，也是需要用心的。在书稿完成时，感到比较不尽如人意的，是尚未能以讲座的通俗化的形式来进行叙述。对于思辨性的哲学话语来说，要做到这一点显得更难些。

最后，本人希望在这里表达对温儒敏教授邀请的盛意的感谢，及对北京大学出版社高秀芹博士和艾英编辑所付出的辛劳的感谢。

陈嘉明

补记于厦门大学北村寓所

2006 年 1 月

《名家通识讲座书系》已有选目

《伦理学十五讲》 湖南师范大学伦理学研究中心 唐凯麟

*《现代性与后现代性十五讲》 厦门大学哲学系 陈嘉明
*《道教文化十五讲》 厦门大学宗教所 詹石窗
*《〈周易〉经传十五讲》 清华大学思想文化所 廖名春
*《美国文化与社会十五讲》 北京大学国际关系学院 袁 明
*《欧洲文明十五讲》 中国社会科学院 陈乐民
《中国文化史十五讲》 北京大学古籍研究中心 安平秋 杨 忠 刘玉才
《文化研究基础十五讲》 北京大学比较文学所 戴锦华
《日本文化十五讲》 北京大学比较文学所 严绍璗
《传统文化研究十五讲》 佛光大学人文社会学院 龚鹏程
《中西文化比较十五讲》 北京大学外语学院 辜正坤
《俄罗斯文化十五讲》 北京大学外语学院 任光宣
《基督教文化十五讲》 中国人民大学中文系 杨慧林
《法国文化十五讲》 北京大学外语学院 罗 芃
《文化人类学十五讲》 中国社会科学院文学所 叶舒宪
《民俗文化十五讲》 北京大学社会学系 高丙中
《北京历史文化十五讲》 北京师范大学文学院 刘 勇

*《西方美术史十五讲》 北京大学艺术系 丁 宁
*《戏剧艺术十五讲》 南京大学文学院 董 健 马俊山
*《音乐欣赏十五讲》 中国作家协会 肖复兴
《中国美术史十五讲》 中央美术学院 邵 彦
《影视艺术十五讲》 清华大学传播学院 尹 鸿
《书法文化十五讲》 北京大学中文系 王岳川
《美育十五讲》 山东大学文学院 曾繁仁
《艺术史十五讲》 北京大学艺术系 朱青生
《艺术设计十五讲》 东南大学艺术传播系 凌继尧

*《口才训练十五讲》 清华大学政治学系 孙海燕 上海科技学院 刘伯奎

*《政治学十五讲》 北大政府管理学院 燕继荣

《社会学理论方法十五讲》 北京大学社会学系 王思斌

《公共管理十五讲》 北京大学政府管理学院 赵成根

《企业文化学十五讲》 武汉大学政治与行政学院 钟青林

《西方经济学十五讲》 中国人民大学经济学院 方福前

《比较教育十五讲》 北京师范大学教育系 王英杰

《政治经济学十五讲》 北京大学政府管理学院 朱天飙

《百年中国知识分子问题十五讲》 华东师范大学历史系 许纪霖

*《文科物理十五讲》 东南大学物理系 吴宗汉

*《现代天文学十五讲》 北京大学物理学院 吴鑫基 温学诗

*《心理学十五讲》 西南师大心理学系 黄希庭 郑涌

*《生物伦理学十五讲》 北京大学生命科学学院 高崇明 张爱琴

《性心理学十五讲》 北京大学医学部医学人文系 胡佩诚

《思维科学十五讲》 武汉大学哲学系 张掌然

《青年心理健康十五讲》 清华大学教育研究所 樊富民

《环境科学十五讲》 北京大学环境学院 张航远 邵敏

《医学人文十五讲》 华夏出版社 王一方

《人类生物学十五讲》 北京大学生命科学学院 陈守良

*《中国历史十五讲》 清华大学 张岂之

*《清史十五讲》 中国人民大学清史所 张研 牛贯杰

《科学史十五讲》 上海交通大学文学院 江晓原

*《语言学常识十五讲》 北京大学中文系 沈阳

*《汉语与汉语研究十五讲》 北京大学中文系 陆俭明 沈阳

（画＊者为已出）